TRAITÉ

DES

PARTAGES D'ASCENDANTS

DE L'IMPRIMERIE DE CRAPELET

RUE DE VAUGIRARD, 9

TRAITÉ

DES

PARTAGES D'ASCENDANTS

PRÉCÉDÉ D'UNE

INTRODUCTION HISTORIQUE

SUR LA MATIÈRE CORRESPONDANTE, TANT DANS LE DROIT ROMAIN
QUE DANS L'ANCIEN DROIT FRANÇAIS

PAR M. GENTY

PROFESSEUR SUPPLÉANT PROVISOIRE A LA FACULTÉ DE DROIT DE RENNES

PARIS

AUGUSTE DURAND, LIBRAIRE

RUE DES GRÈS, 5

—

1850

INTRODUCTION HISTORIQUE.

1. Objet et division de l'introduction.

1. Notre intention n'est pas de présenter, dans cette introduction, un historique complet des partages d'ascendants. Comme nous nous proposons pour fin de traiter, dans le corps de notre ouvrage, du droit français actuel, de faire, par conséquent, un ouvrage d'application et de pratique, le coup d'œil que nous allons jeter sur les législations antérieures n'est destiné qu'à nous éclairer sur le véritable sens de celle qui nous régit. L'histoire est pour nous un moyen et non un but. Nous ne cherchons, par l'étude des théories anciennes, qu'à nous mettre en garde contre les préjugés et les erreurs qui peuvent résulter de fausses traditions historiques. Car si les principes fondamentaux sur la matière ont subi des changements, les diverses difficultés qui peuvent se présenter ne sauraient plus aujourd'hui recevoir, toutes, la solution qu'elles recevaient autrefois.

D'après cela, nous ne nous occuperons que de la législation romaine, et de l'ancienne législation française, les seules que connût le législateur moderne, les seules du moins qu'il eût présentes à l'esprit, lorsqu'il s'occupa de la matière qui doit faire l'objet de notre travail; et encore nous bornerons-nous, dans ces deux législations elles-mêmes, aux points qui peuvent présenter quelque intérêt pour la législation nouvelle.

Ce que nous avons à dire à cet égard sera divisé en trois chapitres.

Le premier sera consacré au *partage d'ascendants*, et sera subdivisé en deux sections, l'une pour le droit romain, l'autre pour l'ancien droit français.

Le deuxième aura pour objet la *démission de biens*.

Dans le troisième, nous dirons quelques mots sur le droit intermédiaire et sur le système du Code civil.

CHAPITRE PREMIER.

DU PARTAGE D'ASCENDANTS.

SOMMAIRE.

2. Faculté, pour tout testateur, dans le droit romain primitif, de distribuer son hérédité entre ses héritiers. — Caractère légal et effets des attributions de lots.
3. La pratique donne effet aux partages effectués sans forme pour après la mort, par les pères entre leurs enfants en puissance.
4. Constantin valide les dispositions faites par un père en faveur de ses enfants dans un testament resté imparfait.
5. Le droit de faire un partage sans les formalités requises pour les testaments est accordé à tous les ascendants.
6. Justinien assujettit le partage d'ascendants à une forme.
7. Il introduit le testament privilégié entre enfants.
8. Résumé des caractères du partage d'ascendants.
9. Par qui il pouvait être fait.
10. Qui pouvait y être compris.
11. L'ascendant pouvait partager, soit son hérédité légitime, soit son hérédité testamentaire.
12. Forme de l'acte de partage.
13. L'ascendant n'était pas tenu de partager tous ses biens,
14. Ni de faire les lots égaux.
15. Le partage donnait lieu à la garantie.
16. Montant de l'obligation des descendants aux dettes héréditaires.
17. Le rapport devait toujours avoir lieu, à moins d'une dispense.
18. Le partage était révocable à volonté.
19. Justinien, en validant les pactes sur une succession future faits du consentement du *de-cujus*, rendit le partage possible dans toute succession.
20. En France, les pays de droit écrit adoptent le partage d'ascendants.
21. Variété des coutumes.—Les unes l'admettent; les autres n'en disent rien. — Celles qui l'admettent varient sur bien des points.
22. Caractère légal du partage dans les pays de coutumes. — Conséquences.
23. Nullité pour omission d'un descendant.
24. Obligation pour l'ascendant de partager tous ses biens.
25. Si le partage était soumis à l'égalité : 1° relativement à la valeur estimative des lots,
26. 2° Relativement à la répartition des meubles et des immeubles,
27. 3° Relativement à la distribution des propres.
28. Révocabilité du partage. — Exceptions.

29. Coutumes muettes. On y admet le partage, bien que les principes paraissent s'y opposer.
30. Résumé sur la question d'égalité dans les pays de coutumes.
31. Expédient à l'aide duquel un ascendant faisait seul un partage pour lequel la coutume exigeait le consentement des descendants.
32. L'ordonnance de 1735 règle la forme du partage d'ascendants.
33. Des partages faits en ligne collatérale. — Ils étaient permis, mais assujettis aux règles du droit commun sur les dispositions de dernière volonté.

§ Ier. — Droit romain.

2. La législation romaine primitive, telle qu'elle résultait de la
loi des XII Tables, ne reconnaissait pas les partages d'ascendants
comme institution spéciale. Mais le droit commun des testaments
fournissait à tout citoyen qui avait une hérédité à transmettre, le
moyen de la distribuer et de la répartir entre ses héritiers. Il avait,
en effet, le pouvoir de disposer de son patrimoine par testament
comme il l'entendait. *Uti legassit paterfamilias super pecunia, ita
jus esto*, disaient les XII Tables : ce qui autorisait incontestablement le *paterfamilias*, c'est-à-dire le citoyen propriétaire, qui
faisait un testament, à assigner déterminément chacun de ses biens
à celui de ses héritiers que bon lui semblait, et, partant, à en faire
entre eux une distribution, soit totale, soit partielle, qui devait
faire loi. C'est là, d'ailleurs, un point établi par les textes qui nous
sont parvenus[1].

Peu importait, à cet égard, que les héritiers institués dans le
testament, fussent ou non les héritiers légitimes du testateur, et
dans le cas où c'étaient ses héritiers légitimes, que ce fussent des
descendants ou tous autres parents ; car les pouvoirs du citoyen
qui disposait de ses biens par testament, étaient indépendants de
la qualité des héritiers qu'il se choisissait.

La distribution faite par le testateur constituait, dans les principes du droit romain, un ensemble de legs par préciput au profit
de chacun des héritiers institués. Chacun d'eux trouvait sa part
dans le legs qui lui était fait[2].

Cette distribution s'exécutait au moyen de l'action *familiæ erciscundæ*, et, par conséquent, dans le cours même du partage et de
la liquidation de la succession. Le juge du partage devait adjuger
à chaque héritier les biens que le testateur lui avait assignés[3].

---

[1] Ff. 35 et 78, *de Hered. instit.* — 33, *fam. erc.*

[2] Dict. ff. 35, § 1, et ff. 3, § 4, *ad Trebell.*

[3] Dict. ff. 35, pr. et § 2, et ff. 78. — Si le testateur avait aussi partagé ses
créances, le juge enjoignait aux cohéritiers de celui auquel une créance avait été
attribuée, de lui céder leur action. Arg. de ff. 3 et 4, *fam. erc.* — Du reste, en

La distribution dont nous parlons n'était donc pas un partage, dans le sens légal du mot; c'était une disposition ordinaire de dernière volonté. Seulement cette disposition était faite de manière à être l'équivalent d'un partage.

Mais avait-elle au fond les effets ou du moins quelques-uns des effets légaux qui résultent d'un partage? Cela dépendait de l'intention du testateur.

Si le testateur n'avait pas entendu remplir l'office du juge du partage, les assignations par lui faites à chacun de ses héritiers conservaient les effets ordinaires des legs, parce qu'il n'avait effectivement voulu faire que des legs; ainsi ces assignations ne donnaient pas droit à la garantie.

Lors, au contraire, qu'il avait entendu que sa distribution servît de partage, sa volonté devait s'exécuter. Chaque héritier avait donc droit à la garantie des objets qui lui avaient été assignés. — Cette distribution, sans doute, ne s'était effectuée que par voie de legs. Elle n'avait donc pas d'autre caractère légal que celui de legs. Or ce caractère ne donne point droit, par lui-même, à la garantie. Mais lorsque le testateur a entendu que ses legs tinssent lieu de partage, il a entendu qu'ils produisissent les effets ordinaires d'un partage. Or la garantie est un de ces effets. Elle est donc due en vertu de la volonté du défunt; et le juge, ayant pour mission de faire exécuter le legs tel que le testateur a entendu le faire, sanctionne cette volonté. Telle est la distinction qui résulte des textes [1].

Du reste, le testateur, quelle qu'eût été son intention, était complétement libre, dans l'origine, de distribuer son patrimoine entre ses héritiers, dans telles proportions que bon lui semblait. Peu importait qu'il eût donné plus à l'un, moins à l'autre; sa volonté faisait loi, d'après le principe proclamé par les XII Tables. Plus tard, lorsque la loi Falcidie fut venue décider que les legs mis à la charge d'un héritier ne pourraient excéder les trois quarts de sa part, la distribution faite par le testateur, dut rester dans les limites de cette loi, à peine de réduction [2]. Mais la seule inégalité entre les parts ne

---

l'absence même de cette cession, le payement fait par le débiteur en conformité du partage eût été valable, *exceptionis ope.*, l. 1, C. *de except.*

[1] Ff. 77, § 8, *de leg. 2°.* — Ff. 33, et arg. de ff. 39, § ult. *fam. erc.* — Il est vrai que le ff. 77, § 8, *de leg.* 2°, est dans l'hypothèse *d'un père qui a fait des dispositions en faveur de ses enfants.* Mais il suppose bien un testament, puisqu'il parle de legs par préciput (*prælegatas*).

[2] Dict. ff. 35, § 1, et ff. 78.

pouvait autoriser un héritier, qui avait moins reçu que les autres, à demander, soit la nullité de la distribution, soit le supplément nécessaire pour rendre sa part égale à celle des autres.

Quant à l'obligation de chaque héritier aux dettes héréditaires, elle était indépendante de la distribution que le testateur avait faite de ses biens. Chaque héritier restait tenu du passif pour une part proportionnelle au montant de sa vocation, telle qu'elle résultait de l'institution testamentaire, alors même que l'actif n'avait pas été distribué d'une manière conforme à cette vocation ; en d'autres termes, l'obligation aux dettes n'était pas en raison de l'émolument (*pro modo emolumenti*). La raison en est que les assignations d'objets déterminés n'étaient pas autre chose que des legs particuliers, et que ces sortes de legs n'obligent point, par eux-mêmes, à supporter une portion quelconque des dettes du testateur [1].

Du reste, le testateur avait, à l'égard du passif, le même pouvoir qu'à l'égard de l'actif, c'est-à-dire qu'il pouvait distribuer ses dettes entre ses héritiers ; et cette distribution était également considérée comme un ensemble de legs. Seulement, chacun de ces legs se trouvait fait, non pas, bien entendu, au profit de l'héritier à la charge duquel telle dette avait été mise, mais au profit de ses cohéritiers.

Ainsi, le droit commun relatif aux actes de dernière volonté, c'est-à-dire un testament régulier contenant des legs *per præceptionem*, fournissait à tout testateur, ascendant ou autre, le moyen de distribuer son hérédité entre ses héritiers ; et cela, avec l'un des effets attachés à un partage ordinaire, avec la garantie résultant des partages, si telle était son intention.

Ce que, de droit commun, tous les citoyens pouvaient, dès l'origine, au moyen de legs, ils le purent également, à partir d'Auguste [2], au moyen de fidéicommis ; et cela, soit que l'auteur des fidéicommis laissât un testament, soit qu'il mourût intestat. Car ce genre de disposition était de nature à pouvoir produire dans les hérédités légitimes les mêmes résultats que dans les hérédités testamentaires [3].

La distribution d'une hérédité au moyen de legs ou de fidéicommis, était, avons-nous dit, permise à tout testateur. En effet, les textes ne distinguent pas [4]. De sorte qu'il est vrai de dire que,

---

[1] Dict. ff. 35, § 1, et L. 1, C. *si cert. pet.*
[2] Qui rendit les fidéicommis obligatoires. Voy. Inst. *de fideic. hered.*
[3] L. 16 et 10, C. *fam. erc.*; ff. 39, § 1, *eod.*
[4] V. ff. 33, *fam. erc.*; 35 et 78, *de hered. instit.* L. 10, C. *fam. erc.*

dans la législation primitive de Rome, les ascendants, ceux même qui avaient leurs descendants sous leur puissance, ne jouissaient d'aucun privilége, relativement à la distribution de leur patrimoine entre ceux de leurs enfants qui étaient appelés à leur succéder *ab intestat*. Ils pouvaient sans doute faire cette distribution, mais par les moyens que fournissait le droit commun ; et toute personne le pouvait également. Le droit de partager et de distribuer son hérédité ne formait donc pas, pour le citoyen romain, un 'droit spécial ; c'était une conséquence pure et simple du pouvoir de disposer par acte de dernière volonté, tel qu'il était réglé, soit quant au fond, soit quant à la forme, par le droit commun. Dès qu'il y avait un acte régulier de disposition, la distribution qu'il pouvait contenir tirait sa force de l'acte lui-même, ainsi que toutes les autres dispositions qui s'y trouvaient. Cette distribution devait donc s'exécuter, sans distinguer si ceux entre lesquels elle était faite étaient ou n'étaient pas les descendants du défunt.

3. Mais il s'introduisit dans la pratique une autre espèce de distribution que ne reconnaissait pas le droit commun, et qui ne fut permise qu'aux ascendants, et même, dans l'origine du moins, qu'à ceux qui avaient leurs descendants sous leur puissance.

Il arriva, en effet, que des pères, sans dresser aucun testament, firent pour après leur mort, avec ou sans écrit, la division de leur patrimoine entre ceux de leurs enfants qui étaient en leur puissance, et qui se trouvaient appelés à leur succession *ab intestat*. Ces actes de division ou partage n'avaient sans doute aucune autorité par eux-mêmes, puisque nulle disposition de loi ne les consacrait. Aussi les assignations faites par le père étaient-elles insuffisantes pour transférer aux enfants la propriété des lots qui leur étaient destinés. Toutefois, il y avait là, en réalité, un acte de dernière volonté du père ; et, à la longue sans doute, on pensa qu'il devait être respecté par les enfants. On admit donc que le juge, appelé, après l'ouverture de l'hérédité légitime, à en faire le partage entre eux, se conformerait à la distribution déjà faite par le défunt ; qu'en conséquence, il adjugerait à chacun d'eux les objets que le père lui avait assignés pour sa part. C'est cette adjudication qui transférait la propriété des lots[1].

Il est clair, d'après cela, que le partage n'émanait que du juge, et que la distribution faite par le père n'était en elle-même qu'un simple projet ou plan de partage. Toutefois, comme on reconnais-

____

[1] Ff. 20, § 3, ff. 39, § 1, et L. 16, 21, C. *fam. erc.*

sait, sur ce point, force obligatoire à la volonté du père, malgré l'absence des formalités nécessaires pour la validité des actes de dernière volonté, il y avait incontestablement là un privilége en faveur de la puissance paternelle. C'est ce privilége, selon nous, qui est l'origine des partages d'ascendants considérés comme formant une institution spéciale, et un genre particulier de disposition.

L'avantage que pouvaient présenter ces partages, le but sans doute que se proposaient les pères en les faisant, c'était de prévenir les difficutés et les dissensions qui s'élèvent si souvent entre les enfants dans les partages de succession. *Ut a fraterno certamine eos præservent. Ut et memoria non violetur parentis, et occasiones litium dirimantur*[1].

On ne saurait préciser l'époque à laquelle remonte le partage des pères de famille entre leurs enfants de famille. Ce qui est certain, c'est qu'il existait au bel âge de la jurisprudence romaine, puisque Papinien et d'autres jurisconsultes contemporains ou à peu près, en font mention[2].

On eût peut-être pu le ranger dans la classe des fidéicommis *ab intestat*, manière de voir qui l'eût fait rentrer dans le droit commun; mais on ne l'envisagea pas ainsi. Ce qui le prouve, c'est qu'il s'exécutait par la procédure ordinaire, au moyen de l'action *familiæ erciscundæ*, comme l'établissent les textes que nous avons cités, tandis que l'exécution des fidéicommis se poursuivait par une procédure exceptionnelle (*extra ordinem*)[3]. D'ailleurs, si on eût vu des fidéicommis dans les assignations faites par le partage, on eût été amené, par une conséquence logique, à permettre ce genre de disposition à tout le monde, puisque le fidéicommis était de droit commun. Or, c'est ce qu'on n'a pas fait.

On pensa peut-être que le père n'entendait pas faire des fidéicommis, c'est-à-dire des dispositions attributives de droit, mais simplement préparer l'opération du partage, et, comme on dit, remplir d'avance l'office, ou du moins, une partie de l'office du juge (*officium arbitri dividendæ hereditatis præveniendo*).

Il faut donc distinguer, en droit romain, trois espèces de dispositions de dernière volonté :

Les dispositions testamentaires (institution d'héritiers et legs);
Les fidéicommis ;
Le partage.

---

[1] Nov. 18, cap. 7. L. 1. C. Theod. *de fam. erc.*
[2] V. ff. 20, § 3, *fam. erc.*
[3] Cai. 2, 218.

Le partage pouvait sans doute se faire, comme le fidéicommis, par un codicille; mais cette forme lui laissait son caractère de partage [1].

Le partage ne produisait effet qu'à la mort du père. Il était même impossible, d'après les principes du droit romain, qu'il en produisît auparavant, puisque les enfants en puissance ne pouvaient, dans l'origine, rien avoir en propre, et que même plus tard, après l'introduction des pécules, les acquisitions réalisées par eux *ex re patris,* revenaient au père [2].

Il ne saurait donc être question, en droit romain, de partage entre-vifs faits par les pères entre leurs enfants en puissance. Sans doute, lorsqu'un père, voulant remplir par avance le rôle du juge de l'action *familiæ erciscundæ,* divise, sans formalité, son patrimoine entre ses enfants, et assigne à chacun d'eux certains biens déterminés pour sa part, il peut bien leur délivrer leurs lots, de son vivant; et les textes donnent même lieu de penser qu'il le faisait quelquefois [3]. Mais le partage n'acquérait pas pour cela des effets actuels. Le père conservait toujours la pleine propriété et la libre disposition des biens qu'il avait partagés. C'est donc à tort, suivant nous, que des commentateurs ont qualifié de *partage entre-vifs,* celui qui avait été exécuté du vivant même du père, puisque cette exécution ne pouvait, à raison des règles de la puissance paternelle, lui donner des effets actuels et immédiats. Comme le disait très-bien Papinien, le partage ne devait pas être considéré pour cela *comme une donation :* ce n'était toujours qu'*un partage de dernière volonté* [4].

Les textes ne font d'ailleurs aucune mention et ne fournissent aucun exemple d'un partage fait en forme de donation entre-vifs par une personne entre ses héritiers présomptifs autres que ses enfants en puissance. Ces sortes d'actes ne pouvaient venir à l'esprit des Romains, parce qu'en pareil cas, les biens donnés entre-

---

[1] Ff. 30, § 3, *de adim. vel transf. leg.*

[2] Inst. *per quas pers.* § 1.

[3] Voy. surtout le ff. 20, § 3. Suivant Cujas, Godefroy, etc., l'espèce supposée par ce texte est celle d'un partage accepté par les enfants et exécuté du vivant même du père. Autrement, le jurisconsulte n'aurait pas besoin de dire que *l'acte ne paraît pas constituer une donation, mais un partage fait pour après la mort.* D'ailleurs, puisqu'il décide qu'il y a lieu, entre les enfants, à l'action *præscriptis verbis,* pour leur garantie respective, comme s'ils eussent fait un échange, *quasi permutationem fecerint,* c'est que probablement il y avait eu convention entre eux, et que, par conséquent, ils avaient consenti à l'acte.

[4] Ff. 20, § 3, *fam. erc.*

vifs, fût-ce à un héritier présomptif, seraient restés entièrement étrangers au partage et à la liquidation de la succession. Le *rapport* était inconnu. — Les documents nous manquent pour décider si, sous le Bas-Empire, lorsque la mère et les autres ascendants, qui n'avaient pas la puissance paternelle, eurent le droit de faire un partage, ce partage put avoir un effet actuel, bien que révocable, ce qui a été, dans notre ancien droit, le caractère des démissions de biens.

4. La matière du partage du père entre ses enfants de famille, dans le droit romain, s'est obscurcie, pour avoir été souvent confondue avec un autre acte tout à fait distinct, avec ce qu'on est convenu d'appeler *testament entre enfants* (*testamentum inter liberos*).

Le testament entre enfants est bien postérieur au partage. Car il n'est certainement pas antérieur à Constantin. Il ne date même, suivant nous, que de la novelle 107 de Justinien, bien que quelques-uns l'attribuent à Constantin. — Tâchons d'exposer brièvement ce point[1].

Un testament n'est valable, en droit romain, que moyennant l'accomplissement de certaines formalités. Lors donc qu'un citoyen avait voulu faire un testament, mais qu'il n'avait pas rempli toutes les conditions prescrites à cet effet, son acte était un acte imparfait, et, par suite, toutes les dispositions qu'il contenait, quelles qu'elles fussent, restaient sans effet. La doctrine et les constitutions des empereurs avaient même positivement admis qu'en pareil cas, elles ne pouvaient valoir comme fidéicommis faits ab intestat, à moins que l'auteur du testament imparfait, n'eût expressément déclaré (déclaration que les commentateurs ont appelée *clause codicillaire*) qu'il entendait que si sa volonté ne produisait pas effet comme testament, elle en produisît du moins comme fidéicommis[2].

Cette règle étant générale, elle s'appliquait au père qui avait entendu faire des dispositions testamentaires au profit de ses enfants: de sorte que, dans le cas où son testament était ainsi resté imparfait, toutes les dispositions qui s'y trouvaient, étaient nulles, quelle qu'en fût la nature, legs ou fidéicommis ordinaires, partage, nomination de tuteurs, etc. Or, c'est cette application particulière d'une règle générale que Constantin abrogea par une constitution

---

[1] Voy. à ce sujet Furgole, *Testaments*, chap. II, sect. I, nᵒˢ 29 et suiv.
[2] Ff. 1, ff. 13, § 1, *de jur. codicill.* ff. 29, *qui testam. fac.*, etc.

dont le texte original se trouve au Code Théodosien. Cette constitution décide que, si l'acte dont un père a entendu faire un testament, est nul comme testament, il recevra néanmoins son exécution entre les enfants, ainsi que cela aurait lieu, s'il s'agissait d'un acte auquel son auteur n'aurait pas entendu donner le caractère de testament, et qui aurait alors tiré sa force de la seule volonté du *de cujus*; qu'il ne restera sans effet qu'à l'égard des étrangers qui s'y trouveraient compris[1].

Par suite de cette décision, le partage que pouvait contenir un testament imparfait émané du père, dut produire son effet. Mais cette conséquence n'était point particulière au partage; elle avait également lieu pour toute autre disposition concernant les enfants, telle qu'une institution ou un legs.

Constantin ne créa nullement par là, suivant nous, un testament particulier entre enfants. Le principe par lui posé est simplement qu'un testament par lequel un père fait des dispositions entre ses enfants, bien que nul et imparfait comme testament, forme néanmoins entre eux, mais entre eux seulement, une disposition valable de dernière volonté, devant, comme telle, s'exécuter lors du partage et de la liquidation de la succession ab intestat. *Quamobrem, cum filiis ac nepotibus, civili jure, vel auxilio prætoris ut suis heredibus, defuncti successio deferatur....* pensée que Justinien, en reproduisant cette constitution, a rendue dans les termes suivants : *licet ab intestato ad successionem liberi vocentur.* La disposition, par conséquent, ne dut pas valoir comme testament. L'hérédité resta légitime. Justinien, en insérant dans son Code la constitution de Constantin, en changea les expressions, mais il en respecta le sens sous le point de vue qui nous occupe.

Godefroy prétend que c'est à tort que Justinien fait dire à Constantin que les enfants émancipés étaient déjà, de son temps, relativement au point qui nous occupe, sur la même ligne que les enfants restés en puissance. Cette opinion a été généralement adoptée. Nous craignons qu'elle ne soit pas exacte; car si, d'un côté, la constitution de Constantin porte *inter suos duntaxat heredes*, elle ajoute plus loin : *Cum filiis ac nepotibus civili jure, vel auxilio prætoris, ut suis heredibus deferatur.* Or, cette dernière phrase nous paraît prouver que les enfants émancipés pouvaient,

---

[1] **L. 1, C. Theod.** *de fam. erc.* — Justinien l'a insérée dans son Code (L ult. C. *fam. erc.*), mais en en changeant les expressions et sans restreindre la décision au testament imparfait.

dès le temps de Constantin, être apportionnés dans le partage, tout aussi bien que les enfants restés en puissance. Autrement, d'ailleurs, le père qui aurait eu pour héritiers (appelés par le préteur) des enfants émancipés, se fût trouvé dans l'impossibilité d'user du droit privilégié de faire un partage sans l'accomplissement des formalités ordinaires. On lui aura donc permis de l'exercer, même à l'égard des enfants qui ne se trouvaient plus sous cette puissance.

5. Constantin fut l'auteur d'une autre innovation, qui, celle-là, est spéciale au partage. Il accorda à la mère le pouvoir de faire, ab intestat, et sans aucun testament, le partage de ses biens entre ses enfants [1].

Théodose généralisa l'institution en l'étendant à tous les ascendants de l'un et l'autre sexe [2].

Tout le monde sait que vers la fin de l'empire romain, et surtout au commencement du Bas-Empire, la famille naturelle, celle qui a son fondement dans le lien du sang, prit peu à peu la place de la famille civile, qui reposait sur la puissance paternelle. Ce changement important dans la législation romaine s'opéra dans toutes les parties du droit. Le partage du père de famille entre ses enfants de famille ne pouvait y échapper. C'est là ce qui explique les constitutions de Constantin et de Théodose.

Par conséquent, à cette époque de la législation romaine, *le droit de faire un partage entre ses héritiers en dehors d'un testament*, ne peut plus être présenté comme fondé sur la puissance paternelle, puisqu'il appartient même aux ascendants qui n'ont pas cette puissance. Son fondement rationnel ne peut être placé que dans l'affection et l'intérêt que la nature inspire aux ascendants envers leurs descendants.

Il ne fut jamais étendu aux collatéraux.

Ainsi et en résumé, lorsque Justinien rédigea ses compilations de droit, les ascendants jouissaient d'une faveur spéciale, quant

---

[1] L. 2, C. Theod. *de fam. erc.* — Constantin ne donna pas précisément à la mère, à s'en tenir du moins aux termes de sa constitution, le pouvoir de faire un partage obligatoire pour ses enfants. Il ne dit pas : *la mère pourra faire un partage entre ses enfants*. Il dit : *les enfants pourront, sur l'autorisation expresse de leur mère* (præcipiente matre) *faire entre eux, de son vivant, le partage de ses biens*. — Constantin, innovant le premier, en cette matière, gardait encore quelques ménagements envers les anciens principes, mais le pas était fait, et dans la suite, on reconnut à la mère un pouvoir égal à celui du père.

[2] L. 21, § 1, C. *de testam.* — Préf. de la nov. 107.

au droit de partager leurs biens entre leurs descendants. Cette faveur consistait :

1° En ce que le partage fait par eux sans testament, avec ou sans écrit, exécuté ou non de leur vivant, était valable et devait être sanctionné par le juge ;

2° En ce que cela avait lieu, alors même que le partage se trouvait dans un testament resté imparfait, et qui ne contenait d'ailleurs aucune clause codicillaire.

Le tout par exception aux principes sur la forme des actes de dernière volonté. — Ceux, au contraire, qui avaient pour héritiers légitimes ou testamentaires des personnes autres que des descendants, ne pouvaient distribuer leurs biens qu'au moyen des formalités auxquelles le droit commun assujettissait les actes de dernière volonté. La différence, du reste, ne consistait, on le voit, que dans la forme. Le seul privilége, en effet, que le droit romain ait jamais accordé aux partages d'ascendants est l'exemption des formalités ordinaires. C'est là un point à remarquer.

6. Justinien, qui, dans ses compilations, s'était borné à reproduire les principes admis par la législation existante sur le partage d'ascendants, retoucha la matière par ses Nov. 18 et 107. Ses innovations concernent et le partage et le testament entre enfants.

Le partage d'ascendants, et généralement toutes les dispositions faites par un ascendant en faveur de ses descendants, n'étaient assujettis à aucune règle de forme. Pour le partage, il en avait été ainsi dès son introduction ; pour les autres dispositions, c'était la conséquence de la règle admise par Constantin. Or, cet état de choses, loin de prévenir les procès et les dissensions entre les descendants, les occasionnait au contraire ; c'est Justinien qui nous le dit [1]. Des doutes s'élevaient fréquemment sur le point de savoir si les ascendants avaient fait des dispositions entre leurs descendants et quelles étaient précisément ces dispositions. — Justinien se proposa donc de ne considérer la volonté des ascendants comme valable, qu'autant qu'elle se serait manifestée d'une manière claire et indubitable. Dans sa Nov. 18, cap. VII, il commence par engager l'ascendant qui se propose de partager la totalité ou une partie de son patrimoine entre ses descendants, à le faire dans un testament ; et il entend incontestablement par là un testament ordinaire, c'est-à-dire un acte revêtu des formes prescrites par les lois, puisque la législation ne reconnaissait pas comme testament l'acte

---

[1] Nov. 18, cap. VII; Nov. 107, cap. I.

où ces formes n'avaient pas été observées. C'était donc engager l'ascendant à faire son partage par la voie de droit commun.

Justinien ajoute ensuite que l'ascendant qui ne peut faire un testament, doit, du moins, dresser ou faire dresser par écrit un état ou détail circonstancié des choses qu'il veut partager, et le signer lui-même ou le faire signer par tous les descendants entre lesquels il fait son partage. S'il procède autrement, si l'écrit de partage n'indique pas d'une manière précise et détaillée la composition des lots, s'il reste de l'incertitude à cet égard, ses descendants seront en droit de demander le partage de la succession comme s'il n'avait rien fait, et le juge de l'action *familiæ erciscundæ* n'aura aucun égard à sa distribution.

Ainsi, l'innovation de Justinien relativement au partage d'ascendants, consista à assujettir ce partage à la nécessité d'un écrit signé, soit de l'ascendant, soit des descendants, et spécifiant clairement les objets assignés à chaque descendant.

7. La Nov. 107, cap. I, concerne le testament *inter liberos*. C'est là, et là seulement, que ce testament apparaît pour la première fois. L'empereur, en effet, trace des formes à suivre par l'ascendant qui veut *faire des dispositions* entre ses descendants. Or, il oppose constamment l'expression *disponere* à l'expression *dividere, partes facere*. L'ascendant doit, dans le cas où il veut disposer (et en supposant, bien entendu, qu'il ne remplisse pas les solennités ordinaires), écrire de sa main la date, les noms de ceux de ses descendants qu'il institue et la quotité pour laquelle il les institue. Cette dernière mention doit même être écrite en toutes lettres, et non en chiffres.

L'empereur ajoute que si l'ascendant veut en outre (*etiam*) faire un partage par ce testament, le détail en doit également être écrit de sa main. — C'était assujettir le partage contenu dans un testament *inter liberos* à la même forme que ce testament lui-même.

Dans le chap. III de la même Novelle, Justinien revient sur le partage fait en dehors de tout testament; mais il se borne à renvoyer aux dispositions qu'il avait précédemment établies par la Nov. 18, et à déclarer que la signature, soit de l'ascendant, soit des descendants, suffit pour valider ce partage (en supposant qu'il contienne un état détaillé des choses partagées).

8. Ce sont les Novelles de Justinien qui ont clos ce que, chez nous, on appelle le droit romain. Nous avons donc à résumer maintenant les données qui ressortent de l'historique que nous venons de présenter.

Or, de notre exposé, il résulte, ce nous semble, qu'il n'y a jamais eu, dans la législation romaine, qu'une seule espèce privilégiée de partage d'ascendants ; que ce partage ne constituait qu'un acte de dernière volonté, c'est-à-dire, qu'en droit, il ne devait produire effet qu'à la mort de l'ascendant, bien qu'en fait, il pût s'exécuter de son vivant, sous son bon plaisir, et eût ainsi l'apparence d'un acte entre-vifs;

Qu'il ne put d'abord être fait que par un père de famille entre ses enfants de famille, mais qu'il fut ensuite, et successivement, permis à tous les ascendants entre leurs descendants;

Qu'il pouvait accompagner également l'hérédité testamentaire, et l'hérédité légitime; que seulement jusqu'à Constantin, s'il avait été fait par testament, il suivait le sort du testament, en ce sens du moins, qu'en l'absence d'une clause *codicillaire*, il était nul si le testament lui-même était nul ;

Qu'il ne fut assujetti à aucune forme avant la Nov. 18 de Justinien, et qu'il tirait toute sa force obligatoire de la volonté de l'ascendant, sans qu'il fût besoin du consentement des descendants ;

Qu'enfin, il faut se garder de le confondre avec le testament *inter liberos*. Le testament *inter liberos* pouvait ne pas contenir de partage. Et d'ailleurs, alors même qu'il en contenait, le partage restait entièrement distinct du testament. Il y avait, en ce cas, deux dispositions dans un même acte : l'institution d'héritier, puis le partage. Le testament *inter liberos* était un *acte attributif de droit, ayant pour but de créer au testateur un ou plusieurs héritiers parmi ses enfants.* Le partage au contraire était un simple acte de distribution : c'est-à-dire, qu'il était simplement considéré comme contenant la division de l'hérédité déférée soit par la loi, soit par le testament.

Ajoutons que, par suite de la Nov. 107, qui introduisit le testament *inter liberos*, les ascendants furent dispensés d'accomplir les formalités prescrites de droit commun, non-seulement dans le cas où ils voulaient simplement partager leur succession ab intestat entre leurs descendants, mais encore dans celui où ils voulaient user à leur égard d'un droit plus étendu, du droit de disposer, c'est-à-dire de changer la vocation héréditaire.

Présentons maintenant l'exposé méthodique des principales règles qui régissaient le partage d'ascendants.

9. Il ne pouvait évidemment être fait que par les ascendants qui devaient laisser une hérédité.

10. L'ascendant qui faisait un partage, ne pouvait y comprendre que ceux de ses descendants qui étaient appelés à sa succession. S'il y avait compris une autre personne, la mention de cette personne eût été regardée comme non avenue, et, par suite, les biens qui lui auraient été assignés, eussent été considérés commen on partagés. — Les personnes autres que les descendants héritiers présomptifs, auraient bien pu, sans doute, acquérir des droits héréditaires, et, par suite, être comprises dans la distribution; mais il aurait fallu, pour cela, une institution en leur faveur dans un testament fait d'après les formes du droit commun [1].

Nous ne connaissons aucun texte qui prévoie le cas où l'ascendant aurait omis dans son partage un descendant qui devenait en définitive héritier. — Le partage était-il nul à raison de cette omission? ou bien l'enfant omis se trouvait-il, par suite de cette omission, indirectement réduit à sa légitime sur les biens partagés? —C'est cette dernière opinion qu'adoptent communément les commentateurs [2].

11. L'ascendant pouvait faire un partage entre ses descendants, soit par testament, soit ab intestat.

Il le pouvait, bien entendu, par un testament ordinaire, soit avant Justinien, soit depuis [3].

Mais ce n'était là que l'application du droit commun, puisque, d'après ce qu'on a dit ci-dessus, tout testateur pouvait partager ses biens au moyen de legs par préciput ou de fidéicommis.

Ce qui est spécial à l'ascendant, c'est qu'il avait le pouvoir de partager ses biens, soit par ce testament privilégié qu'on appelle *testament entre enfants*, soit ab intestat, par un simple acte de distribution. — Il pouvait donc indifféremment rendre testamentaire, ou bien laisser légitime, l'hérédité qu'il voulait partager entre ses descendants.

Lorsqu'il y avait un testament, c'était ce testament qui déterminait les proportions dans lesquelles les descendants institués héritiers, étaient appelés à la succession; autrement, c'était la loi des hérédités ab intestat. Quant au partage, il n'était point par lui-

---

[1] L. ult. C. *fam. erc.*; L. 21, § 1, C. *de testam.*

[2] Voy. Furgole, *Testaments*, chap. VIII, sect. I, n° 149. — Au reste, ne confondons pas l'omission d'un *suus heres* dans un testament, c'est-à-dire le cas où il n'était ni institué ni exhérédé (ce qui entraînait la nullité du testament), avec l'omission d'un descendant, *suus heres*, ou non, dans un partage d'ascendant.

[3] Ff. 30, § 3, *de adm. vel transf.* — Nov. 18, cap. VII.

même attributif de droit ; aussi ne renfermait-il aucune institution d'héritier[1].

12. Justinien, le premier, on l'a déjà vu, assujettit le partage d'ascendants à une forme. Cette forme, du reste, était fort simple. Elle consistait uniquement, lorsque le partage était *ab intestat,* dans un écrit contenant le détail circonstancié des lots, et signé, soit de l'ascendant, soit des descendants ; de sorte que l'ascendant pouvait, à son choix, procéder seul, en apposant simplement sa signature à l'acte de partage, ou bien avec le concours de ses descendants, en faisant signer cet acte par eux. Dans ce dernier cas, la signature de l'ascendant n'était pas requise.

Quant au partage fait dans un testament *inter liberos*, il devait être écrit de la main de l'ascendant ; ce que les textes n'exigent pas pour le partage fait ab intestat[2].

Il serait inutile, pour le but que nous nous proposons, d'indiquer et d'examiner les difficultés qui se sont élevées sur l'interprétation des Nov. 18 et 107, en ce qui concerne la forme du partage d'ascendants. Il nous suffit d'avoir établi que, dans la législation romaine, soit avant Justinien, soit depuis, ce partage était dispensé des formalités ordinaires requises pour les testaments.

13. L'ascendant pouvait ne partager qu'une partie de ses biens. Ceux qu'il n'avait pas partagés revenaient, lors de sa mort, à ses divers descendants, en proportion de leurs droits héréditaires, tels qu'ils étaient déterminés par la loi ou par le testament. Ils devaient donc, à cette époque, faire l'objet d'un nouveau partage entre les descendants eux-mêmes, conformément aux règles ordinaires. Car il fallait bien, dans les points sur lesquels l'ascendant ne s'était pas expliqué, s'en référer aux dispositions de la loi, parce qu'à défaut de sa volonté, il n'y avait que la loi qui pût servir de guide[3].

L'ascendant pouvait partager le passif aussi bien que l'actif[4].

14. L'ascendant pouvait impunément mettre de l'inégalité entre les lots. Son pouvoir à cet égard, n'était limité que par le droit des descendants à leur légitime[5].

Son partage différait donc bien, sous ce point de vue, du partage fait par le juge. Car le juge devait observer l'égalité. Aussi ne pen-

----

[1] Ff. 32, et L. 21, C. *fam. erc.*

[2] Nov. 107, cap. I et 3 ; nov. 18, cap. VII.

[3] L. 21, C. *fam. erc.* et peut-être ff., 32, *cod.*

[4] Ff. 20, § 3, *fam. erc.*

[5] L. 6, C. *de inoff. testam.* — Ff. 39, § 1, et L. 16 et 21, C. *fam. erc.* — Ff. 39, § 1, *cod.*

sons-nous pas qu'on puisse, dans la pureté des principes, appeler *partage* la distribution faite en droit romain, par un ascendant, de la totalité ou d'une partie de ses biens entre ses descendants, puisqu'elle pouvait avoir lieu sans l'égalité, qui est un caractère, non pas seulement naturel, mais même essentiel aux partages[1]. Son véritable caractère légal, à nos yeux, c'est qu'elle constituait une disposition de dernière volonté, destinée à se substituer au partage du juge, ou plutôt destinée à servir de base au juge chargé du partage, et à faire règle pour lui, alors même qu'elle n'eût pas été conforme aux proportions dans lesquelles il aurait dû lui-même distribuer les biens.

C'est une chose à remarquer en effet que la manière dont la distribution faite par l'ascendant obtenait son effet. Cet effet, elle ne le produisait point par elle-même. Elle n'était rien autre chose en elle-même qu'un simple projet de partage, auquel sans doute devait se conformer le juge, mais qui ne se réalisait que par l'intermédiaire de ce dernier. Le juge devait y mettre le sceau de son autorité, l'homologuer, suivant le langage de la pratique moderne : si bien qu'il n'y avait, en fin de compte, qu'un partage ordinaire du juge. L'œuvre de l'ascendant s'effaçait sous l'œuvre du juge, ou, en d'autres termes, la distribution faite par l'ascendant était transformée en partage par le juge.

Mais quelle ressource avaient les descendants dont la légitime, par suite des dispositions du partage, n'était pas entière?

Si l'ascendant était mort intestat, les descendants étant, en principe, et nonobstant le partage, héritiers légitimes, pour les parts que leur déférait la loi ordinaire des successions, ils retenaient leur légitime lors de la délivrance des lots ; en d'autres termes, ils n'exécutaient le partage que dans les limites de la quotité dont l'ascendant avait pu les priver[2].

Si l'ascendant avait fait son partage par testament, la plainte d'inofficiosité que l'on donnait aux descendants qui n'avaient pas leur légitime, faisait tomber le testament lui-même avec toutes les dispositions qu'il contenait, et par conséquent, avec le partage, s'il contenait un partage. Ce point fut changé sous le Bas-Empire. Le légitimaire n'eut plus qu'une action en complément de sa légitime. Or cette règle dut avoir lieu, aussi bien quand c'était un partage qui

---

[1] « Il est de l'essence du partage qu'il y ait quelque analogie des portions. » Coquille, question 244.

[2] L. 16 et 21, C. *fam. erc.*

blessait la légitime d'un descendant, que quand c'était une **autre** disposition.

15. Le partage donnait lieu à la garantie ordinaire. Ce point, il est vrai, a été vivement contesté. Mais il nous paraît formellement résolu par les textes[1]. Les principes d'ailleurs suffiraient pour le faire admettre. En effet, puisque, comme on l'a dit ci-dessus, la distribution faite par l'ascendant n'était en elle-même qu'un projet de partage que le juge confirmait, il n'y avait là, en fin de compte, qu'un partage ordinaire, qui devait naturellement sortir des mains du juge avec ses résultats habituels, c'est-à-dire non-seulement avec la translation de propriété, mais encore avec le droit à la garantie. — Si, maintenant, laissant de côté la forme, on considère le fond, on arrive à dire que l'intention de l'ascendant ayant été de prévenir l'office du juge, c'est-à-dire de faire ce que le juge aurait eu à faire d'après le cours ordinaire des choses, son acte devait avoir les effets qu'aurait eus l'acte du juge.

Il en est qui soutiennent que la garantie n'était pas due pour les avantages que le partage pouvait procurer à certains enfants, c'est-à-dire pour ce dont leur lot excédait celui des autres. — Cette distinction ne s'appuie sur aucun texte. Nous la repoussons; car le partage qui attribuait à un enfant un lot plus fort qu'aux autres n'en restait pas moins en droit un partage. Par conséquent, ce que recevait chaque enfant était toujours la part qui lui revenait dans l'hérédité légitime ou testamentaire. Elle lui revenait à juste titre, sinon en vertu des lois d'un partage ordinaire, du moins en vertu de la volonté de l'ascendant. C'était bien là le lot que l'ascendant avait voulu et avait pu lui assurer dans la division de son hérédité. Donc il devait lui être garanti. — L'opinion que nous rejetons ne serait vraie que pour les objets qui auraient pu avoir été attribués à un descendant en dehors de sa part, parce qu'alors il y aurait eu une libéralité proprement dite, en droit, aussi bien qu'en fait. Mais tel n'était point le caractère des inégalités que l'ascendant

---

[1] Ff. 20, § 3. — 39, § 5, *fam. erc.* — Ff. 77, § 8, *de leg.* 2°. Ce dernier texte suppose, il est vrai, un partage fait par un père qui avait laissé un testament ordinaire. Mais le partage ab intestat ne diffère du partage fait par un testateur, que sous le rapport de la forme. Au fond, les effets en sont les mêmes; voilà pourquoi, dans sa Nov. 18, chap. vii, Justinien conseille à l'ascendant *qui veut faire un partage,* d'y procéder par testament, et de ne recourir à un simple écrit que dans le cas où il ne pourrait pas, commodément du moins, dresser un testament. Il ne dit pas qu'il y ait, quant aux effets, la moindre différence entre les deux formes.

avait pu introduire entre les lots. Ces inégalités, sans doute, produisaient sous le rapport de l'émolument le même résultat qu'une libéralité qui eût été faite en dehors du partage; mais elles ne faisaient pas qu'en droit l'excédant de certains lots sur d'autres fût acquis et possédé à un titre autre que celui de partage.

16. Si l'ascendant ne s'était pas expliqué sur ses dettes, les descendants devaient les supporter au prorata de leur part héréditaire, sans égard aux inégalités qui pouvaient se rencontrer dans la distribution des biens.

C'est ce qu'on décidait au cas d'une distribution faite par un testateur dans un testament ordinaire[1]. Or il y a ici exactement même raison; car, comme nous l'avons déjà fait observer, on doit, dans les points sur lesquels l'ascendant a gardé le silence, revenir aux règles ordinaires du droit. Du reste, le partage des dettes opéré par l'ascendant était, comme de juste, sans influence sur le droit des créanciers, de même que l'eût été semblable partage fait par les descendants eux-mêmes ou par le juge. Les créanciers conservaient donc leur action contre chacun des descendants en raison des parts héréditaires, sauf à celui qui se trouvait ainsi poursuivi, son recours en garantie contre ceux de ses cohéritiers qui avaient pu être chargés d'acquitter la dette[2].

17. Jusqu'à Justinien, le partage n'exerçait par lui-même aucune influence sur le rapport. On s'en tenait, à cet égard, aux règles ordinaires, c'est-à-dire que si l'ascendant avait laissé un testament, le rapport n'était pas dû, à moins que le testament n'en eût imposé l'obligation, tandis que s'il était mort intestat, le rapport était dû, à moins que l'ascendant n'eût manifesté une volonté contraire. Justinien voulut qu'en cas de partage, le rapport fût toujours dû, alors même qu'il y aurait un testament, à moins que le testament n'en contînt une dispense expresse[3].

18. Le partage d'ascendants était, avons-nous déjà dit, révocable à volonté. C'est là un caractère essentiel à toutes les dispositions faites pour avoir effet après la mort, et dont Constantin fait expressément l'application au partage d'une mère[4].

Les questions que l'on pourrait soulever sur la forme de la révocation, seraient sans intérêt pour nous.

---

[1] Ff. 35, § 1. *de hered. instit.*
[2] Ff. 20, § 3, *fam. erc.*
[3] Nov. 18, cap. vi. — Voy. aussi ff. 39, § 1, *fam. erc.* écrit sous l'ancien droit et qui décide en effet par interprétation de volonté.
[4] L. 2, C. Theod. *de fam. erc.* — Arg. du ff. 39, § 5, *fam. erc.*

19. Justinien valida les pactes faits sur une succession future, toutes les fois qu'ils auraient lieu du consentement du *de cujus*[1]. On pouvait en conclure, ce nous semble, que le partage d'une succession devenait possible dans tous les cas, sans un acte ordinaire de dernière volonté, et au moyen du seul concours de la volonté des héritiers présomptifs et de celle du *de cujus*. C'est une conséquence que des auteurs paraissent effectivement avoir tirée, dans notre ancienne pratique[2].

§ II. — Ancien droit français.

20. Dans notre ancienne France, les pays qui suivaient le droit romain, et que pour cela on appelait *pays de droit écrit*, avaient naturellement adopté le partage d'ascendants avec toutes les règles qui le régissaient d'après le corps de droit de Justinien[3].

21. Quant aux coutumes, elles variaient sur ce point, comme à peu près sur tous les autres.

Ainsi les unes l'admettaient expressément ; tandis que d'autres n'en disaient rien.

Voici, à notre connaissance, celles qui l'autorisaient :

Bretagne, art. 560.	Artois, art. 85.
Bourbonnais, art. 216.	Douai (Gouvernance), c. ii, art. 39.
Bourgogne, tit. vii, art. 6 et suiv.	Acs, tit. iii, art. 2.
Nivernais, chap. xxxiv, art. 17.	Péronne et Montdidier, art. 107.
Poitou, art. 219.	La Salle de Lille, tit. v, art. 58.
Amiens, art. 49.	Lorraine, tit. des Testam., art. 4.

On pourra s'apercevoir par la suite, que la matière des partages et celle de la démission de biens avaient reçu en Bretagne un plus grand développement juridique que dans les autres provinces.

Les coutumes qui autorisaient expressément le partage étaient loin de suivre toutes les mêmes règles.

Les unes, et c'était le plus grand nombre, ne le permettaient qu'aux ascendants, mais à tous sans distinction, comme en droit romain.

D'autres le permettaient non-seulement à tous les ascendants, mais même aux collatéraux (Nivernais, Amiens, Artois, Péronne et Montdidier).

---

[1] L. ult. C. *de pactis*.

[2] Lebrun, *des Successions*, liv. IV, chap. i, n° 11.

[3] Voy. Furgole, *Testaments*, chap. ii, sect. i, n° 11, et chap. viii, sect. i, n° 142 et suiv.

A l'inverse, quelques-unes ne le permettaient, du moins par leur texte, qu'au père et à la mère (Poitou, Bourbonnais, Bretagne, etc.). Mais la doctrine et la jurisprudence s'étaient généralement refusées à interpréter le texte comme limitatif, et elles l'étendaient à tous les ascendants [1].

Certaines coutumes autorisaient le partage dans les familles nobles ou roturières indistinctement.

D'autres ne l'autorisaient que dans les familles nobles. Mais ici encore, on étendit le texte, et on admit les partages, même dans les familles non nobles. Il est à présumer que cette extension ne s'introduisit que peu à peu, et à mesure que la féodalité déclinait.

Généralement, le partage tirait son autorité de la seule volonté de celui qui partageait ses biens. Toutefois, la coutume d'Artois et celle de Poitou exigeaient le consentement des descendants pour le partage des *propres*, par le motif que ces biens étaient, dans les pays coutumiers, hors de la disposition de l'homme.—La coutume de Poitou ne paraissait pas, il est vrai, dans son texte, distinguer entre les *propres* et les autres biens, c'est-à-dire les *meubles* et *acquêts*. Mais cette distinction était faite par la doctrine. De ce que la coutume permettait d'avantager l'un des héritiers dans les meubles et les acquêts, on concluait qu'elle en autorisait le partage [2].

La coutume de Bretagne exigeait le concours et le consentement, non pas des descendants, mais de quatre parents, deux du côté paternel, et deux du côté maternel. Cette disposition avait pour résultat de rendre un partage possible, alors même que, parmi les descendants, il se trouvait des incapables : résultat impossible, en pareil cas, dans les coutumes de Poitou et d'Artois, pour le partage des propres.

Deux coutumes, celle de Bourbonnais et celle de Bourgogne, exigeaient, pour la validité du partage, que celui qui l'avait fait survécût un certain espace de temps après sa confection. Ce délai était de quarante jours dans la coutume de Bourbonnais, de vingt jours dans celle de Bourgogne.

Le motif que l'on donnait de cette disposition, c'est qu'il eût été à craindre qu'à l'approche de la mort, les facultés intellectuelles de l'auteur du partage ne fussent déjà affaiblies, et que, par suite

---

[1] D'Argentré et Hevin, sur Bretagne. — Toutefois un arrêt rendu pour la coutume de Bourbonnais, avait déclaré nul un partage fait par un aïeul ou aïeule; et Auroux des Pommiers nous dit qu'on s'en était tenu à cette décision. Dans le Bourbonnais soit; mais non ailleurs.

[2] Boucheul, sur Poitou, art. 219, n° 21.

de cet affaiblissement, il ne commît involontairement des erreurs d'appréciation, ou ne cédât plus facilement à des suggestions. *Non solum metu suggestionum, sed ne dividens, nimium vicinus morti, facile erret in æquali distributione* [1].

Par suite de ce motif, on assimilait la perte de la raison à la mort.

Cette nécessité de survie était inconnue dans les autres coutumes. — Il paraît, du reste, que là où elle était prescrite, elle donnait lieu à bien des procès. Les ascendants qui se voyaient sur le point de mourir, déguisaient le partage de leur succession sous la forme d'un autre acte, et il se trouvait alors presque toujours quelque enfant qui, mécontent de son lot, demandait la nullité de la disposition [2].

La coutume de Bourgogne et celle de Bourbonnais étaient les seules qui réglassent la forme du partage. Elles portaient qu'il pouvait se faire, soit en justice, soit par un acte public, passé devant un notaire en présence de deux témoins, ou devant deux notaires, soit enfin par un acte sous seing privé, écrit, daté et signé de l'ascendant.

La coutume de Bourgogne portait de plus qu'au dernier cas, l'ascendant présenterait l'acte de partage à un notaire en présence de deux témoins, et que le notaire dresserait acte de cette présentation.

Cette disposition ne se trouvait pas dans la coutume de Bourbonnais. Mais on l'y suppléait; car elle était commandée par la nécessité. — Dès que la loi requérait la survie, si l'acte de partage était par acte sous seing privé, on devait avoir soin d'en assurer la date par un acte de reconnaissance devant notaires, ou autre acte public [3].

Dans les coutumes qui ne s'expliquaient pas, le partage se faisait communément par un acte notarié ou par un acte sous seing privé, tels que les prescrivaient les deux coutumes dont nous venons de parler.

22. L'acte de partage, quelle qu'en fût du reste la forme, ne se confondait nullement avec un testament. De même que dans le droit romain, il n'était point un acte d'attribution, mais de simple distribution. Celui qui avait partagé ses biens pour après son décès, n'en mourait pas moins intestat. Son partage laissait sub-

---

[1] Dumoulin, sur ces coutumes. Bouvot, sur Bourgogne.
[2] V. Taisand, sur Bourgogne.
[3] Auroux des Pommiers, sur Bourbonnais.

sister la succession légitime. Les descendants restaient donc héritiers ; ils ne devenaient pas simples légataires.

Les coutumes portaient même expressément, pour la plupart du moins, qu'ils étaient saisis de la portion que l'ascendant leur avait assignée ; *bien que l'acte,* c'est la réflexion de Lebrun, et la raison de douter, *bien que l'acte par lequel il la leur eût laissée, fût un acte testamentaire, ce qui marque,* ajoutait-il, *qu'en ce cas même, elles ne laissent pas de considérer les enfants comme héritiers ab intestat des parts et portions que leur père leur a léguées*[1]. La saisine, en effet, est l'attribut exclusif de la succession légitime.

C'était là, disons-nous, le principe du droit romain, dans lequel l'hérédité n'était déférée que par la loi ou les institutions contenues dans un testament, et où, par conséquent, le partage n'était point ce qui attribuait la vocation à la succession. La différence entre les deux législations, c'est que, dans les coutumes, la qualité d'héritier ne pouvait émaner que de la loi.

Par suite du même principe, l'enfant qui renonçait à la succession, ne pouvait prétendre, à titre de légataire, aux biens qui lui avaient été assignés pour son lot. « Chacun, disait Coquille, prendra en qualité d'héritier ; et s'il ne prend qualité d'héritier, il n'aura rien[2]. »

Ceux qui acceptaient, étaient, comme en droit romain, tenus des dettes, non point en raison de l'émolument que leur procurait le partage, mais en raison de leur part héréditaire, à moins que l'ascendant n'eût partagé le passif.

Ils se devaient le rapport. Quant à la garantie, il y eut de vives discussions, provenant de ce que le droit romain ne paraissait pas trancher nettement la question. Mais, d'après le sentiment le plus général, elle était due de droit et sans qu'il fût besoin à cet égard d'une clause dans l'acte de partage : et cela, soit en ligne directe, soit en ligne collatérale (là où il était permis en collatérale), et soit que la coutume prohibât, soit au contraire qu'elle autorisât les avantages entre héritiers.—C'est ce qui résulte de ce que dit le commentateur de la coutume d'Artois.—« La coutume d'Artois permettant d'avantager l'un des héritiers (et autorisant le partage en ligne collatérale), on pourrait y agiter la question de savoir si les lots y sont

---

[1] Lebrun, *Successions,* liv. IV, chap. I, n° 11. — Le mot *léguées* n'est donc pas parfaitement exact. — Voy. aussi Taisand, sur Bourgogne, Maillart, sur Artois, art. 85, n° 24. — Coquille, sur Nivernais.

[2] Coquille, sur Nivernais.

garants les uns des autres sans stipulation... Lorsque le testateur a assigné à chacun de ses héritiers sa portion héréditaire, celui qui en est évincé en tout ou en partie, doit avoir son recours contre ses cohéritiers..., parce que le testateur n'a fait de son vivant que ce que le juge aurait fait après son décès, et comme en partage fait après le décès, la garantie aurait lieu, il est juste que le recours puisse être exercé en cas de partage fait avant le décès[1]. »

Mais il faut remarquer ici que la pratique française, cherchant à simplifier la procédure, et ne voyant pas d'utilité à l'homologation du juge, admit que le partage aurait effet par lui-même, et cela, soit dans les pays de droit écrit, soit dans ceux de coutumes.— Ce résultat était d'ailleurs une conséquence nécessaire du principe que les descendants étaient saisis par la loi de la portion que leur assignait le partage.

23. Le partage était nul, lorsque l'un des descendants y avait été omis, contrairement à ce qui, d'après l'interprétation la plus commune, s'était pratiqué en droit romain[2].

24. Contrairement encore à ce qu'avait admis le droit romain, on tenait que le partage devait, à peine de nullité, comprendre tous les biens de l'ascendant, tous ceux du moins qu'il avait lors de la confection du partage.

On motivait cette règle en disant que le partage autorisé par la coutume contre l'égalité introduite par la nature entre les enfants, n'avait d'autre faveur que la considération du repos des familles, laquelle cessait quand le tout n'était pas partagé, de manière que les enfants n'eussent plus rien à démêler les uns avec les autres[3]. Cette raison eût dû amener à dire que le partage devait être nul, non-seulement lorsque l'ascendant y avait omis quelque objet lui appartenant déjà au moment où il le faisait, mais encore lorsque, postérieurement, il lui survenait de nouveaux biens, qui se trouvaient encore dans son patrimoine lors de son décès. Mais on avait reculé devant cette opinion, qui aurait eu pour résultat d'infirmer après coup des partages régulièrement faits dès le principe. Boullenois[4], toutefois, inclinait à adopter cette solution. Elle était, en effet, conséquente avec le principe posé. Car c'est à l'époque du

---

[1] Maillart, sur Artois, art. 85. — Lebrun, *Successions*, liv. IV, chap. 1, n° 69. — Furgole, *Testaments*, chap. VIII, sect. 1, n° 165. — Boullenois, *Démiss. de biens*, p. 187 et suiv. et les autres autorités citées par lui.

[2] Auroux des Pommiers, Furgole, etc.

[3] *Idem.*

[4] *Démiss. de biens*, p. 219.

décès que s'apprécie la validité des dispositions faites pour après la mort, lors du moins qu'il ne s'agit pas des formalités extérieures.

La coutume d'Artois, n'autorisant le partage sans le consentement des héritiers que relativement aux acquêts, permettait par là même un partage partiel.

En tout cas, un partage partiel eût-il été valable, s'il avait été fait dans les formes requises pour les testaments ordinaires, et que l'ascendant n'y eût fait entrer que les biens dont il pouvait disposer, c'est-à-dire les acquêts et le quint des propres, ou qu'en y faisant entrer les propres, il se fût conformé aux proportions établies par la loi entre les divers héritiers? Nous n'avons pas rencontré cette question dans les divers passages que nous avons parcourus.

25. La question de l'égalité entre les descendants se présente, dans les pays de coutumes, sous trois rapports distincts:

En premier lieu, sous le rapport de la valeur estimative des lots ;

En second lieu, sous le rapport de la nature mobilière et immobilière des biens composant ces lots ;

Et en troisième lieu, sous le rapport de la distribution des propres.

Certaines coutumes permettaient expressément l'inégalité dans le partage, et elles entendaient en cela parler de la valeur estimative des lots (Bourgogne, Nivernais, Bourbonnais, Douai, Péronne et Montdidier). Là, le descendant qui avait reçu moins que les autres n'était admis à se plaindre qu'autant que sa légitime ne se trouvait pas entière; et encore son action était-elle, en ce cas, non une action en nullité du partage, mais une action en complément de sa légitime. C'était, comme on voit, le principe du droit romain.

Sans doute, ces coutumes étaient de celles qui permettaient, en règle générale, d'avantager l'un des héritiers. Mais le partage n'en constituait pas moins, dans les pays qu'elles régissaient, une disposition exceptionnelle, puisque les inégalités contenues dans le partage formaient, en résultat, pour certains descendants, des avantages dispensés des formalités requises de droit commun pour les dispositions de dernière volonté. La disposition était donc, comme le partage du droit romain, privilégiée quant à la forme.

Les inégalités qui, en fait, se trouvaient dans le partage, ne devaient toutefois avoir leur effet qu'autant qu'elles n'étaient pas contraires à la volonté du *de cujus*. Si donc il paraissait que son intention avait été d'observer l'égalité, et que les différences qui existaient entre les lots ne provenaient que d'une erreur d'appréciation de sa part, il y avait lieu, soit de rescinder le partage, soit de fournir un supplément à qui de droit. En effet, l'ascendant avait bien le pouvoir de porter atteinte à l'égalité. Mais l'avait-il voulu? là était la question. Car c'est l'intention qui détermine avant tout les effets que peut avoir un acte [1].

Quant aux autres coutumes, qui, restées fidèles en cela au principe de l'ancien droit français, défendaient les avantages entre héritiers, elles n'avaient point autorisé l'inégalité dans le partage. Il devait donc être rescindable pour lésion. Autrement les ascendants qui auraient voulu, contrairement à la prohibition portée par la coutume, avantager l'un de leurs descendants, auraient pris pour cela la voie du partage. *Ne obliqua dispositione contra juris consuetudinarii regulam alterius ex heredibus melior conditio fieret* [2].

La doctrine toutefois fit subir à ce principe une modification. L'égalité, dit-on, ne doit pas s'entendre à la rigueur. La raison, sans doute, demande qu'on écoute plus facilement les descendants contre le partage de leur ascendant que contre un partage qu'ils auraient fait eux-mêmes, et où, par conséquent, ils auraient pu veiller à leurs intérêts. Il ne faut donc pas exiger, pour rescinder ce partage, une lésion aussi forte que pour rescinder les partages ordinaires (c'est-à-dire une lésion de plus du quart). Mais on doit aussi laisser quelque chose à l'autorité des ascendants, s'en rapporter, dans une certaine mesure, à leur affection et à l'intérêt éclairé qu'ils portent à leurs descendants. Il serait fâcheux de faire manquer, pour un léger intérêt, le but qu'ils se proposaient, à savoir, le maintien de la paix et de la concorde dans leur famille. — Par suite de ces considérations, on posa comme règle qu'il suffirait, pour la validité du partage, qu'il ne renfermât pas une inégalité considérable [3].

La coutume de Bretagne, la seule qui s'expliquât sur ce point, admettait la rescision, dès que la lésion éprouvée par un héritier excédait un sixième. Au-dessous de ce taux, on ne devait plus la prendre en considération.

Dans les autres provinces, on laissait au juge à décider, suivant les circonstances, si l'inégalité était assez grave pour motiver la

---

[1] Pothier, Introduct. à la cout. d'Orléans, tit. xvii, Appendice. — Boullenois, quest. 5. — Nouv. Denizart.

[2] D'Argentré, sur Bretagne, art. 256, cap. *de dimiss.*

[3] Boullenois, quest. 5, et les autorités par lui citées. — Ricard, *Donations*, Ire partie, n° 1653.

rescision. Mais on était porté à prendre pour règle le chiffre déterminé par la coutume de Bretagne.

Toutefois l'inégalité que la coutume de Bretagne entendait tolérer (lors d'ailleurs qu'elle n'excédait pas le sixième), était, d'après d'Argentré, celle qui résultait de l'erreur; *car si c'eût été sciemment et à dessein que l'auteur du partage y eût introduit des inégalités, ce partage n'eût pas dû faire autorité, parce que la coutume pardonne à l'erreur et non à la fraude*[1].

A s'en tenir à cette interprétation de d'Argentré, la latitude laissée à l'ascendant avait pour unique cause la difficulté que présente l'évaluation exacte des choses, et, par suite, l'impossibilité d'atteindre, dans les partages, à l'égalité mathématique.

Ceux, au contraire, dont nous avons reproduit tout à l'heure les considérations morales, entendaient probablement faire une concession à l'autorité des ascendants; et telle est la manière de voir qui nous a paru avoir été communément adoptée. — Dans ce système, il n'y avait pas à distinguer si l'inégalité qu'on tolérait provenait ou non de l'erreur. — Mais cette tolérance n'avait lieu que pour le partage fait par un ascendant, et non pour le partage fait par un collatéral, dans les coutumes qui l'autorisaient, sans permettre l'inégalité[2].

Ce système, du reste, était contraire à la rigueur des principes. Car il donnait aux ascendants le pouvoir de faire indirectement, au moyen d'un partage, ce que défendait la coutume. *Obliqua dispositione contra juris regulam, alterius ex heredibus melior conditio fiebat.* Il ouvrait, d'ailleurs, une large porte à l'arbitraire du juge, qui était, en définitive, souverainement maître de décider si l'inégalité était ou non suffisante pour entraîner la rescision, et qui, par conséquent, pouvait maintenir des avantages assez considérables, alors que la coutume n'en tolérait aucun, si minime qu'il fût.

D'Argentré défendait mieux, en interprétant la coutume de Bretagne, le principe du vieux droit français. Car cette coutume, à peine d'inconséquence, n'avait pu entendre tolérer une inégalité établie à dessein par l'auteur du partage, alors qu'elle défendait tout avantage entre héritiers. Autrement, en fermant une porte à ces avantages, elle leur en eût ouvert une autre. Elle n'entendait

---

[1] D'Argentré, sur Bretagne. Voy. le commentaire d'Hevin.

[2] Ni pour le partage qu'un collatéral faisait lors d'une démission de biens. Boullenois, *passim*.

donc tolérer qu'une simple erreur d'appréciation, tolérance nécessaire, pour ne pas rendre trop difficile et presque impossible, l'exercice du droit qu'elle accordait de faire un partage. Mais il faut convenir que ce système, à son tour, n'était pas sans inconvénient. Car d'abord il fournissait, dans tous les cas, un prétexte aux héritiers pour attaquer le partage. Et puis, comment découvrir si l'inégalité provenait de l'erreur de l'ascendant, ou bien au contraire, d'un dessein prémédité de sa part? Il est à croire que, dans la pratique, on s'en tenait aux termes mêmes de la coutume, qui maintenait l'inégalité jusqu'à concurrence d'un sixième, sans en distinguer la cause ou le mobile.

26. L'ascendant avait-il le pouvoir d'attribuer ses immeubles à certains descendants, en ne laissant aux autres que des objets mobiliers, ou de l'argent, soit que cet argent provînt de la succession, soit qu'il consistât en soultes à payer par ceux qui recevaient les immeubles?

Devait-il, au contraire, attribuer à chacun sa part en corps héréditaires?

Ce point était débattu.

Dans les coutumes d'inégalité, l'opinion commune était que chaque descendant devait obtenir sa légitime en corps héréditaires[1].

Dans les coutumes d'égalité, les meubles et les immeubles devaient être répartis à peu près également entre tous les descendants.

« Si un père, ayant plusieurs fonds et de simples deniers d'argent comptant, donnait à l'un tout son argent comptant et à l'autre tous ses fonds, je croirais que le fils (qui a reçu l'argent) serait en état, après la mort de son père, de demander part dans les fonds, en offrant de partager les deniers, encore que les deniers dont le père lui aurait fait partage, montassent à la valeur des fonds. *Ma raison est que je ne trouve pas que le père dans son partage ait observé l'égalité, étant certain que des deniers comptant n'ont pas la même stabilité que des fonds*[2].

La coutume de Bourgogne disposait expressément que les mâles

---

[1] Auroux des Pommiers.

[2] Boullenois, p. 80. Cet auteur raisonne dans l'hypothèse d'un partage accompagnant une démission de biens. Mais on suivait dans ce partage les mêmes règles que dans celui qui se faisait pour après la mort. — Il parle d'ailleurs dans ce passage des *héritages propres*, mais la raison est la même pour les acquêts. C'est aussi ce qu'il admet dans la suite de la discussion, qu'il eût été hors de propos de citer ici.

devaient trouver leur part en corps héréditaires. Mais que quant aux filles, on pouvait ne leur laisser que des deniers. Sur quoi Taisand fait cette remarque, que c'était là le seul avantage que la coutume permît de faire aux mâles, au préjudice des filles.

27. Il nous reste à parler de l'application du principe d'égalité à l'égard des propres.

On aurait pu penser que, puisque les coutumes défendaient expressément, du moins pour la plupart, de faire aucun avantage des propres en faveur de l'un des héritiers, le droit que la coutume avait accordé aux ascendants d'en faire le partage, ne devait du moins s'exercer que de manière à ne changer ni modifier en rien le sort et la condition que ces biens devaient avoir dans la succession *ab intestat*; que, par conséquent, les dispositions du partage ne devaient attribuer à aucun des héritiers dans ces biens, un lot plus fort qu'aux autres[1].

Toutefois, on n'appliqua pas aussi rigoureusement le principe de l'égalité. On pensa que ce principe serait satisfait, si l'héritier qui trouvait moins de propres dans son lot, recevait l'équivalent en acquêts. En effet, les héritiers n'avaient pas intérêt à obtenir un propre plutôt qu'un acquêt. Il était donc inutile, sous ce rapport, de scinder le patrimoine en deux parties, dont l'une se fût composée des propres, et l'autre des acquêts et des meubles. — Telle était même la disposition expresse de la coutume de Lorraine :

« ... Et s'il y avait inégalité pour ce qui est des propres, laquelle fût réparée par les acquêts, celui qui serait ainsi récompensé en acquêts ne pourrait rien répéter sur les biens propres[2] ».

28. Le partage était révocable, comme en droit romain. Plusieurs coutumes s'en expliquaient formellement[3].

On décidait toutefois que le partage fait par le père et la mère conjointement, et qui comprenait les biens de l'un et de l'autre, mêlés et confondus, ne pouvait être révoqué que du consentement des deux époux : si bien qu'il devenait tout à fait irrévocable, à la mort de l'un d'eux. — En effet, disait-on, comme les deux patrimoines ont été confondus lors de la formation des lots, les biens composant chacun d'eux, ne se trouvent pas répartis également, et de manière à ce que l'opération contienne deux partages. Si donc

---

[1] C'était par ces considérations que la coutume d'Artois et celle de Poitou défendaient de partager les propres sans le consentement des héritiers.

[2] Boullenois, p. 78 et 80. — Lebrun, *Successions*, liv. II, chap. IV, n° 47. — Valin, sur Rochelle, art. 42.

[3] Bretagne, Bourbonnais, Bourgogne, etc.

le partage venait à être révoqué à l'égard de l'un de ces patrimoines, il ne pourrait continuer de valoir à l'égard de l'autre [1].

Le partage était encore irrévocable lorsqu'il avait été fait par contrat de mariage.

Enfin, il y avait des auteurs qui tenaient que le partage exécuté était irrévocable.

Auroux des Pommiers n'admet cette solution qu'autant que l'ascendant avait entendu donner au partage un effet présent. Autrement l'exécution ne devait pas faire obstacle à la révocabilité. Telle paraît aussi l'opinion de Boucheul, et de quelques autres auteurs.

C'était distinguer si l'ascendant avait voulu disposer entre-vifs, ou bien au contraire, pour après la mort. Sans doute, la délivrance des lots semblait changer la nature ordinaire de l'opération, et lui faire prendre celle d'un acte entre-vifs. Mais puisque, de sa nature et en principe, le partage était révocable, on ne devait pas supposer, en l'absence d'une déclaration précise de la part de l'ascendant, qu'il avait voulu changer ce caractère. On devait plutôt admettre que l'exécution anticipée n'avait eu lieu que sous son bon plaisir, et qu'elle ne constituait, au profit de ses héritiers, qu'une possession précaire. On verra plus loin que la démission de biens elle-même, quoique ayant essentiellement un effet présent, était regardée comme révocable, ainsi que le partage qui pouvait l'accompagner. Or il en devait être ainsi, et à plus forte raison, du partage. Aussi était-ce l'opinion la plus générale [2].

La révocation du partage se faisait, soit par un testament, soit par une déclaration écrite. Telle était du moins la disposition de la coutume de Bretagne.

29. Dans les coutumes muettes [3], plusieurs raisons paraissaient devoir s'opposer à ce qu'une personne, ascendant ou autre, pût partager ses biens entre ses héritiers.

Un premier obstacle à ce partage avait lieu dans les coutumes qui défendaient d'avantager l'un des héritiers plus que l'autre; et il résultait de cette prohibition même. Car la loi ne liait pas moins les mains aux parents pour les actes de partage que pour les donations entre-vifs et les legs. Or, leur reconnaître le pouvoir de faire

---

[1] Auroux des Pommiers.

[2] Boullenois, quest. 17, et les autorités par lui citées dans les différents sens. — Taisaud, sur Bourgogne. — Dans le sens contraire : Auroux des Pommiers, Boucheul, Coquille, Loysel, *Instit. coutumières.*

[3] Paris et une foule d'autres. Nous avons cité précédemment celles qui autorisaient le partage. Les autres n'en disaient rien.

un partage, c'eût été leur ouvrir une voie indirecte pour se soustraire à la prohibition de la coutume, c'est-à-dire pour porter atteinte à l'égalité qu'elle prescrivait entre les héritiers. Aussi Coquille n'admettait-il pas que ce pouvoir eût lieu en pareil cas.

« Cet article, dit-il (l'article de la coutume de Nivernais qui permettait le partage), cet article ne serait pas à propos ès provinces où les pères et mères et autres ne peuvent avantager aucun de leurs enfants plus que les autres; car un d'entre eux, plus hargneux, aurait occasion de dire l'un des lots être de plus grande valeur ou plus grande incommodité que les autres[1]. »

Un second obstacle au partage, c'est que les coutumes défendaient de disposer des propres pour après la mort, en les réservant expressément aux héritiers du côté et ligne d'où ils venaient. Or le partage est bien réellement un genre particulier de disposition. Car en assignant déterminément tels biens à chaque héritier pour sa part, on les enlève aux autres. Ce résultat pouvait-il être permis[2]?

Enfin les actes de dernière volonté étant assujettis à des formalités prescrites à peine de nullité, les ascendants, en admettant qu'ils eussent le droit de faire un partage, pouvaient-ils se dispenser d'accomplir ces formalités?

Voilà bien, ce nous semble, l'état de la question. Mais on passa par-dessus toutes les difficultés. L'influence du droit romain, l'exemple des coutumes qui autorisaient expressément le partage, enfin l'utilité qu'il présentait, le firent recevoir dans la pratique. Cette faveur toutefois ne fut accordée qu'aux ascendants. On suivit donc, à cet égard, l'exemple du droit écrit, et de la majorité des coutumes qui avaient autorisé expressément le partage.

Ainsi un partage fait par un ascendant fut regardé comme obligatoire pour ses descendants, nonobstant l'inobservation des formes requises pour les testaments, et bien qu'il portât sur les propres.

Quant à la question d'égalité, elle fut résolue différemment, suivant que la coutume du lieu défendait, ou qu'elle permettait les avantages entre héritiers.

Dans les coutumes qui défendaient les avantages, on distingua l'acte par lequel un ascendant se proposait de faire un partage égal

---

[1] *Institution au droit français*, p. 126, édit. de 1666. Furgole (chap. VIII, sect. 1, n° 155) présente la même raison de douter.

[2] Boullenois, p. 78.

entre ses descendants, de celui par lequel il se serait proposé de détruire l'égalité et d'avantager les uns au préjudice des autres.

Le premier dut s'exécuter nonobstant l'inobservation des formes requises pour les testaments; pourvu qu'il respectât en effet l'égalité entre les descendants ou du moins qu'il n'y portât pas notablement atteinte. Car on adopta ici le même tempérament que dans les coutumes qui autorisaient expressément le partage, sans permettre l'inégalité. On pensa qu'il suffisait que l'égalité fût à peu près observée.

Le second, au contraire, resta assujetti au droit commun. Il était donc nul, si la forme ordinaire des testaments n'y avait pas été observée; et avec cette forme même, il ne pouvait, bien entendu, avoir effet que dans les limites de la légitime de droit et des réserves coutumières[1].

Voici trois passages écrits pour ces coutumes et qui font bien ressortir la doctrine que nous exposons :

« A l'égard du partage entre enfants dans les coutumes qui n'ont point de disposition précise sur ce sujet, je voudrais distinguer entre un acte dont le dessein principal est de faire un partage égal entre enfants, et un dont l'objet est d'avantager quelqu'un des enfants. Car si dans les coutumes mêmes qui ont des dispositions précises sur ces partages[2]...., il est nécessaire que les enfants soient au moins à peu près égalés, à plus forte raison cela doit-il avoir lieu dans ces actes, quand ils sont faits en des coutumes qui n'ont point de disposition précise qui les autorise. — Ainsi, un partage où *un père aurait fait un avantage trop considérable* à un de ses enfants, *perdrait parmi nous le privilége de ces sortes de partages, et ne subsisterait pas s'il n'était fait en forme de donation entre-vifs ou testamentaire, comme aussi l'avantage serait réduit aux biens dont le père aurait pu disposer selon la coutume* (c'est-à-dire aux acquêts et au quint des propres), *et il ne serait pas nécessaire pour cela* que les autres enfants eussent été réduits à leur légitime. — Mais au contraire, si l'on reconnaît que l'intention du père a été de faire un partage à peu près égal, *ni la raison d'une légère inégalité, ni la considération de ce que le père aura disposé des propres, ni le défaut de formalités,* n'empêchera que cet acte,

---

[1] Boullenois, *passim.* — Lebrun, *Successions,* liv. IV, chap. I, n° 11. — Ricard, *Donations,* 1re partie, n° 1653. — Legrand, sur Troyes, art. 97. Papon, liv. XV, tit. VII, n° 7. — Furgole, *Testaments,* chap. VIII, sect. I, n° 155 et suiv.

[2] Ajoutez : et qui ne permettent pas expressément l'inégalité ; car l'auteur n'entendait parler que de celles-là.

pourvu que la volonté du père soit une fois certaine, n'ait son plein et entier effet[1]. »

« Nos lois ont travaillé tant qu'elles ont pu, pour faire qu'un père, en partageant ses grâces et ses bienfaits également entre les enfants, l'union fût maintenue par cette égalité.

« De sorte que nous n'estimons point favorables les dispositions des pères entre leurs enfants qui se sont maintenus dans l'ordre de leur devoir, qu'en tant qu'elles contiennent une espèce de division aux termes de la loi qui en a fait le premier partage. Et s'ils en usent au contraire, et qu'ils se portent à quelque prédilection, à avantager les uns au préjudice des autres, contre les dispositions des coutumes, tant s'en faut que nous nous portions à favoriser leurs volontés, *en suppléant* comme faisaient les Romains, *aux formalités qui sont nécessaires pour rendre valables les dispositions de cette qualité, et qui ne s'y rencontrent pas,* que nous les réputons odieuses, comme faites dans un oubli de l'affection paternelle, laquelle demeurant dans sa véritable assiette, devait considérer les uns aussi favorables que les autres, puisqu'il leur a une relation égale et une même obligation de les aimer; *si bien que nous les laissons, en ce cas, à la rigueur de la loi.*

« Mais lorsqu'il se voit qu'un père, par une bonté tout à fait paternelle, a voulu prévenir les difficultés qui pouvaient se rencontrer dans la division de ses biens, et que pour nourrir la paix et l'amitié entre ses enfants, *il a disposé de ses biens également entre eux,* pour lors la justice embrasse ses desseins, et n'écoute point facilement la plainte de ceux qui, *pour un léger intérêt,* tâchent de renverser les justes volontés de leur père, sous prétexte *d'un défaut de formalité,* ou *par la considération de ce que la qualité des biens ne lui permettait pas d'en disposer par l'acte dont il s'agit; comme si, par exemple, il a disposé de ses propres par testament,* ou *fait un partage par un contrat entre-vifs, sans tradition et sans formalité nécessaire pour la faire valoir,* la Cour, en cette occasion, considère ce qui a été fait par un père entre ses enfants, comme un juste jugement, que l'*équité* et non pas *la rigueur de la justice* lui fait confirmer[2]. »

---

[1] Lebrun, *Successions*, liv. IV, chap. 1, nº 11. — Il dit ailleurs : « Il n'est pas sans exemple qu'il soit permis de *toucher* aux réserves coutumières, quand on le fait au profit de ses héritiers. Ainsi, un père *dispose* valablement de tout son bien, même de ses propres, quand il le fait entre ses enfants, et que, par un partage anticipé, il conserve à peu près à chacun ce qui lui appartient. »

[2] Ricard, *Donat.,* nº 1653.

« Si le testament contient un partage par lequel un père baille à l'un de ses enfants tous ses meubles et conquêts immeubles, et la tierce partie de ses propres, dont il peut disposer par la coutume (de Troyes), ou bien lui donne une autre bonne partie de son bien, et distribue et laisse le reste à ses autres enfants; en ce cas il sera vrai de dire que le testament est hors les termes du partage, quoique qualifié par le père du nom de partage; et par conséquent les formes et les solennités requises (pour la validité des testaments) doivent être observées : autrement le testament est nul. — Mais si le testament ne parle point de legs, mais contient un simple partage de ses biens entre ses enfants, lesdits enfants sont tenus de l'entretenir, quoique manquant de solennités, pourvu qu'il ne contienne point une inégalité manifeste et considérable [1].

Dans les coutumes qui permettaient les avantages entre héritiers, l'inégalité qui se trouvait dans les lots ne faisait pas rejeter le partage. On suivait les mêmes règles que dans les coutumes qui autorisaient expressément un partage inégal, jusqu'à concurrence de la légitime [2].

Ainsi, voilà un point bien nettement établi : dans les coutumes muettes, en validant le partage d'ascendant, on s'écartait sous trois points de vue de la rigueur de la justice, comme le disait Ricard, c'est-à-dire de l'observation des règles du droit commun.

En effet, ce partage constituait une disposition de dernière volonté. Or, en premier lieu, il était dispensé des formes ordinaires des testaments ;

En second lieu, il contenait disposition des propres;

En troisième lieu, il pouvait, dans les coutumes qui défendaient les avantages entre héritiers, porter atteinte à l'égalité, lors du moins que cette atteinte n'était pas considérable ; et dans celles qui permettaient les avantages, l'inégalité contenue dans l'acte de partage avait effet, bien que cet acte ne fût pas revêtu des formalités requises pour les testaments.

Un auteur avait dit : « Les partages faits par les père et mère entre leurs enfants, prévenant l'office des arbitres ou experts, sont favorablement reçus par la loi et dispensés des formes, règles et maximes ordinaires, pourvu que la forme de la volonté soit certaine [3].

Cette proposition, littéralement applicable au droit établi par

---

[1] Legrand, sur Troyes, art. 95.
[2] Boucheul, sur Poitou, art. 219, n° 32. — Furgole, chap. VIII, sect. 1, n° 155.
[3] Brodeau, sur Louet, lettre P, n° 24.

Justinien et par les coutumes qui avaient autorisé ces partages, doit se modifier en ces termes dans les coutumes muettes : *Les partages faits par les père et mère... sont favorablement reçus par la doctrine et la jurisprudence, qui ont jugé convenable de les dispenser des formes, règles et maximes auxquelles les coutumes soumettent les dispositions de dernière volonté.* — C'est ainsi du reste que le partage d'ascendants avait commencé dans la société romaine.

30. La solution de la question d'égalité relativement à la valeur estimative des lots, paraissant au premier abord assez compliquée; suivant que la coutume autorisait le partage ou qu'elle n'en disait rien, suivant qu'elle permettait les avantages entre héritiers ou qu'elle les défendait, nous croyons utile de formuler, avec toute la concision qu'il nous sera possible, la doctrine qui nous a paru admise sur ce point, et que nous venons d'exposer.

Il n'y avait pas à distinguer si la coutume contenait ou ne contenait pas une disposition expresse qui autorisât le partage, par la raison toute simple que là où cette disposition manquait, on l'avait suppléée.

Il n'y avait donc qu'à distinguer si la coutume permettait, ou si au contraire elle défendait les avantages entre héritiers.

Au premier cas, le partage pouvait contenir toutes les inégalités qui ne portaient pas atteinte à la légitime.

Au second cas, il devait être conforme à l'égalité ou à peu près, c'est-à-dire ne pas y porter une atteinte grave.

C'était, dans les deux cas, une règle différente de celle des partages faits par les héritiers eux-mêmes, puisque ces partages étaient, dans tous les cas, rescindables pour une lésion de plus du quart, mais inattaquables pour une lésion inférieure à ce taux : de sorte que, dans les coutumes d'inégalité, un héritier lésé de plus du quart eût été admis à se plaindre, alors même que sa légitime eût été intacte : de même qu'à l'inverse, dans les coutumes d'égalité, il n'y eût pas été admis pour une lésion inférieure à ce taux, bien que cette lésion eût en définitive détruit l'égalité, et que, pour cette raison, elle eût pu ne pas être tolérée venant d'un ascendant[1].

31. La coutume de Poitou et celle d'Artois, avons-nous déjà dit, ne permettaient pas aux ascendants de partager leurs propres sans le consentement des descendants. Mais un expédient proposé, dit-

---

[1] C'est ce système des partages ordinaires qui, suivant nous, est applicable aujourd'hui à nos partages d'ascendants. Voy. le Traité, n°ˢ 3 et 4.

on, par Dumoulin et deux anciens avocats dans une consultation, fournit à la pratique le moyen d'autoriser ce partage sans le concours des descendants. L'ascendant donnait ses biens disponibles, c'est-à-dire ses meubles et acquets, à l'un de ses descendants. Puis il faisait le partage de la totalité de son patrimoine, de ses propres, comme de ses acquets et de ses meubles, et déclarait que le don n'aurait pas d'effet, si les descendants non donataires agréaient le partage. — Or, ces derniers devaient en ce cas, exécuter le partage ou perdre leurs droits aux meubles et acquets ; c'est du moins ce qu'on admettait universellement.

Ce fut là, dit un commentateur, un moyen que les arrêts ont autorisé en cette coutume (Poitou) pour en tempérer la rigueur et favoriser les dernières volontés d'un père qui veut, de son vivant, mettre la paix et l'union entre ses enfants, ou pour traduire nettement cette remarque, et appeler les choses par leur nom, ce fut un moyen que la jurisprudence consacra pour permettre de faire ce que la loi défendait [1].

L'alternative de suivre le partage ou d'abandonner tous les biens disponibles se suppléait même, ajoute Boucheul, lorsqu'elle n'était pas exprimée. Un arrêt l'avait décidé ainsi. — Telle est aussi la doctrine qu'énonce Coquille, à l'occasion du partage fait par le père de la succession de la mère. Les enfants doivent en ce cas, suivant cet auteur, ou exécuter le partage, ou se contenter de la légitime dans la succession de leur père. — Valin ne va pas aussi loin ; la clause pénale lui paraît nécessaire [2].

32. Il s'était élevé plus d'une difficulté sur l'interprétation des Nov. 18 et 107, tant dans les pays de droit écrit que dans les coutumes qui ne s'expliquaient pas sur la forme du partage. L'ordonnance d'août 1735, sur les Testaments, vint mettre fin aux incertitudes qui existaient à cet égard, et introduire une certaine uniformité dans la matière. Elle prescrivit, tant pour le testament *inter liberos,* que pour le partage, une forme précise qui devrait s'observer partout où ces actes étaient reçus.

Cette forme consistait, soit dans un acte public reçu par un notaire en présence de deux témoins ou par deux notaires, soit dans un acte sous seing privé, entièrement écrit, daté et signé de la main

---

[1] Boucheul, Le Rat, Theveneau, sur Poitou. — Brodeau, sur Louet, lettre P, n° 24. — Valin, sur Rochelle, art. 42, etc.

[2] Coquille, sur Nivernais, art. 17, tit. *des Successions.* — Valin, sur Rochelle, art. 42.

de son auteur. (art. 15 et suiv.) C'était la forme que l'on suivait déjà assez généralement. Elle était plus simple que celle des testaments ordinaires ; mais, d'après les termes mêmes de l'ordonnance, elle ne devait pas dispenser de l'accomplissement des formalités plus amples que pouvaient exiger les coutumes locales. C'est qu'en effet l'auteur de l'ordonnance se proposait moins d'introduire des formes nouvelles que de consacrer et d'expliquer clairement celles qui étaient déjà usitées.

Par suite de ce même but, il se bornait à régler la forme du partage dans les pays où il était pratiqué, sans l'introduire dans ceux où il n'était pas en usage.

Jusqu'à l'ordonnance de 1735, le partage fait pour après la mort avait constitué un acte de disposition distinct du testament *inter liberos*, non-seulement quant au fond, mais encore quant à la forme. Il n'en fut plus ainsi depuis l'ordonnance, puisqu'il ne put se faire à l'avenir que dans la forme du testament *inter liberos*. Si donc il continua de former un mode spécial de disposition de dernière volonté, ce ne fut plus que quant aux effets.

Il faut remarquer aussi qu'à partir de l'ordonnance, les tribunaux n'eurent plus, comme au temps où écrivaient Lebrun et Ricard, le pouvoir de confirmer les partages d'ascendants nonobstant un défaut de formalité. Sans doute, la forme établie par l'ordonnance était une forme privilégiée ; mais enfin elle était prescrite par la loi : elle devait donc, sous peine de nullité, être observée.

Cette forme étant exceptionnelle, il en résultait que les testaments, dispositions ou actes de partage qui avaient été faits sans aucune autre formalité, n'avaient effet qu'en faveur des enfants et descendants, et que nulle autre personne ne pouvait en profiter ; l'ordonnance s'en expliquait formellement. — C'est ce qu'avait déjà dit Théodose, en pareil cas[1].

L'ordonnance de 1735 prohibait les testaments mutuels et conjonctifs. Mais elle excepta de la prohibition les testaments contenant partage par le père et la mère.

55. Il nous reste à parler d'un point à l'égard duquel la lumière ne se dégage pas nettement à la lecture des anciens auteurs : c'est le partage entre collatéraux, dans les coutumes qui ne l'autorisaient pas expressément. Y était-il défendu d'une manière absolue ?

---

[1] L. 21, § 1. C. *de Testam.* — Nous admettons (Traité, n° 5) qu'il en est autrement dans le droit actuel.

D'un côté, on voit les auteurs opposer sans cesse les ascendants aux collatéraux, et refuser aux derniers ce qu'ils accordent aux premiers. Ils citent d'ailleurs un arrêt très-ancien (du 14 août 1587 ; c'est le 184ᵉ de Le Vest) rendu pour la coutume de Bourbonnais, qui a rejeté un partage fait par un oncle entre ses neveux et nièces, ses héritiers présomptifs.

D'un autre côté, ils se contentent souvent de dire que le partage entre collatéraux, à la différence du partage entre descendants, ne jouit d'aucun privilége.

Voici, ce nous semble, quelle était la véritable doctrine sur ce point.

Ce que l'on refusait aux collatéraux, en l'accordant aux ascendants, c'était le pouvoir de faire un partage dispensé de certaines règles auxquelles les dispositions de dernière volonté étaient assujetties de droit commun, soit quant au fond, soit quant à la forme. — Le partage en tant qu'acte de disposition exceptionnel et privilégié, ne fut jamais admis en ligne collatérale dans les coutumes qui n'en avaient pas de disposition expresse. Mais il devenait valable, dès que son auteur avait observé les formalités requises de droit commun pour la validité des dispositions de dernière volonté, et que d'ailleurs il n'était point sorti, dans la distribution de ses biens, des limites que la coutume mettait au pouvoir de disposer. — En un mot, c'était la doctrine qu'on avait suivie en droit romain à l'égard des citoyens qui laissaient des héritiers autres que des descendants, lesquels pouvaient très-bien distribuer leur hérédité, mais en se conformant, soit quant au fond, soit quant à la forme, à toutes les règles qui régissaient les actes de dernière volonté.

C'est ce qui résulte d'abord de ces paroles de Lebrun : « Dans les coutumes qui n'en ont point de disposition formelle, *le partage fait par quelqu'un entre ses héritiers collatéraux, n'a aucun privilége...* Ainsi, il doit être souscrit des héritiers entre lesquels le défunt l'a voulu faire [1] ; autrement, il n'est d'aucune autorité. En effet, cela ayant été proposé pour la coutume de Bourbonnais, laquelle ne *favorise* ce partage qu'entre enfants, sans faire mention des collatéraux, l'on jugea (c'est l'arrêt de 1587) *qu'un tel partage*

---

[1] Par application de la loi *ult. C. de pactis,* dont nous avons déjà parlé (nᵒ 19). Mais les formalités ordinaires des testaments étaient tout aussi obligatoires pour les héritiers que le pacte prévu par cette loi. C'est aussi ce qu'on va voir par Furgole, et ce que Lebrun lui-même paraît admettre à la fin du passage que nous citons.

n'avait aucune faveur particulière qui le dispensât des formalités ordinaires[1]. »

Ainsi, Lebrun admet le partage entre collatéraux, s'il est fait dans une forme reconnue par le droit commun.

Mais cet auteur ne s'occupe que de la forme. — Voici, d'un autre côté, un passage de Boullenois, qui s'occupe surtout du fond[2] : « Hors les coutumes qui autorisent les partages en collatérale, un collatéral qui *veut que son partage soit exécuté, doit scrupuleusement se conformer à la disposition de la loi, et prendre garde de s'en écarter en aucune façon*; autrement, il y aurait lieu, sans s'arrêter au partage qu'il aurait fait, à procéder à un autre en la forme ordinaire, *à moins que le défunt n'eût disposé par legs* ou par donation, *en observant les formalités, et en se renfermant dans les bornes des dispositions testamentaires*; sans cela, et s'il avait disposé au delà de ce qui est permis par la coutume, ce partage serait annulé sans difficulté[3]. »

Voici enfin un passage où Furgole s'occupe et de la forme et du fond : « A l'égard des partages entre collatéraux, dit-il, ils ne doivent être admis que dans les coutumes qui les autorisent, comme sont celles d'Amiens, etc... *Et l'on ne doit point les admettre, s'ils ne sont revêtus des formalités des testaments ou codicilles, même dans les coutumes qui les autorisent en ligne directe; et, dans ce cas, il faut que celui qui dispose par forme de partage se conforme à la coutume du lieu au sujet de la distribution des propres.* » Puis Furgole invoque l'arrêt 184e de Le Vest, ainsi que le passage de Lebrun que nous venons de reproduire[4].

C'est bien, en effet, sur la seconde des conditions exigées ici par Furgole, qu'est basé l'arrêt de 1587, que nous allons analyser.

---

[1] Lebrun, *Successions*, liv. IV, chap. I, n° 11. — Cette appréciation, faite par Lebrun, de l'arrêt de 1587, exprime sa pensée sur la question. C'est à ce titre que nous l'invoquons. Mais elle n'est pas exacte. Car dans l'espèce de cet arrêt, l'acte avait été fait dans les formes voulues, puisqu'en annulant le partage, on valida un legs qui s'y trouvait contenu. Boullenois va nous indiquer la vraie cause de la nullité de ce partage.

[2] Il n'avait pas à s'occuper de la forme, parce qu'il parlait d'un partage accompagnant une démission de biens, et que soit la démission, soit le partage qui pouvait l'accompagner, n'étaient assujettis à aucune forme. Mais au fond le partage fait par un démettant était régi par les mêmes principes que le partage fait pour après la mort.

[3] Boullenois, *Démiss. de biens*, p. 77.

[4] Furgole, chap. VIII, sect. I, n° 156.

Un oncle avait fait un partage par forme de testament, entre une nièce, fille d'un frère, et deux autres nièces, filles d'un autre frère. A la première, il n'avait attribué que de l'argent : les deux autres avaient reçu un héritage. Il avait légué en même temps ses biens mobiliers à deux de ses sœurs, mariées et appanées, et qui, à raison de cette circonstance, étaient exclues de la succession par la disposition de la coutume.

Ce partage fut attaqué comme contenant une disposition de la totalité des biens, contrairement à la prohibition portée par la coutume ; et l'arrêt ordonna qu'il serait procédé au partage ab intestat entre les nièces du défunt, le legs fait aux sœurs étant maintenu jusqu'à concurrence du quart des biens, dont la coutume permettait la disposition. Ce qui, ajoute Boullenois, a été jugé ainsi, parce que l'oncle avait excédé les termes de la coutume, qui ne permet de disposer par testament que du quart de ses biens, et que le testateur doit laisser les trois quarts aux héritiers ab intestat. Les demandeurs en nullité se fondaient, en effet, d'après le récit de l'arrêtiste, sur ce que le partage *était fait par forme de testament ou autre disposition ayant trait à mort, et absorbait entièrement toute l'hoirie et succession du défunt, au préjudice de son héritier ab intestat ; conséquemment ne pouvait subsister ni valoir ; à tout le moins devait être réduit à la quarte partie des biens du défunt, suivant la coutume*[1].

Aussi, toutes les fois que les anciens auteurs parlent du partage en ligne collatérale, ils ne se préoccupent que de deux choses : de la forme de l'acte et de la disponibilité des biens compris dans le partage ; et leur doctrine est celle-ci : L'acte de partage aura effet, si, en premier lieu, son auteur a observé les formes ordinaires des actes de dernière volonté, et, qu'en second lieu, il eût le pouvoir de disposer des biens qu'il a partagés.

Ce partage, par conséquent, était, en tant que constituant une disposition de dernière volonté, renfermé dans les limites du droit commun, relatif aux dispositions de cette nature. — C'était donc la règle qui, dans le droit romain primitif, avait lieu pour tout le monde, pour les ascendants comme pour tous autres citoyens, et qui, dans la suite du droit romain, continua de subsister pour les citoyens autres que les ascendants, tandis que les ascendants en furent affranchis, par l'introduction en leur faveur d'un mode de partage dispensé d'abord de toute forme, et soumis

---

[1] Boullenois, p. 77, Le Vest, arrêt 184.

ensuite à une forme exceptionnelle et privilégiée. — C'est donc l'image de cette seconde période du droit romain que nous retrouvons dans notre ancien droit français :

Dispense des règles, ou du moins de plusieurs des règles du droit commun, en faveur des ascendants qui veulent faire un partage entre leurs héritiers légitimes;

Application de toutes ces règles à toute autre personne.

On reste convaincu de l'exactitude de ce que nous disons là, quand on voit les auteurs admettre que la coutume de Bourgogne autorisait le partage en ligne collatérale, tandis qu'elle y autorisait simplement la disposition de tous les biens [1]. Le droit de disposer au préjudice des héritiers entraînait donc, à leurs yeux, le droit de partager entre les héritiers eux-mêmes. « C'est là, dit un auteur, un effet de la règle *qui peut le plus, peut le moins*. Car, puisqu'il est permis de disposer par testament de ses acquêts, même au profit des étrangers, à plus forte raison doit-il être permis au propriétaire de partager ses acquêts entre ses héritiers présomptifs [2]. »

Conséquemment, à part la nécessité des formes qu'il était d'ailleurs facile d'accomplir, le seul obstacle qui, au fond, s'opposait en ligne collatérale au partage, du moins à un partage complet de la succession, c'était la prohibition de disposer des propres par acte de dernière volonté, c'est-à-dire les réserves coutumières établies, même dans cette ligne, en faveur des héritiers. Aussi cet obstacle ne s'opposait-il pas seulement à une distribution faite à titre de partage entre les héritiers présomptifs; il s'opposait également à une distribution qui eût été faite à titre de legs. La distribution à titre de legs était, soit quant au fond, soit quant à la forme, sur la même ligne que la distribution à titre de partage. — A faire une application rigoureuse de la prohibition de disposer des propres, l'une et l'autre, possibles relativement aux meubles et aux acquêts, se fussent trouvées complétement impossibles, et eussent dû être toujours annulées, relativement aux propres. Mais on était porté à se relâcher quelquefois de la rigueur des principes, et à tolérer une distribution qui laissait, ou à peu près, à chacun sa réserve coutumière, ou l'équivalent de cette réserve. — Il y a, à ce sujet, un arrêt célèbre de l'année 1600, qui valida une distribution ainsi faite entre colla-

---

[1] Brodeau, *loc. cit.* — Boullenois, p. 77.
[2] Maillart, sur Artois, art. 85.

téraux par acte testamentaire, bien que quelques-uns des héritiers n'eussent reçu que la valeur en argent de la portion qui leur revenait dans les propres. — La distribution, dans l'espèce, était-elle à titre de legs ou bien à titre de partage? Il nous a bien semblé, à la lecture de l'arrêtiste, qu'elle était à titre de legs. Mais on ne s'occupa pas même au procès de cette question, et les auteurs qui rapportent l'arrêt ne s'en inquiètent pas davantage. Toute la difficulté était de savoir si le *de cujus* avait eu ou non le pouvoir de priver certains héritiers de leur part en nature dans les propres. L'arrêt admit l'affirmative, tandis que celui de 1587 avait jugé la négative [1].

En tout cas, et ce sera là notre conclusion, on peut se convaincre par là qu'en collatérale, la validité des partages faits par le *de cujus* entre les héritiers présomptifs, par acte de dernière volonté, dépendait entièrement des mêmes principes que la validité des legs.

CHAPITRE II.

DE LA DÉMISSION DE BIENS.

SOMMAIRE.

34. La démission de biens passe pour être d'origine nationale.
35. Notion, utilité pratique et dangers de la démission de biens.
36. Sa nature juridique.
37. Par quelles personnes elle pouvait se faire.
38. Au profit de quelles personnes.
39. Les héritiers étaient libres de l'accepter ou de la refuser.
40. Elle n'était assujettie à aucune forme. — Devait-elle être insinuée?
41. Elle comprenait l'universalité des biens.
42. Ces biens entraient, comme propres, dans le patrimoine des démissionnaires.
43. S'il y avait plusieurs démissionnaires, le démettant avait le pouvoir de faire lui-même le partage entre eux.
44. Ce partage pouvait-il contenir des inégalités? distinctions.
45. Cas où les biens étaient situés dans des territoires régis par des coutumes différentes.
46. Le partage emportait garantie.
47. La démission donnait-elle lieu au rapport?

---

[1] Boullenois, p. 79. L'arrêt est rapporté par Peleus, 142e question.

34. Les pays de coutumes connaissaient une institution fort distincte du partage d'ascendants, mais qui s'en rapprochait néanmoins, en ce qu'elle pouvait présenter un partage de succession fait par une personne entre ses héritiers présomptifs ; c'est la *démission de biens*[1].

La démission de biens est généralement regardée comme d'origine nationale. D'Argentré la présente même comme étant particulière à la Bretagne et inconnue aux autres provinces. Mais Boullenois conteste cette assertion, et soutient que la démission était pratiquée depuis longtemps dans diverses provinces autres que la Bretagne, puisqu'il y avait d'anciens arrêts de Parlements sur cette matière. Il faut convenir que la très-ancienne coutume de Bretagne (chap. 233), parlait expressément de la démission de biens, circonstance qui ne se rencontre pas dans les autres coutumes.

Quoi qu'il en soit, et sans nous arrêter à discuter le mérite des diverses opinions que l'on peut émettre sur l'origine de la démission de biens, ce qui n'est pas nécessaire pour le but que nous nous proposons, nous prendrons cette institution à l'époque où elle eut ses règles et son organisation propres dans l'ancien droit

---

[1] Sur la démission de biens, consulter notamment : D'Argentré, cout. de Bretagne, art. 265, cap. *de dimissionibus* ; Lebrun, *Successions*, liv. 1, chap. 1, sect. v ; Boullenois, *Questions sur les Démissions de biens*, seul traité *ex professo sur la matière* ; Furgole, *Testaments*, chap. viii, sect. 1, nᵒˢ 169 et suiv. ; Pothier, introd. à la cout. d'Orléans, tit. xvii, Appendice ; *Nouveau Denizart*, vᵒ *Démissions de biens* ; Claude de Ferrière, *Dict. de droit*, vᵒ *Démiss. de biens*.

français, époque qui ne remonte pas au delà du temps ou écrivait d'Argentré.

La démission de biens étant une institution reçue simplement dans l'usage et la pratique, sans avoir été réglée par les coutumes, dont la plupart n'en faisaient pas même mention, les règles qui devaient la régir se trouvaient entièrement abandonnées à la doctrine et à la jurisprudence. Aussi les principes eurent-ils de la peine à se fixer en cette matière, et nous apparaissent-ils souvent, dans les anciens auteurs et dans les monuments de la jurisprudence, livrés à l'incertitude et à l'arbitraire.

35. La démission de biens était un abandon actuel qu'une personne, devançant l'ouverture de sa succession, faisait, de son vivant, de l'universalité[1] de ses biens au profit de ses héritiers présomptifs, en proportion, pour chacun d'eux, de ses droits héréditaires.

C'était, au dire des auteurs, un acte par lequel l'homme mettait par avance ses héritiers présomptifs en possession de l'hérédité à laquelle la loi les appelait, mais qu'elle ne leur avait pas encore déférée. Aussi disait-on, pour chercher à en exprimer l'effet d'une manière saisissante, que c'était une *succession anticipée*.

Le principal motif qui aura introduit les démissions de biens, c'est le désir et le besoin que l'on a, quand l'âge et les infirmités sont venues, de se reposer et de finir doucement ses jours en se débarrassant du soin de ses affaires, et en cessant des travaux désormais au-dessus de ses forces.

Un second motif, qui, du reste, n'est guère applicable qu'aux démissions faites en ligne directe, c'est cette affection que les ascendants ont pour leurs descendants, et qui les porte quelquefois à se dépouiller de leurs biens avant leur mort pour en faire jouir immédiatement leurs enfants.

Enfin, en dehors même de ces motifs, un homme dans la force et la vigueur de l'âge pouvait, par suite de prodigalité ou d'incapacité dans sa gestion, être amené à se démettre de ses biens sur les conseils de ses proches ou amis, afin d'éviter un procès en interdiction.

Mais la démission de biens, en dépouillant le démettant, offrait un danger. L'ingratitude des héritiers, et même des enfants, n'est que trop ordinaire ; on cesse d'avoir des égards pour ceux dont on n'attend plus rien. « Les héritiers jouissent prématurément d'un

----

[1] Ou d'une partie, sous la coutume de Bretagne, art. 537.

bien, mais s'ils rendent quelque chose à ceux de qui ils le tiennent, ce n'est que parce que la démission les y oblige; encore le font-ils presque toujours d'une manière contrainte et resserrée; aussi le repentir suit-il fréquemment les démissions [1]. »

Ces motifs et l'inconvénient que nous venons d'indiquer sont étrangers, on le voit, au partage fait pour après la mort.

Le but que l'on se proposait principalement par un partage fait pour après la mort, à savoir, de prévenir les difficultés qui auraient pu s'élever lors du partage de la succession, ce but n'était pas de nature, à lui tout seul, à déterminer une personne à se démettre de ses biens, et à en saisir immédiatement ses héritiers, puisqu'il pouvait très-bien être atteint sans une dépossession immédiate. Mais les démettants avaient un moyen, dans leur démission, de prévenir ces mêmes difficultés, c'était de partager eux-mêmes entre les démissionnaires les biens qu'ils abandonnaient.

36. La démission de biens formait une institution d'une nature assez indécise sous le point de vue juridique. — Elle ne se confondait pas avec une disposition testamentaire, puisqu'elle avait un effet présent; mais elle restait également distincte d'une donation entre-vifs, d'abord parce qu'elle était révocable à volonté, au moins dans la plupart des coutumes, et ensuite parce qu'elle était régie par le système des successions, ou du moins par un système analogue. Boullenois, qui écrivait pour les pays où on la regardait comme révocable, lui trouvait trois caractères différents, suivant les personnes par rapport auxquelles il la considérait.

Par rapport au démettant, c'était une espèce de donation à cause de mort;

Par rapport aux démissionnaires, c'était une succession anticipée;

Par rapport aux créanciers et aux autres tiers, c'était un acte entre-vifs translatif de propriété.

Ce jurisconsulte ajoute, pour prévenir une objection, qu'il est vrai que la coutume de Paris (sous laquelle il écrivait), prohibait les donations à cause de mort. Mais elle n'entend prohiber, dit-il, que celles qui tendraient à dépouiller les héritiers légitimes. Cette disposition est donc toute en leur faveur. Or la démission, loin de leur préjudicier, les met par avance en possession de l'hérédité; loin d'entamer leur droit, elle l'anticipe. Ce serait donc aller

---

[1] Boullenois, préface; Legrand, sur Troyes, art. 97.

contre l'esprit et le but de la prohibition, que de l'appliquer à la démission de biens [1].

C'est par ces motifs, sans doute, que la démission survécut à l'abrogation définitive de la donation à cause de mort, prononcée pour tout le royaume par l'ordonnance de 1731 (art. 3), qui généralisa ainsi la règle déjà admise par quelques coutumes. Si c'est, en effet, l'intérêt des héritiers que le législateur de 1731 avait en vue en prohibant les donations à cause de mort, il n'entendait certainement pas embrasser dans sa prohibition un acte qui ne pouvait leur être qu'avantageux, puisqu'il ouvrait, en quelque sorte, leurs droits avant le temps. Si donc la démission, par sa révocabilité, rentrait dans la catégorie des donations à cause de mort, elle en restait entièrement distincte, sous le point de vue de ses résultats vis-à-vis des héritiers. Aussi Pothier, qui écrivait après 1731, voulant expliquer pourquoi la démission subsistait toujours, nonobstant la prohibition de l'ordonnance, dit-il qu'elle ne constituait pas tant une donation à cause de mort, qu'une exécution anticipée de la loi des successions.

57. La démission de biens constituant surtout une exécution anticipée de la loi des successions, les règles qui eussent régi la dévolution de la succession du démettant, si cette succession se fût en effet réellement ouverte par sa mort, s'appliquaient à la démission de biens.

Ainsi, la démission pouvait être faite par toutes les personnes capables de transmettre une succession légitime, mais aussi par elles seules.

Par conséquent, le religieux, étant mort civilement et ne laissant pas d'héritiers légitimes, ne pouvait faire une démission de biens.

Il en était de même de l'individu condamné à une peine emportant mort civile. Ses biens en effet, étant, par le seul fait de sa condamnation, acquis au fisc, dans les coutumes qui admettaient la confiscation, et à ses héritiers légitimes, dans celles où la confiscation n'avait pas lieu, il s'en trouvait dépouillé par la loi, de la même manière que s'il fût mort naturellement [2].

La démission, venons-nous de dire, pouvait être faite par toute personne ayant des héritiers légitimes. Elle n'était donc pas, comme le partage testamentaire dans les pays de droit écrit et dans la plupart des coutumes, restreinte aux ascendants.

---

[1] Boullenois, pages 9 et 17.
[2] Boullenois, quest. 1.

38. Par une conséquence du principe que nous avons énoncé, la démission de biens ne pouvait se faire qu'au profit de l'héritier ou des héritiers présomptifs. S'ils étaient plusieurs, elle devait se faire au profit de tous, et proportionnellement aux droits héréditaires de chacun.

Dans certaines coutumes (Bretagne, Ponthieu), l'aîné, dans les familles nobles, était saisi de toute la succession, à la charge par lui de délivrer aux puînés leurs parts. En pareil cas, pour qu'aucune atteinte ne fût portée au privilége de la saisine, c'était aux mains de l'aîné que la démission devait se faire. La coutume de Bretagne s'en expliquait formellement [1].

Les étrangers ou aubains ne pouvaient ni faire, ni recevoir une démission : car ils ne pouvaient avoir des héritiers, ni être eux-mêmes héritiers.

39. Les héritiers présomptifs étaient libres de refuser une démission qui leur était proposée, de même qu'ils eussent été libres de refuser la succession ouverte. La démission ne pouvait donc avoir lieu que moyennant leur acceptation [2].

Si les héritiers du degré le plus proche refusaient la démission, ou qu'ils fussent indignes de succéder, la démission aurait-elle pu avoir lieu au profit des héritiers du degré subséquent? Les auteurs ne résolvent pas cette question en thèse générale. Voici seulement ce que dit Lebrun : « Si un père ayant déclaré se démettre au profit de ses héritiers présomptifs, son fils renonce purement et simplement, ses petits-fils peuvent accepter. » Du reste, il est probable qu'en pareil cas, le fils pouvait, à la mort de son père, accepter la succession et réclamer les biens, puisque, comme on le verra plus loin, ce n'était qu'au décès du démettant que la succession s'ouvrait définitivement.

40. Comme la démission ne constituait, ni une donation entre-vifs, ni une disposition testamentaire, elle n'était pas soumise aux formalités prescrites pour les donations ou les testaments.

Elle exigeait sans doute pour sa validité, comme la donation entre-vifs, le consentement de toutes les parties, tant de la partie qui voulait se dépouiller (le démettant), que de celles qui devaient acquérir (les démissionnaires). Mais, à la différence de ce qui avait lieu dans la donation entre-vifs, le consentement, dans la démission, n'était assujetti à aucune solennité; il suffisait qu'il existât.

Il n'y avait que la minorité qui nécessitât quelques formalités.

[1] D'Argentré; Boullenois, p. 32 ; Hevin, 25ᵉ consult.
[2] Boullenois, p. 57.

Car, si un démissionnaire était mineur, son tuteur devait, pour accepter la démission, se faire autoriser par le conseil de famille, comme dans les successions ordinaires. La raison en est, que la démission obligeait les démissionnaires aux dettes dont pouvait être tenu le démettant, ainsi qu'aux diverses charges qu'il lui plaisait de leur imposer comme condition de sa démission [1].

D'ailleurs pour que la démission fut affranchie de toute forme, il fallait que le démettant se fût renfermé dans les termes de la loi des successions. Autrement, l'acte eût constitué une donation entre-vifs ou testamentaire, qui, pour avoir effet à ce titre, eût dû être revêtue des formes requises. Mais à l'inverse, ce que ne pouvait une démission, souvent une donation entre-vifs le pouvait. C'est ainsi qu'on aurait pu au moyen d'une donation entre-vifs, se démettre de ses biens en faveur d'individus non héritiers présomptifs. Mais dans ce cas et autres analogues, l'acte qualifié démission, est un acte de donation, régi comme tel, soit quant au fond, soit quant à la forme. Boullenois, p. 36.

Entre le démettant et le démissionnaire, la démission valait et s'exécutait, en quelque forme qu'elle eût été faite [2]. Mais, conformément au droit commun, elle ne pouvait avoir effet contre les tiers, que du moment où elle avait acquis date certaine.

On était d'accord que l'insinuation de la démission était inutile, non-seulement dans les rapports du démettant et du démissionnaire, ce qui allait de soi, puisque, de droit commun, le donateur ne pouvait opposer au donataire le défaut d'insinuation; mais encore dans les rapports des démissionnaires entre eux; et la raison en était qu'entre eux la démission était, non une donation, mais une succession anticipée.

Mais c'était un point douteux, et qui ne paraît pas avoir été bien nettement résolu, que de savoir si l'insinuation était nécessaire, pour que la démission pût être opposée, soit aux tiers acquéreurs, soit aux créanciers, qui auraient traité avec le démettant postérieurement à la démission. La question était sans intérêt vis-à-vis des créanciers antérieurs, parce que les démissionnaires étaient tenus de les payer jusqu'à concurrence des biens abandonnés. (Voy. n° 48.)

Ainsi que le disait Boullenois, la démission avait bien, vis-à-vis des tiers, le caractère et l'effet d'un acte translatif de propriété; car elle dépouillait le démettant pour investir le démissionnaire, comme l'eût fait une donation ordinaire. Elle aurait donc été un

---

[1] Boullenois, quest. 2.
[2] Boullenois, p. 45.

piége pour eux, si elle leur avait été opposable sans la formalité de l'insinuation, qui avait pour but de les avertir. On pouvait dire, d'un autre côté, que la démission, de sa nature, était un fait nécessairement notoire. Cela peut être vrai en général, eût-on répondu; mais le démettant a pu rester ostensiblement en possession, par suite d'une réserve d'usufruit. Par ces raisons, Boullenois exige l'insinuation en collatérale, parce que les règlements assujettissaient à cette formalité, dans l'intérêt des tiers, les donations de toute nature qui se faisaient dans cette ligne, et qu'on ne pouvait, suivant lui, refuser de voir une donation dans la démission de biens considérée par rapport aux tiers. Mais il hésite pour les démissions faites par un ascendant, parce que les règlements les plus récents avaient dispensé de l'insinuation les donations à cause de mort en ligne directe. Lebrun, au contraire, n'exigeait l'insinuation en aucun cas. Il se fondait sur ce qu'une simple raison d'inconvénient ne devait pas être une raison de décider, et qu'il fallait se borner à examiner si les démissions étaient, d'après leur nature, sujettes à l'insinuation : qu'en se plaçant à ce point de vue, on devait déclarer l'insinuation inutile, parce que la démission n'était qu'une succession anticipée; que par cette raison et par sa révocabilité, elle tenait des dispositions testamentaires, bien plus que des dispositions entre-vifs. Or, ajoutait-il, l'insinuation est une formalité inapplicable aux dispositions testamentaires.

En Normandie, on regardait l'insinuation comme nécessaire, même en ligne directe, à cause de la disposition de l'art. 448 de la coutume, qui soumettait expressément à cette formalité, même les avancements d'hoirie faits par les ascendants. Or, la démission était éminemment un avancement d'hoirie[1].

41. La démission devait comprendre l'universalité des biens du démettant. Car elle n'existait comme acte distinct des donations, qu'autant qu'elle figurait une succession. Or, une succession porte sur l'universalité. Pareillement donc, la démission devait emporter l'expropriation générale du démettant; le démettant devait se dépouiller aussi complétement par sa démission qu'il eût été dépouillé par le décès. Cette doctrine était universellement reçue sous Boullenois. Avant cet auteur, Lebrun voyait une démission dans l'abandon du simple usufruit de la totalité ou d'une partie des biens. Du temps de Lebrun, la théorie de la démission n'était pas encore bien fixée.

---

[1] Boullenois, quest. 10. — Ferrière. — Lebrun. — Basnage, sur Normandie art. 448.

Celui qui voulait ne se dépouiller que d'une partie de ses biens, était, sans doute, libre de le faire ; mais il devait pour cela prendre la voie des donations ordinaires, et remplir les formalités prescrites à cet effet.

La démission n'était universelle qu'autant que le démettant déclarait se démettre de l'universalité. Il n'aurait pas suffi qu'il eût déclaré se démettre de tels et tels biens. Car, alors même que les objets énoncés eussent, en réalité, formé tout son patrimoine, une telle énonciation n'eût constitué qu'un titre particulier et nullement un titre universel[1].

On permettait néanmoins au démettant de se réserver, soit des objets particuliers, soit l'usufruit de la totalité ou d'une partie des biens dont il faisait l'abandon. On lui reconnaissait également le pouvoir de stipuler une rente viagère, soit en argent, soit en nature.

Il ne résultait donc pas nécessairement et inévitablement de la démission une expropriation aussi complète que celle qui serait résultée de la mort. La vérité devait ici l'emporter sur la fiction. La démission avait beau être qualifiée de succession anticipée, dans la réalité des choses, ce n'était, par rapport au démettant, comme le disait Boullenois, qu'une donation à cause de mort, et partant, une convention entre lui et les démissionnaires, convention dans laquelle il fallait lui laisser, conformément au droit commun, la liberté de faire dans son intérêt toutes les stipulations qui ne dénaturaient pas la démission. Or les réserves d'usufruit, de rentes ou pensions viagères, d'objets particuliers, n'empêchaient pas l'universalité de passer aux démissionnaires. Mais évidemment ces sortes de réserves ne tenaient en rien à l'idée de succession anticipée.

Si, postérieurement à la démission, il survenait des biens au démettant, ces biens restaient sa propriété pour se transmettre et se partager à sa mort suivant les règles ordinaires des successions ab intestat ; mais il était loisible au démettant de s'en démettre de son vivant comme il l'avait déjà fait à l'égard de ses autres biens[2].

42. Par l'effet de la démission, les biens abandonnés devenaient la propriété des démissionnaires.

Les démissionnaires n'en étaient point saisis par le seul fait de

---

[1] Boullenois, p. 52, 56.
[2] *Idem*, p. 218.

l'abandonnement, comme le sont des héritiers par le seul fait de la dévolution d'une succession. Ils n'étaient saisis que par leur acceptation[1].

Les biens compris dans la démission devenaient propres en la personne des démissionnaires, même en ligne collatérale[2]. Ici on revient à l'idée de succession. Il s'agit, en effet, d'envisager la démission par rapport aux démissionnaires exclusivement. Or, sous ce point de vue, la démission était une exécution anticipée de la loi des successions, plutôt qu'une donation. C'était donc à titre de succession, et non à titre de donation, que les démissionnaires étaient censés tenir les biens qui leur avaient été abandonnés; or, le titre de succession faisait toujours des propres. En collatérale, le démettant aurait bien pu attribuer à ses biens le caractère d'acquêts au regard des démissionnaires. Seulement il eût dû pour cela sortir des termes d'une démission, et employer la forme des donations entre-vifs ou des testaments.

Les mêmes principes eussent été applicables au cas où il aurait voulu, lors de son abandon, réaliser ses meubles, c'est-à-dire ordonner qu'ils tiendraient nature de propres aux démissionnaires.

Les impositions que le démettant pouvait avoir à supporter à raison des biens dont il se démettait, tombaient désormais à la charge des démissionnaires, sauf à lui, pour éviter d'être porté à l'avenir sur les rôles, à remplir certaines formalités expliquées par Boullenois et Ferrière.

43. Lorsqu'il y avait plusieurs démissionnaires, la démission entraînait à sa suite la nécessité d'un partage comme l'eût fait une succession dévolue à plusieurs héritiers.

En ce cas, le démettant pouvait, soit abandonner ses biens par indivis, soit en faire lui-même le partage entre les démissionnaires, et cela, en ligne directe et en ligne collatérale indistinctement.

Lorsque les biens avaient été abandonnés par indivis, les démissionnaires avaient à procéder au partage entre eux dans les formes ordinaires, et cela, quand bon leur semblait, soit du vivant du démettant, soit après sa mort.

44. Lorsque le démettant faisait lui-même le partage, il devait, en principe, le faire conformément aux proportions établies par la coutume du lieu; car il n'était alors que l'exécuteur de la loi : il ne faisait que prévenir l'office du juge et de l'arbitre.

---

[1] Boullenois, p. 26.
[2] Boullenois, quest. 14.

Avait-il le pouvoir d'y introduire des inégalités? On admit d'abord sur ce point qu'il y avait lieu d'assimiler le partage qui accompagnait une démission à celui qui était destiné à n'avoir effet qu'au décès.

En effet, faisait-on observer, le partage fait par un démettant porte sur une succession future tout aussi bien que celui qu'une personne fait pour n'avoir effet qu'après sa mort. Les démissionnaires, sans doute, sont en possession; mais ils ne possèdent qu'une hérédité future. Il leur manque pour être héritiers actuels le décès du démettant. Dans leurs rapports respectifs, ce qu'ils reçoivent, ils ne le reçoivent que comme héritiers futurs [1].

Cela posé, on distingua, dans l'application du principe d'égalité, si la démission accompagnée de partage émanait d'un ascendant ou bien d'un collatéral [2].

Au premier cas, on se trouvait dans l'hypothèse d'un partage d'ascendants. On adopta donc les mêmes solutions que s'il s'était agi d'un partage fait pour après la mort, solutions que nous avons développées précédemment et que nous rappellerons ici.

Dans les coutumes qui, à l'exemple du droit écrit, permettaient les avantages ou inégalités entre les héritiers, l'ascendant qui faisait une démission, pouvait répartir inégalement les biens dont il se démettait. Son pouvoir à cet égard ne trouvait de limites que dans le droit de ses descendants à leur légitime.

Dans les coutumes qui défendaient d'avantager l'un des héritiers venant à succession, toute lésion, du moins toute lésion appréciable, aurait dû, en principe pur, entraîner la rescision, puisque autrement le partage eût été une voie indirecte pour éluder la prohibition de la coutume. Mais ce principe ne fut pas suivi à la rigueur; le partage était maintenu, si l'inégalité n'était pas considérable.

Dans ces coutumes, sans doute, le démettant pouvait avantager l'un des démissionnaires par l'acte même de démission, en se maintenant, bien entendu, dans les limites de la légitime. Mais alors, ne se bornant pas à exécuter, par anticipation, la loi des successions légitimes, l'acte n'était plus une simple démission de biens; il dégénérait en donation. Il ne pouvait, par conséquent, valoir qu'autant qu'il était revêtu des formes des donations ou de

---

[1] Boullenois, p. 63.

[2] On ne se plaçait guère dans l'hypothèse d'une démission faite par un descendant, parce qu'une telle démission n'est pas dans l'ordre de la nature; mais la règle eût été la même que pour celle faite par un collatéral. Voy. Boullenois, p. 33.

celles des testaments, et que d'ailleurs l'avantage résultait d'une disposition expresse [1].

En collatérale, le partage étant dépourvu de l'autorité que lui donnait en ligne directe la qualité de l'ascendant, il n'y avait pas à distinguer si la coutume du lieu autorisait, ou si, au contraire, elle défendait les avantages entre héritiers. Dans un cas comme dans l'autre, le collatéral n'étant, dans la démission, que l'exécuteur pur et simple de la loi des successions, son partage n'était valable qu'autant qu'il s'était scrupuleusement conformé, dans sa distribution, aux proportions établies par la coutume, à moins qu'il n'eût disposé par donation entre-vifs ou testamentaire, en observant les formalités prescrites à cet effet, et en respectant d'ailleurs les réserves coutumières. Il n'en était autrement que dans les lieux où la coutume autorisait expressément le partage entre collatéraux, et l'autorisait avec inégalité, parce que là, en vertu de la concession expresse de la coutume, il jouissait en collatérale de la même faveur qu'en directe [2].

45. Lorsque le démettant avait des biens situés dans le territoire de plusieurs coutumes, qui ne déféraient pas la succession aux mêmes héritiers, ni dans les mêmes proportions, ou dont les unes permettaient l'inégalité entre les descendants, tandis que les autres voulaient l'égalité, la démission et le partage, si le démettant faisait aussi un partage, étaient régis par ces différentes coutumes. Car l'opération faite par le démettant n'était que l'exécution anticipée des diverses lois qui auraient régi sa succession, si elle avait été ouverte [3].

46. Le partage fait par le démettant emportait garantie, comme celui qui aurait été fait par les démissionnaires eux-mêmes ou par la justice. Car le démettant qui faisait un partage était considéré comme faisant simplement fonction de juge. Il en eût été autrement, s'il avait expressément fait ses héritiers présomptifs donataires ou légataires, en suivant, bien entendu, pour cela, les formalités requises; car, en ce cas, les biens eussent été recueillis, non à titre de succession, mais à titre de donation ou de

---

[1] Boullenois, p. 44, 73, 75 et *passim*. — « Quand un père veut partager ses biens entre ses enfants, il est astreint à suivre les lois des successions ab intestat; et s'il s'en veut écarter, il faut qu'il dispose par des actes entre-vifs ou testamentaires. » *Id.*, p. 166.

Telle est aussi la doctrine de Legrand, sur Troyes, art. 97.

[2] Boullenois, quest. 5, et les autorités citées par lui.

[3] Boullenois, quest. 6.

legs. Or, la donation et le legs ne donnent pas, par eux-mêmes et sans une clause spéciale, droit à la garantie [1].

C'était là exactement, on le voit, la même solution que dans le partage destiné à n'avoir effet qu'après la mort. Aussi invoquait-on les mêmes raisons.

47. Ceux des démissionnaires auxquels, antérieurement à la démission, il avait été fait des donations, en devaient le rapport, conformément aux règles que la loi des successions établissait à l'égard des héritiers.

Si donc le démettant faisait le partage, il devait, sous l'empire d'une coutume qui ne permettait pas l'inégalité entre les héritiers, précompter aux donataires, dans leur lot, le montant des dons qu'ils avaient reçus, sauf à lui, s'il voulait établir des inégalités, à le déclarer expressément, en remplissant les formalités requises pour les donations ou les testaments.

Mais sous les coutumes qui autorisaient l'inégalité, un ascendant aurait pu partager ses biens sans faire l'imputation des donations antérieures. Car cette forme de procéder aurait abouti à une inégalité de partage. Or, cette inégalité était permise. — Il en devait être de même en collatérale, dans les coutumes qui n'obligeaient pas les héritiers collatéraux au rapport des donations. Telles sont, du moins, les solutions de Boullenois [2].

Cet auteur pensait donc que le rapport, dans les cas du moins où il était dû, devait se faire immédiatement et dès l'instant de la démission. Toutefois, le sentiment commun aurait été, s'il faut en croire les auteurs du *Nouveau Denizart*, qu'il n'était dû qu'au décès du démettant. Telle est aussi l'opinion de Ferrière. « La raison en est, dit-il, que, quoique la démission ait un effet présent, elle ne saisit définitivement et incommutablement les démissionnaires qu'au moment du décès du démettant. » Mais Duparc-Poullain présente une raison qui répond à celle de Ferrière. « La démission, dit-il, produisant par anticipation les effets d'une succession ouverte, l'héritier présomptif qui l'accepte, doit rapporter comme il rapporterait à une succession ouverte, afin que les choses qui lui ont été données soient partagées avec les biens compris dans la démission. Seulement, ajoute cet auteur, l'hé-

---

[1] Boullenois, p. 187. D'Argentré, sur Bretagne, art. 149. — Mais on aurait dû se demander, au sujet du partage fait lors d'une démission, si la garantie était due immédiatement, c'est-à-dire du vivant même du démettant. Aucun auteur, que nous sachions, ne s'est expliqué à cet égard.

[2] Boullenois, quest. 8, et p. 172, 184.

ritier présomptif qui a reçu un avancement d'hoirie, peut refuser d'accepter la démission pour conserver ce qu'il a reçu, et ne le rapporter qu'au décès du donateur [1]. »

Mais si un démissionnaire après avoir effectué le rapport au moment de la démission, prédécédait ou bien survivait, mais répudiait la succession du démettant, pouvait-il, lui ou ses héritiers dans les coutumes de simple égalité, répéter les choses qu'il avait rapportées comme les ayant rapportées indûment? N'y avait-il pas eu de sa part un payement indu? C'est là une difficulté qui ne nous paraît pas avoir été prévue par les auteurs.

48. Les démissionnaires devaient supporter les dettes dont le démettant était tenu au moment de sa démission, mais jusqu'à concurrence seulement des biens qui leur avaient été abandonnés. Car la démission ne les rendait point héritiers par anticipation: elle les rendait simplement acquéreurs de l'universalité des biens. « Un héritier étant la continuation de la personne du *de cujus*, disait Pothier, il implique contradiction qu'on puisse être héritier d'un homme qui est jouissant de son état civil. *Viventis nulla est hereditas.* » — Le principe de l'obligation des démissionnaires aux dettes du démettant était donc dans la convention tacite des parties. En acceptant la démission, qui comprenait l'universalité des biens du démettant, les démissionnaires avaient tacitement consenti à payer ses dettes, parce que l'universalité de l'actif ne s'entend que déduction faite du passif. *Bona non intelliguntur, nisi deducto ære alieno.* — D'ailleurs la démission figurait une succession; la loi des successions relativement aux dettes, ou du moins une règle qui eût des résultats approchants, y était donc implicitement comprise.

Du reste, les démissionnaires devaient avoir soin, pour ne pas être contraints de payer les créanciers au delà même de la valeur des biens qui leur avaient été abandonnés, de faire dresser un inventaire ou état détaillé de ses biens. On y joignait souvent aussi un état des dettes [2].

Duparc-Poullain dit même: « Il est *de maxime que la démission peut être acceptée sous bénéfice d'inventaire.*» Il n'entend sans doute pas assujettir les démissionnaires à une déclaration par acte authentique; il veut simplement dire, nous le pensons du moins,

---

[1] Duparc-Poullain, sur Bretagne, art. 537.

[2] Boullenois, p. 43 et 199. Hevin et Duparc-Poullain, sur Bretagne, art. 537, Perchambault, sur Bretagne, tit. *des Successions*, § 49.

qu'en faisant inventaire, ils n'avaient à payer les dettes que jusqu'à concurrence des biens constatés par l'inventaire. Car aucun auteur, à notre connaissance, n'exige à cet effet une acceptation formelle et authentique. Cette acceptation n'est prescrite que dans le cas d'une succession ouverte. Perchambault dit que, si l'on avait dressé un état des dettes, et qu'on vînt à en découvrir qui ne fussent point portées dans l'état, la voie de la restitution était ouverte aux démissionnaires.

49. La doctrine et la jurisprudence admirent, mais non sans quelques hésitations, que la démission était révocable à volonté[1]

On pensa sans doute que la crainte où seraient les démissionnaires de se voir reprendre les biens qui leur avaient été abandonnés, serait pour le démettant, une garantie de leur reconnaissance. — Tel est probablement au fond le motif qui a déterminé les esprits.

Mais pour justifier la révocabilité par les principes du droit, on présentait la démission comme un acte de dernière volonté de la part du démettant. Car, disait-on, cet acte n'est que la disposition de sa succession future. Or, comme il n'y a que sa mort qui puisse donner ouverture à sa succession, la démission doit jusque-là être révocable, comme tout autre acte de dernière volonté. On argumentait, d'ailleurs, des principes reçus pour les donations à cause de mort, donations avec lesquelles la démission de biens avait tant d'analogie[2].

La démission était révocable, alors même qu'on lui avait donné dans l'acte, la qualification et les formes de la donation entre-vifs. Car, disaient les auteurs, l'acte par lequel une personne fait une donation générale en faveur de tous ses héritiers présomptifs, sans choix ni prédilection entre eux, est toujours un acte par lequel cette personne a disposé de sa succession future. C'est toujours un pur acte à cause de mort, c'est-à-dire une démission, puisqu'il est de principe que le caractère légal d'un acte dépend de l'intention des parties plutôt que de la qualification qu'elles lui ont donnée[3].

Lorsque la démission avait été faite par le contrat de mariage de l'un des héritiers présomptifs, elle était irrévocable pour la part à

---

[1] Voy. à cet égard, Merlin, *Quest. de Droit*, v° *Démiss. de biens.* Toutefois on ne voit pas, en lisant les anciens auteurs, qu'ils eussent, sur la révocabilité, d'aussi grandes hésitations que Merlin semblerait le croire.

[2] Boullenois, *eod.* — Pothier, cout. d'Orléans.

[3] Boullenois, quest. 17. Furgole, *Testaments,* chap. VIII, sect. I, n°ˢ 192, 193, et autres autorités par eux alléguées.

laquelle avait droit celui dans le contrat de mariage duquel elle avait été faite. Car vis-à-vis de lui et pour sa part, elle perdait son caractère de démission simple pour revêtir la nature d'un contrat de mariage. Or les conditions d'un contrat de mariage sont irrévocables. — Mais la démission restait révocable pour la part des autres démissionnaires, la même raison n'ayant pas lieu à leur égard.

Les auteurs citent encore comme un cas d'irrévocabilité celui où la démission ne comprenait qu'une partie des biens et avait d'ailleurs été faite dans la forme des donations. Mais il n'est pas exact, à notre avis, de présenter les choses ainsi. Car, dans cette hypothèse, l'acte n'est plus une démission, ni quant au fond, ni quant à la forme; c'est une véritable donation. C'est à ce titre qu'il est irrévocable.

A part même le cas dont il vient d'être question, la démission pouvait, suivant Boullenois, être révoquée par rapport à l'un des démissionnaires, et maintenue à l'égard des autres. Elle aurait même pu n'être révoquée que pour une partie du lot d'un des démissionnaires.

Mais en cas de révocation partielle, elle cessait d'être une démission; et tout son effet se réduisait, pour ceux dont les portions n'avaient pas été révoquées, à la jouissance de ces portions pendant la vie du démettant, le défaut de révocation à leur égard leur donnant droit d'acquérir les fruits. A la mort du démettant, il y avait lieu de procéder à un nouveau partage. Celui qui avait été fait de son vivant s'était trouvé annulé par la révocation.

50. Lebrun avait prétendu que le démettant devait, pour pouvoir révoquer, obtenir des lettres de la chancellerie. Mais son avis fut rejeté, parce que les lettres n'étaient nécessaires que pour se faire restituer contre un acte irrévocable de sa nature. Or dès que l'on considérait la démission comme un acte essentiellement révocable à volonté, le pouvoir, pour le démettant, de reprendre les biens dont il s'était démis, était de droit.

Mais fallait-il un acte formel de révocation? et de quelle nature devait être cet acte? devait-il être d'ailleurs signifié aux démissionnaires? eût-il suffi d'une révocation tacite, résultant par exemple, de l'aliénation faite par le démettant au profit d'un tiers, de tout ou partie des biens compris dans la démission?

Les jurisconsultes étaient divisés sur ces divers points[1].

---

[1] Voy. Furgole, chap. viii, sect. i, n° 197, et les autorités par lui citées.

51. La révocation obligeait les démissionnaires à restituer les biens qui leur avaient été abandonnés. Cette restitution était soumise à des règles analogues à celles qui étaient admises pour la restitution que doit faire, en cas d'éviction, le possesseur d'une hérédité. Elle devait rarement avoir lieu sans soulever des difficultés, et sans aigrir les parties.

Le démettant devait tenir compte de ce que les démissionnaires avaient déboursé pour payer ses créanciers ou pour faire des réparations, soit utiles, soit nécessaires.

Réciproquement, il était fondé à demander compte des détériorations [1].

La révocation de la démission anéantissait tous les droits acquis à des tiers du chef des démissionnaires sur les biens compris dans la démission. Car puisque les démissionnaires n'avaient qu'un droit révocable, on ne pouvait acquérir de leur chef que des droits également révocables. — Le démettant était donc fondé à évincer les acquéreurs.

Le démettant qui avait révoqué sa démission, redevenait, après la révocation, maître de ses biens comme il l'avait été avant la démission. Il rentrait donc dans l'exercice du droit qu'il avait alors d'en disposer d'après les formes et dans les limites du droit commun.

52. La survenance d'un enfant au démettant révoquait une démission faite à des ascendants ou à des collatéraux. On appliquait, en ce cas, la disposition de la fameuse loi *si unquam C. de revoc. donat.* Cette loi, sans doute, ne prévoit que le cas d'une donation entre-vifs ; mais on pensait qu'il y avait identité de raison pour une disposition à cause de mort. Une autre circonstance, d'ailleurs, devait, disait-on, entraîner l'anéantissement de la démission, c'est que les démissionnaires perdaient en ce cas la qualité d'héritiers présomptifs. Or, cette qualité devait exister en leur personne et au jour de la démission, pour que la démission eût effet, et pendant toute la vie du démettant, pour que cet effet durât [2].

La démission faite à des descendants n'était pas révoquée par la naissance d'un nouvel enfant, parce que la loi *si unquam* n'était applicable qu'au donateur qui était sans enfants lors de la donation, et que d'ailleurs les démissionnaires continuaient d'être héritiers présomptifs. Seulement le nouvel enfant devait, plus tard,

---

[1] Boullenois, quest. 17 et 19.

[2] Boullenois, quest. 16. — Duparc-Poullain, sur Bretagne, art. 537. — Nouveau Denizart.

être admis à prendre sa part héréditaire dans les biens abandonnés. Car la démission n'étant qu'une exécution anticipée et prématurée de la loi des successions, n'avait pu donner à ceux à qui elle avait été faite, dans les biens qui y étaient compris, que la part à laquelle la loi des successions pouvait les appeler un jour. Ils n'avaient donc le droit de retenir que cette part, et ils devaient abandonner le surplus à l'enfant survenu depuis, et qui était comme eux appelé à la succession.

Par conséquent, le partage qui avait pu être fait entre les démissionnaires, du vivant du démettant, ne pouvait plus servir de règle ; il y avait lieu à en faire un nouveau, dans lequel l'enfant né depuis la démission était compris, à raison de la part que la loi lui donnait dans la succession. Ce nouveau partage n'avait lieu qu'après le décès du démettant ; car l'enfant dont il s'agit n'avait jusque-là aucun droit aux biens abandonnés. Comme il n'avait pas figuré dans la démission, cette démission ne pouvait avoir effet à son égard.

55. Le prédécès d'un démissionnaire résolvait ses droits sur les biens qu'il avait reçus par la démission, *tanquam causa finali non secuta*. Car la qualité d'héritier, qui seule lui donnait droit à ces biens, ne pouvait plus se réaliser en sa personne.

Les biens qui lui échappaient ainsi passaient à ses enfants, s'il en avait qui se trouvassent appelés par la loi à le représenter dans la succession. Ces enfants étaient considérés comme lui ayant été tacitement substitués dans la démission. La démission n'était, en effet, dans l'intention du démettant, qu'une exécution anticipée de la loi des successions. La représentation, qui est une règle des successions, y était donc sous-entendue[1]. — Aussi était-ce *jure suo*, et non en qualité d'héritiers du démissionnaire prédécédé, que ses enfants prenaient la part qu'il avait reçue.

A défaut d'enfants qui pussent arriver par représentation, la part du prédécédé, part dont il n'avait joui que provisionnellement, en attendant l'ouverture de la succession, se trouvait caduque par son prédécès.

Elle accroissait aux autres démissionnaires, s'il y en avait, et ce, alors même que la démission eût été accompagnée de partage, parce que la démission emportait, par sa nature et à l'instar d'une

---

[1] Boullenois, p. 238. — Remarquez que c'est là un effet qui n'eût pas eu lieu dans une donation à cause de mort ; car le prédécès du donataire rendait cette donation entièrement caduque, et les biens faisaient retour au donateur.

succession, une expropriation générale du démettant au profit de tous les héritiers présomptifs considérés collectivement, et que chacun d'eux, en particulier, était apte à recueillir l'universalité des biens abandonnés. — Ce n'est que le concours qui les amenait à n'avoir qu'une part chacun. Or, si quelques-uns prédécédaient, ils cessaient de faire concours; le concours n'avait plus lieu qu'entre ceux qui restaient.

A défaut d'autres démissionnaires, la démission tombait purement et simplement en caducité. On n'admettait pas la dévolution au degré subséquent, parce que comme la démission, de la part de celui qui la faisait, constituait une véritable libéralité, sa volonté se portait vers le démissionnaire personnellement. En conséquence, les biens retournaient au démettant, qui pouvait, en ce cas, pendant toute sa vie, et ses héritiers après sa mort, répéter les biens compris dans la démission [1].

Dans les cas dont on vient de parler, les biens passaient aux représentants, ou accroissaient aux autres démissionnaires, ou retournaient au démettant, francs et quittes des droits ou charges acquis à des tiers du chef du démissionnaire prédécédé; car le droit du démissionnaire étant venu à se résoudre, tous les droits existant de son chef devaient se résoudre en même temps. On cite pourtant un arrêt du parlement de Rouen, qui, au cas d'accroissement, avait maintenu les hypothèques existant du chef du démissionnaire prédécédé [2].

La mort civile d'un démissionnaire produisait, à l'égard des biens abandonnés, le même effet qu'eût produit sa mort naturelle. Par conséquent, la part qu'avait recueillie dans la démission, un démissionnaire condamné depuis, n'était point englobée dans la confiscation générale de ses biens [3].

54. Les démissionnaires, tant que vivait le démettant, n'étaient pas réputés héritiers; c'est là un point sur lequel s'accordent tous les auteurs. La succession ne s'ouvrait réellement qu'à l'époque ordinaire, c'est-à-dire au décès du démettant, même en ce qui concernait les biens abandonnés. Ce n'est qu'à sa mort que le démettant pouvait avoir des héritiers, soit à ces biens, soit à ceux qu'il avait pu acquérir depuis sa démission. C'était donc à cette époque que l'acquisition s'en réalisait définitivement. On devait

---

[1] *Nouv. Denizart.* — Hevin, sur Bretagne, art. 537. — Boullenois.
[2] Boullenois, quest. 15. Ferrière, *Dict. de Droit.*
[3] Boullenois, p. 227, et Ferrière.

donc alors avoir égard aux événements qui avaient pu changer, depuis l'époque de la démission, soit la personne même des appelés, soit les proportions de leur vocation. — C'est ainsi que l'enfant survenu au démettant prenait part aux biens abandonnés, tandis que le prédécédé, ou plutôt ses héritiers, avaient dû les rendre. De même encore, si, lors de la démission, l'aîné avait recueilli son droit d'aînesse, et qu'étant venu à prédécéder, il se trouvât, au décès du démettant, représenté dans la succession par une fille qui ne pût, d'après la coutume, représenter son père quant au droit d'aînesse, cette fille devait restituer à celui des enfants mâles qui était appelé à ce droit, ce que son père avait reçu en qualité d'aîné[1].

De ce même principe que la succession du démettant ne s'ouvrait qu'à son décès, il résultait encore qu'en supposant les démissionnaires appelés à cette succession, ils avaient à cette époque la faculté, soit de l'accepter, soit de la répudier. Car bien que la démission fût regardée comme une anticipation de succession, on ne pouvait dire (c'est l'explication de Pothier), que les démissionnaires, en acceptant la démission, eussent accepté d'avance la succession et se fussent mis par là hors d'état d'y renoncer; car une succession ne peut être acceptée avant qu'elle existe et qu'elle soit déférée. L'opinion contraire, peut-on ajouter, eût été par trop dangereuse, puisque le démettant, solvable lors de sa démission, pouvait être insolvable à sa mort.

Les démissionnaires pouvaient, par la même raison, accepter soit purement, soit sous bénéfice d'inventaire.

En acceptant purement, les démissionnaires consolidaient et confirmaient irrévocablement leur droit sur les biens qui leur avaient été abandonnés; ils s'assuraient de plus ceux que le démettant avait pu acquérir depuis la démission. — D'un autre côté, ils s'obligeaient *ultra vires* à toutes les dettes du démettant, tant à celles qui étaient nées depuis la démission, et dont ils n'étaient point tenus avant l'ouverture de la succession, qu'à celles qui existaient déjà lors de la démission, et dont ils étaient tenus, il est vrai, mais jusqu'à concurrence seulement des biens qui leur avaient été abandonnés. Le démettant, en effet, était resté personnellement tenu de ces dernières dettes envers les créanciers; la démission n'avait pu l'en libérer. Si donc elles n'étaient pas encore éteintes lors de son décès, il les avait transmises à ses héritiers, suivant les règles ordinaires.

[1] Boullenois, p. 170 et suiv.

En acceptant sous bénéfice d'inventaire, les démissionnaires confirmaient encore leur droit sur les biens compris dans la démission, et s'assuraient ceux qui avaient pu survenir au démettant depuis sa démission. — Quant aux dettes, ils continuaient de n'être tenus qu'*intra vires* de celles qui existaient lors de l'acte de démission, et ils ne s'obligeaient également qu'*intra vires* aux dettes nées depuis cette époque.

Enfin s'ils renonçaient, ils se soustrayaient sans nul doute, aux dettes nées depuis la démission, de même qu'ils laissaient échapper les biens que le démettant avait pu acquérir. — Mais avaient-ils, nonobstant leur renonciation, la faculté de retenir les biens abandonnés, à la charge, bien entendu, de supporter les dettes existantes lors de l'abandon ? Leur renonciation les obligeait-elle, au contraire, à délaisser et à restituer aux héritiers les biens qu'ils avaient reçus, en les déchargeant alors des dettes que la démission leur avait imposées ?

Pothier adoptait ce dernier parti. Suivant lui, la démission n'étant faite au démissionnaire qu'en tant qu'il devait recueillir un jour la succession du démettant, elle renfermait *vi ipsa* et par sa nature, la condition qu'il deviendrait effectivement héritier. A la mort du démettant, il se trouvait simplement un héritier mis par avance en possession de la succession qui lui échéait alors. Or, s'il renonçait, il n'acquérait pas la qualité d'héritier, de laquelle seule dépendait la consolidation de son droit. Le démissionnaire qui ne devenait pas héritier, n'avait plus aucun titre pour retenir les biens. La démission n'avait formé pour lui qu'un titre provisoire, qui, au moment définitif, ne s'était pas confirmé.

Boullenois avait adopté une solution contraire, mais sans pouvoir l'appuyer sur des raisons solides. Les principes qu'il pose dans tout le corps de son ouvrage, sont même en opposition complète avec l'avis qu'il émet sur ce cas particulier[1]. Pourquoi, par exemple, le renonçant aurait-il eu le droit de retenir les biens qu'il avait reçus par la démission, alors que le prédécédé (ou plutôt sa succession) devait, Boullenois en convient, les restituer ? Est-ce que le renonçant était plus héritier, avait plus de titre que la succession du prédécédé ? Si la démission formait pour le renonçant un titre indépendant de la qualité d'héritier, est-ce qu'il en eût été autrement pour le prédécédé ? Ferrière, toutefois, adopte la même solution que Boullenois. Cette solution ne serait

---

[1] Voy. surtout p. 234 et suiv.

admissible, disait Pothier, qu'autant que la démission aurait été revêtue des formes de la donation entre-vifs, ou faite par le contrat de mariage du renonçant; et encore la première exception nous semble-t-elle souffrir difficulté. Car, il est de principe que la forme ne saurait, à elle seule, changer le caractère légal d'un acte, principe que nous avons déjà vu appliqué à la démission (n° 49).

Nous n'avons pas vu que les auteurs aient prévu le cas où un démissionnaire se serait trouvé, lors de l'ouverture de la succession, indigne de succéder au démettant.

Toujours par suite du même principe que la succession du démettant ne se déférait qu'à son décès, si les biens qu'il avait abandonnés étaient restés indivis, il y avait lieu, lors de ce décès, d'en effectuer le partage suivant les règles ordinaires, partage dans lequel devaient figurer, suivant leurs droits héréditaires, tous ceux qui se trouvaient héritiers, sans distinguer entre ceux qui avaient été et ceux qui n'avaient pas été compris dans la démission.

De même encore, pour juger si le partage fait par le démettant, lors de la démission, était conforme à la loi, c'est à l'époque de sa mort et non à celle de la démission qu'il fallait s'attacher. Ainsi, le partage attribuait-il à chaque démissionnaire la part qui lui échéait en définitive dans la succession? Contenait-il une lésion qui dût entraîner la rescision? Blessait-il la légitime? Procurait-il à chacun des copartagés sa part en nature dans les différentes espèces de biens? Comprenait-il tous ceux qui se trouvaient en définitive héritiers? Toutes ces questions et autres dans lesquelles la légalité du partage pouvait être mise en doute, ne se résolvaient qu'au décès du démettant. Ce n'est qu'à cette époque que le partage anticipé pouvait devenir irrévocable. En effet, une démission et le partage qui l'accompagnait, n'étaient que des actes provisoires dont l'attribution légale devait être la règle définitive, et, pour ainsi dire, le prototype. Or, la loi n'attribuant la succession qu'à l'époque du décès, c'est cette époque qui mettait la loi en action. Et il est bien clair que ce n'est que quand l'attribution faite par la loi avait eu lieu, que l'on pouvait connaître si celle que l'homme avait faite par anticipation y était conforme[1].

55. Si les biens compris dans la démission avaient été partagés entre les démissionnaires avant l'ouverture de la succession, sur

---

[1] Boullenois, p. 80, 168. — Merlin, *Questions de Droit*, v° *Démission de biens.*

qui devaient retomber en définitive les risques arrivés dans l'intervalle du partage au décès du démettant ?

Suivant une opinion, si le partage était valable, les divers lots étaient immédiatement aux risques de ceux à qui ils avaient été attribués. Car, la chose périt pour le propriétaire. Or, les démissionnaires étaient propriétaires. Sans doute, c'était le moment du décès qui déterminait ce qu'ils avaient à recueillir en définitive. Mais cette règle ne devait pas s'appliquer à l'égard de cas fortuits, si le partage avait été bien fait en lui-même. Car alors le cas fortuit n'était qu'un événement étranger au partage, qui ne touchait en rien à sa substance, et qui dès lors ne devait pas avoir pour effet de l'annuler. Ce n'était donc qu'autant que le partage avait été mal fait, que les risques retombaient sur la masse, parce que, comme alors tous les lots étaient remis en commun, le partage était comme non avenu, et la propriété de chacun se trouvait résolue. C'était donc comme dans le cas d'un rapport ordinaire [1].

D'autres donnaient dans tous les cas au démissionnaire, dont le lot avait souffert des cas fortuits, le droit de demander à ses cohéritiers lors de l'ouverture de la succession, ou une indemnité, ou un nouveau partage. Ils se fondaient sur ce que ce n'était qu'au moment du décès du démettant que le droit des démissionnaires devenait définitif, et que chacun d'eux était irrévocablement saisi de la portion que lui assignait le partage. Or, c'eût été s'écarter de cette règle, que de n'avoir pas égard aux cas fortuits qui seraient survenus avant cette époque sur la part de l'un d'eux [2].

56. Lorsqu'il y avait lieu, après le décès du démettant, à procéder au partage des biens compris dans la démission, soit parce que ces biens étaient restés indivis, soit parce que le partage qui en avait été fait se trouvait nul, celui qui s'effectuait alors comprenait, non-seulement les biens qui avaient été abandonnés, mais encore ceux que le démettant avait pu acquérir postérieurement à la démission.

Hors ce cas, c'est-à-dire toutes les fois que les biens abandonnés avaient été partagés du vivant du démettant, et qu'à son décès, le partage se trouvait conforme à la loi, les biens survenus au démettant depuis la démission, fournissaient bien, lors de l'ouverture de sa succession, matière à un second partage, mais ils ne pouvaient être une occasion de revenir contre le premier [3].

---

[1] Boullenois, p. 170, et *Nouv. Denizart.*

[2] Ferrière.

[3] *Nouv. Denizart,* v° *Démiss. de biens,* sect. I, n° 7, et sect. II, n° 4.

57. En Bretagne, on avait adopté, sur la démission de biens, quelques principes particuliers.

D'abord, d'après la disposition expresse de l'art. 537 de la coutume, la démission pouvait ne comprendre qu'une partie des biens du démettant; ce qui du reste n'empêchait pas le démissionnaire d'être tenu des dettes du démettant[1].

Mais ce qui donnait surtout à la démission un caractère à part, c'est la publicité solennelle dont la coutume avait, nous ne dirons pas prescrit, mais autorisé l'emploi. Cette publicité consistait à *bannir* la démission par trois dimanches consécutifs, à l'issue de la grand'messe, dans la paroisse où le démettant était domicilié, et dans toutes celles où il avait maison; ainsi qu'au marché, qui est le lieu ordinaire du commerce, comme dit Hevin, et où des gens de tous pays et de toutes paroisses se rencontrent; puis à la *certifier* devant le juge et à l'*enregistrer* au greffe.

La publication la rendait irrévocable, si ce n'est pour les causes qui autorisaient la révocation des donations ordinaires ou l'exhérédation; et elle ôtait au démettant le pouvoir, soit d'aliéner, soit de grever d'hypothèques, les immeubles qui y étaient compris.

Elle produisait d'ailleurs un effet particulier, même à l'égard des simples créanciers chirographaires.—Pour bien saisir cet effet, il faut savoir que, dans l'usage de la Bretagne, comme dans celui de quelques autres provinces, les choses données à un héritier présomptif en avancement d'hoirie, retombaient de toute nécessité dans la succession du donateur, lors de l'ouverture de cette succession, et cela, tant à l'égard des cohéritiers du donataire, qu'à l'égard des créanciers héréditaires et autres intéressés. — Cela venait de ce que, dans ces coutumes, non-seulement les deux qualités d'héritier et de donataire étaient incompatibles, mais qu'on n'y admettait même que celle d'héritier. De sorte que tous les titres de donations entre-vifs, à cause de mort, ou par testament, en faveur de mariage, avancement d'hoirie et autres quelconques, que pouvait avoir reçus un héritier présomptif, se résolvaient, au moment de l'ouverture de la succession, en la seule et unique qualité d'héritier. Or, les héritiers appelés ne pouvaient être héritiers qu'à la charge de toutes les dettes dont le défunt était tenu au moment de sa mort[2].

---

[1] Perchambault, sur Bretagne, tit. *des Successions*, § 49.

[2] Hevin, 25e et 27e consult. — Ces sortes de coutumes qui obligeaient au rapport même l'héritier renonçant, portaient le nom de coutumes d'*égalité parfaite*. D'au-

La démission de biens, publiée dans les formes indiquées par la coutume, pouvait seule exclure les créanciers postérieurs. A défaut de cette publication, elle ne constituait qu'une donation ordinaire faite en avancement d'hoirie, tandis que l'accomplissement de cette formalité l'en rendait parfaitement distincte par les résultats qu'on vient d'indiquer.

Du reste, elle n'eût pas été nulle faute de publication. Les formalités établies par la coutume ne regardaient que les tiers. Eux seuls avaient qualité pour opposer le défaut de solennité, et faire, en ce cas, considérer la démission comme non avenue à leur égard [1].

Ces formalités, ayant ainsi pour effet de mettre les démissionnaires à l'abri, soit de la révocation arbitraire du démettant, soit des aliénations et obligations postérieures, ces formalités, disonsnous, faisaient que la démission *passait en Bretagne pour une sorte d'interdiction*; car l'interdiction était assujettie, à peu près, aux mêmes formalités de publication, et mettait aussi l'interdit hors d'état de diminuer désormais son patrimoine. C'est pour cela, dit Hevin (*loc. cit.*), que les derniers réformateurs ont placé la démission sous le titre des mineurs et autres auxquels on donne un administrateur, tandis que d'Argentré la plaçait sous le titre des appropriances et la rangeait ainsi parmi les manières d'acquérir. Il paraît même que quand un individu était dans le cas d'être interdit, soit pour prodigalité, soit parce qu'il n'était plus en état d'administrer ses biens, on l'engageait à prévenir la demande en interdiction au moyen d'une démission volontaire.

Seulement, la démission n'était point une interdiction générale, qui ôtât au démettant la faculté des contrats et du commerce; elle lui enlevait simplement le pouvoir d'aliéner les biens dont il s'était démis, et celui de créer des dettes qui retombassent plus tard à la charge des démissionnaires.

Du reste, la démission n'était toujours, comme dans les autres provinces, qu'un simple avancement et non une véritable délation

tres (Paris, par exemple) défendaient bien les avantages entre héritiers; mais elles autorisaient le renonçant à garder le don ou le legs qui lui avait été fait. — Ce que nous disons ci-dessus (*passim*), que sous les coutumes qui défendaient les avantages entre héritiers, l'ascendant ne pouvait introduire des inégalités considérables dans son partage qu'en prenant la voie du legs ou de la donation, ne s'applique donc qu'aux coutumes d'égalité. — Dans celles d'égalité parfaite, la voie du legs ou de la donation n'eût servi à rien.

[1] Perchambault, *loc. cit.*

de succession. L'avancement d'hoirie, disaient les jurisconsultes bretons, est le genre; la démission et la donation ordinaire sont des espèces. Aussi, de même que partout ailleurs, la succession ne s'ouvrait qu'au temps de la mort du démettant; et l'on tirait de là les diverses conséquences que nous avons expliquées précédemment, et notamment celles-ci : que le droit du démissionnaire se résolvait, s'il ne devenait pas héritier; que l'action pour attaquer le partage qui avait pu accompagner la démission ne s'ouvrait qu'au décès[1].

C'était même un point constant que si le démettant se mariait depuis la démission, sa veuve avait son douaire sur les biens dont il s'était démis[2].

De même, le droit de rachat et les autres droits de fief, ne s'ouvraient pour le seigneur, nonobstant la démission, que par la mort du démettant. La coutume s'en expliquait formellement.

Ainsi, nonobstant l'irrévocabilité, non-seulement les démissionnaires n'étaient pas encore héritiers, mais ils n'avaient pas même une propriété perpétuelle, stable et incommutable. C'est pour cela sans doute que des jurisconsultes bretons voyaient dans la démission une administration analogue à celle des biens d'un incapable. Toutefois c'était en restreindre par trop les effets; car elle donnait aux démissionnaires la propriété et la jouissance. Aussi d'Argentré nous paraît plus dans le vrai, quand il dit qu'elle ne constituait exclusivement, ni une succession, ni un contrat; mais qu'elle tenait des deux. Elle tenait des contrats, en ce qu'elle n'avait lieu qu'au moyen du concours des volontés, qu'elle était irrévocable, et qu'elle mettait les démissionnaires à l'abri des aliénations et des obligations postérieures; c'était un contrat innommé. Elle tenait des successions, en ce que le droit des démissionnaires dépendait de leur qualité d'héritiers, et figurait d'ailleurs provisoirement un droit de succession.

La jurisprudence, en Normandie, avait beaucoup d'affinité avec

---

[1] D'Argentré et autres commentateurs de la coutume, *passim*. Basnage, sur Normandie, art. 448, décidait de même. Or, en Normandie, comme on le dit ci-dessous, la démission était également tenue pour irrévocable. La question relative au temps où le partage pouvait être attaqué, était donc étrangère à la révocabilité. Elle dépend, en effet, du point de savoir à quel moment s'ouvrent les droits attachés à la qualité d'héritier, puisque ce sont ces droits qui seuls peuvent autoriser un héritier à attaquer le partage de la succession.

[2] Hevin et Duparc-Poullain, sur Bretagne, art. 537. Il est vrai que Perchambault (*loc. cit.*) avait soutenu l'opinion contraire. C'est cette dernière opinion qui se trouve seule reproduite dans les *Quest. de Droit* de Merlin.

celle de Bretagne ; car elle s'était aussi prononcée, quoique moins nettement, en faveur de l'irrévocabilité de la démission.

Ce qui rapprochait encore, jusqu'à un certain point, ces deux provinces, c'est qu'en Normandie, la démission, comme on l'a déjà dit (n° 40), était sans effet à l'égard des tiers qui traitaient par la suite avec le démettant, si elle n'avait pas été insinuée. Il faut reconnaître du reste, que la formalité de l'insinuation était très-différente des formalités établies par la coutume de Bretagne pour donner de la publicité à la démission.

La coutume de Clermont en Argonne admettait expressément (it. vi, art. 12.) l'irrévocabilité de la démission.

58. Dans le cas où la coutume du lieu donnait des droits au seigneur, à raison de la transmission par succession, ces droits s'ouvraient-ils immédiatement par la démission, ou bien le seigneur était-il tenu d'attendre le moment de l'ouverture de la succession?

La coutume de Bretagne, on l'a déjà dit, avait adopté le dernier parti ; mais les autres coutumes ne s'expliquant pas à cet égard, les auteurs paraissent avoir été incertains. Les uns pensaient que les droits ne s'ouvraient qu'à la mort du démettant. Ils se fondaient sur la révocabilité de la démission. Une autre raison, qui aurait pu être donnée, c'est que c'était à cette époque seulement que la succession était réellement déférée aux démissionnaires, raison qui explique parfaitement la disposition de la coutume de Bretagne. D'autres disaient : la démission rend les démissionnaires immédiatement propriétaires. Il s'opère donc une mutation qui doit donner ouverture aux droits, sauf répétition, si la démission vient à être révoquée. Enfin ces droits étaient-ils ceux d'une donation ou bien d'une succession? Ce point ne nous semble pas avoir été nettement résolu [1].

59. La démission n'était que l'exécution anticipée de la loi des successions. Or le titre d'héritier ne constitue pas une juste cause pour acquérir par prescription. En était-il de même du titre de démissionnaire, lorsque parmi les biens abandonnés, il s'en trouvait qui appartinssent à autrui? d'Argentré est le seul auteur, à notre connaissance du moins, qui se soit expliqué sur la question. Il admettait l'affirmative sous l'ancienne coutume de Bretagne. C'était même à propos de l'art. 256, relatif aux justes titres pour prescrire, qu'il s'occupait de la démission. Les jurisconsultes posté-

---

[1] Boullenois, quest. 12, et p. 16, et les autorités par lui citées. Maillart, sur Artois, art. 85.

rieurs qui ont écrit pour cette province, et qui paraissent penser que la démission avait pris, lors de la réformation, un caractère différent, ne répètent plus la doctrine de d'Argentré. Hevin semble même la repousser[1].

60. Par tout ce qui précède, on voit que la démission de biens, même dans les pays qui la regardaient comme irrévocable, ne devançait pas d'un seul instant l'ouverture et la délation de la succession, même en ce qui concernait les biens abandonnés; que la succession ne s'ouvrait et ne se déférait que comme à l'ordinaire, à la mort du démettant. Jusque-là il pouvait y avoir, pour les biens abandonnés, une image de succession. Il n'y avait certainement pas succession. L'expression de *succession anticipée* qu'on lui donnait, manque donc de justesse. Aussi d'Argentré ne va-t-il pas si loin quand il qualifie la démission *une anticipation de l'espérance héréditaire : hereditarix spei anticipatio.*

En adoptant cette qualification inexacte de *succession anticipée,* on avait été amené, par suite de l'empire que les mots exercent si souvent sur les choses, à introduire, dans la matière, des règles tout à fait arbitraires, qui ne peuvent se justifier en raison ; telle est celle qui voulait que la démission emportât une expropriation générale du démettant.

Par la démission, le démettant exécutait provisoirement et par anticipation, en ce qui concernait son patrimoine actuel, la loi sur les successions. Or il y avait là de sa part une libéralité, puisque, comme le fait observer le *Nouveau Denizart,* on ne doit rien de son vivant à ses héritiers présomptifs. La démission n'était donc en réalité qu'une donation qui, n'étant assujettie à aucune formalité, et entraînant des conséquences légales analogues à celles des successions, formait une espèce particulière, distincte, soit de la donation entre-vifs, soit de la donation à cause de mort, soit enfin de la donation testamentaire.

Elle formait bien pour les démissionnaires un titre actuel, translatif de propriété. Mais ce n'était qu'un titre provisoire, basé sur une éventualité, à savoir sur la qualité d'héritier présomptif, et qui, par suite, devait s'évanouir, si cette éventualité ne se réalisait pas. Elle établissait, du vivant du démettant, un état de choses, formé à l'image de celui qui se serait produit, si la succession eût été déjà ouverte, mais qui devait, lors de l'ouverture réelle, faire place à un état de choses définitif, réglé d'après la dévolution ef-

[1] Hevin, 25, 26, 27ᵉ consultation.

fective de la succession. La propriété qui résultait d'une démission n'était guère qu'une sorte de domaine utile, même dans les provinces qui admettaient l'irrévocabilité. Le domaine direct, le fond du droit, restait encore sur la tête du démettant, qui à sa mort le transmettait à ses héritiers définitifs [1].

C'est par suite des mêmes idées que le partage qui avait pu être fait entre les démissionnaires ne formait pas immédiatement un partage actuel de succession ; qu'il ne devenait définitivement tel qu'après que la succession s'était ouverte, et se trouvait acquise aux démissionnaires apportionnés. Sous ce rapport donc, il se rapprochait du partage destiné à n'avoir effet qu'après le décès.

61. Faisons remarquer en finissant qu'à côté de la démission, qui laissait au démettant sous le rapport de la forme, plus de latitude qu'une donation ordinaire, tout en lui en laissant moins sous le rapport des effets à donner à la disposition, il existait la voie de la donation ordinaire qui permettait de faire, en bien des points, ce qu'on n'aurait pu faire par une démission, mais qui en même temps, et c'est là ce que nous voulions faire remarquer, était susceptible de produire par l'effet de la volonté du donateur, les résultats légaux qui étaient la conséquence naturelle de la démission.

La vérité de cette observation apparaît manifestement par la pratique des pays de droit écrit.

La démission, avons-nous déjà dit, était, en tant que constituant un genre particulier de disposition, restreinte aux pays de coutumes. Dans les pays de droit écrit, il n'y avait aucun usage qui l'autorisât, telle qu'elle existait dans les autres provinces. On ne connaissait comme acte susceptible de transférer immédiatement la propriété à titre gratuit, que la donation entre-vifs et la donation à cause de mort. Mais lorsqu'on voulait arriver à un résultat analogue à celui qu'eût produit une démission de biens, on faisait une donation entre-vifs ou à cause de mort à tous les héritiers présomptifs. Le mot *démission de biens* indiquait donc, dans ces pays, une donation ordinaire, telle que le droit commun les autorisait, et à laquelle les clauses de l'acte faisaient produire les conséquences générales des démissions de biens. Seulement, l'acte n'empruntant plus nécessairement ses règles de l'idée de succession, pouvait ne comprendre qu'une partie des biens. Il aurait pu

---

[1] Boullenois, toutefois, s'écarte de cette manière de voir, lorsqu'il autorise le renonçant à garder les biens dont on s'est démis en sa faveur.

également ne comprendre que quelques-uns des héritiers présomptifs, sauf aux autres à réclamer plus tard leur légitime [1].

CHAPITRE III.

DROIT INTERMÉDIAIRE ET DROIT ACTUEL.

SOMMAIRE.

62. Loi du 17 nivôse an ii. Laissait-elle le pouvoir de faire, soit une démission, soit un partage?
63. Aperçu du système du Code.
64. Loi fiscale du 16 juin 1824.

62. La loi du 17 nivôse an ii établit l'égalité parfaite dans les successions. Elle défendit tout avantage direct ou indirect au profit des héritiers présomptifs. C'était la reproduction du principe des coutumes *d'égalité parfaite*.

Cette loi, sans doute, ne faisait aucun obstacle à une démission non accompagnée de partage, puisque la démission n'était, par elle-même, que l'exécution anticipée de la loi des successions [2]. Mais s'opposait-elle à ce qu'une personne fît elle-même le partage de sa succession entre ses héritiers présomptifs, soit lors de la démission, soit par acte de dernière volonté?

Nous avons vu précédemment que, dans les coutumes mêmes qui n'en avaient pas de disposition expresse, et qui prohibaient tout avantage entre cohéritiers, la jurisprudence avait admis ces sortes de partages, dès qu'ils ne blessaient pas l'égalité; que l'égalité ne s'appréciait même pas rigoureusement, lorsque le partage émanait d'un ascendant. De même, peut-on dire, la loi de l'an ii ne faisait obstacle qu'aux partages qui auraient mis de l'inégalité entre les héritiers.

La question sans doute ne peut guère avoir aujourd'hui d'intérêt pratique. Toutefois, s'il faut dire notre avis, nous n'admettrions pas cette décision, qui, sous prétexte de tempérer la rigueur de la

---

[1] Furgole, *Testaments*, chap. viii, sect. i, nᵒˢ 169 et suiv. — Une fois la donation à cause de mort prohibée par l'ordonnance de 1731, on ne put recourir qu'à la voie de la donation entre-vifs, ce qui représentait une démission irrévocable, comme en Bretagne.
[2] Cass., req. 11 juin 1835.

loi, la viole en définitive, puisqu'elle permet de faire, en dernier résultat, par la voie du partage, ce que le législateur défend d'une manière absolue. Celui, en effet, qui partage son patrimoine, trouve toujours, s'il le veut, le moyen de rendre la condition de l'un de ses héritiers meilleure que celle des autres, ne fût-ce qu'en formant son lot de biens moins morcelés, d'héritages qui ont un prix d'affection, ou qui présentent, en un mot, des avantages particuliers, et que, pour cette raison, les héritiers ne manquent guère de se disputer lors du partage de la succession. — L'exécution franche et complète de la loi de l'an II était, à notre avis, incompatible avec la faculté pour le *de cujus* de faire lui-même le partage de sa succession. La jurisprudence sans doute eût pu se laisser surprendre et admettre la validité du partage. Mais c'eût été une jurisprudence relâchée, qui aurait d'ailleurs entraîné mille inconvénients à sa suite. Ces sortes de partages, en effet, qui ne méritent de faveur qu'autant qu'ils sont de nature à garantir la paix et la concorde de la famille, eussent été infailliblement la cause même de la désunion et de la discorde. Car il se serait toujours rencontré quelque héritier qui, mécontent de son lot, aurait attaqué le partage. C'eût été le cas de dire avec Coquille : un des héritiers, plus hargneux, aurait eu occasion de dire l'un des lots être de plus grande valeur ou plus grande incommodité que les autres. Quelle difficulté n'y aurait-il pas eu d'ailleurs pour le juge à décider si les combinaisons du partage violaient indirectement ou bien respectaient le principe de la loi, alors que tant d'avantages peuvent résulter de toute autre circonstance que d'une différence dans la valeur estimative des lots ?

63. La loi du 5 germinal an VIII abrogea celle de l'an II. Elle permit d'avantager certains héritiers en disposant à leur profit avec dispense de rapport, mais sans s'expliquer particulièrement sur les dispositions contenant partage. — Le Code civil permit, comme la loi de l'an VIII, les avantages entre héritiers. De plus, il s'occupa expressément des partages. Nous n'analyserons pas ici les règles qu'il contient, puisque c'est là l'objet de notre ouvrage. Nous ne pouvons toutefois nous dispenser d'indiquer dès maintenant certains points qui montrent que le système actuel est loin d'être celui qu'avait consacré notre ancien droit.

Ainsi d'abord, le Code ne parle point de la démission de biens ; il parle simplement de partage. Mais aussi il en consacre deux espèces : l'une qui a un effet présent, et l'autre qui n'a effet qu'au décès.

De plus, tandis que, dans l'ancienne législation, la démission de biens, avec ou sans partage, n'était nulle part astreinte aux formes ordinaires des donations, ni le partage pour après la mort, à celles des testaments, la législation nouvelle n'admet, pour les partages d'ascendants, d'autres formes que celles des donations entre-vifs ou des testaments (art. 1076). Sous ce rapport donc, elle ramène cet acte au droit commun des dispositions à titre gratuit, dont il s'était écarté depuis le bel âge de la jurisprudence romaine. Elle reproduit donc, au moins sous ce point de vue, la règle du droit romain primitif, où les ascendants qui voulaient distribuer leurs biens entre leurs héritiers présomptifs n'étaient pas plus favorisés que les autres citoyens. L'exemption des formes ordinaires, ce privilége que la législation romaine n'avait pas consacré à son berceau, mais qui s'était introduit dans la pratique par un de ces empiétements si ordinaires de la jurisprudence sur la loi, et qui avait passé du droit romain dans le droit français, ce privilége a disparu après tant de siècles d'existence.

Le partage d'ascendants peut ne comprendre qu'une partie, et une partie quelconque des biens de l'ascendant.

Quant à la question d'égalité, le Code n'a suivi ni le système des coutumes qui défendaient les avantages entre héritiers, ni celui des coutumes qui, à l'exemple du droit écrit, les permettaient. Car dans les premières, les inégalités faisaient rescinder le partage, alors même qu'elles n'atteignaient pas le taux fixé pour la rescision des partages faits par les communistes eux-mêmes. Dans les secondes, toute inégalité était permise, dès qu'elle ne blessait pas la légitime. Le partage d'ascendants empruntait donc ses règles, sous ce rapport, au système qui régissait les actes de disposition à titre gratuit. — Le Code adopte pour le partage d'ascendant un système inconnu jusque-là. Il assimile ce partage à celui que feraient, soit les héritiers eux-mêmes, soit la justice. Il en admet la rescision pour une lésion de plus du quart, alors même que cette lésion ne blesserait pas la légitime, de même qu'à l'inverse, une lésion qui n'excéderait pas le quart, pourrait blesser la légitime, sans autoriser pourtant une action quelconque au profit du légitimaire. Sous ce rapport donc, la disposition que l'ascendant qualifie de partage, est en effet rangée par la loi dans la classe des partages ordinaires; elle n'emprunte plus ses règles au système qui régit les actes par lesquels l'homme dispose de ses biens à titre gratuit. — De toutes les innovations que le Code ait introduites sur la matière, c'est celle-là qui, à nos yeux, est la plus grave et la plus féconde en conséquences.

Enfin, le Code civil paraît mettre sur la même ligne et soumettre aux mêmes principes le partage destiné à avoir un effet actuel, et celui dont l'effet est renvoyé au décès ; de sorte qu'il semble, à la première vue, que ces deux espèces de partages soient ramenées à l'unité. Mais on verra qu'il existe entre elles de profondes différences, qui tiennent à la nature, si essentiellement distincte, des dispositions entre-vifs et de celles faites pour après la mort.

64. Depuis le Code civil, est intervenue une loi qui a assimilé sous le rapport fiscal, la mutation opérée par un partage entre-vifs à celle qui se serait opérée par le décès de l'ascendant. La quotité des droits à percevoir par le fisc est la même dans les deux cas (L. 16 juin 1824, art. 3).

TRAITÉ

DES

PARTAGES D'ASCENDANTS.

———

CHAPITRE PRÉLIMINAIRE.

SOMMAIRE.

1. Texte de loi sur la matière.
2. Avantages et inconvénients des partages d'ascendants.
3. Leur caractère légal.
4. Différence entre le droit actuel et le droit antérieur.
5. Caractère légal des dispositions faites à titre de partage hors des termes de l'art. 1075 C. civ.
6. Diverses dispositions à titre gratuit, que les ascendants peuvent faire au profit de leurs descendants.
7. Examen de quelques cas particuliers.
8. Caractère d'une donation faite sans partage.
9. Différence entre la démission et nos abandons de biens.
10. Plan du Traité.

1. Les partages d'ascendants ont été réglés par le législateur dans les art. 1075 et suivants du Code civil, jusqu'à l'art. 1080 inclusivement. Ces six articles forment le chapitre VII du titre *des Donations entre-vifs et des Testaments* ; il est intitulé : *Des partages faits par père, mère ou autres ascendants entre leurs descendants.*

Voici les dispositions qu'il contient :

« 1075. Les père et mère et autres ascendants pourront faire,
« entre leurs enfants et descendants, la distribution et le partage
« de leurs biens.

« 1076. Ces partages pourront être faits par actes entre-vifs ou
« testamentaires, avec les formalités, conditions et règles pres-
« crites pour les donations entre-vifs et testaments.

« Les partages faits par actes entre-vifs ne pourront avoir pour
« objet que les biens présents.

« 1077. Si tous les biens que l'ascendant laissera au jour de
« son décès n'ont pas été compris dans le partage, ceux de ces
« biens qui n'y auront pas été compris seront partagés confor-
« mément à la loi.

« 1078. Si le partage n'est pas fait entre tous les enfants qui
« existeront à l'époque du décès et les descendants de ceux pré-
« décédés, le partage sera nul pour le tout. Il en pourra être
« provoqué un nouveau dans la forme légale, soit par les enfants
« ou descendants qui n'y auront reçu aucune part, soit même par
« ceux entre qui le partage aura été fait.

« 1079. Le partage fait par l'ascendant pourra être attaqué pour
« cause de lésion de plus du quart; il pourra l'être aussi dans le
« cas où il résulterait du partage et des dispositions faites par
« préciput que l'un des copartagés aurait un avantage plus grand
« que la loi ne le permet.

« 1080. L'enfant qui, par une des causes exprimées en l'article
« précédent, attaquera le partage fait par l'ascendant, devra faire
« l'avance des frais de l'estimation; et il les supportera en définitive,
« ainsi que les dépens de la contestation, si la réclamation n'est
« pas fondée. »

Ainsi, le législateur reconnaît aux ascendants le pouvoir de faire
entre leurs descendants la distribution et le partage de leurs biens,
soit par un acte de donation entre-vifs, soit par un testament. Il
admet donc deux espèces de partages. Nous appellerons l'un
partage entre-vifs, l'autre *partage testamentaire.* Cette dernière
expression n'eût pu autrefois s'appliquer au partage destiné à
n'avoir effet qu'au décès, parce qu'il pouvait se faire sans les formalités ordinaires des testaments. Il en est autrement aujourd'hui.

2. *Rara concordia inter fratres,* a dit un poëte; et c'est là mal-
heureusement une triste vérité. Il est peu de familles où la discorde
ne pénètre. C'est surtout à l'occasion des partages de succession
que la diversité des intérêts divise ceux qu'avait unis le lien du
sang; c'est là principalement qu'on voit s'élever des dissensions
qui consument quelquefois en frais de justice une bonne partie,
sinon la totalité, du patrimoine commun, et qui d'ailleurs produisent des inimitiés irréconciliables entre les diverses branches

de la famille. Or, ces dissensions, un ascendant les préviendra, du moins dans bien des cas, en en faisant disparaître la cause la plus ordinaire, c'est-à-dire en faisant lui-même entre ses descendants la distribution et le partage de ses biens.

Tel est peut-être le principal avantage des partages d'ascendants, celui que le législateur moderne avait surtout en vue, lorsqu'il consacra au profit des ascendants le droit de partager leur succession. C'est en effet l'avantage que l'on a toujours mis en avant, soit dans le droit romain, soit dans l'ancien droit français, lors surtout qu'on parlait du partage fait pour après la mort.

Mais ces partages présentent d'autres avantages encore.

Si, parmi les descendants, il y a des incapables, l'ascendant leur évite à tous, en faisant lui-même le partage, les frais et les autres inconvénients d'un partage judiciaire, frais et inconvénients qu'en pareil cas ils seraient bien obligés de subir, alors même qu'ils seraient tous parfaitement d'accord, à moins de se résigner à un autre inconvénient, à l'inconvénient de rester dans l'indivision jusqu'à ce que les incapacités aient cessé.

De plus, un ascendant connaît la valeur, les avantages et les inconvénients de ses diverses propriétés. Il connaît également la position, les besoins et les aptitudes de tous ses descendants. Et comme il a, en général, la même tendresse pour tous, il pourra donner à chacun d'eux ce qui lui convient le mieux, servir par conséquent les intérêts des uns sans blesser pour cela les intérêts des autres. — Le sort, au contraire, qui, dans les partages ordinaires, est le distributeur des lots, et partant, l'arbitre même du partage, le sort est aveugle : il peut attribuer aux copartageants, ou du moins à plusieurs, des biens qui ne sont nullement à leur convenance. Et si l'un d'eux veut obtenir à l'amiable et de gré à gré tels biens plutôt que tels autres, c'est une faveur que ses cohéritiers lui font souvent payer bien cher.

Ajoutons que l'ascendant peut, au moins dans une certaine mesure, éviter des morcellements qui seraient nuisibles à la bonne exploitation des propriétés, morcellements presque inévitables dans un partage fait par les héritiers eux-mêmes, chacun voulant d'ordinaire avoir sa part dans tous les biens, dans la crainte d'avoir quelque chose de moins bon que les autres.

Remarquons toutefois, sur ces deux derniers points, que l'ascendant n'a pas, suivant nous, pleins pouvoirs à cet égard ; il doit, comme nous le dirons plus loin, se conformer aux dispositions des art. 826 et 832 du Code civil, sur le mode de composition des lots.

Les diverses considérations que nous venons de présenter peuvent être le mobile d'un ascendant, aussi bien dans un partage entre-vifs que dans un partage testamentaire. Mais elles suffisent à elles seules pour le déterminer à faire un partage testamentaire. On n'en conçoit même guère d'autres (sauf le dessein de sa part d'avantager indirectement l'un de ses descendants). Tandis que, dans le partage entre-vifs, les causes impulsives de l'ancienne démission de biens et des dons faits en avancement d'hoirie se mêlent et s'ajoutent aux causes impulsives du partage testamentaire [1].

Ainsi un ascendant, sentant le besoin ou la possibilité du repos, aime mieux remettre dès maintenant la totalité ou une partie de son patrimoine à ceux qui devraient toujours le recueillir à sa mort, que de continuer à le faire valoir, soit péniblement par lui-même, soit avec les inconvénients que présente l'exploitation par autrui.

Quelquefois l'ascendant n'entend qu'établir ses enfants, les aider dans leurs affaires, leur procurer une petite fortune pour les faire vivre par le travail. Pour cela, il leur donne une partie de ses biens.

Mais, dans ce cas, comme dans le cas précédent, guidé par une sage prévoyance et mû par l'une des considérations qui viennent d'être expliquées, il a soin de partager entre ses descendants les biens qu'il leur donne.

Enfin l'on concevrait qu'aujourd'hui comme autrefois, un ascendant qui dissipe sa fortune, qui est incapable de la gérer, ou dont les facultés intellectuelles ont baissé, fût amené par les conseils de sa famille ou de ses amis à abandonner et à partager ses biens entre ses descendants, pour éviter l'éclat d'une demande en interdiction ou en nomination de conseil judiciaire.

Mais le partage d'ascendants, comme toutes les institutions humaines, a ses inconvénients.

Il se peut qu'un ascendant, par les combinaisons de son partage, fasse à l'un de ses descendants une condition meilleure qu'aux autres. En pareil cas, ce partage, que le législateur n'a permis que parce qu'il fournissait aux ascendants la possibilité d'assurer la paix et l'harmonie dans leur famille, deviendra infailliblement lui-même, entre leurs mains, le principe et la cause de la désunion. Car chacun sait que les préférences accordées à un enfant, et

---

[1] Voir l'Introduction, n° 35.

fondées bien souvent d'ailleurs sur un pur caprice ou sur une injuste prédilection, sont une source presque infaillible de jalousies et d'inimitiés entre l'enfant favorisé et les autres.

« Le partage entre enfants, disait Berlier, lors de la discussion du projet de Code, est sans doute favorable, quand son origine n'est point souillée par la circonstance qu'on examine (le dessein de la part de l'ascendant de s'en servir comme d'un moyen propre à mettre de l'inégalité entre les enfants). » Rien de plus louable entre enfants non avantagés; rien de plus dangereux, rien de plus odieux entre enfants dont la condition n'est pas égale, parce que ce serait presque toujours un moyen de tromper la nature et la loi[1].

L'inconvénient que nous venons de signaler existe dans les deux espèces de partages. Mais c'est dans le partage testamentaire qu'il se présente à un plus haut degré, parce que là, les divers descendants ne sont pas appelés à consentir.

Quant au partage entre-vifs, il a, en outre, un inconvénient qui lui est propre, et que présentait l'ancienne démission de biens, celui d'exposer les ascendants qui se sont dépouillés de leurs biens à l'ingratitude de leurs descendants. C'est là un danger qu'ont signalé tous les jurisconsultes qui se sont occupés de cette matière.

> « Qui le sien donne avant mourir
> « Bientôt s'appreste à moult souffrir[2]. »

Il faut même convenir qu'il est aujourd'hui, à raison de l'irrévocabilité du partage, bien plus grand, bien plus irrémédiable que dans l'ancienne démission de biens, qui, au moins, pouvait se révoquer à volonté. — Mais d'un autre côté, l'acte de partage doit, sous le Code, être passé devant un officier public, et il peut ne comprendre qu'une partie des biens. Sous ce rapport, il présente moins de danger que n'en présentait la démission de biens, qui n'était assujettie à aucune forme, et dans laquelle par conséquent le démettant, souvent homme simple et ignorant, se trouvait livré à lui-même, alors qu'il s'agissait pour lui d'un acte qui le dépouillait de tous ses biens. Aujourd'hui, au contraire, les officiers publics, dont le ministère est nécessaire pour la confection de l'acte de partage, et qui ont ou doivent avoir les connaissances théoriques et pratiques du droit, peuvent prévenir, non pas, il est vrai,

---

[1] Fenet, t. XII, p. 411.
[2] Loysel, *Instit. cout.*, n° 668. — Legraud, sur Troyes, art. 59.

l'ingratitude des descendants, mais du moins le danger qu'elle présenterait pour l'ascendant. Ils n'ont pour cela qu'à insérer dans l'acte, en faveur de l'ascendant, des réserves ou des stipulations suffisamment avantageuses; d'autant plus que si les descendants n'exécutent pas les conditions qui leur seront imposées, l'ascendant aura le droit de faire révoquer le partage et de reprendre ses biens. Si donc on voit souvent dans le dénûment des pères et mères qui ont fait un abandon à leurs enfants, on peut à bon droit accuser d'imprévoyance le fonctionnaire auquel ils se sont adressés. Une pratique éclairée saura tirer du partage entre-vifs les avantages incontestables qu'il est susceptible de produire, tout en évitant, ou du moins en atténuant considérablement les inconvénients qu'il peut présenter.

Ces inconvénients, d'ailleurs, ne sont pas particuliers au partage. Ils se rencontrent au même degré dans toutes les donations faites en avancement d'hoirie, puisque l'ascendant est bien libre de ne pas donner à titre de partage plus qu'il ne donnerait par une donation ordinaire.

3. Mais quelle est, sous le Code civil, la nature juridique des partages faits par les ascendants entre leurs descendants? quelle est la différence caractéristique, s'il y en a, qui les sépare des dispositions ordinaires à titre gratuit? Et d'abord constituent-ils eux-mêmes une disposition à titre gratuit?

On dit souvent, il est vrai, et nous avons nous-même, dans notre Introduction, reproduit cette manière de parler, que le partage d'ascendant n'est pas un acte d'*attribution,* mais de *simple distribution*; ce qui semblerait donner à entendre que l'ascendant qui partage ses biens n'en dispose pas. Mais cette interprétation, prise d'une manière absolue, serait une erreur, non pas seulement en ce qui concerne le partage entre-vifs, lequel, comme on le dira plus loin (n° 32), constitue incontestablement de la part de l'ascendant une donation proprement dite, mais même en ce qui concerne le partage testamentaire. En effet, quand on veut aller au fond des choses, on voit que ce dernier partage lui-même contient véritablement une attribution. — Un partage ordinaire, tout le monde le sait, est, en réalité, un acte attributif analogue à l'échange, puisque chaque copartageant acquiert et aliène, acquiert les portions indivises qu'avaient les autres copropriétaires dans les objets qui lui échoient à lui, et perd en même temps la propriété de celles qu'il avait lui-même dans les objets qui échoient aux autres. Or, le partage fait par un ascendant constitue un acte d'attribution tout à fait analogue. Car l'ascendant, par cela seul qu'il assigne à un descendant tels objets déterminés pour sa part, dispose en sa faveur des portions qui seraient revenues à ses cohéritiers dans ces objets; en même temps qu'il dispose à son préjudice de celles qui lui seraient revenues, à lui, dans les objets assignés aux autres. Donc le partage est, bien réellement, au fond, de la part de l'ascendant, un acte de disposition à titre gratuit, Lorsqu'on le qualifie d'acte de *simple distribution*, on veut dire que ce n'est pas lui qui est la cause et le principe du droit des copartagés; que ceux-ci acquièrent et possèdent leur lot à un autre titre, au titre d'héritiers; que ce dernier titre ne s'efface pas en présence du partage; que, loin de là, il subsiste toujours et produit ses effets ordinaires, en tant du moins que ces effets ne sont pas contraires au partage. On veut dire, en d'autres termes, que l'ascendant qui fait un partage, n'entend pas détruire et ne détruit pas, en effet, dans la personne de ses descendants, les effets généraux qui doivent s'opérer à leur profit par la dévolution de la succession légitime. Mais il n'est pas moins vrai qu'il modifie l'un de ces effets. Car il attribue à chacun d'eux *in solidum* des objets que la loi toute seule leur aurait attribués à tous en commun et par indivis. Il ne serait donc pas exact de dire qu'il n'est que l'exécuteur de la loi, qu'il ne fait qu'assigner à chacun de ses héritiers ce que la loi elle-même leur attribue. Il ajoute incontestablement à l'attribution faite par la loi, puisque les biens qu'il partage n'auront plus, par suite du partage qu'il en fait, le sort et la condition qu'ils auraient d'après la disposition seule qu'en fait la loi. Ce n'est qu'en vertu de son acte que chacun tiendra une portion divise et déterminée. Donc, et c'est là notre conclusion, cet acte constitue de sa part une espèce particulière de disposition à titre gratuit; en le faisant, il dispose dans une certaine mesure. Conséquemment, le pouvoir pour les ascendants de partager leurs biens, forme entre leurs mains un pouvoir de disposer. Aussi telle est bien la manière de voir du législateur, puisqu'il soumet l'acte de partage aux formalités, conditions et règles des dispositions gratuites (1076).

Mais le partage d'ascendants n'est pas, dans la théorie du Code, une simple disposition à titre gratuit. Il a un double caractère légal, et il est régi par deux systèmes distincts, suivant le point de vue sous lequel on l'envisage.

Le considère-t-on en tant qu'acte émané de l'ascendant? il constitue, on vient de le dire, une disposition à titre gratuit, et il est régi en effet par le système qui régit les dispositions à titre gratuit (1076).

Mais le considère-t-on, quant à ses effets dans les rapports respectifs des descendants? il constitue un véritable partage de succession, et il est régi par le système qui régit les partages ordinaires. C'est ce qui résulte évidemment de deux règles établies, l'une par l'art. 1078, l'autre par l'art. 1079, 1re partie; la première déclarant l'acte nul, si les descendants (héritiers) n'y sont pas tous compris, la seconde le déclarant rescindable pour une lésion de plus du quart au préjudice de l'un d'eux, règles tout à fait étrangères aux dispositions à titre gratuit et propres aux partages.

Donc, sous ce second point de vue, l'ascendant qui partage ses biens, ne fait aucune disposition par préciput au profit de l'un ou de quelques-uns de ses descendants, c'est-à-dire au profit de ceux dont le lot est plus fort que celui des autres, ou de ceux qui sont seuls compris dans le partage. Il fait purement et simplement, du moins en droit, ce que les descendants auraient fait eux-mêmes à l'amiable ou en justice après son décès.—Le législateur a distingué et séparé, chez les ascendants, la faculté de partager leurs biens entre leurs descendants, d'avec la faculté d'en disposer par préciput. Sans doute il les autorise toutes deux cumulativement, et cela, soit dans le même acte, soit dans des actes séparés, mais chacune avec son caractère et ses effets propres. C'est là un point capital, et qui résulte incontestablement, non-seulement des deux dispositions que nous venons de citer (1078 et 1079, 1er alinéa), mais encore de la discussion du Code et de l'exposé des motifs[1]. — Le projet de Code allait même jusqu'à refuser cumulativement aux ascendants, le pouvoir de partager leurs biens, et celui d'en disposer par préciput. L'ascendant avait à opter. Mais on changea ce point, et l'on finit par accorder les deux facultés cumulativement, en ayant soin de ne pas les confondre; de sorte que l'ascendant qui déclare exercer l'une, n'est point considéré par la loi comme exerçant l'autre. Si, par exemple, il déclare simplement faire un partage, son acte sera régi, dans les rapports respectifs des descendants, par le système qui régit les partages : ce sera, aux yeux de la loi, un partage. Il faudra donc bien se garder de lui appliquer les règles qui seraient applicables à une disposition par préciput. Ainsi l'un de ses descendants y est omis ou lésé de plus du quart. Si l'acte devait être considéré comme une disposition par préciput, c'est-

---

[1] Fenet, t. XII, p. 409 et suiv., et les Exposés de motifs.

à-dire comme étant l'exercice du pouvoir qui appartient aux ascendants de disposer à leur gré d'une portion de leurs biens, le descendant dont nous parlons ne serait pas fondé à le critiquer, à moins qu'il ne portât atteinte à sa réserve ; et encore ne pourrait-il, dans cette hypothèse même, que faire réduire les lots attribués aux autres jusqu'à concurrence de ce qui serait nécessaire pour parfaire sa réserve, sans pouvoir faire recommencer le partage. Mais cet acte ayant été qualifié partage, n'est considéré par la loi que comme étant l'exercice du droit qu'elle accorde aux ascendants de faire eux-mêmes le partage de leur succession ; il est donc nul à raison de l'omission d'un descendant, ou rescindable pour cause de lésion. Car cette omission ou cette lésion, qui serait permise dans une disposition par préciput, ne l'est pas dans un partage.

Et il en est ainsi, remarquez-le bien, alors même qu'il serait établi que c'est sciemment et à dessein que l'ascendant a omis l'un de ses descendants, ou ne l'a pas traité à l'égal des autres. Car la loi ne distingue pas plus dans les art. 1078 et 1079, qu'on ne distinguerait dans un partage ordinaire. On ne pourrait donc point, en pareil cas, repousser la demande en nullité formée par le descendant omis ou lésé, sous le prétexte que l'ascendant a bien pu le réduire à sa réserve. Pour qu'il en fût autrement, il faudrait que l'acte contînt des termes de nature à constituer une disposition par préciput, parce qu'alors il renfermerait deux dispositions distinctes, l'une à titre de partage, et l'autre à titre de préciput.

A l'inverse, un ascendant, après avoir disposé de la quotité disponible en faveur d'un étranger, fait un partage dans lequel les lots ne sont pas parfaitement égaux. En réalité, il a, par ce partage, entamé la réserve de l'un, et peut-être de plusieurs de ses descendants, puisque chacun d'eux ne pouvait trouver sa réserve dans les biens partagés, qu'autant que l'égalité eût été exactement observée. Donc, en fait, il a disposé au delà des limites fixées par la loi. Sa disposition serait incontestablement sujette à réduction, si elle était considérée, dans les rapports respectifs de ses descendants, comme étant une disposition par préciput. Mais en droit, elle constitue un partage entre les descendants ; elle ne saurait dès lors donner lieu à réduction ; il ne peut y avoir ouverture qu'à une action en rescision pour cause de lésion, et cela, dans le cas seulement où la lésion excéderait le quart. C'est ce qui résulte, non pas expressément, il est vrai, mais implicitement des dispositions de la loi, qui ne permettent à un descendant compris dans le partage, d'en demander la nullité pour lésion, qu'autant que cette lésion serait de plus du quart, et pour atteinte à sa réserve, qu'autant que cette atteinte résulte de ce que le partage et les dispositions par préciput attribueraient à l'un de ses cohéritiers un avantage supérieur à la quotité permise (1079).

Enfin l'ascendant, à dessein même, si l'on veut, a donné à l'un, dans son partage, un lot plus fort qu'aux autres, sans avoir déclaré, du reste, qu'il disposait de l'excédant en sa faveur à titre de préciput. — L'enfant à qui est attribué ce lot est véritablement, du moins en fait et en résultat, avantagé de tout ce qui, dans son lot, dépasse la valeur qu'il aurait reçue si le partage eût été égal. Mais, en droit, il n'y a là aucune disposition par préciput. Tout ce qui entre dans le lot en question, forme un apportionnement proprement dit. Le descendant à qui il est attribué, n'en tient aucune partie à titre de donation ou de legs ; il en tient la totalité à titre de partage. Une première conséquence résultant de là, c'est qu'il a droit à la garantie, pour la totalité, et non pas simplement jusqu'à concurrence de ce qu'il aurait reçu, si son lot n'eût pas été plus fort que celui des autres. — Une seconde conséquence, c'est que l'excédant de son lot ne doit pas, dans le calcul de la quotité disponible, compter comme bien donné ou légué, mais comme bien resté dans la succession. — Une troisième conséquence enfin, c'est que si le partage vient à être annulé, cet excédant tombe avec le lot dont il fait partie, à la différence d'un préciput véritable, qui subsisterait.

Il en serait d'ailleurs ainsi, alors même que l'excédant d'un lot sur les autres établirait au préjudice de l'un ou de quelques-uns des descendants, une lésion de plus du quart, sauf dans ce cas, bien entendu, l'action en rescision ouverte au profit de ces derniers.

Ainsi, dans la théorie du législateur moderne, l'acte par lequel un ascendant fait le partage de ses biens entre ses descendants, emprunte, de droit, ses règles, quand il s'agit des rapports respectifs des descendants, au système des partages. Et non-seulement il n'est pas nécessaire pour cela que l'ascendant ait déclaré qu'il le voulait, mais il en est encore ainsi, alors même que ce résultat serait au fond contraire à son intention. Donc, sous ce point de vue, il a le caractère légal de partage ; il constitue un vrai partage, et non une disposition par préciput.

4. Ce caractère est nouveau dans les lois. On ne le rencontre, du moins aussi tranché, à aucune époque, ni du droit romain, ni de l'ancien droit français.

Dans le droit romain, le partage d'ascendants emprunte toutes ses règles de fond, sans exception, au pouvoir qu'avait l'ascendant de traiter inégalement ses descendants. Les inégalités qu'il renfermait, étaient bien, en effet, soumises aux mêmes règles que les libéralités qui eussent été faites par un autre acte, puisqu'elles avaient effet jusqu'à concurrence de la légitime. Si au contraire, la distribution faite par l'ascendant eût été régie par les principes du partage, l'égalité eût dû y être observée, comme dans un partage fait par le juge.

A l'inverse, si la quotité disponible eût été employée en legs faits à des étrangers, toute inégalité entre les lots eût, nous le pensons du moins, donné lieu à une réduction au profit des enfants lésés, par le motif que la moindre lésion, en pareil cas, aurait blessé la légitime. Si aucun texte ne résout explicitement la question, du moins tous ceux qui se réfèrent au cas où le partage présente des inégalités, maintiennent, sans distinction, le droit des ascendants à leur légitime.

C'était encore par une conséquence de ce principe, que l'omission d'un enfant n'annulait pas le partage, sauf au descendant omis, s'il ne trouvait pas sa légitime dans les biens laissés indivis, à n'exécuter le partage que jusqu'à concurrence de sa légitime.

Ainsi, ce qui eût été permis à l'ascendant par la voie du droit commun, c'est-à-dire par une disposition autre qu'un partage, c'était en tous points ce qui lui était permis par la voie exceptionnelle du partage.

Les coutumes reproduisent cette doctrine du droit romain, au moins en ce qui concerne les inégalités. Car celles qui permettent les avantages entre enfants, tolèrent, dans les partages d'ascendants, toutes les inégalités qui ne portent pas atteinte à la légitime ; ce qui est appliquer à ces partages le système ordinaire des dispositions à titre gratuit.

Si, dans les coutumes d'*égalité*, on arrive à des résultats différents, c'est que le point de départ y est également différent. Là, en effet, il n'est pas permis de traiter inégalement les enfants. Il est donc conséquent qu'une inégalité qui n'eût pas été suffisante pour faire rescinder un partage ordinaire, le fût, au contraire, pour faire rescinder les partages d'ascendants. — Ce n'est qu'afin de ne pas rendre ces partages impossibles, qu'on y fait fléchir la règle, et qu'on tolère les inégalités peu importantes. Encore d'Argentré, pour mieux sauvegarder les principes, ne tolère-t-il que les inégalités qui résultaient de l'erreur, et non celles qui provenaient d'un dessein prémédité de la part de l'ascendant.

Il faut toutefois convenir que les coutumes qui autorisaient le partage des propres par acte de dernière volonté, et c'était le très-grand nombre, abandonnaient, en cela, la théorie du droit romain, c'est-à-dire qu'elles s'écartaient du système qui régissait le pouvoir de disposer, pour entrer dans celui des partages, puisqu'il n'était pas permis, dans le droit coutumier, de disposer de ces biens pour après la mort. Les seules coutumes qui restassent logiques, étaient celles qui faisaient dépendre, en ce cas, la validité du partage, du consentement des descendants.

La doctrine nous paraît suivre encore les principes du partage, plutôt que ceux des dispositions à titre gratuit, lorsque, sous les coutumes d'*inégalité*, elle déclare nul le partage où était omis l'un des descendants. Ce résultat, en effet, n'est logique que dans un partage. Dira-t-on qu'en pareil cas, on ne déclarait le partage nul ou caduc, que par une présomption de la volonté de l'ascendant, qui n'était pas considéré comme ayant eu l'intention d'exclure aucun de ses descendants? Cette raison ne pourrait avoir lieu que pour le cas où l'omission eût été le résultat d'une erreur. Or les auteurs ne distinguent pas.

Quant aux coutumes d'égalité, le principe même qu'elles posent, c'est-à-dire la prohibition d'avantager l'un des héritiers plus que les autres, devait naturellement entraîner, relativement au partage où était omis l'un des descendants, la même conséquence qu'eussent entraînée les principes du partage, c'est-à-dire la nullité. Car un tel acte portait éminemment atteinte à l'égalité.

De tout cela il résulte que l'ancien droit français, à la différence du droit romain, ne présente pas, sur le caractère légal des partages d'ascendants, une doctrine nette et tranchée, et que, quand il s'agissait de déterminer l'étendue des pouvoirs de l'ascendant, on s'attachait bien, en principe, au système qui régissait le pouvoir général qu'avaient les ascendants de disposer entre leurs enfants, mais sans le suivre dans toutes ses conséquences logiques. De cette sorte, la théorie flottait entre le système des actes de disposition, et celui des partages,

Quant à la distribution que tout testateur, en droit romain, put faire, dès l'origine, dans un testament régulier, entre les héritiers qu'il instituait, celle-là était soumise, soit quant au fond, soit quant à la forme, à toutes les règles qui régissaient les dispositions testamentaires. Et il paraît en avoir été de même, dans notre ancien droit, des partages en collatérale, bien que, du reste, la doctrine hésitât à prendre un parti à cet égard, parce qu'elle se trouvait en présence de deux arrêts contraires, dont l'un avait annulé, et l'autre, au contraire, validé la distribution des biens entre les héritiers [1].

En tout cas, il résulte de cet état du droit ancien, que ce n'est qu'improprement qu'on y donnait le nom de partage à la distribution qu'une personne faisait de ses biens entre ses héritiers présomptifs. Que cette personne fût du nombre de celles que la loi ou l'usage exemptait, pour cette distribution, de certaines règles du droit commun relatif aux dispositions gratuites, principalement des règles de formes, ou bien qu'elle fût de celles qui restaient assujetties à toutes ces règles, son acte avait toujours pour caractère dominant, et même en droit romain pour caractère exclusif, d'être au fond une simple disposition à titre gratuit, valable, si son auteur avait eu le pouvoir de disposer comme il l'avait fait dans la répartition de ses biens, nul ou du moins réductible dans le cas contraire.

La disposition, sans doute, emportait garantie comme un vrai partage. Mais c'est parce que la garantie est un effet qui, s'il ne résulte pas de droit d'un legs ou d'une donation, peut du moins y être attaché par la volonté du disposant, ainsi qu'on va l'établir bientôt. Cet effet ne saurait donc, à lui seul, faire que le titre de *partage* soit un titre bien mérité, un titre qui lui appartienne réellement. Ce titre, au contraire, est à bon droit appliqué aujourd'hui à la distribution que les ascendants peuvent faire, sous le Code, entre leurs descendants. C'est dans le droit actuel, mais ce n'est que là, qu'on trouve de véritables partages d'ascendants. Ils ont été créés par le législateur du Code civil. Si, en effet, de l'ascendant à ses descendants, ils constituent une disposition à titre gratuit, ils constituent en même temps, dans les rapports respectifs des descendants, un véritable partage, dans lequel les portions devront à peine de nullité, avoir, comme le disait Coquille, quelque analogie entre elles, la même analogie que dans un partage qui serait fait par les descendants eux-mêmes. L'opération faite par l'ascendant aura, entre les descendants, le caractère légal de partage, et elle produira, de droit, les effets qui sont la conséquence de ce caractère.

On ne se rend pas compte, au premier abord, de cette séparation établie par le Code entre l'acte par lequel les ascendants font un partage, et celui par lequel ils disposent à titre de préciput. Un

---

[1] Voy. sur tous ces points, l'Introd., nᵒˢ 1, 14, 21, 25, 27, 29, 30, 33.

partage étant bien réellement de leur part une disposition gratuite, il semble qu'il eût été conséquent de leur reconnaître, comme on le faisait autrefois, dans l'acte par lequel ils disposent à titre de partage, les mêmes pouvoirs, ni plus ni moins, que dans celui où ils disposeraient par préciput; tandis que le législateur leur en donne tantôt plus, tantôt moins, changeant ainsi leur quotité disponible, l'augmentant, ou la diminuant, suivant l'intitulé qu'ils donnent à leur disposition; comme si les effets des actes dépendaient de la qualification que leur donnent les parties.

Quelle est donc, au fond, sur ce point, l'économie de la loi?

Le législateur permet les avantages entre enfants. Mais il les soumet à une condition : c'est que la disposition qui a pour but d'avantager l'un des descendants *soit faite expressément à titre de préciput*, ou *hors part*, ou *avec dispense de rapport* (919, 843). Cette condition nous paraît fondée sur deux motifs. Le premier, c'est que, comme les présomptions ne doivent raisonnablement se tirer que de ce qui arrive le plus communément, et qu'il n'est pas ordinaire que les ascendants mettent de l'inégalité entre leurs descendants, on doit, en l'absence d'une déclaration formelle de leur part, interpréter leurs dispositions dans le sens de l'égalité et non dans celui de l'inégalité. — Le second motif, c'est qu'on a cherché à prévenir, autant que possible, les préférences injustes et non méritées, en assujettissant les ascendants qui voudraient faire une disposition par préciput, à la nécessité de le faire ouvertement; et en soumettant ainsi ces dispositions à une sorte de publicité, devant laquelle pourraient reculer ceux qui n'auraient pas de motifs légitimes pour favoriser un enfant au préjudice des autres, ou qui, du moins, leur ferait subir le blâme que l'opinion publique ne manque guère d'infliger, en pareil cas, à celui qui n'a pas écouté la voix de la nature.

Or, puisqu'en présence de cette condition imposée à l'exercice du droit accordé aux ascendants d'avantager un de leurs descendants, on leur accordait également celui de faire eux-mêmes le partage de leur succession, on devait, pour être conséquent, établir, et on a établi en effet, une ligne de démarcation entre les dispositions à titre de partage et celles à titre de préciput.

L'ascendant qui *déclare faire un partage*, est considéré par la loi comme faisant, en effet, un partage, c'est-à-dire un acte d'égalité entre ses descendants, et non comme faisant une disposition par préciput, c'est-à-dire un acte d'inégalité. Car il ne remplit pas la condition nécessaire pour les dispositions par préciput.

Par là sans doute, les inégalités qui atteindraient le taux fixé pour la rescision d'un partage ordinaire, ne peuvent être maintenues, sous prétexte que l'ascendant avait en définitive le pouvoir de le faire. Il en avait le pouvoir; soit. Mais en a-t-il eu la volonté? on l'ignore, puisqu'il ne l'a pas dit, et que la nature de l'acte qu'il se proposait de faire, si l'on en croit sa propre déclaration, tend même à faire présumer le contraire. Pourquoi maintiendrait-on une inégalité qui peut être contraire à son intention? Si d'ailleurs il était dans ses vues de mettre réellement de l'inégalité entre ses descendants, il était astreint à la nécessité de le faire ouvertement et au grand jour.

"Si, en droit romain, les inégalités étaient maintenues jusqu'à concurrence de la légitime, c'est que le système établi par l'article 919, C. civ., y était inconnu. — Dans les coutumes d'inégalité, on se guidait bien d'après les idées que nous émettons ici, puisque si l'intention de l'ascendant paraissait n'avoir pas été de détruire l'égalité, on la rétablissait, alors même que la légitime était intacte. Mais c'était fournir aux descendants un prétexte pour attaquer tout partage qui ne les satisfaisait pas. C'était d'ailleurs se jeter dans l'arbitraire et les difficultés des questions d'intention. Ces questions, la loi les a prévenues dans notre matière, en considérant comme partage véritable, comme opération d'égalité, la disposition que l'ascendant a annoncée et présentée comme telle.

Il est vrai, que, par suite de cette théorie, le pouvoir des ascendants se trouve quelquefois moindre dans un acte de partage, qu'il ne serait dans une disposition par préciput. Mais au fond, de quoi se plaindraient-ils? Il n'y a là, en définitive, pour eux, qu'une question de forme. Si réellement, ils veulent user du droit qu'ils ont de disposer de la portion non réservée, ils n'ont qu'à s'en expliquer formellement. Leur volonté une fois exprimée, recevra son exécution. Le partage ne leur ôte donc rien, absolument rien de leurs pouvoirs à cet égard. Seulement, il n'est pas le moyen ordinaire et régulier de les exercer. Les seuls ascendants qui auront à souffrir de l'économie de la loi, sont donc ceux qui auront manqué de franchise, qui auront fait un acte hypocrite et mensonger. Mais ceux là ne sont pas dignes de faveur.

D'un autre côté, le système du Code a pour conséquence de donner aux ascendants qui font un partage, des pouvoirs qu'ils n'auraient pas, s'ils faisaient une disposition par préciput, à savoir, le pouvoir d'avantager certains descendants, sans le déclarer expressément, le pouvoir même de porter atteinte à la réserve des autres descendants.

Ainsi, non-seulement la faculté, pour les ascendants, de faire le partage de leurs biens, ne diminue pas, entre leurs mains, le pouvoir qu'ils ont de disposer par préciput, mais elle l'augmente réellement. Par conséquent, si ce partage ne jouit plus aujourd'hui d'aucun privilége quant à la forme, il jouit, quant au fond, du privilége d'autoriser des avantages indirects au delà même de la quotité disponible. Ce privilége, certes, n'est pas ce qui le rend digne de faveur. Loin de là : c'est ce qui peut en rendre l'exercice dangereux. Mais le seul moyen de prévenir ce résultat, eût été de déclarer le partage rescindable pour toute lésion : ce qui l'eût rendu à peu près impossible, ou eût du moins fourni, dans tous les cas, aux descendants un prétexte pour l'attaquer. Or, c'eût été lui faire produire un résultat tout à fait contraire au but qu'on se proposait en l'autorisant.

Ainsi donc, c'est la disposition de l'art. 919 qui a amené et qui explique la théorie de la loi actuelle sur les partages d'ascendants.

5. Le pouvoir de faire le partage de ses biens n'est accordé par l'art. 1075, littéralement du moins, qu'aux ascendants. La loi est-elle limitative, ou bien simplement énonciative? Ainsi, en premier lieu, les descendants et les collatéraux pourraient-ils également faire le partage de leurs biens entre leurs héritiers présomptifs, et les donateurs ou testateurs, quels qu'ils soient, entre leurs donataires ou légataires? En second lieu, les ascendants pourraient-ils, en faisant un partage entre leurs descendants, y comprendre un étranger, donataire ou légataire à titre universel? — D'ordinaire, on se demande simplement si les collatéraux ont le pouvoir de faire le partage de leurs biens. Mais c'est là n'envisager la question que sous l'une de ses faces. Car si la disposition de l'art. 1075 ne doit pas être étendue au delà de ses termes, non-seulement le droit qu'elle accorde n'appartient pas aux descendants ni aux collatéraux vis-à-vis de leurs héritiers présomptifs, non plus qu'à un donateur ou testateur vis-à-vis des donataires ou légataires, mais il n'appartient même aux ascendants que vis-à-vis de leurs descendants, et non vis-à-vis d'un étranger auquel ils feraient un legs ou une donation, par la raison que, vis-à-vis de cet étranger, ils ne sont plus des ascendants, mais simplement des donateurs ou testateurs. — Aussi le droit romain et l'ancien droit français, en faisant du pouvoir de partager ses biens, un privilége attaché à la qualité d'ascendant, ne se bornaient-ils pas à le refuser à tous autres; ils

en concentraient encore l'exercice entre les ascendants et leurs descendants exclusivement[1].

Parlons d'abord des collatéraux. — Les collatéraux, ayant le pouvoir de disposer à titre gratuit de la totalité de leurs biens au préjudice de leurs héritiers, ils peuvent également, et à plus forte raison, les distribuer entre les héritiers eux-mêmes, soit par donation entre-vifs, soit par testament. Mais cette distribution ne constituera pas autre chose qu'un ensemble de donations entre-vifs ou de legs au profit de chacun des héritiers présomptifs. Elle ne revêtira pas la nature, elle ne prendra pas le caractère légal de partage. Elle sera donc exclusivement régie par le système général des dispositions à titre gratuit, et non par le système des partages. Car elle ne sera que l'exercice du droit qui appartient aux collatéraux de disposer de leurs biens à titre gratuit. La loi leur reconnaît ce droit, et cela sans limites ; mais elle ne leur reconnaît que celui-là ; elle ne consacre pas en leur faveur le droit de faire un partage proprement dit.

Cela veut-il dire toutefois que les collatéraux ne pourraient donner à la distribution qu'ils feraient de leurs biens, entre leurs héritiers présomptifs, les effets généraux d'un partage ? On paraît l'entendre assez généralement ainsi ; mais c'est, à notre avis, une erreur. Ainsi que le faisait déjà remarquer Boullenois (Préface), un collatéral, un frère, par exemple, un oncle, etc., peut très-bien, et cela se voit, être mû par les mêmes considérations qu'un ascendant : il peut vouloir prévenir les difficultés qu'il prévoit devoir s'élever lors du partage de sa succession, épargner à ses héritiers, s'il y a parmi eux des incapables, les frais d'un partage judiciaire, les apportionner suivant leurs convenances respectives, enfin et surtout, se livrer lui-même au repos, et pour cela abandonner ses biens à ses héritiers présomptifs, en en faisant lui-même le partage ; mais sans entendre, dans ces diverses hypothèses, détruire en aucune façon, quant au fond, leurs droits éventuels à sa succession légitime, et en ne se proposant dès lors que de faire ce qu'ils auraient à faire eux-mêmes à l'amiable ou en justice après sa mort. Or, nous ne voyons pas que les principes s'opposent à l'exécution de ce dessein.

Celui qui a le pouvoir de disposer, a aussi le pouvoir de donner à sa disposition tels effets que bon lui semble, dès que ces effets ne sont pas contraires à la nature de la disposition. Or, un acte de

---

[1] L. 21, § 1. C. *de Testam.* Ordonn. de 1735, art. 18. Introd., n°° 10 et 32.

disposition gratuite nous paraît susceptible de produire, par suite de la volonté du disposant, les effets propres aux partages, ceux que ne produisent pas, par leur seule nature, les donations ou les legs.

Les effets propres aux partages nous paraissent se réduire à deux, qui sont :

1° Le droit respectif des copartagés à la garantie ;

2° Le droit d'obtenir un lot qui soit en raison de ce à quoi on est appelé par son titre dans la masse totale. Ce dernier droit entraîne comme conséquence, d'abord l'action en nullité pour lésion, et à plus forte raison, pour défaut complet d'apportionnement ; puis, l'action en revendication contre ceux qui, par erreur, auraient été apportionnés sans avoir droit à la masse totale.

Sans doute, la donation ni le legs ne donnent pas, de droit, lieu à la garantie. Mais ils y donnent lieu, lorsque le donateur ou testateur en a disposé ainsi, parce qu'alors il y a donation ou legs éventuel d'une indemnité en cas de trouble ou d'éviction. Le droit à la garantie ne dérive pas alors de la nature de la disposition, mais bien de la volonté du disposant. Ce n'est plus un de ces effets qu'on appelle *effets naturels* de l'acte ; c'est un effet simplement *accidentel.*

Si donc un collatéral, en distribuant ses biens entre ses héritiers, déclarait expressément que sa distribution emportera la garantie ordinaire des partages, cette garantie serait effectivement due, tout le monde en conviendra, puisque c'est ce qui aurait lieu dans une disposition faite à un étranger.

Mais s'il en est ainsi en présence d'une clause expresse, il en doit être de même en l'absence de cette clause, lors d'ailleurs que le disposant a manifesté sa volonté à cet égard. Car la volonté tacite produit le même effet que la volonté exprimée (toutes les fois, bien entendu, que la loi n'en a pas décidé autrement). Or, celui qui déclare faire simplement le partage de sa succession entre ses héritiers, entend par là même, et sans qu'il ait besoin de s'en expliquer davantage, soumettre sa distribution aux effets généraux des partages, de même que quand on déclare vendre, donner, léguer, l'acte entraîne les résultats légaux des ventes, des donations, des legs, bien qu'on ne s'arrête pas à indiquer ces divers résultats. Tel est le principe posé par le célèbre ff. 77, § 8 *de leg.* 2°, si souvent cité dans l'Introduction. Car ce texte attache à un *legs*, par suite de la volonté tacite du testateur, la garantie ordinaire des partages ; et la présomption de volonté résulte précisément, aux yeux du jurisconsulte (Papinien), de cette circonstance que *le testateur avait fait le partage de ses biens. Si pater inter*

filios divisionem fecit, (evictis prædiis), *arbiter*, conjectura voluntatis, *non patietur eum (qui evictus est) partes coheredibus præstare,
nisi parati fuerint et ipsi patris judicium fratri conservari*.

Celui, en effet, qui se borne à distribuer ses biens entre ses héritiers, à titre de partage de sa succession, entend laisser subsister
les effets généraux que doit produire en leur personne la dévolution de la succession légitime, sous cette modification unique que
chacun d'eux trouvera une part divise et déterminée, au lieu de la
part indivise qui lui serait échue par le seul effet de la loi. Le
de cujus pouvait leur ôter tous leurs droits ; il lui était donc permis
de ne leur en ôter qu'une partie, et une partie aussi minime que
possible. C'est le cas de répéter ce que disait un ancien auteur sur
ce même sujet : Qui peut le plus, peut le moins (Introd. n° 33).

Par suite des mêmes principes, le partage devrait être nul, si le
collatéral y avait omis par erreur un parent qui devient en définitive héritier. Car, en déclarant qu'il voulait simplement partager
sa succession, il a suffisamment manifesté son intention de ne pas
enlever à ce parent ses droits héréditaires. Ce serait donc aller
contre le but qu'il s'est proposé, que d'exécuter sa disposition.

Même décision pour le cas d'une lésion de plus du quart au
préjudice de l'un de ses héritiers, dès que cette lésion est le résultat d'une erreur de sa part. C'est alors une erreur de calcul. Or,
il est de règle qu'une erreur de calcul doit se réparer, comme étant
contraire à l'intention de celui à qui elle est échappée. C'est ainsi
qu'autrefois, dans les coutumes d'inégalité, les inégalités que contenait un partage d'ascendant, bien que permises en principe,
donnaient lieu néanmoins à la rescision, lorsqu'il apparaissait que
l'intention de l'ascendant n'avait pas été de les faire. On rétablissait l'égalité, dès qu'on s'apercevait qu'il ne l'avait détruite qu'involontairement, parce qu'il ne s'agissait pas de savoir s'il avait pu
la détruire, mais bien s'il l'avait voulu (Introd. n° 25).

Mais, objecte-t-on, les dispositions entre-vifs ou testamentaires
ne peuvent être annulées, révoquées, résolues ou rescindées, que
pour les causes prévues par la loi. Or, ni l'omission d'un héritier
présomptif, ni la lésion, ne sont au nombre de ces causes, si ce
n'est dans les dispositions faites à titre de partage par les ascendants entre leurs descendants.

Nous répondons, qu'une disposition peut toujours être anéantie
pour des causes émanant de l'intention du disposant. Or, s'il a
déclaré soumettre sa disposition aux effets du partage, il l'a, par là
même, soumise aux causes de nullité ou de rescision des partages.

On en conviendrait sans doute, s'il avait nommément indiqué ces causes comme devant empêcher l'exécution de sa disposition. Mais, on vient de le dire, la déclaration de sa part, qu'il entendait faire le partage de sa succession, suffisait pour entraîner, par voie de conséquence (*conjectura voluntatis*), les effets des partages, et partant, les causes ordinaires de rescision auxquelles sont soumis ces actes. Il n'était donc pas besoin qu'il énonçât ces causes. — L'anéantissement de la disposition sera alors, non pas, bien entendu, un effet naturel de l'acte, mais un effet accidentel, absolument comme nous le disions tout à l'heure de la garantie.

On a dit aussi que, dans une distribution entre-vifs émanée d'un collatéral, le principe de l'irrévocabilité des donations s'opposait à l'action en rescision pour lésion. Mais le partage d'ascendants est soumis au principe de l'irrévocabilité ; et pourtant cela ne l'empêche pas d'être rescindable pour lésion. C'est que l'irrévocabilité ne fait obstacle qu'aux causes qui dépendraient de la volonté ultérieure du donateur (943 et suiv.), et que, dans l'espèce, ce n'est point le disposant lui-même qui fait tomber la disposition, ce sont les héritiers.

On a dit encore que, si la loi prononçait la nullité du partage d'ascendants pour le cas où l'un des descendants s'y trouvait omis ou lésé, c'est parce qu'elle présumait que l'ascendant avait une affection égale pour tous ses descendants, et que, par conséquent, l'omission ou lésion devait s'imputer à une erreur qu'il était dans l'intention de l'ascendant lui-même de réparer.

Mais cette raison existe précisément, et cela, sans nul doute, pour le partage d'un collatéral, alors qu'il a déclaré entendre simplement faire le partage de sa succession. Car cette déclaration prouve qu'il a voulu partager les droits héréditaires sans y rien ajouter, sans rien retrancher, qu'il n'a point voulu, par conséquent, mettre de l'inégalité entre eux. La présomption est donc exactement la même que s'il s'agissait d'un partage d'ascendants. Et par conséquent, la lésion ou l'omission doivent, comme dans ce dernier cas, être réputées contraires à la volonté du disposant, et par suite être réparées.

Enfin, par la même raison, si, dans un partage testamentaire, on a donné un lot à un individu qui n'arrive pas en définitive à la succession, soit parce qu'il renonce, soit parce qu'il est indigne de succéder, soit parce qu'il ne se trouve pas dans l'ordre et le degré voulus, il ne pourra prétendre à ce qui lui a été assigné, sous prétexte qu'il y aurait là un legs à son profit. Car le testateur n'a pas entendu lui conférer une vocation propre et indépendante de la vocation légale ; sa disposition, au contraire, n'a pour base que la vocation légale. Nous dirons de lui ce que disait Pothier d'un démissionnaire qui renonçait à la succession du démettant : on ne lui a assigné un lot que pour le cas où il serait héritier. Si donc la qualité d'héritier ne se réalise pas en sa personne, la disposition est caduque à son égard. — La solution contraire violerait manifestement l'intention du disposant. Car elle laisserait à l'individu en question l'émolument de son lot sans les charges qui, dans les prévisions du testateur, devaient l'accompagner. Il ne serait tenu, en effet, ni des dettes, ni de la garantie ; car son lot ne formerait qu'un legs, et un legs particulier.

En somme, dans tous ces cas, si l'on refuse à la disposition les effets d'un partage, on ne fait pas ce que le disposant a voulu , et on fait même ce qu'il n'a pas voulu.

Ce qui, au besoin, nous confirmerait dans l'opinion que les collatéraux peuvent très-bien attribuer à la distribution qu'ils feraient de leurs biens entre leurs héritiers, les divers effets que nous venons d'indiquer, c'est qu'on ne voit pas que les anciens auteurs aient même soupçonné qu'aucune difficulté pût exister sous ce rapport. Ils se préoccupaient bien, pour juger de la validité des partages en collatérale, du point de savoir si l'auteur du partage avait le pouvoir de disposer des biens qu'il avait distribués, et, de plus, s'il avait observé les formalités voulues pour les dispositions à titre gratuit. Mais ils n'ont jamais, à notre connaissance, mis en doute s'il avait le pouvoir d'établir, ou, pour mieux dire, de laisser subsister entre les copartagés la garantie ordinaire des partages, et le droit d'avoir un lot proportionnel à la vocation légitime. La difficulté, pour eux, n'était nullement de savoir si le collatéral pouvait laisser subsister en faveur de ses héritiers les droits que leur destinait la loi, mais bien s'il pouvait, et jusqu'à quel point il pouvait les modifier ou les détruire ; et c'est là, en effet, qu'est vraiment la question.

Un grave obstacle existait à cet égard dans les *réserves coutumières*, c'est-à-dire dans la prohibition établie, même en collatérale, de disposer des propres au préjudice des héritiers. Mais cet obstacle est levé aujourd'hui, puisque, d'après la loi actuelle, la liberté de disposer est entière dans cette ligne. Aussi nous est-il impossible de saisir l'argument qu'un auteur prétend tirer, contre notre opinion, de la circonstance qu'il n'y a pas de réserve en ligne collatérale, tandis qu'il y en a en ligne directe. Car, de ce que les ascendants doivent une réserve à leurs héritiers, tandis que les collatéraux ne leur en doivent pas, il résulte évidemment, ce nous semble, que les derniers sont parfaitement libres et à l'aise dans leurs dispositions, tandis que les premiers ne le sont pas. Aussi admettait-on sans difficulté, dans l'ancien droit (Introd., n° 33), que le pouvoir de partager ses biens, c'est-à-dire de les distribuer avec les effets généraux des partages, existait de droit, au profit de quiconque avait le pouvoir de disposer.

Ainsi, et en résumé, les collatéraux peuvent, en vertu de la liberté qu'ils ont de disposer de la totalité de leurs biens à titre gratuit, faire, entre leurs héritiers présomptifs, des dispositions qui, par suite de leur intention expresse ou tacite, produisent les effets propres aux partages. Mais ces dispositions ne constituent pas pour cela des partages. Bien qu'elles aient l'apparence extérieure et la physionomie d'un partage, ce ne sont toujours au fond que de pures dispositions à titre gratuit.

Car si l'effet attaché de droit commun aux dispositions à titre gratuit en est modifié, si elles produisent les effets généraux des partages, ce n'est qu'accidentellement, et en vertu d'une règle des dispositions à titre gratuit elles-mêmes, de cette règle que celui qui dispose de ses biens peut donner à sa disposition les effets que bon lui semble.

Nous dirons donc de ces actes, ce que nous avons dit des actes semblables émanés, soit des ascendants, soit des collatéraux, dans le système de l'ancien droit. Ce n'est qu'improprement qu'on les qualifierait de partage. Ce ne sont en effet des partages, que comme l'étaient autrefois les actes de distribution que faisaient, soit les ascendants, soit les collatéraux, les ascendants avec exemption de plusieurs des règles communes, les collatéraux sans cette exemption. Ce ne sont point des partages tels que sont ceux que le droit actuel permet aux ascendants de faire entre leurs descendants, c'est-à-dire des actes ayant véritablement le caractère légal de partage. Ce qui le démontre, c'est que, tout en qualifiant sa distribution de partage, un collatéral peut impunément ne tenir aucun compte des règles du partage.

Ainsi il peut, à dessein, omettre l'un de ses héritiers; car il a le pouvoir de l'exclure de sa succession.

Il peut modifier, dans telle mesure que bon lui semble, les proportions dans lesquelles ceux qu'il y comprend sont appelés par la loi. Il peut, par conséquent, enlever à l'un d'eux plus du quart de ce qui lui serait revenu dans la succession : car il a pouvoir de lui enlever davantage encore, de lui enlever tout.

Enfin, il peut décharger de l'obligation de garantie ceux entre lesquels il fait sa distribution.

Les ascendants sont soumis, dans leurs partages, aux règles qui veulent que chaque héritier ait sa part en nature dans les meubles et dans les immeubles (n° 15). Ces règles ne lient pas le collatéral.

Par la même raison, il peut vouloir et prescrire l'application de telle règle du partage, par exemple, de la garantie, et repousser au contraire l'application de telle autre règle, par exemple, de celle qui permet à l'héritier lésé de plus du quart de demander la rescision.

Par suite de ce principe, s'il omet sciemment, dans sa disposition, un ou plusieurs de ses héritiers, et qu'il déclare en même temps disposer à titre de partage entre ceux qu'il y comprend, il y aura lieu, entre ces derniers, aux effets du partage, sans que ceux qui ont été omis puissent se plaindre. Car il avait le pouvoir de faire les deux choses qu'il a faites, c'est-à-dire, d'abord, de ne rien laisser à tels de ses héritiers, et ensuite de donner à sa disposition, au profit des autres, les effets que bon lui semblait, et, partant, les effets d'un partage.

Voilà ce que peuvent les collatéraux dans l'acte qualifié par eux de partage, et ce que ne pourraient pas les ascendants.

Lorsque l'ascendant qualifie sa disposition de partage, elle a beau présenter au fond les résultats d'une disposition ordinaire, et être d'ailleurs, à l'envisager ainsi, dans les limites du pouvoir qu'il a de disposer ; la loi, contrairement à ce qui se pratique en général, s'en tient pour caractériser l'acte, à la qualification qui lui est donnée. Elle la traite bien, quant à ses conditions d'existence, en tant qu'acte émané de l'ascendant, comme une disposition à titre gratuit. Mais, quant à ses effets entre les descendants, elle la régit comme partage.

Quand il s'agit d'un collatéral, au contraire, l'acte a beau être qualifié partage : au fond, c'est une disposition à titre gratuit. La loi la considère et la traite comme telle, soit quant à ses conditions d'existence en tant qu'acte émané du collatéral, soit quant à ses résultats entre les héritiers, sauf à examiner jusqu'à quel point l'intention du disposant a modifié l'effet ordinaire des dispositions à titre gratuit.

Du reste, la question de savoir si un collatéral a ou n'a pas entendu que sa disposition produisît les effets généraux des partages, est évidemment une pure question d'interprétation. Seulement, dans le doute, l'acte devrait, à notre avis, s'exécuter

7

tel qu'il est, et partant, conformément aux effets ordinaires des donations ou des legs. Car c'est le droit commun qu'il faut appliquer, dès qu'il n'est pas établi que le disposant a entendu y déroger.

De ce que la distribution de biens faite par les collatéraux entre leurs héritiers présomptifs ne saurait être un partage proprement dit, de ce que, par conséquent, à considérer la nature juridique des actes, ils n'ont pas, comme les ascendants, le pouvoir de faire des dispositions simples, et, en outre, des dispositions qui aient le caractère légal de partage, gardons-nous de conclure qu'en résultat, ils aient, en ce qui concerne la répartition de leurs biens entre leurs héritiers, moins de pouvoir que les ascendants. Cette proposition, qui était vraie dans l'ancien droit français, serait fausse dans le droit actuel ; c'est la proposition inverse qui est seule exacte aujourd'hui. Car la réserve établie en faveur des descendants est toujours là pour limiter et restreindre toutes les dispositions des ascendants, aussi bien celles qu'ils feraient à titre de partage, que celles qu'ils feraient à titre de préciput, tandis que pareil obstacle n'enchaîne pas aujourd'hui les collatéraux, lesquels, par conséquent, peuvent tout dans leurs actes de disposition, et ne sont arrêtés, ni par les limites qui arrêteraient les ascendants dans un partage, ni par celles qui les arrêteraient dans une disposition par préciput.

Nous avons entendu soutenir que si la distribution faite en ligne collatérale ne contenait pas une dispense de rapport, les héritiers qui s'y trouvaient compris ne pouvaient en profiter, à moins de renoncer à la succession, parce que s'ils acceptent, disait-on, ils sont tenus du rapport. Cette opinion nous semble erronée. Car la déclaration que la distribution est faite à titre de partage renferme une dispense de rapport et une dispense *exprimée* ; car qui dit *partage*, dit par là même dispense de rapport (n° 6). Or cela suffit, puisque la loi n'assujettit la dispense de rapport à aucun terme sacramentel.

Nous n'avons parlé jusqu'ici que des collatéraux. Mais le principe est exactement le même en ce qui concerne :

D'abord, un donateur ou testateur qui dispose de ses biens au profit de plusieurs personnes autres que ses héritiers présomptifs ;

Ensuite, un descendant qui, ayant pour héritiers présomptifs plusieurs ascendants, distribuerait ses biens entre eux.

Le principe est le même, c'est-à-dire que la distribution par eux faite serait exclusivement régie par le système qui régit les dispositions à titre gratuit, et que ce ne serait que par suite de la volonté du disposant qu'elle pourrait produire les effets, ou certains effets des partages. Il est clair, du reste, qu'il y a des différences à faire dans l'application entre les descendants et les collatéraux. En effet, le droit de disposer, illimité chez les collatéraux, étant, au contraire, limité chez les descendants, et les actes de distribution ou partage dont nous nous occupons, n'étant pas autre chose que des actes de simple disposition, ils se trouvent soumis, lorsqu'ils émanent d'un descendant, aux règles relatives à la quotité disponible. Ainsi, les descendants ne peuvent pas plus, au moyen d'un acte qualifié partage qu'au moyen de tout autre acte, porter atteinte à la réserve des ascendants. Si donc, par exemple, ils avaient donné ou légué la quotité disponible à un tiers, ils ne pourraient plus, à peine de réduction, faire une distribution inégale entre leurs ascendants. On appliquerait donc ici, quant au fond, les règles auxquelles était soumis, en droit romain, le partage d'ascendants.

On peut, dès lors, dire justement des descendants ce qu'il ne serait pas exact de dire des collatéraux, qu'ils ont, relativement à la distribution de leurs biens entre leurs héritiers présomptifs, des pouvoirs moins étendus que les ascendants. Car ceux-ci peuvent, au moyen d'un acte qualifié par eux de partage, ce qu'ils ne pourraient pas au moyen d'un acte de disposition simple, c'est-à-dire qu'ils peuvent entamer la réserve. Or, il ne saurait en être ainsi des descendants, puisque leurs actes ne peuvent jamais être que des dispositions simples, et que la qualification qu'ils leur donneraient de partage, ne saurait les transformer en véritables partages, ni par conséquent les faire jouir du privilége attaché, sous ce rapport, aux partages d'ascendants.

La distribution de biens faite, même à titre de partage, par d'autres que par les ascendants entre leurs descendants, n'étant que l'exercice et l'application du principe que celui qui dispose de ses biens, peut donner à sa disposition tels effets que bon lui semble, il n'y a aucune distinction à faire entre les divers successeurs à titre universel. Peu importe qu'ils soient de la même catégorie, ou de catégories différentes, que les uns, par exemple, soient des successeurs appelés par la loi, et les autres des successeurs appelés par la volonté de l'homme.

Enfin, le pouvoir qui appartient aux ascendants de faire un partage proprement dit, soumis à des règles quelquefois opposées à celles qui régissent les actes de pure disposition, ce pouvoir ne leur étant accordé par les termes de la loi, que vis-à-vis de leurs descendants, il en résulte qu'ils ne l'ont pas vis-à-vis d'un donataire ou légataire étranger.

Nous n'entendons pas dire toutefois que, s'ils comprenaient un étranger dans un partage concurremment avec leurs descendants, l'acte serait sans effet vis-à-vis de cet étranger. Telle était, sans doute, la décision de l'ancien droit. Mais cette décision venait de ce que le partage se faisait sans les formalités requises de droit commun pour la validité des donations ou des testaments; l'étranger qui y était compris ne pouvait en profiter, parce que, par rapport à lui, l'acte était nul en la forme. Aujourd'hui que le partage d'ascendant doit se faire dans la forme ordinaire des donations ou des testaments, il constitue un acte de disposition valable, même au profit d'un étranger. Seulement, par rapport à cet étranger, la disposition aura beau être qualifiée partage, et produire même les effets généraux des partages; ce ne sera, en droit, qu'une simple disposition gratuite. Il en résulte qu'à la différence du lot attribué à un descendant, elle serait réductible, si elle portait la moindre atteinte à la réserve des descendants.

On a souvent vu devant les tribunaux de ces sortes de dispositions, sans que jamais personne ait songé à en contester la validité, mais aussi sans qu'on ait eu occasion d'en rechercher le caractère légal [1].

Lorsqu'un ascendant, ayant plusieurs descendants, leur adjoint un donataire ou un légataire à titre universel, la disposition conserve le caractère de partage dans les rapports respectifs des descendants. Mais si l'ascendant n'avait qu'un enfant, et qu'il distribuât ses biens entre cet enfant et un ou plusieurs donataires ou légataires, la distribution ne pourrait avoir le caractère légal de partage. Car un partage suppose nécessairement plusieurs copartagés. Il n'y aurait donc qu'une pure disposition à titre gratuit, produisant, grâce à la volonté du disposant, les effets généraux des partages. — Et on devrait le décider ainsi, alors même que la distribution serait faite par l'ascendant entre son enfant et des petits-enfants issus de cet enfant, parce que ces derniers ne figureraient dans l'acte que comme donataires ou légataires.

Dès que nous reconnaissons à un ascendant le pouvoir de comprendre dans le partage qu'il ferait entre ses descendants légitimes un donataire ou un légataire étranger, nous ne saurions hésiter

---

[1] Voy. notamment Sir., 1840. 1. 678.

à lui reconnaître également le pouvoir d'y comprendre un enfant adoptif ou un enfant naturel.

De même, le pouvoir de faire de son patrimoine une distribution qui entraîne les effets généraux des partages, étant, à nos yeux, de droit commun, nous admettons qu'il appartient à celui qui n'aurait pour héritiers que des enfants adoptifs ou des enfants naturels, ou bien un ou plusieurs enfants naturels en concours avec des ascendants ou des collatéraux.

Mais la distribution aurait-elle vis-à-vis des enfants adoptifs ou des enfants naturels, le caractère qu'elle a vis-à-vis des enfants légitimes, c'est-à-dire le double caractère de disposition à titre gratuit, et de partage? N'aurait-elle, au contraire, que le caractère simple de disposition gratuite?

D'après la disposition expresse de la loi, un adopté a, sur la succession de l'adoptant, les mêmes droits qu'un enfant légitime, et cela, dans le cas même où il serait survenu à l'adoptant, depuis l'adoption, des enfants légitimes (350). Or cette assimilation établie entre les enfants adoptifs et les enfants légitimes, relativement à la succession de l'adoptant, doit avoir son effet, aussi bien dans le cas où cette succession a été partagée par l'adoptant que dans tout autre cas, puisque la loi n'a fait aucune distinction. — Le pouvoir de faire un partage dans le sens de l'art. 1075, nous paraît donc appartenir, soit à celui qui a adopté plusieurs individus, soit à celui qui, ayant fait une ou plusieurs adoptions, a eu ensuite un ou plusieurs enfants légitimes.

Mais à l'égard des enfants naturels, la distribution ne nous paraît pas pouvoir prendre le caractère de partage proprement dit. Sans doute, l'art. 1075 ne distingue pas textuellement entre les enfants légitimes et les enfants naturels; mais les principes nous paraissent demander cette distinction. — Le partage, il est vrai, n'est pas considéré par la loi comme ayant le caractère légal d'une disposition par préciput. Mais il n'en constitue pas moins un moyen licite d'avantager indirectement certains descendants au préjudice des autres, et même d'entamer la réserve. Les ascendants ont ainsi deux voies légales pour avantager un enfant, une voie directe, c'est-à-dire une disposition faite expressément à titre de préciput, et une voie indirecte, c'est-à-dire un partage. Sans doute la mesure des avantages permis n'est pas la même par l'une et par l'autre voie; toujours est-il que des avantages plus ou moins considérables peuvent avoir lieu par l'une comme par l'autre.

Cela posé, nous disons : le partage d'ascendants, tel qu'il est réglé par la loi, étant un moyen d'avantager indirectement l'un des copartagés, il a pu être admis à l'égard des descendants légitimes, parce qu'il est permis, en thèse absolue, d'avantager un descendant légitime. Mais à l'inverse, il n'a pu être admis à l'égard des enfants naturels, puisqu'il n'est pas permis d'avantager ces enfants. Par cela seul que la loi a formellement refusé aux père et mère naturels le pouvoir d'avantager, soit directement, soit indirectement leur enfant naturel, elle leur a refusé le pouvoir de l'avantager par la voie indirecte du partage, non moins que par la voie directe d'une disposition par préciput. Ils peuvent, sans doute, d'après ce qu'on a déjà dit, comprendre leur enfant naturel dans la distribution de leurs biens. Mais cette distribution n'aura, à l'égard de cet enfant, que le caractère simple de disposition à titre gratuit. Elle serait donc sujette à réduction, si elle excédait les droits que la loi lui accorde, de même qu'à l'inverse, si elle ne lui procurait pas tout ce à quoi il a droit, il serait fondé à demander un supplément. Ce cas serait donc analogue à celui d'un donataire ou légataire de la quotité disponible.

Peu importe du reste que les père et mère naturels n'aient pour héritiers que des enfants naturels, ou qu'ils aient en outre des descendants ou d'autres parents légitimes. Car la raison sur laquelle nous fondons notre solution, à savoir la prohibition d'avantager directement ou indirectement un enfant naturel, existe dans tous les cas.

6. Il résulte de ce qui précède, que le droit général qui compète aujourd'hui aux ascendants, de disposer à titre gratuit au profit de leurs descendants, se divise en deux branches : l'une est le droit de disposer à titre de partage, c'est-à-dire le droit de faire des dispositions qui, indépendamment de leur caractère de dispositions à titre gratuit, aient en outre le caractère légal de partage ; l'autre est le droit de faire des dispositions qui n'aient que le caractère simple de dispositions à titre gratuit. Ces deux droits n'ayant rien d'incompatible, coexistent chez les ascendants, qui peuvent dès lors les exercer tous deux, de même qu'ils peuvent se borner à n'en exercer qu'un seul.

On comprend que, dans la pratique, des doutes puissent s'élever sur le point de savoir quel est le caractère et le genre d'une disposition faite par un ascendant. En effet, de ce que, par exemple, il aurait fait, dans un testament, des dispositions au profit de tous ses descendants, il ne s'ensuit pas nécessairement qu'il ait fait un partage. Il a pu vouloir ne faire que des legs ordinaires, ainsi qu'il en avait le droit. Il est clair qu'en pareil cas, il n'y a qu'une question d'interprétation d'acte. Nous croyons utile toutefois d'entrer dans quelques développements à cet égard, surtout à propos du partage entre-vifs, qui donne généralement lieu à plus de contestations.

Les dispositions simples, que des ascendants peuvent faire au profit de leurs ascendants, sont de deux sortes. Les unes sont *à titre de préciput* : on dit aussi qu'elles sont faites *hors part* ou *dispensées de rapport*. Ceux au profit desquels elles ont lieu, acquièrent les biens qui en sont l'objet, indépendamment de leur part héréditaire dans la succession ; ils n'ont point, lors du partage, à les rapporter à la masse. Aussi qualifie-t-on ces dispositions d'*avantages*. Car elles font à celui auquel elles sont adressées, une position plus avantageuse qu'aux autres. Elles peuvent résulter, soit d'une donation entre-vifs, soit d'un testament.

Les autres ne sont faites qu'à titre d'avance sur la part qui doit revenir, dans la succession , à celui au profit duquel elles sont faites. Il devra donc, en se présentant plus tard au partage, *rapporter* à la masse les biens qu'il aura ainsi reçus. — C'est pour cela qu'on donne à ces sortes de dispositions le nom d'*avancement d'hoirie*. — Elles ne peuvent évidemment se faire que par donation entre-vifs. Car les legs ne produisant leur effet qu'à l'époque même de l'ouverture de la succession, il est impossible qu'ils *avancent*, au profit de l'héritier, l'acquisition de la part qui doit lui revenir dans la succession.

Généralement, les dispositions simples, qu'elles soient par préciput, ou bien par avancement d'hoirie, sont individuelles, c'est-à-dire qu'elles se font au profit d'un descendant par un acte qui ne s'adresse qu'à lui, sans que les autres descendants y figurent ; tandis qu'une disposition à titre de partage se fait entre tous les descendants collectivement. — Toutefois, ce n'est nullement là un caractère essentiel et distinctif. Car, d'un côté on conçoit très-bien qu'un ascendant dispose, par le même acte, au profit de tous ses héritiers présomptifs, soit à titre de préciput, soit en avancement d'hoirie (en supposant, bien entendu, les dispositions à titre de préciput, faites dans des proportions autres que celles pour lesquelles les descendants sont appelés à la succession, puisque autrement elles ne serviraient à rien). — On conçoit, d'un autre côté, un partage dans lequel seraient omis, ou dont seraient exclus l'un ou même plusieurs des héritiers présomptifs. Cette hypothèse n'est pas sans exemple, sauf alors, bien entendu, le droit pour les descendants omis ou exclus, de demander la nullité du partage, s'ils arrivent à la succession (1078).

On ne peut pas non plus s'en rapporter aveuglément aux énonciations que les parties mettent en tête ou à la suite des actes. Car la qualification donnée à une disposition n'est pas toujours en harmonie avec le fond même de cette disposition ; et notre matière nous en fournira même plus d'un exemple.

C'est donc avant tout par l'ensemble de l'acte que l'on devra en apprécier le véritable caractère. — Toutefois on ne perdra pas de vue cette règle fondamentale, que nous avons déjà énoncée, qu'une disposition ne peut être considérée comme faite par préciput, qu'autant que l'acte contient une énonciation expresse à cet égard (919, 843). — D'un autre côté, cette énonciation empêche nécessairement la disposition de constituer un avancement d'hoirie. Car une disposition par préciput est l'inverse d'un avancement d'hoirie. Quant au partage, il n'y a pas à y insérer une clause de *préciput,* ni une *dispense de rapport.* En effet, ce qui est donné à titre de partage de succession, n'est pas donné à titre de préciput. Ce qu'un héritier reçoit par préciput, il le reçoit hors part, c'est-à-dire en sus de la part qu'il prend d'ailleurs, en proportion de ses droits héréditaires, dans les autres biens ; tandis que ce qu'un descendant reçoit de son ascendant à titre de partage, il le reçoit précisément pour sa part héréditaire. D'un autre côté, ce qu'on reçoit à titre de partage, n'est pas sujet à rapport. Car on ne rapporte que les choses qui doivent entrer dans un partage. Celles qui sont déjà partagées, ne peuvent donc plus faire l'objet d'un rapport. La dispense de rapport écrite dans un partage d'ascendant, serait donc oiseuse.

7. On a souvent cherché à confondre le partage entre-vifs avec l'aliénation prévue par l'art. 918 C. civ. — L'art. 918 suppose une aliénation faite par un ascendant au profit de l'un de ses successibles, moyennant une rente viagère, ou avec réserve d'usufruit ; et il présume que si les autres successibles n'y ont pas donné leur consentement, le prix de vente, ou la rente viagère n'ont rien de sérieux, que l'aliénation, par conséquent, n'est au fond, qu'une donation pure, que l'ascendant a déguisée sous l'apparence d'une aliénation à titre onéreux afin de la soustraire au rapport. Puis, donnant effet à cette dispense tacite du rapport, contrairement, il faut le dire, à la règle de l'art. 843, laquelle n'est elle-même que la conséquence du principe posé par l'art. 919, il décide que la valeur en pleine propriété des biens ainsi aliénés, doit être imputée sur la quotité disponible, et l'excédant, s'il y en a, rapporté à la masse. Mais il rejette cette présomption, et

partant la décision qui en est la conséquence, dans le cas où les autres successibles ont consenti à l'aliénation. Ce consentement a paru au législateur une reconnaissance de leur part, que l'acte ne cachait aucun avantage au profit de leur cosuccessible, ou, en d'autres termes, que l'aliénation était bien au fond et en réalité, à titre onéreux, circonstance qui devait naturellement exclure toute imputation sur la quotité disponible, et, par suite, toute action en réduction.

Mais cette hypothèse d'une aliénation ainsi faite à un seul des descendants, et qui est considérée comme étant à titre purement gratuit, lorsque les autres n'y ont pas donné leur consentement, et à titre onéreux dans le cas contraire, cette hypothèse, disons-nous, n'a pas le moindre rapport avec un partage entre-vifs. Dans un partage, tous les descendants acquièrent ; chacun deux inter-vient dès lors, non pas pour consentir à l'acquisition faite par un autre, mais bien pour accepter l'acquisition qui lui est destinée à lui-même. Par conséquent, quelles que puissent être les réserves faites par l'ascendant, en usufruit ou les stipulations de rentes viagères, le partage reste profondément distinct de l'aliénation prévue par l'art. 918. C'est donc sans aucune espèce de fondement qu'en pareil cas, les défendeurs à une action en nullité diri-gée contre un partage entre-vifs, soit pour lésion, soit pour atteinte à la réserve, soit pour toute autre cause, cherchent sou-vent à écarter la demande par une fin de non-recevoir tirée de ce que le demandeur a consenti à l'acte. Autrement, tous les partages entre-vifs, et ils sont très-nombreux, qui contiennent de ces sortes de clauses, seraient à l'abri des actions en rescision, puisqu'ils se font toujours du consentement de tous les descendants : con-clusion inadmissible, puisque la loi a autorisé l'action en resci-sion en termes généraux et sans faire aucune distinction. — On conçoit, au reste, de pareilles défenses, dictées par le besoin de la cause. Mais ce qui a lieu d'étonner, c'est qu'un notaire ait énoncé dans un acte de partage (l'espèce est relatée par les arrê-tistes) que l'*ascendant agissait en vertu des art.* 1075 *et* 918; comme si ces deux cas n'étaient pas incompatibles !

Il est clair, du reste, que quand l'ascendant abandonne des biens, même à tous ses descendants, moyennant une rente via-gère, ou sous d'autres charges, les tribunaux pourraient, d'après les circonstances, voir dans l'acte non un partage mais une alié-nation à titre onéreux, produisant, par conséquent, les effets propres à ces aliénations, et non les effets des partages.

On pourrait voir aussi un partage entre-vifs dans le cas où l'ascendant, par un acte en forme de donation, accepté par tous les descendants, vend un ou plusieurs immeubles à l'un ou à quelques-uns d'entre eux, avec clause que le prix se répartira entre tous en raison de leurs droits à sa succession. — Évidemment, ce cas est étranger à l'hypothèse prévue par l'art. 918, où les cohéritiers de celui au profit duquel se fait l'aliénation, n'interviennent que pour donner leur consentement, et non pour recevoir un prix.—Il s'est présenté une espèce analogue. Un ascendant vendit à l'un de ses héritiers présomptifs, moyennant un certain prix, un domaine qui formait à peu près toute sa fortune. Les autres successibles n'avaient pas paru à l'acte. Puis, par un second acte fait le lendemain, dans la forme des donations entre-vifs, accepté par tous ses descendants, il leur délégua le prix de vente, à titre de partage. Quelques-uns des descendants prétendirent que l'acte portant vente ne faisait qu'un avec l'acte portant partage; qu'en conséquence il était nul, en vertu de la disposition de l'art. 1078, puisque tous les descendants n'y avaient pas concouru. Mais on jugea, qu'il y avait là deux actes distincts, une vente d'abord, puis un partage[1]. L'ascendant, en effet, avait sans aucun doute le pouvoir de vendre son domaine, et de le vendre à qui bon lui semblait. Or, la vente qu'il en avait faite, avait par elle-même, ou du moins pouvait avoir, une existence complète et indépendante du partage qui avait eu lieu le lendemain; tellement qu'elle aurait dû subsister, alors même que le partage n'eût pas eu lieu. Aussi le partage se fût-il effectué le même jour, qu'il n'en aurait pas moins été distinct de la vente. Maintenant, le domaine une fois vendu, le patrimoine de l'ascendant se composait, non plus de ce domaine, mais de la créance résultant du prix. C'est donc cette créance qui pouvait être désormais, et qui avait été, en effet, l'objet du partage. La vente et le partage étaient donc tous deux dans les pouvoirs de l'ascendant.

Un ascendant, dont l'un des descendants était interdit, ayant déclaré, dans un acte fait en forme de donation entre-vifs, au profit de tous ses descendants, qu'*il faisait le partagé de ses biens pour éviter après sa mort une instance en partage,* il vint à l'esprit de l'un des copartagés de prétendre que cet acte constituait une transaction. En conséquence de quoi, il en demandait la nullité. Car, disait-il, une transaction aurait dû, à raison de l'interdiction de

[1] Cass., req. 4 déc. 1839, Dall., 1840. 1. 79.

l'une des parties, être faite dans les formes prescrites par l'art. 467 du Code civil. Cette prétention du reste échoua devant toutes les juridictions [1]. Il est clair, en effet, que le but que se proposent les ascendants en faisant le partage de leurs biens, étant précisément, dans la plupart des cas, de prévenir, pour après leur mort, un procès entre leurs descendants, ou, comme dans l'espèce, de leur éviter la nécessité d'un partage judiciaire, l'énonciation de ce motif, dans l'acte de partage, lui laisse son caractère pur de partage d'ascendant, et ne le transforme pas en une transaction. La transaction est une convention à titre onéreux, qui a lieu entre les parties mêmes qui sont en difficulté. Le partage entre-vifs, au contraire, est une donation qui se fait entre l'ascendant d'une part, et les descendants de l'autre. Ce ne sont donc pas des parties contendantes qui interviennent des deux côtés.

Il s'est présenté une autre espèce où la prétention que nous venons de repousser, présentait un côté spécieux. Les descendants eux-mêmes avaient déclaré qu'ils transigeaient sur leurs droits. On jugea néanmoins, et avec raison, que cette énonciation ne pouvait attribuer au partage le caractère de transaction. Car le caractère légal des actes ne dépend pas de la qualification que leur donnent les parties, mais bien de ce qu'ils contiennent au fond et en réalité [2].

8. L'acte par lequel un ascendant fait de son vivant un abandon de biens à ceux de ses descendants qui sont ses héritiers présomptifs, peut avoir lieu de deux manières. L'ascendant peut faire lui-même entre ses descendants le partage et la distribution des biens qu'il leur abandonne. Il peut aussi faire un abandon pur et simple, sans régler les parts, sans faire aucune distribution, et en se bornant à déclarer qu'il leur abandonne ses biens, dans la proportion de leurs droits héréditaires. Sans doute la loi n'a pas expressément autorisé ce dernier mode d'abandon de biens. Mais il suffit, pour qu'il soit permis, qu'elle ne l'ait pas défendu. Car il est incontestablement compris dans la faculté générale de disposer par donation entre-vifs.

Il faut donc, sans hésiter, reconnaître dans le droit actuel, comme on le faisait dans le droit ancien, deux espèces d'*abandons* de biens : l'abandon accompagné de partage, et l'abandon fait sans partage. Dans le premier cas, les biens sont donnés et arri-

[1] Cass., 4 mai 1846.
[2] Agen, 6 juillet 1824, Dall., 1825. 2. 50.

vent à chaque descendant tout partagés. Dans le second, les biens leur sont donnés et leur arrivent par indivis.

Les art. 1075 et suiv. C. civ. ne se réfèrent qu'à l'abandon accompagné de partage. La loi ne s'est nulle part occupée de l'abandon fait par indivis. Il reste donc entièrement soumis au droit commun sur les donations entre-vifs, faites en avancement d'hoirie et sur l'état d'indivision ; tandis que l'abandon accompagné de partage, est soumis aux règles du droit commun combinées avec celles qui lui sont propres et qui résultent des art. 1075 et suiv. C. civ. En d'autres termes. l'abandon non accompagné de partage n'a que le caractère simple de donation entre-vifs, tandis que l'abandon accompagné de partage a un double caractère, d'abord le caractère de disposition à titre gratuit, et ensuite le caractère de partage. Il est l'exercice du pouvoir reconnu aux ascendants de disposer à titre de partage ; l'autre, au contraire, est l'exercice du droit qui leur appartient de faire des dispositions qui n'aient que le caractère ordinaire de dispositions à titre gratuit.

Nous n'aurions pas insisté sur ce point, si la Cour de cassation n'avait plusieurs fois décidé que l'acte par lequel un ascendant abandonne des biens à ses descendants, en raison de leurs droits héréditaires, sans en opérer, du reste, le partage entre eux, constitue néanmoins un partage d'ascendants, dans le sens des articles 1075 et suiv. C. civ.

Elle avait, dans ces divers cas, à décider si le bénéfice de l'art. 3 de la loi fiscale du 16 juin 1824, était applicable à un pareil abandon. Cette loi se réfère expressément aux *donations portant partage, faites par actes entre-vifs, conformément aux art. 1075 et suiv. C. civ., par père, mère ou autres ascendants entre leurs descendants.* C'est donc bien, en effet, le partage d'ascendants qu'elle a en vue dans ses dispositions[1].

La doctrine adoptée par ces arrêts ne tend à rien moins qu'à effacer le caractère que le législateur moderne a imprimé aux partages d'ascendants.

Le législateur, a dit la Cour de cassation, n'impose pas à l'ascendant la nécessité de diviser les biens qu'il donne.

Sans doute, l'ascendant a le pouvoir d'abandonner ses biens à ses descendants sans en effectuer le partage. Car le pouvoir général qu'il a de disposer, comprend le droit de disposer sans partage,

---

[1] Voy. notamment arrêt du 26 avril 1836, rendu au profit des enfants du roi Louis-Philippe.

non moins que celui de disposer à titre de partage. Seulement s'il dispose de ses biens sans partage, sa disposition, cela est par trop évident, n'est plus un partage. Elle ne rentre donc pas dans l'hypothèse des art. 1075 et suiv. C. civ., et de la loi de 1824. Pour être dans cette hypothèse, il faut de toute nécessité que la disposition contienne un partage. C'est ce qui résulte forcément des expressions qu'emploie le législateur. Lors, en effet, qu'il a réglé par le Code civil, et favorisé par la loi fiscale de 1824, les donations *portant partage et distribution de biens*, est-ce qu'il entendait par les expressions *partage* et *distribution* autre chose que ce que tout le monde entend, c'est-à-dire autre chose qu'une opération consistant essentiellement à diviser des biens, et à les répartir entre plusieurs personnes? Est-il possible de voir un partage et une distribution dans une donation qui a pour objet une masse restée indivise? Il est manifeste qu'un acte qui attribue des biens par indivis à plusieurs personnes, qui établit ainsi l'indivision, et fait, par conséquent, naître la nécessité d'un partage ultérieur, est précisément l'opposé d'un partage, c'est-à-dire d'un acte qui attribuerait à ces personnes des biens divisés. L'interprétation contraire est un contre-sens dans toute la force du terme.

Si maintenant, laissant de côté le sens grammatical de la loi, sens qui ne nous paraît pas susceptible de l'ombre d'un doute, nous interrogeons son esprit, nous trouvons que le but qu'il s'est proposé en instituant les partages d'ascendants, ne saurait non plus permettre cette interprétation. Car il résulte incontestablement, soit de l'ensemble des travaux préparatoires du Code, soit des précédents historiques, que les partages d'ascendants n'ont été autorisés par le législateur que parce qu'ils sont un moyen, pour les ascendants, de prévenir les difficultés auxquelles pourrait donner lieu le partage de leur succession. Or une donation sans partage ne saurait prévenir aucune difficulté, puisqu'elle met exactement les choses dans l'état d'indivision où elles seraient si l'ascendant était mort sans avoir rien fait.

Dans quelques-unes des espèces qui se sont présentées, les biens abandonnés par l'ascendant se trouvaient, en grande partie, lors de l'abandon, indivis avec des tiers ; et l'on s'est cru fondé à invoquer cette circonstance à l'appui de la manière de voir qu'on adoptait. L'ascendant, a-t-on dit, étant lui-même dans l'indivision, il lui est impossible d'effectuer un partage entre ses descendants ; et pourtant, cet état de choses ne doit pas le priver de l'exercice du droit que lui attribue l'art. 1075.

Cette raison, donnée par un arrêt, porte avec soi la condamnation manifeste du dispositif même de cet arrêt. Car, comment pouvait-on, tout à la fois, reconnaître que l'état d'indivision dans lequel étaient les biens de l'ascendant, le mettait dans l'impossibilité d'en opérer le partage, et admettre néanmoins qu'il l'avait réellement opéré? Si l'on pensait que cette circonstance formât obstacle à ce qu'il pût exercer la faculté que lui donnait la loi de faire un partage entre ses descendants, on devait tout simplement lui conseiller de lever cet obstacle en sortant lui-même d'indivision, au moyen d'un partage avec les tiers copropriétaires. C'est là un préliminaire bien simple auquel on peut avoir recours en pareil cas.

Il n'y a donc, dans l'hypothèse que nous examinons, de la part de l'ascendant, qu'une donation simple, comprenant des biens abandonnés par indivis. Quant au partage, ce sont les donataires eux-mêmes qui, devenus copropriétaires, auront à le faire, soit du vivant de l'ascendant, soit après sa mort. Au lieu d'un partage d'ascendant, il y a, ou il y aura un jour, un partage ordinaire fait par les communistes eux-mêmes, lequel, par conséquent, restera entièrement régi par le droit commun.

Ainsi, par exemple, à la différence d'un partage d'ascendant, il pourra se faire sans aucune formalité, si tous les descendants sont capables. Il devra se faire en justice, s'il y a, parmi eux, des incapables.

Il donnera immédiatement lieu à la garantie et aux actions en nullité ou en rescision, tandis que ces effets, dans notre opinion du moins (n° 36), ne se produisent, dans un partage d'ascendant, qu'après l'ouverture de la succession.

Les causes de nullité ou de rescision sont d'ailleurs celles des partages ordinaires seulement, et non celles qui sont spéciales aux partages d'ascendants. Si, par exemple, l'ascendant avait donné sa quotité disponible à l'un de ses descendants, et que ce descendant reçût par le partage un peu au delà de ce qui lui revenait dans les biens donnés, mais sans que cet excédant dégénérât en une lésion de plus du quart au préjudice de l'un des autres descendants, le partage resterait inattaquable, tandis qu'il serait attaquable si on le considérait comme émanant de l'ascendant (1079 *in fine*), parce que la loi présumerait alors que l'ascendant se serait précisément proposé, par le résultat combiné du partage et de la disposition par préciput, de faire au profit de l'un de ses descendants un avantage prohibé. Or, la base de cette présomption manque dans le cas où ce sont les descendants eux-mêmes qui ont fait le partage.

De plus, et par la même raison, les effets du partage auraient lieu, même à l'égard de ceux des descendants qui ne deviendraient pas héritiers, parce qu'il n'y a pas, dans l'espèce, un partage anticipé de succession, mais un partage ordinaire de choses communes.

9. La donation dont on vient de parler, n'étant point l'exercice du droit spécial consacré au profit des ascendants, de partager leurs biens entre leurs descendants, étant simplement l'exercice du droit ordinaire de disposer à titre gratuit, tel qu'il est consacré par le droit commun, elle est permise à tout le monde; et, par la même raison, il n'y a pas lieu, pour en apprécier le caractère et les effets, de distinguer si elle émane d'un ascendant ou de toute autre personne, ou si elle a été faite à des héritiers présomptifs ou bien à des étrangers.

Mais, lorsqu'elle est faite aux héritiers présomptifs, elle a assez d'analogie avec l'ancienne démission de biens. Car, de même que la démission de biens, elle peut avoir lieu en ligne directe et en ligne collatérale indistinctement.

Ne concluons pas de là toutefois que la démission de biens, telle qu'elle existait autrefois, soit encore autorisée : de notables différences séparent, sous ce rapport, le droit actuel du droit ancien. — Les abandons anticipés de biens n'étant aujourd'hui permis que comme conséquence du droit général qui appartient au propriétaire de disposer de ses biens par donation entre-vifs, ils constituent une donation entre-vifs ordinaire faite en avancement d'hoirie, et, en conséquence, ils sont exclusivement régis par le système général des donations entre-vifs.

Ainsi, en premier lieu, ils sont irrévocables; et c'est là une différence capitale entre nos abandons anticipés et l'ancienne démission de biens, telle qu'elle se pratiquait dans presque toutes les coutumes.

La règle que nos abandons anticipés sont irrévocables résulte de la disposition du Code, qui ne reconnaît, de droit commun, que deux manières de disposer à titre gratuit : la donation entre-vifs, qui est irrévocable, et le testament, qui est révocable. Aussi a-t-on, lors de la discussion du projet de Code, retranché comme inutiles ces mots, qui terminaient l'art. 1076 : *L'usage des démissions révocables est aboli.*

La révocabilité, sans doute, se justifiait par une incontestable utilité. C'était une ressource pour les démettants qui avaient lieu de se repentir de s'être dépouillés, et d'avoir eu trop de confiance en ceux auxquels ils avaient livré leurs biens. Mais elle laissait, dans la propriété, une incertitude qui avait de graves inconvénients. — Si les démissionnaires, se flattant que la révocation n'aurait pas lieu, traitaient avec des tiers, aliénaient, s'engageaient, dépensaient, faisaient des changements, des améliorations, s'ils formaient des établissements, et que la révocation eût ensuite lieu, elle bouleversait leur position ; elle les exposait à des actions récursoires de la part des tiers. Souvent aussi elle faisait naître, entre le démettant et les démissionnaires, des procès qui empoisonnaient le reste de la vie du démettant, et rendaient sa condition pire que s'il eût laissé subsister sa démission [1]. Si, au contraire, les démissionnaires craignaient la révocation, ils se gardaient bien d'améliorer la propriété. Ils ne tiraient donc pas des biens qui leur avaient été abandonnés, tout le parti qu'eût pu en tirer un propriétaire qui ne se serait pas attendu à une révocation. Or, l'intérêt général demande que toutes les propriétés soient exploitées de manière à rendre le plus possible, et à augmenter ainsi la masse de la richesse générale.

C'est par suite de ces considérations que le législateur actuel s'est attaché, en bien des cas, à donner de la stabilité aux propriétés. L'abolition des démissions révocables est donc conforme à son esprit général. Aujourd'hui, l'ascendant ou toute autre personne qui aura abandonné ses biens à ses héritiers présomptifs, ne pourra les reprendre. Cet abandon, constituant une donation entre-vifs, est irrévocable comme toute autre donation.

Du reste, l'irrévocabilité n'est pas le seul caractère qui sépare nos abandons anticipés de l'ancienne démission de biens ; sans quoi, ils reproduiraient celle qui se pratiquait en Bretagne. — Ce qui distinguait partout la démission des biens, c'est qu'elle ne formait qu'un titre provisoire, qui avait besoin, pour devenir définitif, que les démissionnaires devinssent héritiers, puisque s'ils prédécédaient, s'ils cessaient de se trouver appelés à la succession ou s'ils renonçaient, ils perdaient les biens qui leur avaient été abandonnés. Ce caractère de la démission ajoutait encore à l'instabilité de la propriété en leur personne. Dans le droit actuel, au contraire, l'abandon anticipé, comme toute autre donation faite en avancement d'hoirie, forme un titre qui se suffit à lui-même, et qui subsiste alors même que les donataires ne deviennent pas héritiers.

---

[1] Exposé des motifs du Code civil, par Bigot Préameneu. Fenet, t. XII, p. 568.

Les anciennes démissions de biens ne sont donc plus admises aujourd'hui en droit, pas plus celles qui étaient irrévocables que celles qui étaient révocables. Toutefois, il existe *en fait*, surtout dans les campagnes, un usage qui se pratique en ligne directe et en ligne collatérale, et qui a une assez grande analogie avec la démission révocable. Bien souvent, en effet, on est disposé, à un certain âge, à abandonner la jouissance et l'exploitation de la totalité ou d'une partie de ses biens à ses héritiers présomptifs, mais sans vouloir renoncer au droit de les reprendre plus tard, si on se repentait de les avoir donnés. De leur côté, les héritiers présomptifs aiment mieux encore recevoir à cette condition, que de ne pas recevoir du tout. Il se fait donc, en pareil cas, un abandon verbal et sans acte, ou bien par acte sous seing-privé, avec ou sans partage. Mais alors les héritiers présomptifs n'acquièrent ni la propriété, ni même l'usufruit des biens qu'on dit leur abandonner. Ils n'ont aucune espèce de droit sur ces biens. Si donc ils entrent en jouissance, leur possession est purement précaire. L'auteur de l'abandon peut la leur réclamer à volonté. Sa mort même ne saurait avoir pour résultat de confirmer ce qu'il a fait (1339, C. civ.). Les biens étant toujours restés dans son patrimoine, se trouvent par là même dans sa succession, lorsque cette succession vient à s'ouvrir. Les renonçants ne pourraient donc garder leur part; les indignes en seraient exclus; ceux qui seraient prédécédés n'auraient rien transmis à leurs héritiers. Le partage qui aurait été fait du vivant du *de cujus*, soit par lui, soit par ses héritiers, ne serait point obligatoire lors de l'ouverture de la succession.

Il en serait exactement de même, si l'abandon était fait par acte notarié dans la forme des donations entre-vifs, mais que l'auteur de l'abandon le fît sous la condition de pouvoir le révoquer à son gré, ou sous toute autre condition résolutoire dont l'exécution dépendrait de sa volonté, parce que, en pareil cas, la donation est frappée de la même nullité que dans le cas où l'abandon a été fait, soit verbalement, soit par acte sous seing privé. Il est vrai que l'auteur de l'abandon arrive précisément par là à son but, c'est-à-dire au droit de reprendre ses biens, s'il vient à se repentir de les avoir donnés. Les héritiers doivent donc bien se garder, en pareil cas, de compter sur l'abandon.

Toutefois, si de semblables actes sont insuffisants pour donner droit à la propriété, ils autorisent du moins, et entraînent l'acquisition des fruits au profit des héritiers présomptifs. Si donc l'auteur de l'abandon est fondé à reprendre ses biens, il ne l'est pas à demander compte des fruits perçus par les héritiers antérieurement à la demande. Ce n'est pas seulement parce que, ceux-ci possédant avec la volonté du propriétaire, ils doivent, sous le rapport des fruits, être considérés comme possesseurs de bonne foi ; c'est surtout parce que l'abandon, nul comme abandon de propriété, forme du moins, dans l'intention de celui qui le fait, une concession précaire de la jouissance, et que la perception, une fois réalisée, ayant eu lieu du consentement du propriétaire, constitue un don manuel des fruits.

10. Pour développer notre sujet, nous exposerons d'abord les conditions de validité des partages d'ascendants.

Puis nous traiterons de ses effets.

Enfin, nous nous occuperons des nullités ou rescisions qui lui sont propres.

PREMIÈRE PARTIE.

CONDITIONS DE VALIDITÉ DES PARTAGES D'ASCENDANTS.

SOMMAIRE.

11. Formes des partages d'ascendants.
12. Capacité des parties.
13. Entre quelles personnes et dans quelles proportions le partage doit être fait.
14. Quels biens peuvent y être compris.
15. Mode de répartition des biens à raison de leur nature.
16. Partage conjonctif et partage des biens de la communauté.
17. Apportionnements par actes séparés.
18. Modalités dont le partage est susceptible.
19. Clause pénale ou *privative*.
20. Dispositions autres que le partage.

11. Les partages d'ascendants peuvent se faire, soit par un acte entre-vifs, soit par un acte testamentaire, soumis, le premier, aux formalités, conditions et règles prescrites pour les donations entre-vifs; le second, à celles prescrites pour les testaments. (1076).

Ce sont là les deux seules formes admises par la loi, formes qui sont simplement d'ailleurs, comme on le voit, celles que consacre le droit commun, pour les dispositions à titre gratuit en général. Le Code, nous l'avons déjà fait remarquer, et c'est une différence avec le droit antérieur, n'exempte pas le partage d'ascendants de l'observation des formalités, conditions et règles nécessaires pour la validité des autres dispositions gratuites.

Nous avons entendu critiquer cette innovation. Le droit commun des donations et des testaments, disait-on, est compliqué, quant à la forme, quant aux conditions de validité de la disposition. Mais cette complication n'a été établie que dans l'intérêt du disposant et de ses héritiers, du disposant, quand il s'agit d'une donation entre-vifs, de ses héritiers, quand il s'agit, soit d'une donation entre-vifs, soit d'une donation testamentaire. On a entouré l'acte de dispositions, de conditions qui garantissent que la volonté du disposant est libre et réfléchie, et non l'effet d'un caprice passager, ou bien le résultat de la captation, de la suggestion. Or, ce motif dirigeant n'existe plus, quand il s'agit d'un partage, acte qui constitue simplement la répartition des biens, conformément à l'attribution qu'en fait la loi. Le droit romain et le droit ancien avaient donc raison de se départir, en pareil cas, de la rigueur des formes: cette rigueur devient alors sans objet, et elle n'est plus, par conséquent, qu'une entrave inutile.

Cette critique est-elle fondée? Il est d'abord évident que, si l'on considère l'intérêt de l'ascendant, il a besoin, dans un partage entre-vifs, des mêmes garanties que dans une donation ordinaire, puisque, pour lui, le partage n'est pas autre chose qu'une donation. Maintenant, si l'on consulte l'intérêt des héritiers, on trouvera que les combinaisons du partage, soit entre-vifs, soit testamentaire, pouvant, tout aussi bien qu'une disposition directe, avantager certains descendants au préjudice des autres, pouvant même plus qu'une disposition directe, pouvant entamer la réserve, il y avait lieu d'abandonner les errements anciens, et de consacrer le même système de protection, que quand il s'agit de dispositions directes faites à titre de préciput, ou de libéralités faites à des tiers.

Le partage entre-vifs et le partage testamentaire se ressemblent sans doute en plusieurs points. Mais ils présentent aussi, en beaucoup d'autres, des différences tranchées, qui tiennent précisément à ce que l'un participe du caractère des donations entre-vifs, et l'autre, du caractère des dispositions testamentaires.

Ainsi, par le partage entre-vifs, l'ascendant se dépouille actuellement et irrévocablement, tandis que le partage testamentaire ne devant avoir effet qu'au décès, et étant d'ailleurs jusque là révocable à volonté, lui laisse d'abord la libre disposition de ses biens, et ensuite le pouvoir de révoquer ou de modifier la distribution qu'il en a faite. — Pourtant le partage entre-vifs est plus usité peut-être. Cela tient à la cause qui était déjà le mobile ordinaire des anciennes démissions de biens. Un ascendant est souvent obligé, à un certain âge, de cesser le travail; et il prend alors le parti de remettre dès maintenant son patrimoine en tout ou en partie à ceux qui y sont appelés pour après sa mort. C'est là une chose qui se voit tous les jours dans les familles de cultivateurs.

L'art. 1076, par cela seul qu'il soumet les partages d'ascendants aux formalités, conditions et règles prescrites pour les donations entre-vifs et les testaments, renvoie au droit commun à cet égard. Aussi la loi ne s'explique-t-elle, dans les art. 1077 et suiv., que sur les points, ou quelques-uns des points qui caractérisent ces actes comme partages, et les distinguent des autres dispositions, soit en-tre-vifs, soit testamentaires. Elle n'avait pas besoin de rappeler les diverses règles, soit de fond, soit de forme, auxquelles ils sont assujettis comme dispositions à titre gratuit. Nous croyons du reste avoir précisé et déterminé la part qu'il faut faire, dans la théorie générale des partages d'ascendants, à chacun des deux caractères de ces actes, quand nous avons dit (n° 3) : en tant qu'ils émanent de l'ascendant, ils constituent une disposition à titre gratuit, et sont régis par le système relatif aux dispositions à titre gratuit. Quant à leurs effets dans les rapports respectifs des descendants, ils constituent des partages, et ils sont régis comme tels. — La spécialité de notre sujet nous dispense de tout développement sur la forme des partages, puisque ce n'est que la forme ordinaire des donations et des testaments.

Rappelons seulement, quant au partage testamentaire, que l'ascendant peut choisir, soit la forme du testament par acte public, soit celle du testament mystique, soit enfin celle du testament olographe ; et que l'acte sera en conséquence soumis aux formes prescrites pour les diverses espèces de testaments, par les articles 969 et suiv. C. civ., jusques et y compris l'art. 999. Ce partage se fait donc sans l'intervention des descendants. Si l'ascendant leur communiquait ses dispositions, et les leur faisait agréer, leur adhésion ne vicierait pas l'acte, sans doute ; mais elle serait, en droit, parfaitement inutile. Elle n'aurait donc pas pour effet de les rendre non recevables à arguer plus tard le partage de nullité. Il est d'ailleurs entendu que si le testament est olographe, la signature qu'y mettraient les descendants, en entraînerait la nullité, puisqu'un testament de cette nature ne doit contenir aucune écriture autre que celle du testateur.

Quant au partage entre-vifs, il exige, conformément aux règles prescrites pour les donations ordinaires, le concours de la volonté de l'ascendant qui donne et de celle des descendants qui reçoivent. L'acte doit, à peine de nullité, être fait dans la forme prescrite par les art. 931 et suiv. C. civ., c'est à dire, qu'il doit être notarié, qu'il en doit rester minute, que les descendants doivent l'accepter expressément, qu'ils peuvent bien sans doute accepter par acte séparé, mais que cet acte doit être également authentique, et qu'il en serait de même de la procuration donnée par un descendant à l'effet d'accepter le partage en son nom.

L'acceptation doit être expresse. Mais elle n'est, bien entendu, soumise à aucune formule sacramentelle. Dans plus d'un cas, la loi ne reconnaît effet à la volonté d'une partie qu'autant que cette volonté est *exprimée*. Mais pourvu qu'elle le soit en effet, peu importe en quels termes. C'est donc avec raison qu'un arrêt a considéré comme constituant une acceptation *expresse*, la clause par laquelle des descendants avaient *déclaré se soumettre à exécuter le partage*; car c'était là, bien évidemment, exprimer leur acceptation[1].

Si le partage entre-vifs comprend du mobilier, on doit en dresser un état estimatif. Toutefois, le partage doit pouvoir se faire, pour le mobilier, par don manuel. Car le don manuel étant reconnu comme valable, il doit pouvoir être employé pour former un partage entre-vifs aussi bien que pour former une donation ordinaire.

L'ascendant ne peut donc partager ses biens entre-vifs qu'autant que ses descendants consentent au partage, tandis qu'il peut, indépendamment de leur volonté, faire le partage pour après sa mort. Du reste, il est clair que les descendants, devant, par le partage entre-vifs, acquérir immédiatement leur part, ne demanderont pas mieux que d'y donner leur consentement. Il n'y a que ceux qui le trouveraient préjudiciable à leurs intérêts, qui n'y souscriront pas.

Le partage entre-vifs ne nous paraît parfait qu'après que les descendants ont tous accepté. Car ce que veut faire l'ascendant, c'est une donation ayant le caractère de partage. Or, ce résultat n'est point atteint, tant qu'il n'y a que quelques lots d'acceptés, puisque l'intervention de tous les héritiers est un élément nécessaire pour la validité du partage d'une succession, et que cet élément n'existe pas encore, tant qu'il manque un seul des consentements. Ce serait donc faire produire à l'acte un effet que ne se proposait pas son auteur, que de dire qu'en pareil cas, il y a donation par rapport aux lots acceptés. Jusque là, au contraire, il n'y a encore rien de fait; il n'y a qu'un projet dont l'ascendant lui-même, par conséquent, peut se désister.

Si toutefois, les choses étant en cet état, celui ou ceux des descendants qui n'ont pas encore accepté, venaient à mourir, l'acte acquerrait par là sa perfection, puisqu'il n'aurait plus besoin pour sa validité que de l'intervention de ceux qui vivent, et que cette intervention existe.

Il en devrait être de même, par la même raison, si l'ascendant

[1] Metz, 2 juillet 1824.

venant lui-même à mourir, sans s'être désisté du partage, les descendants qui ne l'avaient pas accepté, renonçaient ou étaient indignes. — C'est là un cas analogue à celui où un descendant omis dans le partage ne recueille pas en définitive la succession, auquel cas le partage n'est pas annulé par l'omission de ce descendant, comme on le verra plus loin.

Un ascendant pourrait opérer seul, et sans la participation de ses descendants, par un acte notarié, le partage et la division de ses biens, et faire ensuite l'attribution des lots par un acte testamentaire, sans désigner en détail les biens compris dans chaque lot. Sans doute, la disposition testamentaire par laquelle est faite, en ce cas, l'attribution des lots serait, à elle seule, insuffisante; mais elle se complète au moyen du renvoi à un acte détaillé[1].

Rien ne s'oppose même à ce que la désignation des lots soit fournie autrement que par un acte notarié. Ainsi elle le serait également bien par un acte sous seing privé. Il faudrait seulement que l'identité de l'acte auquel s'est référé l'ascendant, fût certaine.

De même, l'ascendant qui aurait, à l'amiable et sans acte, ou par acte sous seing privé, abandonné précairement la jouissance de ses biens à ses descendants en les leur partageant en raison de leurs droits (n° 9), pourrait parfaitement confirmer ce partage par son testament, en se bornant à dire qu'il attribue à chacun d'eux pour sa part les biens en possession desquels il est déjà. Il donnerait par là à ce partage l'existence légale qui lui manque.

Ces décisions, sans doute, sont contraires au droit des Novelles qui exigeaient, pour la validité du partage, que l'acte contînt un état détaillé des lots (Introd. n° 6). Mais le droit actuel ne prescrivant pas cet état, il n'y a pas lieu de l'exiger.

12. La loi n'ayant rien établi de spécial relativement à la capacité, soit de l'ascendant, soit des descendants, il faut s'en référer complétement à cet égard, comme à l'égard des formes extérieures, aux règles prescrites pour les donations, s'il s'agit d'un partage entre-vifs, et à celles prescrites pour les testaments, s'il s'agit d'un partage testamentaire. — Telle est la conséquence de la disposition de l'art. 1076.

Par conséquent, l'ascendant, pour faire un partage entre-vifs, doit être capable de disposer par donation entre-vifs. Pour faire un partage testamentaire, il doit être capable de disposer par testament.

---

[1] Cass., 7 avril 1847.

La femme mariée ne peut donc faire un partage entre-vifs qu'avec l'autorisation de son mari ou de justice. Elle n'a besoin d'aucune autorisation pour faire un partage testamentaire (905).

Le mineur ne peut faire un partage entre-vifs (903). — Il peut, s'il est parvenu à l'âge de 16 ans, faire un partage testamentaire. (904.)

L'interdit ne peut faire, ni un partage entre-vifs, ni un partage testamentaire (502).

L'individu pourvu d'un conseil judiciaire n'a pas besoin de l'assistance de son conseil pour faire un partage testamentaire. Il en a besoin pour faire un partage entre-vifs (499, 513).

Les personnes placées dans un établissement d'aliénés ne sont pas, par le seul fait de leur entrée dans l'établissement, frappées d'incapacité. Seulement, les actes qu'elles feraient pendant le temps qu'elles y sont retenues, sans que leur interdiction ait été prononcée ni provoquée, peuvent être attaqués pour cause de démence (art. 30, l. 30 juin 1838). C'est donc la règle qu'il faut appliquer aux partages qu'elles feraient de leurs biens entre leurs descendants.

La loi, en accordant au mineur parvenu à l'âge de 16 ans, la faculté de faire un testament, ne lui permet de disposer que jusqu'à concurrence de la moitié de ce dont un majeur pourrait disposer (904). Cette restriction ne nous paraît pas applicable au partage. Le majeur peut, sans nul doute, partager ses biens réservés comme les biens disponibles. S'il voulait donner à des étrangers, ou même disposer par préciput au profit de l'un de ses descendants, il ne pourrait toucher aux biens réservés. Mais veut-il faire un partage? Tout son patrimoine est disponible. Or, il doit en être de même du mineur. Le pouvoir accordé au mineur de 16 ans, de disposer par testament, est restreint à la moitié de ce dont il pourrait disposer s'il était majeur. Si donc il veut tester en faveur d'étrangers, ou faire un legs par préciput, ce n'est que dans cette limite qu'il lui est permis de le faire. Mais veut-il simplement faire un partage entre ses enfants? Il peut comprendre dans ce partage la totalité de ses biens. Seulement on devra alors, pour l'application de la disposition finale de l'art. 1079, calculer l'avantage permis en faveur de l'un des enfants, d'après la quotité disponible résultant de l'art. 904, et non d'après celle qui résulterait des art. 913 et suiv.

Quant à l'ascendant qui ne se trouve dans aucune des conditions que nous venons d'indiquer, il a capacité pleine et entière pour faire, soit un partage entre-vifs, soit un partage testamentaire.

Peu importe à cet égard, sa nationalité. Sans doute, si la faculté, pour un ascendant, de faire le partage de ses biens entre ses descendants, était un attribut de la puissance paternelle, elle formerait un statut personnel, et, par conséquent, elle n'appartiendrait pas aux étrangers. Mais ce n'est, à nos yeux, que l'une des branches du droit général qui leur est accordé de disposer de leurs biens entre leurs héritiers présomptifs. Elle compète donc à tous ceux qui ont des héritiers légitimes, et qui sont d'ailleurs capables de disposer par donation entre-vifs ou par testament. Or, les étrangers sont aujourd'hui, sous ces deux rapports, assimilés aux Français (l., 14 juillet 1819).

Le mort civilement n'est pas seulement incapable de disposer, soit par donation entre-vifs, soit par testament; il ne peut même plus avoir d'héritiers pour les biens qu'il viendrait à acquérir par la suite. Sa succession est dévolue à l'État. Il lui manque donc deux choses pour pouvoir faire un partage entre ses descendants, d'abord la capacité personnelle, ensuite une succession à partager. C'est en vertu des mêmes principes que, dans l'ancien droit, le religieux et le condamné à mort ne pouvaient faire une démission de biens (Introd., n° 37).

Quant aux descendants, ils doivent, pour pouvoir être compris dans un partage entre-vifs, avoir la capacité de recevoir par donation, et pour pouvoir être compris dans un partage testamentaire, avoir la capacité de recevoir par testament.

Pour être capable de recevoir entre-vifs, il faut être conçu au moment de la donation. Pour être capable de recevoir par testament, il faut être conçu au moment de la mort du testateur (906).

Il est clair qu'une autre raison encore, une raison étrangère à la question de capacité, exige forcément ici que les descendants soient, dans le partage testamentaire, conçus au moment de la mort de l'ascendant; c'est que, sans cela, ils ne seraient pas ses héritiers, et que, par suite, n'ayant pas le droit de prendre part aux biens, ils n'auraient pas qualité pour être compris dans le partage. — On serait bien tenté, au premier abord, d'ajouter que des individus non encore conçus au moment de la mort de celui qui fait le partage, ne seraient pas même ses descendants. Mais cette proposition, vraie pour le cas où il s'agit, soit d'enfants, soit de petits enfants issus d'enfants prédécédés, ne le serait plus pour le cas où, dans la prévision, soit de l'indignité, soit de la renonciation des descendants appelés en premier ordre, l'ascendant ferait un partage entre ceux qui doivent venir à leur défaut.

Quant au descendant mort civilement, il est d'abord incapable de recevoir par donation entre-vifs ou par testament. Il est, de plus, sans qualité pour figurer dans un partage fait par son ascendant, parce qu'il n'est plus appelé à la succession.

L'existence naturelle et civile rend bien une personne apte à acquérir par donation entre-vifs ou par testament ; mais l'acquisition ne peut se réaliser qu'au moyen d'une acceptation. Or, pour pouvoir accepter par soi-même, il faut avoir l'exercice de ses droits. Autrement, l'acceptation ne peut être donnée que par un représentant légal. Cette règle toutefois n'est applicable, dans notre matière, qu'au partage entre-vifs. Le partage testamentaire étant, en effet, obligatoire et forcé pour les descendants (n° 25), ceux-ci n'ont qu'un rôle purement passif à y jouer. Peu importe dès lors qu'ils aient ou non l'exercice de leurs droits.

Les descendants qui ne sont ni en minorité, ni en état d'interdiction, ni pourvus d'un conseil judiciaire, ni placés dans un établissement d'aliénés, ni sous puissance de mari, ont l'exercice plein et entier de leurs droits. Ils sont donc capables d'accepter un partage entre-vifs. Ils peuvent, du reste, l'accepter, soit par eux-mêmes, soit par un fondé de procuration.

La femme mariée ne peut accepter qu'avec l'autorisation de son mari ou de justice (934).

Les mineurs en tutelle et les interdits ne peuvent accepter par eux-mêmes. C'est leur tuteur qui a qualité pour accepter en leur nom, et ce, après y avoir été autorisé par le conseil de famille (935). — Si plusieurs mineurs ou plusieurs interdits, intéressés dans un partage d'ascendant, ont le même tuteur, il n'est pas nécessaire, alors même qu'ils auraient des intérêts opposés, de leur donner à chacun un tuteur spécial et particulier, comme on doit le faire, en pareil cas, dans les partages ordinaires (838). Car, puisque les partages entre-vifs sont soumis aux formes des donations, ce n'est pas l'art. 838 qui est applicable ; c'est l'art. 935, lequel n'exige pas plusieurs tuteurs.

Les mineurs émancipés peuvent accepter avec l'assistance de leur curateur (935).

Mais une faveur spéciale accordée aux mineurs, en matière de donations, et qui n'a pas été étendue aux interdits, c'est qu'un ascendant quelconque, en cette seule qualité d'ascendant, peut accepter pour eux, qu'ils soient ou non émancipés, qu'ils soient ou non en tutelle ; et il n'est pas même besoin pour cela d'une autorisation du conseil de famille (935). — Si donc le père et la mère partagent leurs biens par le même acte, la mère peut accepter le partage au nom des enfants mineurs, en tant qu'il comprend des biens du père, et le père, en tant qu'il comprend des biens de la mère.

L'individu pourvu d'un conseil judiciaire reste capable d'accepter par lui-même et sans l'assistance de son conseil. Car l'acceptation d'une donation n'est pas rangée par la loi parmi les actes pour lesquels cette assistance soit prescrite (499, 513).

L'administrateur provisoire peut sans doute accepter pour le descendant placé dans un établissement d'aliénés (Arg., art. 36, l. 30 juin 1838).

L'ascendant qui fait le partage de ses biens, et qui se trouverait tuteur de l'un de ses descendants, ou administrateur provisoire de ses biens, ne peut, ni en sa qualité de tuteur ou d'administrateur provisoire, ni en sa qualité d'ascendant, accepter au nom de ce descendant. Car il remplirait en cela deux rôles contraires : il ferait l'acte comme donateur, et l'accepterait comme représentant le donataire. De même, s'il est curateur d'un descendant mineur émancipé, ou conseil judiciaire d'un descendant prodigue ou faible d'esprit, il ne peut donner lui-même l'assistance à ce descendant. Comment procéder dans ces divers cas ?

Lorsque l'ascendant est tuteur de l'un de ses descendants, comme, dans une donation, le donateur a des intérêts opposés à ceux du donataire, c'est le cas, pour le subrogé tuteur, d'agir au nom du descendant en tutelle, et par conséquent d'accepter le partage où ce descendant est apportionné, après y avoir été autorisé, bien entendu, par le conseil de famille.

De plus, s'il s'agit d'un descendant mineur, et qu'il y ait d'autres ascendants, ceux-ci peuvent accepter pour lui.

Cette dernière ressource existe également, lorsqu'il s'agit d'un mineur émancipé qui a pour curateur l'ascendant auteur du partage. Mais si le mineur n'a pas d'autres ascendants, ou que ceux-ci ne puissent ou ne veuillent accepter, il faut faire nommer un curateur *ad hoc* pour assister le mineur.

De même, si un mineur non émancipé n'est pas en tutelle, ce qui suppose qu'il a encore son père et sa mère, et qu'aucun ascendant ne puisse ou ne veuille accepter pour lui, il y a sans doute lieu de faire nommer un curateur ou tuteur *ad hoc* pour accepter.

Le même procédé devrait être appliqué, lorsqu'il s'agit d'un descendant qui a pour conseil judiciaire ou pour administrateur provisoire, l'ascendant même qui fait le partage.

L'absence d'un descendant rend matériellement impossible une acceptation de sa part. Elle nécessite donc les mêmes mesures que certaines incapacités, c'est-à-dire l'intervention d'un représentant légal.

Lorsque l'absence a été déclarée, ce sont les envoyés en possession, ou le conjoint, administrateur légal, qui ont qualité pour représenter l'absent, et qui peuvent dès lors accepter en son nom un partage d'ascendant. Jusqu'à la déclaration d'absence, il faudrait s'adresser au tribunal qui commettrait quelqu'un pour accepter. Nous ne pensons pas qu'on dût nécessairement choisir pour cela un notaire, car lorsque la loi (113) prescrit de *commettre un notaire pour représenter les présumés absents dans les inventaires, comptes, partages et liquidations dans lesquels ils peuvent être intéressés,* elle entend évidemment parler des partages ordinaires dans lesquels l'absent a besoin d'une garantie spéciale, garantie que la loi a pensé lui donner dans le choix d'un représentant habitué à ces sortes d'opérations. Mais il n'est pas dans le système du législateur d'entourer les descendants, lors d'un partage d'ascendant, des mêmes garanties dont elle entoure les héritiers dans les partages ordinaires.

Cette observation est applicable aux personnes placées dans un établissement d'aliénés, qui, elles aussi, doivent être représentées par un notaire commis, dans les inventaires, comptes, partages et liquidations qui les intéressent (art. 36, l. 30 juin 1838). La solution est d'autant moins douteuse, en ce cas, que ce n'est qu'à défaut d'administrateur provisoire qu'il y a lieu de commettre un notaire.

Remarquez, au sujet du présumé absent, que l'ascendant doit avoir qualité pour provoquer la nomination d'un mandataire spécial ou curateur chargé d'accepter le partage au nom de l'absent. Car il a intérêt à cette nomination, puisque, sans cela, il ne lui est pas possible de faire un partage qui comprenne l'absent, lequel vit peut-être encore, et aurait, en ce cas, le droit, s'il était omis, de demander plus tard la nullité du partage.

Lorsqu'il y a ainsi des descendants incapables ou empêchés, le partage fait par l'ascendant n'exige aucune intervention de justice. C'est une différence avec celui que feraient les héritiers eux-mêmes après l'ouverture de la succession. Nous avons même vu là l'un des avantages que présente le partage d'ascendant. L'affection de l'ascendant, l'intérêt qu'il porte à ses descendants, ont sans doute paru offrir aux incapables des garanties suffisantes.

Toutefois, un partage d'ascendant entraîne, en dernier résultat, les mêmes conséquences qu'un partage ordinaire. Il détermine définitivement, en effet, la part de chacun des enfants dans la succession. Le besoin de garanties plus grandes que dans les donations ordinaires, pourrait donc s'y faire sentir en faveur des descendants. Ces garanties, inutiles à l'égard de celui qui n'a qu'une pure libéralité à recevoir, et ne peut, dès lors, que gagner, auraient pu avoir leur utilité pour les descendants, qui, ayant droit dans la succession de leur ascendant, à un lot de telle valeur, peuvent perdre par les dispositions du partage. Dans la plupart des cas, sans doute, l'ascendant procède avec justice et impartialité. Mais quelquefois aussi, il se laisse aller à des préventions, à des prédilections aveugles. Nous regrettons donc, par exemple, que le descendant pourvu d'un conseil judiciaire, soit abandonné à lui-même.

Les ascendants ne pourraient renoncer à la faculté qu'ils ont de faire le partage de leurs biens entre leurs descendants, pas plus qu'à la faculté ordinaire de disposer, soit à titre gratuit, soit à titre onéreux. Cette faculté est en définitive, pour eux, un attribut attaché au droit de propriété. Or, on ne peut renoncer à ces sortes de droits.

Par la même raison, ils ne peuvent la céder à un tiers, ni la perdre par prescription ou non-usage. Il est clair que leurs créanciers n'ont pas le pouvoir de l'exercer en leur nom, même par acte entre-vifs. Car des créanciers n'ont pas, loin de là, intérêt aux dispositions gratuites des biens de leur débiteur. Quant au partage testamentaire, un autre obstacle encore s'y opposerait : c'est qu'une personne ne peut jamais disposer par testament des biens d'une autre.

Un administrateur général de tous les biens d'un ascendant ne pourrait non plus faire un partage en son nom, et ce, alors même qu'il aurait reçu le pouvoir d'aliéner. Car le pouvoir général d'aliéner ne s'entend que des aliénations à titre onéreux.

Il résulte de là, que les biens d'un interdit ne peuvent être partagés entre ses descendants, si l'interdiction n'est pas levée avant sa mort. Car ni lui ni son tuteur, n'ont le pouvoir de faire un tel partage. Toutefois, la loi ayant autorisé les dispositions gratuites des biens d'un interdit en faveur du mariage de ces enfants, un partage entre-vifs deviendrait possible, en ce cas, moyennant, bien entendu, l'accomplissement des formalités prescrites par la loi (511).

Aucune raison ne s'oppose à ce que l'ascendant donne procuration à un tiers à l'effet de partager ses biens par acte entre-vifs. Car c'est donner pouvoir d'aliéner à titre gratuit. L'ascendant qui aurait donné une telle procuration, ne serait donc pas fondé à attaquer le partage fait par le mandataire.

Un ascendant s'appuyant, en pareil cas, sur ce que sa procuration ne contenait, ni le détail des biens à partager, ni la formation des lots, prétendit qu'elle ne donnait pas au mandataire des pouvoirs suffisants pour faire le partage. Mais le mandat donné pour faire le partage autorise évidemment le mandataire à faire tout ce qui est nécessaire pour l'effectuer[1].

De ce que l'ascendant peut donner mandat de partager ses biens entre ses descendants, il suit qu'il peut également ratifier un partage qui aurait été fait par un tiers sous mandat. Car c'est un principe qu'une ratification équivaut à un mandat : *ratihabitio mandato æquiparatur.*

En pareil cas, le partage tirerait sa force, non de l'acte fait par le tiers, mais bien de la ratification de l'ascendant, qui, en le ratifiant, se le serait approprié, et lui aurait donné la vie qui lui manquait. D'après cela, il importe peu en quelle forme serait fait l'acte même contenant le partage. Mais il serait nécessaire que la ratification, de la part de l'ascendant, eût lieu au moyen d'un acte ayant la forme des donations entre-vifs, et accepté par ses descendants. Car cette forme seule peut, d'après la disposition de l'art. 1076, produire un partage d'ascendants.

13. L'ascendant qui se propose de faire un partage dans le sens des art. 1075 et suiv., c. civ., doit naturellement, pour arriver à cette fin, faire des dispositions conformes aux règles des partages d'une succession. Or, un partage, quel qu'il soit, n'est valable qu'autant qu'il est fait entre tous les co-propriétaires, et en raison d'ailleurs des droits de chacun.

Un partage doit, en premier lieu, être fait entre tous les co-propriétaires. L'ascendant doit donc apportionner tous ceux de ses descendants qui sont ses héritiers présomptifs, et par conséquent, non-seulement ses enfants légitimes (ou légitimés), mais encore ses enfants adoptifs, puisque les uns et les autres ont également droit à sa succession légitime. Aussi l'omission d'un seul serait-elle, comme on le verra plus loin, une cause de nullité du partage.

[1] Toulouse, 10 mars 1843.

L'ascendant doit également, et sous la même peine de nullité, comprendre dans son partage ses enfants naturels, s'il en a.

Cette opinion toutefois a été contestée. L'enfant naturel, a-t-on dit, n'est point héritier. Il a le droit, il est vrai, de réclamer le montant de ce que la loi lui accorde. Mais il doit se contenter de le recevoir en valeurs quelconques.

L'enfant naturel, sans doute, n'est point héritier. Mais cette circonstance ne décide rien, alors qu'il s'agit de la validité du partage de la succession. On a le droit de figurer à un partage, par cela seul qu'on est, à un titre quelconque, co-propriétaire des biens qui en font l'objet; il n'est nullement nécessaire que ce soit à titre d'héritier. Donc, l'enfant naturel étant appelé, en qualité de successeur irrégulier, à une quote part du patrimoine, il a le droit de figurer au partage de ce patrimoine. Car il se trouve co-propriétaire de tous les objets qui le composent. Il ne suffirait pas de lui fournir en valeurs quelconques l'estimation de la part à laquelle il est appelé. Ce ne serait pas là lui faire avoir ce à quoi il a droit en définitive. Car, comme on l'expliquera bientôt (n° 15), le droit de co-propriété entraîne, pour le co-propriétaire, le droit d'obtenir une part en nature, composée d'objets ou de parcelles d'objets, pris dans la masse commune. Il ne suffirait même pas d'autoriser l'enfant naturel, dans l'espèce, à réclamer de chacun des enfants légitimes ou adoptifs, une portion en nature des biens qu'ils auraient reçus par le partage. Car cette voie entraînerait pour lui un morcellement plus considérable que celui qui serait résulté du partage. Son intervention au partage est donc le seul moyen qu'il y ait de lui procurer complétement tout ce à quoi il a droit.

Cela est si vrai que les héritiers légitimes ne pourraient pas, dans les cas ordinaires, partager la succession sans l'appeler. L'ascendant ne le peut donc pas davantage, puisque, sous le titre de partage, il a simplement le pouvoir de faire le réglement de sa succession tel que ses héritiers auraient eu à le faire eux-mêmes. Pour décider autrement, il faudrait admettre que l'acte qualifié par lui de partage, est autre chose que le partage même de sa succession, que c'est une disposition par préciput, ou dispensée du rapport. C'est alors, mais alors seulement, qu'il serait vrai de dire, avec M. Duranton (t. IX, n° 635), que l'enfant naturel n'aurait qu'une action en réduction, de même qu'un enfant légitime. Mais telle n'est pas la théorie de la loi. Aussi, pour argumenter justement par analogie de ce qui aurait lieu pour un enfant légitime, faut-il dire : un enfant légitime, qui n'a rien reçu par les dispositions de son ascendant, n'a qu'une action en réduction, si ces dispositions sont par préciput; mais si c'est un partage, il a l'action en nullité. Or, il en doit être de même d'un enfant naturel, parce que cet enfant trouve, pour figurer au partage de la succession, dans sa qualité de co-propriétaire, le même droit qu'un enfant légitime. — Sans doute un père peut écarter son enfant naturel du partage de sa succession. Mais il faut, pour cela, qu'il lui donne, de son vivant, par acte entre-vifs, la moitié au moins de ce qui doit lui revenir, avec déclaration qu'il entend le réduire à la portion qu'il lui a assignée (761). Donc, il ne suffit pas qu'il l'omette dans le partage qu'il fait entre ses enfants légitimes, quand même ce partage serait entre-vifs.

Par la même raison, l'ascendant qui voudrait laisser à sa mort un partage testamentaire entre ses descendants, et un legs universel au profit d'un tiers, devrait avoir soin, pour que son partage fût régulier, d'y comprendre le légataire, puisque ce légataire se trouvera copropriétaire de tous les biens existant dans la succession. — Il en serait de même dans le cas d'un legs à titre universel, portant sur les biens compris dans le partage. — En un mot, quiconque peut se trouver au décès copropriétaire des biens partagés, doit être compris dans le partage. — Nous nous occuperons un peu plus loin des institués contractuels.

Un partage doit, en second lieu, être fait en raison des droits de chacun des copropriétaires.

L'ascendant doit donc apportionner ses divers héritiers présomptifs, en proportion de la part à laquelle ils sont appelés dans sa succession.

En conséquence, si tous ou quelques-uns arrivent par représentation, il devra faire le partage par souches et non par têtes.

Il lui est, du reste, loisible en ce cas, soit de se borner à faire la division principale, la division par souches; soit de faire d'abord la division par souches, puis dans chaque souche, la subdivision entre les divers descendants qui s'y trouvent. Car, quand on a une faculté, on est libre de l'exercer ou de ne pas l'exercer, et par conséquent de l'exercer dans toute son étendue; ou de ne l'exercer au contraire qu'en partie.

Si le partage est entre-vifs, l'ascendant a la faculté d'abaisser la portion de l'enfant naturel jusqu'à la moitié de ce que la loi lui attribue, pourvu qu'il déclare expressément son intention à cet égard (761). Si, par exemple, il a un enfant naturel, et deux enfants légitimes, au lieu d'attribuer à l'enfant naturel la part qui lui revient d'après la loi, c'est-à-dire un 1/9, il peut ne lui attribuer que 1/18. Il peut aussi, à plus forte raison, ne lui attribuer que 1/16, 1/12, etc.; en un mot, il a pleine liberté de prendre entre ces deux extrêmes, 1/9 et un 1/18, telle fraction que bon lui semble.

A l'inverse, l'ascendant qui, antérieurement au partage, aurait disposé par préciput en faveur d'un enfant légitime ou adoptif, ou qui se propose de le faire par l'acte même de partage, peut apportionner cet enfant en raison des qualités cumulées d'héritier et de donataire ou légataire. Si, par exemple, il a deux enfants, et qu'il veuille laisser à l'un sa quotité disponible, il peut, dans ce but, lui attribuer le double de ce qu'il attribue à l'autre, c'est-à-dire lui attribuer un lot qui corresponde aux deux tiers de la masse, tandis que le lot de l'autre enfant ne représentera qu'un tiers. — Il doit seulement avoir soin d'énoncer dans l'acte que c'est afin de disposer par préciput en faveur de tel enfant, ou d'exécuter une disposition antérieure, qu'il met cette différence entre les lots. Car, la loi ne reconnaissant effet à la volonté d'avantager un enfant, qu'en présence d'une déclaration expresse, l'autre enfant serait fondé, en l'absence de cette déclaration, à demander la rescision du partage pour lésion de plus du quart.— Peu importe ici qu'il s'agisse d'un partage entre-vifs ou bien d'un partage testamentaire, puisque les dispositions par préciput peuvent se faire aussi bien par l'un que par l'autre.

Il est clair, d'ailleurs, que, dans les deux cas que nous venons d'indiquer, l'ascendant sortirait des termes d'un simple partage.

Au reste, comme la succession de l'ascendant ne doit s'ouvrir qu'à son décès, on ignore, lors de la confection du partage, par qui et dans quelles proportions elle sera recueillie. L'ascendant opérant ainsi sur des éléments éventuels, ne peut avoir la certitude que ce qu'il fait vaudra comme partage de sa succession. Il a donc beau apportionner tous les appelés actuels, et cela, en raison de la quotité de leur vocation; son opération peut se trouver nulle à sa mort, par l'existence, à cette époque, de nouveaux héritiers. A l'inverse, un partage dans lequel il aurait omis par erreur, ou même exclu sciemment, des individus qui se trouvaient alors appelés, restera valable en définitive, si ces individus n'arrivent pas à la succession.

Un ascendant, qui n'aurait qu'un enfant, pourrait-il, dans la prévision du prédécès, de la renonciation, ou de l'indignité de cet enfant, faire un partage entre ses petits-enfants? Aucun doute n'est possible, lorsqu'il s'agit d'un partage testamentaire, parce que ce partage ne produisant pas d'effet avant la mort de l'ascendant, il suffit évidemment qu'à cette époque, il se trouve fait entre ceux qui arrivent à la succession. On peut, par la raison inverse, hésiter au sujet du partage entre-vifs. Mais si ce partage produit immédiatement effet, c'est comme donation, et non comme partage, ainsi que nous le dirons plus loin. Ce n'est qu'à l'ouverture de la succession qu'il doit acquérir le caractère de partage. Ce n'est donc qu'à cette époque, et d'après l'état de choses existant alors, qu'on devra en apprécier la validité à ce titre. Car ce que la loi reconnaît aux ascendants le pouvoir de faire, c'est un partage de leur succession, tel qu'il devrait se faire après leur mort. Si donc, dans l'espèce, ce sont les petits-enfants qui deviennent héritiers, le partage se trouvera avoir été régulièrement fait. Dans le cas contraire, le partage sera caduc. Car ceux entre lesquels il a été fait, n'acquièrent pas la qualité d'héritiers, qualité sans laquelle il est impossible que l'acte constitue un partage de succession. Du reste, il subsistera au profit des petits-enfants, comme donation ordinaire, sujette à réduction, s'il y a lieu, ainsi que cela résulte de la théorie de la loi sur les avancements d'hoirie.

La décision est donc, en définitive, dans le partage entre-vifs, la même que dans le partage testamentaire.

Au reste, cette faculté pour l'ascendant d'apportionner ses petits-enfants au lieu de l'enfant dont ils sont issus, existe alors même qu'il y a plusieurs enfants, sauf à lui, bien entendu, à se conformer aux règles sur la dévolution des successions aux descendants du second ou troisième degré.

14. La loi ne prescrit pas à l'ascendant de comprendre dans son partage la totalité des biens qui composent son patrimoine au moment de l'acte. Il conserve donc toute latitude à cet égard. C'est ce qui résulte d'abord de l'absence d'une règle qui restreigne en ce point sa liberté, et ensuite de la disposition de l'art. 1077, qui, prévoyant le cas où les biens qu'il laisse à son décès, n'auraient pas été tous compris dans le partage, dispose simplement que ceux qui n'y sont pas compris, seront partagés conformément à la loi; ce qui suppose évidemment que le partage partiel reste valable; et comme cet article ne distingue pas si les biens non compris dans le partage proviennent d'acquisitions postérieures, ou faisaient au contraire partie du patrimoine de l'ascendant au moment de la confection de l'acte de partage, nous ne devons pas faire la distinction.

L'ascendant est donc libre de partager, soit la totalité, soit une partie quelconque de ses biens. Il peut même partager un objet individuel, une somme d'argent, une créance, etc.

Le Code, comme on le voit, est revenu au principe admis par le droit romain, et qu'avait abandonné l'ancien droit français, soit dans le partage destiné à n'avoir effet qu'au décès, soit dans la démission de biens (Introd. n°s 13 et 24). Nous n'hésitons pas à dire qu'il a bien fait. La règle de l'ancien droit français n'était commandée, ce nous semble, ni par la raison pure, ni par l'utilité.

En pure raison, on conçoit très-bien un partage qui ne porte que sur une partie des choses communes, et qui laisse les autres dans l'indivision, pour être plus tard l'objet d'un nouveau partage. C'est ce qui se pratique journellement entre cohéritiers ou autres communistes. Le Code n'a donc fait que donner à l'ascendant qui veut faire un partage, une faculté qui compète dans les cas ordinaires.

Maintenant, un partage partiel est-il sans utilité, par cela seul qu'il ne fait pas cesser complétement l'indivision? Des auteurs anciens l'affirmaient.

Mais n'arrive-t-il pas souvent que les contestations ne sont guère à craindre qu'à l'occasion de tels ou tels biens, que tous les héritiers convoitent, ou dont le partage est effectivement très-difficile? Or, faites sortir ces biens de l'indivision; et vous ferez disparaître la seule cause sérieuse de difficulté que présente la liquidation de la succession. D'ailleurs, et à part cette circonstance, moins la masse restée indivise sera importante, moins il y aura de chances et d'occasion de contestation.

Du reste, les règles et les effets d'un partage partiel sont les mêmes que s'il comprenait tous les biens.

Les biens à venir ne sauraient entrer dans un partage entre-vifs. Ce partage en effet, étant, d'après la première disposition de l'art. 1076, soumis aux règles des donations ordinaires, et les donations ne pouvant comprendre les biens à venir, il en devait être de même du partage. — C'était là une conséquence si simple du principe qu'on venait de poser, qu'il était vraiment inutile d'en faire l'objet d'une disposition expresse. Cette disposition, qui termine l'art. 1076, est donc une superfluité.

Cette règle, du reste, ne concerne que le partage entre-vifs. Il suffit en effet, dans le partage testamentaire, que les objets partagés appartiennent à l'ascendant au jour de son décès. Car, puisque telle est la règle générale des dispositions testamentaires, il faut l'appliquer au partage fait par testament, ce partage étant soumis aux règles établies pour ces sortes de dispositions. On peut argumenter *a contrario* de la disposition finale de l'art. 1076, parce que cet argument se trouve ici n'être qu'une conséquence des principes. Les dispositions testamentaires, quelles qu'elles soient, ne produisant effet qu'au décès, c'est à cette époque, et à cette époque seulement, que l'on doit se placer pour en apprécier la validité et les effets.

Un auteur, en admettant que les biens à venir peuvent entrer dans un partage testamentaire, ajoute qu'ils ne peuvent y être compris que par quotités, parce que, dit-il, on ne peut pas désigner des objets que l'on n'a pas encore. Mais disposer de ses biens par quotités, ce n'est nullement les partager. C'est les laisser dans l'indivision. Or, une telle disposition de la part de l'ascendant, serait parfaitement inutile, si elle était faite en raison, pour chaque descendant, de ses droits héréditaires, puisque c'est dans cette proportion que les biens leur arriveraient, même sans la disposition testamentaire. Faite dans une proportion différente, elle constituerait, non un partage, mais une disposition par préciput, en supposant, bien entendu, que l'ascendant eût déclaré expressément qu'il disposait par préciput. Sans cette déclaration, elle serait rapportable et par conséquent inutile (843, 919).

La nature même des choses est donc un obstacle matériel invincible à ce que des biens à venir puissent entrer par quotités dans un partage quel qu'il soit.

Aussi, pour faire l'application de la règle énoncée dans l'art. 1076, *in fine*, faut-il supposer que, dans un partage entre-vifs, l'ascendant fait entrer déterminément tels biens qu'il n'a pas encore, mais qu'il compte acquérir. On peut supposer encore le cas où l'ascendant assignerait à l'un de ses descendants telle somme à prendre, après son décès, sur les biens qu'il pourra laisser. Cette somme ne constituerait qu'un bien à venir. Car l'ascendant peut ne rien laisser en mourant[1].

Lorsqu'une donation ordinaire comprend et des biens présents et des biens à venir, elle est nulle, il est vrai, à l'égard des biens à venir. Mais elle reste valable à l'égard des biens présents (943). Il ne saurait en être ainsi dans le cas d'un partage entre-vifs. Un partage forme un tout indivisible. Les divers lots n'ont pas, cha-

___

[1] Merlin, Quest. de Droit v° *Donation à cause de mort*, Nancy, 22 janvier 1838.

cun, leur existence propre et indépendante. L'un ne peut exister qu'avec les autres. Donc la nullité de l'un entraîne, par voie de conséquence, la nullité des autres. Ainsi, le partage entre-vifs dans lequel l'ascendant aurait fait entrer un seul bien à venir, serait nul en entier, bien que la cause de nullité ne se rencontrât que dans un seul apportionnement, à moins toutefois, c'est là une modification que nous avons faite déjà à la même solution dans un cas analogue (n° 11), à moins que le descendant à qui aurait été attribué le bien à venir, ne recueillît pas en définitive la succession, parce qu'alors, l'apportionnement qu'il a reçu resterait en dehors du partage, et ne constituerait qu'une donation simple, restreinte aux biens présents.

Il est clair que l'ascendant ne pourrait comprendre dans un partage entre-vifs des biens qu'il lui serait défendu d'aliéner. Ce n'est là que l'application des principes généraux. La loi n'avait pas besoin de s'en expliquer.

La femme mariée sous le régime dotal ne pourrait donc partager entre-vifs ses immeubles dotaux, non déclarés aliénables par le contrat de mariage, si ce n'est dans les cas où l'aliénation en est autorisée. (Art. 1554 et suiv., C. civ.)

La même règle serait applicable aux meubles dotaux, dans l'opinion de ceux qui appliquent à ces biens la règle d'inaliénabilité posée par l'art. 1554 pour les immeubles.

Si l'ascendant avait, par une institution contractuelle, disposé au profit d'un tiers, de son conjoint, par exemple, d'une quote part des biens qu'il laissera à son décès, conserverait-il encore la faculté de faire un partage entre ses descendants? Il est bien clair d'abord qu'il devrait y comprendre l'institué contractuel, qui, étant appelé à une quote part de sa succession, a essentiellement et irrévocablement le droit de participer au partage qui doit s'en faire. Mais avec cette condition même, le partage testamentaire ne nous paraît pas possible. En effet, celui qui a fait une institution contractuelle, ne peut plus disposer à titre gratuit des objets compris dans l'institution (1083). Or, les partages qui nous occupent, en tant qu'actes émanés de l'ascendant, constituent bien une disposition à titre gratuit. Le partage testamentaire, par exemple, a pour résultat, comme nous l'avons déjà dit, de modifier l'attribution que la loi toute seule ferait de la succession. C'est bien ainsi d'ailleurs que la loi envisage les partages d'ascendants, puisqu'elle les soumet expressément aux formalités, conditions et règles prescrites pour les autres actes de disposition à titre gratuit. Donc, et par suite de cette règle expresse, puisque l'ascendant ne peut plus disposer par une donation ordinaire, soit entre-vifs, soit pour après la mort, des biens compris dans une institution contractuelle, il ne peut pas davantage en disposer par un acte de partage. Dans ce dernier cas, en effet, comme dans le précédent, il changerait la condition que l'institué contractuel devait avoir, en vertu de son institution. Or il n'a pas ce pouvoir. Son partage ne lierait donc pas l'institué. Il est clair toutefois, qu'il produirait effet, si l'institution contractuelle devenait caduque par le prédécès ou la renonciation de l'institué et de sa postérité. Car cette institution est le seul obstacle à la validité du partage. Or si elle devient caduque, l'obstacle est levé.

Quant au partage entre-vifs, il pourra se faire, si l'institué contractuel y consent. Car, comme son droit est un droit conditionnel, et non un simple droit éventuel à la succession, il ne tombe pas sous la prohibition des pactes relatifs à une succession future. L'institué peut en disposer, comme de tout autre droit conditionnel. Il peut donc consentir à ce que, d'un droit à une portion indivise dans la masse, il se transforme en un droit sur une portion composée d'objets certains et déterminés.

Nous avons à peine besoin de dire que si, au moment du partage, un tiers se trouvait avoir un droit de copropriété en commun avec l'ascendant, le partage fait entre les descendants ne pourrait comprendre la portion appartenant à ce tiers. L'ascendant devrait donc, pour opérer régulièrement, ou commencer par sortir l'indivision, c'est-à-dire faire un partage entre lui et ce tiers, ou faire intervenir le tiers dans le partage entre ses descendants, ou enfin se borner à partager entre ces derniers ce qui lui appartient, à lui, en attribuant la portion qui lui revient dans tel bien, à l'un de ses descendants, à un autre sa portion dans tel autre bien, et ainsi de suite. Seulement, ce dernier procédé préviendrait sans doute l'indivision entre les descendants, mais il l'établirait entre chacun d'eux et le tiers copropriétaire.

L'ascendant peut comprendre dans son partage les objets qu'il a précédemment donnés à ses descendants en avancement d'hoirie. Ces objets devant, en effet, par suite du rapport auquel ils sont soumis, rentrer dans la masse, pour être partagés comme les autres objets héréditaires, l'ascendant a le pouvoir d'en opérer lui-même le partage, tout comme de ceux qui sont restés dans ses mains. Car il lui est permis, en principe, de partager tout ce que ses descendants auraient à partager lors de l'ouverture de la succession.

On a contesté cette solution, dans le cas du moins d'un partage testamentaire. Comprendre dans ce partage les choses qu'on a données entre-vifs, a-t-on dit, c'est en disposer pour après sa mort ; c'est donc les reprendre. C'est par conséquent porter atteinte au principe de l'irrévocabilité des donations.

Ce raisonnement ne repose que sur une notion inexacte du principe de l'irrévocabilité. La véritable, la seule signification de ce principe, dont on a tant abusé dans notre matière, c'est d'abord que le donateur ne peut, par l'effet de sa seule volonté, et, comme on dit, à son gré (*ad nutum*), reprendre ce qu'il a une fois donné ; et ensuite, qu'il ne peut même, *ab initio,* donner sous des clauses, sous des conditions, ou en termes tels, qu'il dépendrait de sa volonté ultérieure d'anéantir le bénéfice de la donation. — Or l'ascendant qui comprend un avancement d'hoirie dans son partage, ne révoque point, n'anéantit point par là sa libéralité. Il n'enlève rien au donataire. Il ne fait que régler d'avance et éventuellement les conséquences du rapport auquel la loi elle-même assujettit la donation. Cette donation continue donc de subsister, nonobstant le partage ; tellement que si, plus tard, par suite du prédécès ou de la renonciation du descendant donataire, les objets donnés se trouvaient dispensés du rapport, et devaient, par suite, rester en dehors du partage, le donataire ou ses héritiers les conserveraient. — Il ne serait donc pas exact de motiver notre solution en disant, avec la Cour de cassation[1], qu'une donation faite en avancement d'hoirie est révocable. Elle est rapportable, et, par conséquent, résoluble, pour le cas où l'héritier donataire arriverait à la succession. Mais ce caractère ne constitue nullement une révocabilité. Une disposition est *révocable lorsqu'elle peut être anéantie par la volonté ultérieure du disposant,* ainsi que cela a lieu pour les dispositions testamentaires, et pour les donations entre époux pendant le mariage.

La solution que nous venons de donner, n'a été contestée, disions-nous, qu'au sujet du partage testamentaire. C'est que ce partage est le seul qui soit l'œuvre exclusive de l'ascendant. Il ne peut, en effet, y avoir doute, dans le cas d'un partage entre-vifs, par la raison qu'il y a alors consentement des divers descendants, et que celui ou ceux d'entre eux qui auraient reçu des

---

[1] Cass., req. 9 juillet 1840. Dall., 1840, I, 244.

avancements d'hoirie, sont incontestablement libres de consentir à un partage dans lequel entreraient les objets par eux reçus. Car ils peuvent disposer de ces objets comme bon leur semble. Si donc l'ascendant n'a pas le pouvoir, à lui seul, de partager entre-vifs les choses qu'il a données en avancement d'hoirie, ce n'est point parce que ce sont des choses qu'il a déjà données, car il n'a pas davantage ce pouvoir à l'égard de celles qui lui restent; c'est parce que le partage lui-même ne peut se faire que du consentement de tous les descendants.

Dans les espèces qui se sont présentées, les objets précédemment donnés en avancement d'hoirie avaient été attribués au descendant donataire. En fait, il n'en sera guère autrement. Mais en droit, peu importe cette circonstance. Car dès que l'ascendant a le pouvoir de comprendre une chose dans son partage, il a le pouvoir de l'attribuer à tel de ses descendants plutôt qu'à tel autre. Si c'est à un autre qu'au donataire que l'ascendant attribue les objets donnés, le donataire sera tenu d'en faire le rapport, non pas à une masse commune, comme dans les cas ordinaires, mais à celui de ses cohéritiers auquel ils ont été attribués. Et ce rapport devra, d'ailleurs, si le partage est entre-vifs, s'effectuer immédiatement, et par conséquent du vivant même de l'ascendant, puisqu'il ne sera que l'exécution même de l'acte de partage.

Remarquons, avant de terminer, qu'il ne serait pas sans danger, dans un partage testamentaire, d'attribuer à d'autres qu'aux donataires les objets donnés en avancement d'hoirie. Car, en pareil cas, si les donataires renonçaient à la succession, comme ils échapperaient par là à l'obligation de rapporter leur don à ceux auxquels l'attribution en aurait été faite, l'exécution du partage deviendrait impossible même entre les héritiers acceptants.

Un ascendant, qui avait constitué déjà à deux de ses enfants successivement une dot d'une valeur égale, fit, à titre de partage anticipé, mais sans leur coopération, donation aux trois autres, d'une portion semblable de biens pour chacun d'eux, en déclarant que son intention était par là de les lotir et de les faire jouir comme les deux premiers. Un arrêt, en voyant dans cet acte un partage d'ascendant, semble admettre qu'il était fait entre tous les descendants, même entre les deux enfants précédemment dotés. Si ces derniers, dit-il, ne figurent pas dans l'acte, leurs parts s'y trouvent comprises par la mention qui y est faite de la dot qu'ils avaient reçue, et qui était égale à la part de chacun des trois autres enfants. Qu'il y eût partage d'ascendants entre les trois enfants présents, cela pouvait être, à la rigueur. Car l'omission ou l'exclusion d'un ou de plusieurs héritiers présomptifs, n'empêche pas précisément l'acte d'être un partage d'ascendant; elle donne seulement ouverture à une action en nullité, à l'époque du décès, si les descendants omis ou exclus arrivent à la succession. Mais ce qui est certain, c'est que les enfants dotés n'étant pas intervenus pour consentir à ce que leur dot formât désormais leur part héré-ditaire, ils étaient restés étrangers au partage. Ils conservaient donc le droit, pour le cas où ils deviendraient héritiers, de rap-porter ces dots, et, partant, de demander la nullité du partage fait entre les trois autres, nullité qui devait avoir pour conséquence d'obliger ces derniers à rapporter, eux aussi, les biens qu'ils avaient reçus.

45. Mais quel mode l'ascendant peut-il suivre dans la réparti-tion comparative des meubles et des immeubles entre ses divers descendants? — Son pouvoir à cet égard est-il illimité? — Est-il, au contraire, limité par les règles générales du partage des succes-sions?

Faut-il d'ailleurs distinguer entre le partage entre-vifs et le partage testamentaire? on conçoit, en effet, qu'en supposant même que, dans un partage testamentaire, qui est l'œuvre exclusive de l'ascendant, son pouvoir ait des bornes, et que, par conséquent, son opération puisse être critiquée, s'il les a dépassées, il pourrait ne plus en être ainsi dans un partage entre-vifs, qui est l'œuvre commune de l'ascendant et des descendants. On concevrait que la participation des descendants, l'adhésion qu'ils ont donnée à ce dernier partage, les rendît non recevables à se plaindre ensuite sous le rapport dont il s'agit.— Ces points ont été jusqu'ici résolus très-diversement par la jurisprudence.

Examinons d'abord la première question; et, pour la dégager de la complication qui résulte de la seconde, plaçons-nous dans l'hypothèse d'un partage testamentaire.

Dans une première opinion, on dit : les partages d'ascendants sont spécialement régis par les art. 1075 et suivants du Code civil. Ce sont donc ces articles qu'il faut consulter pour résoudre la difficulté, et non les articles qui régissent les partages de succes-sion. Or, la place qu'occupent ces articles indique assez que, relativement au point en question, les partages d'ascendants sont soumis aux règles des donations et testaments, et non à celles qui régissent les partages. Cette conclusion ressort d'ailleurs de leur texte. Car ils permettent purement et simplement aux ascendants de faire entre leurs descendants le partage et la distribution de leurs biens, sans leur prescrire aucune règle relativement à la répartition des objets suivant qu'ils sont meubles ou immeubles. La loi s'en rapporte donc entièrement à eux sur ce point. Présumant bien de leur tendresse à l'égard de tous leurs descendants, elle a pensé que, pour composer et assigner les divers lots, ils ne consulteraient que la position et les vrais intérêts de chacun. — Ce qui vient encore à l'appui de cette interprétation, c'est que la loi a prévu les cas dans lesquels il serait permis d'attaquer le partage, et que, parmi ces cas, elle n'a point rangé celui qui nous occupe. — Donc les art. 1075 et suiv. forment un système particulier de partage, devant rester en dehors du droit commun.

Cette solution serait rationnelle sans doute, si le partage d'ascendants n'avait, dans les rapports respectifs des descendants, le caractère légal de partage, s'il ne constituait qu'une pure disposition à titre gratuit, soumise exclusivement au système général qui régit les donations et les testaments.

On ne voit pas, en effet, qu'en droit romain, où le partage d'ascendants avait précisément ce dernier caractère, on se soit occupé de la question. Le pouvoir de l'ascendant était sans limites sous le point de vue dont il s'agit. Sans doute les descendants avaient droit à une légitime. Mais comme la légitime n'était pas recueillie à titre d'héritier, peu importait de quelles valeurs elle se composait. Nous convenons, du reste, qu'il n'y a aucune conclusion à tirer de là pour notre question, parce que le juge lui-même était libre dans les partages ordinaires, de distribuer les biens meubles ou immeubles à son gré.

Sous les coutumes d'inégalité, l'ascendant devait laisser à chacun sa légitime *en corps héréditaires*. C'est que, dans le droit coutumier, c'est à titre d'héritier que les descendants recueillaient leur légitime. — Peu importait, du reste, comment était composé ce qui excédait la légitime, parce que cet excédant était en la disposition de l'ascendant, et que le partage n'était, comme dans le droit romain, qu'une simple disposition à titre gratuit.

Enfin, dans les coutumes d'égalité, chaque descendant devait avoir sa part entière ou à peu près, en immeubles aussi bien qu'en meubles, décision également conséquente, puisque l'ascendant n'avait pas le pouvoir de détruire l'égalité (Introd. n° 26).

Si la loi actuelle n'avait pas séparé la disposition à titre de partage, de celle à titre de préciput, nous adopterions la solution des coutumes d'inégalité, puisque, sous le Code aussi, la réserve est recueillie à titre d'héréditaire. Mais le partage n'étant pas régulièrement un moyen de détruire l'égalité, nous croyons qu'il faut adopter la solution admise dans les coutumes d'égalité. A nos yeux, en effet, comme nous avons cherché à l'établir (n° 3), la distribution que les art. 1075 et suiv. autorisent les ascendants à faire de leurs biens entre leurs descendants, et que ces articles qualifient eux-mêmes de partage, a effectivement, dans les rapports respectifs des descendants, le caractère légal de partage.

Or, s'il en est ainsi, c'est mal raisonner que de dire : « L'ascendant a des pouvoirs illimités dans les points sur lesquels les art. 1075 et suiv. ne s'expliquent pas, et, partant, sur le mode de répartition des meubles et des immeubles, dont ils ne disent rien ; parce qu'ils contiennent des dispositions spéciales, et qu'il est de principe que les dispositions spéciales dérogent aux dispositions générales. » C'est là, disous-nous, mal raisonner. Car il est de principe que, si les dispositions spéciales dérogent aux dispositions générales, ce n'est que dans les points qu'elles règlent expressément, et qu'il faut, pour tous les autres, s'en référer aux dispositions générales. D'où il suit que les art. 1075 et suiv., qui ne contiennent, en effet, que des dispositions spéciales aux partages d'ascendants, ne réglant pas le point qui nous occupe, il faut s'en référer à cet égard aux règles générales établies pour les partages ordinaires.

En effet, dès que le droit que ces articles donnent à l'ascendant, est tout simplement celui de remplir lui-même, de son vivant, la mission que la justice pourrait avoir à remplir après sa mort, on ne saurait lui reconnaître, en principe, dans l'accomplissement de cette mission, des pouvoirs plus étendus que n'en auraient les tribunaux. L'ensemble des articles relatifs aux partages d'ascendants, est si loin de se prêter à l'opinion qui admet cette extension de pouvoirs, que, des trois dispositions qui se réfèrent à l'attribution générale des biens entre les descendants, il en est deux (1078, 1079, 1re partie) qui ne font que consacrer, au profit de l'ascendant, les pouvoirs accordés aux tribunaux, tandis que la troisième (1079 *in fine*), loin d'étendre son pouvoir, le restreint au contraire, et y pose des limites que la loi n'a pas posées à l'action de la justice. Donc, l'esprit de la loi n'est pas, tant s'en faut, de donner à l'ascendant, un pouvoir absolu dans les points sur lesquels elle ne s'est pas expliquée. Tout ce qu'on peut faire, en pareil cas, c'est de lui appliquer les règles communes. — Voilà pourquoi la seule conclusion qu'il faille, suivant nous, tirer de ce que la loi ne s'explique pas sur la manière dont les biens meubles et immeubles doivent être répartis entre les descendants, c'est qu'elle entend qu'ils le soient comme ils doivent l'être dans les partages de succession en général.

C'est là d'ailleurs, ce dont on reste convaincu, quand on étudie le caractère et le but des règles concernant, dans les partages ordinaires, le mode de répartition des biens de chaque espèce.

D'après ces règles, chaque cohéritier a le droit d'exiger sa part en nature dans les meubles et dans les immeubles de la succession. — Chaque lot doit comprendre, s'il se peut, la même quantité de meubles, d'immeubles, de droits ou de créances de même nature et valeur (826 et 832).

Si toutefois des immeubles ne peuvent se partager commodément, ils doivent être licités (827).

Occupons-nous d'abord de la première de ces règles, qui est la principale, la seconde n'en étant qu'une modification commandée par la nécessité. Or, cette règle, la nature même des choses veut qu'on en fasse l'application à tous les partages quels qu'ils soient. — Le partage suppose un droit de copropriété appartenant à plusieurs sur une masse commune, et qu'il s'agit de convertir, entre les mains de chacun, en un droit de propriété exclusive. Mais, pour que l'opération ait lieu de manière à donner satisfaction à ce droit de copropriété, il faut que chaque partie retrouve dans son apportionnement la représentation, aussi exacte que possible, de ce qui lui appartient dans la masse. Or, comme chaque communiste est propriétaire pour une certaine fraction, de chacun des objets composant la masse totale, il doit obtenir, par l'opération du partage, une portion en nature prise sur cette masse, et qui ait la valeur de son droit de copropriété dans la masse; ou, pour décomposer davantage encore le résultat que doit donner le partage, il doit trouver dans son lot :

1° La valeur estimative de la portion qui lui appartient par indivis dans la masse;

2° Des objets ou parcelles d'objets pris dans chacune des espèces de biens formant cette masse.

Or, c'est précisément là ce que veulent les art. 826 et 832. La règle qu'ils posent découle donc nécessairement de la nature même du partage. On l'exprime en disant que l'égalité est requise entre copartageants, non-seulement quant à la valeur estimative des lots, mais encore quant à la nature des biens qui les composent. Les copartageants, en effet, n'ont pas deux droits distincts, le droit à l'égalité (violé en cas de lésion de plus du quart), et le droit de copropriété (violé par l'inobservation des art. 826 et 832). Ils n'ont qu'un seul droit, qui est le droit de copropriété. Seulement, ce droit est complexe dans ses conséquences lors du partage, en ce qu'il demande pour chacun des copartageants, et une égale valeur dans les différents lots, et une égale répartition des objets de même nature.

L'inobservation des art. 826 et 832 ne porterait donc pas moins atteinte au droit de copropriété, en la personne de quelques-uns des copartagés, que ne le ferait ce qu'on appelle une lésion. Car il est manifeste que si, par exemple, le partage donne à l'un ou à quelques-uns des descendants la totalité ou la majeure partie des immeubles, et n'assigne aux autres que des deniers comptants, des meubles ou des créances, il ne leur fait pas à tous une condition égale[1]. Aussi Boullenois disait-il en pareil cas : « Je ne trouve pas que le père, dans son partage, ait observé l'égalité, étant certain que des deniers comptants n'ont pas la même stabilité que des fonds ; » — et suivant Taisand, c'est *avantager* un enfant que de lui donner des immeubles, tandis qu'on ne laisse aux autres que de l'argent. (Introd. n° 26).

Notre conclusion est donc celle-ci : L'ascendant qui veut user de la faculté que lui concèdent les art. 1075 et suiv., c'est-à-dire qui veut faire un partage proprement dit, devant, comme les tribunaux, se conformer aux règles qui tiennent essentiellement à la nature des partages, il doit par là même observer celle de l'égalité, qui est la principale de ces règles. Autrement, son opération ne serait pas, en réalité et au fond, un véritable partage. Il doit l'observer de la même manière et dans la même mesure que devraient le faire les tribunaux eux-mêmes, c'est-à-dire, non-seulement par rapport à la valeur estimative des lots, mais encore par rapport à la répartition en nature des biens de chaque espèce. Car ce sont là deux conséquences du même principe, deux conséquences également demandées par la nature de l'opération qu'il se propose de faire.

N'argumentez pas de ce qu'il peut, au moins dans la mesure de la quotité disponible, traiter inégalement ses enfants. Oui, sans doute, il le peut. Mais pour cela, il doit abandonner la voie du partage, et prendre celle d'une disposition directe, faite expressément à titre de préciput. C'est alors, mais alors seulement qu'il sera vrai de dire que la loi s'en rapporte entièrement à lui, qu'elle

[1] Cass., 16 août 1827. Sir., 1826, I, 86.

lui permet de distribuer sa quotité disponible comme bon lui semble, et, partant, de faire une position différente à ses descendants, tant par rapport à la valeur estimative des attributions, que par rapport à la répartition des meubles et des immeubles, soit qu'en cela, il suive la voix de la raison, ou qu'il n'écoute au contraire qu'une prédilection aveugle. Mais il en est autrement dans le partage. Le partage est une voie destinée, non pas à introduire de l'inégalité entre les descendants, mais au contraire à appliquer entre eux l'égalité. Il laisse à chaque enfant sa qualité d'héritier, et par suite, les droits qui en résultent, notamment le droit à l'égalité. Il ne peut dès lors valoir, s'il porte atteinte à ces droits. Si donc l'ascendant se borne à faire un partage, c'est le cas de lui dire : vous n'avez pas fait ce que vous pouviez faire ; vous avez fait ce que vous ne pouviez pas faire. Dans un partage, vous devez consulter les droits que la loi donne aux héritiers. Il ne vous appartient pas de vous guider par une appréciation arbitraire de leur position, de leurs convenances, pas plus que pareil pouvoir n'appartiendrait à la justice. C'est aux descendants seuls à voir s'il n'est pas de leur intérêt bien entendu de se départir des droits que la loi leur a donnés. Les seules inégalités qui vous soient permises par la voie du partage, sont celles qui sont la conséquence obligée des règles même du partage, et que le législateur n'a tolérées que par une sorte de nécessité, c'est-à-dire parce que le système qui régit les partages conduisait forcément à ce résultat, résultat qu'il lui fallait bien se résigner à accepter dès qu'il permettait le partage. Ces inégalités, la limite pouvait en être déterminée d'une manière précise, et elle l'a été, en ce qui touche la valeur estimative des lots : sur ce point l'inégalité ne doit pas dépasser le quart. Mais la limite n'a pas été également déterminée, et elle ne pouvait pas l'être, quant à la répartition des biens suivant leur nature et leur espèce. L'égalité sous ce rapport, est prescrite en principe. Seulement, il n'est pas indispensable qu'elle soit observée rigoureusement. Il suffit qu'elle le soit à peu près, en d'autres termes, il suffit, et cela résulte de plusieurs dispositions du Code, qu'il entre à peu près dans chaque lot la même quantité de biens d'une même nature, valeur et bonté (art. 830, 833, 859). Voilà donc, sous ce rapport, une certaine latitude accordée aux tribunaux, et, par conséquent, aux ascendants.

L'argument tiré de ce que la loi a prévu nommément trois causes de nullité, sans rien dire de l'inobservation des art. 826 et 832, est un de ces arguments *a contrario* qui, par eux-mêmes, et s'ils ne sont pas d'ailleurs appuyés sur les principes, n'ont rien de concluant. Or les principes, loin de l'appuyer, le repoussent, nous croyons l'avoir établi. Pour qu'il eût de la force en tant que résultant du texte, il faudrait que les art. 1078 et 1079 s'énonçassent d'une manière restrictive; et c'est ce qu'ils ne font pas. Ils ne disent pas, en effet, qu'il n'y a que trois causes de nullité : ils en énoncent trois, voilà tout. Le texte de la loi ne prouve donc pas. Quant à son esprit, il n'est pas d'accorder, en aucun cas, à l'ascendant plus de pouvoir qu'aux tribunaux, puisque, comme on l'a déjà fait remarquer, deux des causes de nullité qu'elle énonce, ne sont que la consécration du droit commun, et que la troisième restreint même son pouvoir, bien loin de l'étendre.

Si donc les biens peuvent se partager en nature, l'ascendant doit, comme le devraient les tribunaux, attribuer à chacun des descendants sa part dans les divers biens, meubles et immeubles, qu'il partage. — Ainsi, non-seulement il n'a pas le pouvoir d'attribuer la totalité de ses biens à l'un ou à quelques-uns seulement, à charge par eux de payer une somme d'argent ou de servir une rente aux autres; mais il ne pourrait même pas attribuer à l'un ou à quelques-uns, dans les immeubles, une part notablement plus forte qu'aux autres, et leur laisser ainsi la plus belle partie de son patrimoine. Il doit, pour se conformer et à la lettre et à l'esprit de la loi, attribuer à chacun sa part en nature, c'est-à-dire le montant de ce qui lui revient, à raison de ses droits, dans les différentes espèces de biens. La loi, en effet, ne tolère sur ce point que des inégalités peu importantes. — Quelle est à cet égard la limite que l'ascendant ne saurait dépasser? La loi, nous l'avons dit, ne pouvait la fixer. C'est donc aux tribunaux à apprécier.

C'est en prévision de ces légères inégalités que l'art. 833 dispose que *l'inégalité des lots en nature se compense par un retour, soit en rente, soit en argent.* Gardons-nous donc de croire, comme paraissent le faire des arrêts, que cet article ébranle en rien les principes que nous avons posés : ce serait admettre que la loi détruit ses propres dispositions. L'art. 833 est dans l'hypothèse de ces inégalités peu importantes qu'autorisent les dispositions des articles que nous avons cités.

D'après cela, nous avons peine à approuver un partage par lequel un ascendant, ayant fait à l'un de ses descendants en immeubles une part bien moins forte qu'aux autres, lui attribua toutes les créances et les rentes. Les tribunaux le maintinrent toutefois, et considérèrent l'attribution des créances et des rentes comme une soulte[1]. Mais il ne paraît pas qu'il y eût, dans l'espèce, inconvénient ou impossibilité au partage égal des immeubles. Donc ce partage devait avoir lieu. D'ailleurs, on laissait à un seul descendant toutes les difficultés du recouvrement des créances et des rentes, ainsi que toutes les chances auxquelles est exposé un créancier. — C'était donc évidemment s'écarter du principe d'égalité.

Quant au partage qui attribuerait la totalité ou la presque totalité des biens à un seul ou à quelques-uns seulement, il choque d'autant plus l'égalité, que les autres, dont le lot se compose alors exclusivement ou à peu près, de sommes à payer par leurs cohéritiers, sont dans une position plus défavorable encore que si on leur avait attribué du numéraire ou d'autres valeurs mobilières existant dans la succession. Car, tandis que leurs cohéritiers ont immédiatement leur lot à leur disposition et comme sous la main, ils se trouvent, eux, ou peuvent se trouver réduits à la nécessité pour obtenir le leur, d'exercer des poursuites. Ils sont donc à la merci du mauvais vouloir de leurs cohéritiers, et, en outre, exposés à ces circonstances qui mettent si souvent les créanciers en perte. Un pareil mode de procéder constitue de la part de l'ascendant une vente de son hérédité au profit de l'un de ses descendants, plutôt qu'un partage entre eux tous.

Il est souvent certaines circonstances qui rehaussent infiniment, dans les familles, le prix d'une propriété, sans rien ajouter, du reste à sa valeur vénale, ou en n'y ajoutant du moins que fort peu de chose. Telle est la circonstance qu'une propriété est depuis longtemps dans la famille, qu'elle portait un titre de noblesse, qu'elle présente, à raison de sa situation, ou de telle autre circonstance, des agréments tout particuliers. La loi, dans les partages ordinaires, n'a eu et ne pouvait avoir aucun égard à ces circonstances. Il en doit-être de même dans les partages d'ascendants. — En conséquence, l'ascendant qui aurait plusieurs immeubles, peut sans nul doute, donner à celui de ses descendants pour qui il se sent de la préférence, un domaine auquel des circonstances spéciales donnent ainsi un prix d'affection, et n'attribuer aux autres que celles de ses propriétés qui ne se distinguent par rien de particulier. C'est ainsi que dans les familles qui portaient autrefois un titre de noblesse, on donne d'ordinaire à l'aîné la terre à laquelle le titre était attaché.

[1] Cass., req., 12 août 1840. Sir., 1840, I, 678.

La seconde règle qui régit, dans les partages, la répartition des biens, est, avons-nous dit, celle qui veut que quand des immeubles sont impartageables, ils soient licités.

Cette règle est, tout comme celle qui prescrit le partage en nature quand ce partage est possible, commandée par le principe même qui domine la matière, c'est-à-dire le principe d'égalité. La licitation en effet met, pour ainsi dire, les choses au concours. Elle permet à chacun des copartageants, soit de les obtenir lui-même, s'il peut ou s'il veut y mettre le prix, soit au moins de les faire payer à celui qui voudra les avoir, un prix plus élevé que celui que déterminerait le tribunal. Elle maintient donc l'égalité entre les divers ayants droit, autant du moins qu'il est possible de le faire.

Or, puisque la règle qui prescrit la licitation quand la division en nature ne peut avoir lieu, n'est que la conséquence des principes mêmes du partage, cette règle est tout aussi obligatoire pour l'ascendant qui veut faire un partage, que l'est celle qui prescrit la division en nature quand cette division est possible. La licitation, en effet, forme pour les héritiers, dans les cas où la loi l'ordonne, un droit aussi plein, aussi complet, que le droit d'obtenir, dans les autres cas, une part en nature. Il ne serait pas plus permis aux tribunaux de porter atteinte à l'un qu'il ne leur est permis de porter atteinte à l'autre. Car la loi n'a pas distingué; et ce qui n'est pas permis aux tribunaux, ne l'est pas davantage aux ascendants, lors du moins que la loi n'en a pas décidé autrement.

Il y a d'ailleurs, ce nous semble, une considération qui réclame cette solution dans les partages d'ascendants. C'est que si un ascendant avait le droit d'attribuer à un seul descendant des biens impartageables, il lui serait facile d'établir au préjudice des autres une inégalité, considérable peut-être, et dont pourtant ils n'obtiendraient guère la réparation, parce que, généralement, les choses ne s'estiment pas, devant les tribunaux, à leur juste valeur.

De plus, la loi laisse à tout copropriétaire dans les partages ordinaires, la liberté de refuser un immeuble reconnu impartageable (1686). Règle pleine de raison, puisqu'en effet, cet immeuble peut ne pas lui convenir, être d'une valeur au-dessus de ses ressources, etc. Les règles du partage ne permettent donc pas à l'ascendant de contraindre l'un de ses descendants à prendre pour sa part les biens impartageables.

10

Nous ne pouvons donc reconnaître à l'ascendant le pouvoir d'attribuer à l'un de ses descendants les biens à l'égard desquels, d'après les règles ordinaires, il y aurait lieu à licitation. Les tribunaux n'auraient pas ce pouvoir : l'ascendant ne l'a donc pas non plus.

En conséquence, s'il n'a qu'un domaine, et que la division en nature de ce domaine ne soit pas praticable, la voie du partage testamentaire lui est fermée. L'attribution qu'il ferait de son domaine à un seul de ses héritiers ne serait obligatoire, ni pour les autres héritiers, qu'il n'a pu priver du droit de demander la licitation, ni pour celui à qui cette attribution serait faite, et qu'il n'a pu priver du droit de refuser le domaine.

Il en serait encore ainsi dans le cas, par exemple, où l'ascendant ayant trois enfants, son patrimoine ne se composerait que de deux immeubles. — De même, toutes les fois qu'entre autres immeubles, il y en a un d'une valeur telle que celui des descendants auquel il serait attribué, aurait un lot immobilier tout à fait disproportionné avec les autres lots.

L'opinion que nous présentons ici a été contestée, non pas seulement par ceux qui accordent à l'ascendant, quant à la répartition de ses biens en nature un pouvoir absolu et sans contrôle, mais encore par des auteurs qui reconnaissent qu'il reste assujetti à la première de nos règles, c'est-à-dire à celle qui prescrit le partage en nature, toutes les fois que ce partage est praticable, mais qui n'admettent pas que son pouvoir soit limité par la règle qui prescrit la licitation, quand la division est impraticable. Dans le cas où la division en nature présenterait des inconvénients, disent ces auteurs, il n'est pas possible à l'ascendant de faire un partage, si ce n'est en procédant par une voie analogue à celle de la licitation, c'est-à-dire en attribuant les biens impartageables à un seul ou à quelques-uns de ses descendants ; auquel cas, il faut bien que les autres se contentent, soit de valeurs mobilières, soit d'une soulte en argent. Or on est forcé de lui reconnaître ce pouvoir. Car la loi, en l'autorisant à faire le partage de ses biens, lui a par cela même conféré implicitement tous les pouvoirs nécessaires pour l'opérer. Qui veut la fin, veut les moyens. Autrement, les ascendants se trouveraient souvent dans l'impossibilité de faire par testament le partage de leur succession.

Cette objection ne nous détermine pas. — La faculté accordée aux ascendants de partager leur succession est renfermée dans la mesure du possible, et dans les limites de la légalité. Il arrive bien souvent que des obstacles de fait s'opposent à l'exercice d'un droit ; et pourtant cette circonstance n'a jamais été regardée comme autorisant la violation des règles.

D'ailleurs le système que nous venons d'indiquer constitue un moyen terme qui n'est pas fondé en principe. En effet, la loi ne s'étant pas expliquée dans les art. 1075 et suiv. sur le point qui nous occupe, ou l'ascendant est tenu de se conformer aux règles générales prescrites pour les partages de succession ; et alors son opération doit être annulée, s'il n'a pas observé ces règles, sans qu'il y ait à distinguer entre la règle qui prescrit la division en nature, lorsque cette division est praticable, et celle qui, dans le cas contraire, prescrit la licitation, par la raison que ces deux règles ont autant d'autorité l'une que l'autre, et qu'il n'est pas plus permis de faire plier l'une que de faire plier l'autre ; — ou bien l'ascendant n'est pas lié par les règles des partages ; et alors son opération doit toujours être maintenue, quel que soit le mode de répartition qu'il ait adopté, et cela, sans qu'il y ait à distinguer si le partage en nature était ou n'était pas praticable, parce qu'alors il n'a fait qu'user du pouvoir qui lui appartient. Mais il n'y a pas de place pour un troisième parti. La loi sans doute aurait pu le créer ; elle aurait pu distinguer entre la règle relative à la licitation, et celle relative à la division en nature. Elle ne l'a pas fait.

Mais la solution que nous venons de donner pour le partage testamentaire, nous paraît inapplicable au partage entre-vifs[1]. Ce partage ne peut se faire que du consentement des descendants. Ceux-ci sont donc entièrement libres, lorsqu'il leur est proposé, de ne l'accepter qu'autant que l'ascendant aura fait subir aux lots telle ou telle modification ; ou qu'il aura consenti à liciter entre eux tous des objets qu'il se proposait d'attribuer à un seul. — Or, en consentant au partage, en l'acceptant, ils acceptent par là même le mode suivant lequel y est faite l'attribution des biens ; et cette acceptation doit les rendre non recevables à se plaindre plus tard sous le rapport qui nous occupe, ainsi que cela a lieu dans les partages ordinaires. Car, on ne saurait trop le répéter, la disposition faite à titre de partage par un ascendant, est simplement le partage que le juge aurait à faire après sa mort en cas de désaccord ou d'incapacité des descendants. Donc, dans un cas comme dans l'autre, les parties intéressées doivent pouvoir renoncer au droit qu'elles tiennent des règles relatives à la ré-

---

[1] Voy. Cass., civ., 11 mars 1847, un arrêt contraire.

partition des biens. Et cette renonciation résulte, dans l'espèce, du consentement que les descendants donnent au partage, alors qu'ils pourraient le refuser.

On a objecté que la position des descendants n'est pas, dans un partage d'ascendant, la même que celle des héritiers dans un partage ordinaire. Leur consentement, a-t-on dit, n'est pas complétement libre; il est donné sous l'influence du respect filial, ou de la crainte de mécontenter l'ascendant par un refus, et de s'exposer aux suites que peut amener ce mécontentement.

Les principes ne permettent pas de s'arrêter à cette objection.

Dans les conventions, la seule crainte révérentielle envers un ascendant, sans que, du reste, il y ait eu de violence exercée, ne suffit pas, aux yeux de la loi, pour invalider le consentement (1114). — Or le législateur a fait du partage entre-vifs une convention véritable, tant dans les rapports de l'ascendant avec ses descendants que dans les rapports des descendants entre eux. Par là sans doute, il requiert, pour qu'il puisse avoir lieu, le consentement des descendants. Mais réciproquement aussi, il entend que ce consentement soit valable, qu'une fois donné sans erreur, dol, ni violence, il produise les effets qu'il produit dans les autres conventions, c'est-à-dire qu'il forme un lien de droit pour toutes les parties. C'est ainsi que, dans l'ancien droit, lorsque certaines coutumes exigeaient pour le partage des propres le consentement des descendants, ce consentement du moins validait le partage. Ce serait supposer une étrange inconséquence chez le législateur que d'admettre qu'il regarde comme incomplet et insuffisant le consentement d'une partie, et qu'il exige néanmoins ce consentement. C'est admettre en d'autres termes qu'il subordonne la validité d'un acte à une condition qu'il saurait ne pouvoir s'accomplir valablement. Il ne saurait en être ainsi. Le partage entre-vifs constituant, dans le système de la loi, un arrangement de famille librement débattu entre toutes les parties, les descendants se trouvent placés dans les mêmes conditions que tous les héritiers après l'ouverture d'une succession, dans les conditions où ils se trouveraient eux-mêmes, si l'ascendant était mort. Ils sont donc libres, comme le sont des héritiers dans les cas ordinaires, comme ils le seraient eux-mêmes après le décès de l'ascendant, d'adopter le mode de partage qui leur convient le mieux, et, par conséquent, de faire des biens une répartition autre que celle que prescrit la loi.

Ainsi, lors même qu'il serait vrai que tels descendants ne se seraient déterminés à consentir que dans la crainte de porter l'ascendant, en cas de refus, à les traiter plus mal encore, et parce qu'ils auraient calculé qu'il leur était plus avantageux en définitive, d'accepter le mode de partage qui leur était proposé, que de s'exposer à ce que l'ascendant, comme il en avait le droit, les privât de leur part dans la quotité disponible, ce calcul, librement fait par eux dans leur propre intérêt, ne saurait invalider leur acceptation.

On a dit encore : les descendants ne peuvent, du vivant de l'ascendant, renoncer à leurs droits sur sa succession. Or, l'acceptation donnée par eux au partage, est relative à cette succession. Elle ne saurait donc leur ôter les droits qui doivent, lors de la mort, s'ouvrir à leur profit, et en leur qualité d'héritiers. Mais les partages entre-vifs font exception à la règle qui prohibe tout pacte sur une succession non ouverte, puisqu'ils constituent précisément un arrangement sur la succession future de l'ascendant.—Ce raisonnement a d'ailleurs le même vice que le précédent. Car, s'il était juste, il aurait pour conséquence de laisser, dans tous les cas, aux descendants, la faculté de repousser le partage. Il serait, en effet, tout aussi vrai de dire que, comme les descendants doivent succéder tous en commun et par indivis à chacun des objets dépendant de la succession, ils n'ont pu renoncer d'avance à ce droit, en acceptant un partage qui a limité leur vocation aux objets composant leur lot. Ils pourraient donc toujours prétendre à leur part indivise, au lieu de la part divise qu'ils auraient acceptée par le partage entre-vifs.

Une autre raison serait que l'acte proposé par l'ascendant, constituant de sa part une donation, ce que les descendants acceptent, c'est la donation, mais non le partage. Ils consentent bien à profiter dès maintenant de l'acte en tant qu'il leur fait une libéralité, mais ils n'entendent pas pour cela abdiquer les droits qu'ils peuvent avoir plus tard comme héritiers.

Sans doute l'acte forme une donation; mais il forme aussi un partage. Or, c'est dans son ensemble, et partant dans ses deux caractères, que les descendants l'acceptent. Ils se soumettent donc, non-seulement aux conséquences que la qualité de donataire peut entraîner contre eux dans leurs rapports avec l'ascendant, mais encore à celles que peut entraîner, dans leurs rapports respectifs, la qualité de copartagés.

Ainsi donc, l'acceptation des descendants doit, dans le partage entre-vifs, être tenue pour valable, et avoir dès lors l'effet qui résulte , dans les partages ordinaires , de l'absence de toute réclamation de la part des héritiers contre la composition des lots, c'est-à-dire qu'elle doit les rendre non recevables à critiquer ensuite le partage sous ce rapport.

Il est vrai qu'elle ne les rendrait pas également non recevables à l'attaquer pour d'autres causes, par exemple, pour lésion. Mais cela ne prouve rien ; car il en est ainsi dans les partages ordinaires. Là aussi, l'adhésion expresse ou tacite donnée par un héritier à la composition des lots, le rend non recevable à la critiquer plus tard, sans faire obstacle à une action en nullité fondée sur une autre cause, et, par exemple, sur la lésion. Nous ne faisons donc qu'appliquer au partage entre-vifs, les règles qui s'appliquent incontestablement aux partages ordinaires.

Notre solution devrait s'appliquer même aux descendants qui, lors de la confection du partage, se trouvaient en état d'incapacité, si l'acceptation a eu lieu pour eux et en leur nom par qui de droit et avec les formalités voulues. Car cette acceptation a, à leur égard, le même effet que si , étant capables , ils l'avaient faite eux-mêmes (463). On peut remarquer à ce sujet que, dans les partages ordinaires, il n'est pas permis de renoncer, au nom des incapables, au mode de partage établi par la loi, tandis qu'on le peut dans les partages d'ascendants, sauf, bien entendu, le recours des incapables, s'il y a lieu, contre ceux qui étaient chargés de les représenter.

Il arrive assez souvent que l'ascendant laisse les descendants faire eux-mêmes l'opération du partage. Ce sont eux alors qui forment les lots et en font l'attribution par la voie du sort ou autrement. Ils licitent également entre eux les objets impartageables, ou bien ils déterminent sans licitation quel est celui qui les prendra et pour quel prix. En un mot, ils arrangent les choses à leur guise, comme ils pourraient le faire si l'ascendant n'était plus. Après quoi l'acte est dressé en conséquence. Ce procédé a l'avantage, non-seulement de mettre personnellement l'ascendant à l'abri de toute plainte de la part de ses descendants, mais encore de prévenir plus sûrement les contestations. Car, outre que les descendants n'oseraient guère, à moins de graves motifs , se plaindre d'un partage qui est leur œuvre propre, et qui, par cette raison même, ne lésera et ne mécontentera probablement personne, ils ne pourraient prétexter que leur consentement a été influencé par l'ascendant. Les notaires feraient donc bien, lorsque les choses se passent ainsi, de le constater dans l'acte, afin d'enlever aux parties un prétexte pour se plaindre à tort.

Un ascendant ayant, par un acte entre-vifs, attribué tous ses immeubles à deux de ses descendants, à charge par eux de payer une somme déterminée à chacun des autres, l'un de ces derniers n'accepta pas. La donation resta donc imparfaite à son égard (938) ; et, par conséquent, le partage était nul dans son entier. — Une Cour, tout en reconnaissant que ce descendant était fondé à provoquer un nouveau partage, déclara néanmoins sa demande non recevable, en se fondant sur ce que les immeubles partagés par l'ascendant n'étaient pas susceptibles, eu égard au nombre des enfants, d'être partagés en nature, qu'il faudrait les liciter, et que la part qui reviendrait au demandeur, dans le prix de licitation, ne dépasserait pas la somme que l'ascendant avait fixée[1]. — Comme si le descendant, après avoir, ainsi qu'il en était parfaitement libre, refusé la somme que lui proposait l'ascendant, n'avait pas, par suite de ce refus, conservé tous ses droits ! Comme s'il n'avait pas, dès lors, la faculté, dans le cas où les immeubles seraient reconnus impartageables, d'en provoquer la licitation, de surenchérir à cette licitation, et, enfin, d'y faire admettre les étrangers, afin que le prix pût dépasser le chiffre déterminé par l'ascendant ! L'arrêt aboutit à cette énormité qu'un partage entre-vifs est obligatoire même pour les descendants qui ne l'ont pas accepté ! Avec cette doctrine, les ascendants peuvent se passer du consentement des descendants, aussi bien dans un partage entre-vifs que dans un partage testamentaire.

Lorsque, dans un partage testamentaire, l'ascendant apportionne l'un de ses descendants, au moyen de choses qu'il lui a données en avancement d'hoirie, il faut s'en tenir à la solution que nous avons admise pour ces sortes de partages, et non à celle que nous venons d'adopter pour les partages entre-vifs. Car si le descendant a accepté la donation qui lui a été faite, il ne l'a acceptée qu'avec son caractère de donation sujette à rapport. Il n'a donc pas entendu qu'elle formât, en définitive, sa part dans la succession. Il reste, par conséquent, recevable à critiquer le partage, si ce partage, auquel il n'a pas consenti, n'est pas conforme aux principes qui régissent le mode de composition des lots. Ainsi, par exemple, s'il a reçu en avancement d'hoirie une somme d'argent, et que cette somme lui soit assignée pour son lot, tandis que les immeu-

[1] Bordeaux, 15 février 1842. Dalloz, 1842, II, 95.

bles sont attribués aux autres, il doit avoir la faculté de rapporter du numéraire et de demander le partage en nature ou la licitation, suivant que les immeubles sont ou ne sont pas commodément partageables en nature. L'ascendant n'a pu le priver, sans son consentement, du bénéfice des règles du rapport, qui lui laissait tous ses droits quant au partage.

Au reste, les règles que nous venons d'admettre, que l'ascendant ne peut, par un partage testamentaire, attribuer la totalité ou même la majeure partie de ses immeubles à l'un de ses descendants, et qu'il ne le peut par un partage entre-vifs, qu'autant que les autres y consentent, ces règles, disons-nous, peuvent être éludées au moyen d'une vente faite par l'ascendant à ce descendant pour un prix payable au décès, si mieux n'aiment les autres descendants recevoir ce prix auparavant. Il est vrai que cette vente aurait pour l'ascendant un inconvénient que n'aurait pas un partage testamentaire : elle le dépouillerait de la propriété de ses immeubles.

16. Quelquefois un père et une mère confondent leurs biens en une seule et même masse, et en font ainsi le partage entre leurs enfants.

On a donné à cette sorte de partage le nom de *partage conjonctif*. Il s'emploie surtout pour les biens de la communauté, qui forment précisément déjà entre les deux époux une seule masse indivise.

Le partage conjonctif ne doit pas se confondre avec le cas où le père et la mère feraient un partage par le même acte, mais sans confondre leurs biens. Dans cette dernière hypothèse, en effet, il y aurait deux partages distincts et indépendants l'un de l'autre; tandis que le partage conjonctif ne forme qu'un seul et unique partage.

Tous ascendants, autres même que le père et la mère, pourraient faire un partage conjonctif. Ce partage pourrait donc émaner de quatre ascendants au second degré, de huit au troisième, etc. — Bien plus, deux personnes étrangères l'une à l'autre pourraient également réunir leurs biens et en faire un partage entre leurs descendants respectifs. Mais ces hypothèses ne se réaliseront guère. Nous ne nous en occuperons donc pas.

Le partage conjonctif est facilement praticable dans le cas où le père et la mère n'ont que des enfants communs. Car alors, comme les héritiers de l'un sont les mêmes que les héritiers de l'autre, et dans les mêmes proportions, on conçoit la formation d'une seule masse comprenant et les biens du père et ceux de la mère. Mais, dans le cas contraire, il ne deviendrait possible, pour les biens autres que ceux de la communauté, qu'après que l'on aurait établi et comparé la valeur de ce qui proviendrait de chaque époux. Car leurs héritiers respectifs ne doivent prendre dans le partage de la masse que ce qu'y a mis leur auteur. — Cette opération préalable est inutile pour les biens de la communauté. Car, comme on sait d'avance que les époux en sont propriétaires, chacun pour moitié, il n'y a qu'à partager immédiatement une moitié entre leurs héritiers respectifs. On devra, d'ailleurs, procéder comme dans le cas où une succession ordinaire se divise entre les deux lignes. Ainsi, les enfants communs seront apportionnés et du chef du père et du chef de la mère ; les autres, du chef du père ou de la mère seulement.

Le partage conjonctif ne peut se faire que par acte entre-vifs. L'ordonnance de 1735 (art. 77), en abrogeant l'usage des testaments conjonctifs, laissait subsister ceux par lesquels deux époux auraient fait le partage de leurs biens entre leurs descendants. Malleville a pensé qu'il en doit être encore de même aujourd'hui. Mais l'art. 1076, en soumettant les partages testamentaires aux formalités, conditions et règles prescrites pour les testaments, leur rend évidemment applicable la disposition de l'art. 968, qui reproduit, sur les testaments conjonctifs, la prohibition de l'ordonnance, sans reproduire en même temps l'exception relative aux partages faits par le père et la mère. Cette exception ne peut donc être admise. Aussi, est-ce un point reconnu que le partage conjonctif fait par acte testamentaire serait nul.

Il est des personnes qui désapprouvent cette innovation. La faculté, pour deux époux, de partager leurs biens par le même testament, présenterait d'abord, disent-elles, de l'utilité pratique dans les cas où, à raison de la composition des deux patrimoines, il conviendrait que certains lots fussent composés de biens pris dans un seul. Elle serait d'ailleurs nécessaire pour les biens de la communauté. Car le partage testamentaire de ces biens se trouve maintenant impossible. D'un côté, en effet, les époux ne peuvent, à raison de la prohibition du Code, se réunir pour le faire en commun. D'un autre côté, il leur est matériellement impossible de partager séparément chacun leur moitié, puisque cette moitié ne doit se composer, en définitive, que des objets que le partage de la communauté y fera entrer, et que ces objets ne peuvent être connus, tant que le partage n'aura pas eu lieu, c'est-à-dire tant que la communauté ne sera pas dissoute. — Il n'y a donc pour eux qu'un moyen d'arriver à partager entre leurs enfants les biens de la communauté, c'est de se réunir et d'en faire le partage entre-vifs. Mais est-il toujours prudent de se dépouiller avant sa mort? Ne peut-il pas arriver d'ailleurs que quelques-uns des descendants se refusent à accepter le partage tel que le désireraient le père et la mère?

Quant à nous, nous préférons le parti qu'a pris le Code.

Dans un partage conjonctif, les deux patrimoines ne sont pas distribués de manière à former, chacun, par eux-mêmes et isolément, un partage complet. Comme on les a confondus en une seule masse, il n'en est résulté qu'un seul partage. Les lots, en effet, ne se trouvent pas composés, dans une égale proportion, de biens paternels et de biens maternels. L'un est peut-être formé exclusivement, ou en très-grande partie, de biens paternels, un autre au contraire, de biens maternels. Si donc le partage eût pu être fait par acte testamentaire, et qu'on eût laissé à chaque époux, comme le demandaient les principes ordinaires, la faculté de le révoquer expressément ou tacitement, en tant qu'il aurait concerné ses biens, à lui, on lui eût laissé par là le pouvoir de détruire la disposition, même en tant qu'elle aurait compris les biens de son conjoint. Car la révocation ou les aliénations faites par un seul, auraient nécessairement renversé toute l'économie du partage. Les biens de l'un des époux une fois retranchés de la disposition, cette disposition aurait cessé d'être un partage, puisque les biens de l'autre époux ne sont pas distribués de manière à former à eux seuls un partage. Or, il ne serait pas rationnel qu'il fût au pouvoir de l'un des époux d'anéantir les dispositions qu'a pu faire son conjoint, d'autant plus que cet anéantissement pourrait avoir lieu, soit à l'insu de ce conjoint, soit même à une époque où il serait dans l'impossibilité de les refaire. — Devait-on, pour ne pas laisser à l'un des conjoints le moyen de détruire le partage, lui interdire la faculté de révoquer sans le consentement de l'autre, comme on le faisait dans l'ancien droit (Introd., n° 28)? Mais c'eût été dénaturer les testaments; c'eût été leur donner l'effet des donations entre-vifs, c'est-à-dire l'effet de dessaisir le testateur, de lui ôter la disposition de ses biens, en un mot, d'enchaîner sa liberté, alors qu'il avait entendu la garder.

Autre difficulté : les successions des deux époux ne s'ouvrant pas en même temps (à moins de circonstances extraordinaires), il eût été impossible qu'au décès de l'un, le testament produisît effet relativement aux biens de l'autre. Car ce dernier eût conservé son droit à la propriété et à la jouissance de ces biens, puisqu'il n'en aurait eu fait le partage que pour après sa mort. Or l'existence et le maintien de ce droit eussent forcément mis obstacle à ce que le partage pût s'exécuter, même à l'égard des biens de l'autre, puisque ces biens, à eux seuls et isolément, nous le répétons, ne forment pas un partage complet. Or, on eût bien été obligé, en cet état de choses, de permettre aux descendants de provoquer immédiatement le partage de la succession de l'ascendant prédécédé. Autrement, c'eût été les contraindre à rester dans l'indivision pendant un temps illimité.

Le Code ne pouvait donc, à moins de bouleverser les principes et de se jeter dans mille inconvénients, autoriser des partages conjonctifs par acte testamentaire, pas plus ceux qui auraient eu pour objet les biens composant une communauté, que ceux qui auraient eu pour objet les biens propres des époux. Car les inconvénients que nous venons de signaler sont les mêmes dans les deux cas.

Sans doute, le pouvoir accordé aux ascendants de faire le partage de leurs biens, rencontre ici une entrave. Mais cette entrave se justifie suffisamment. Elle ne peut, du reste, devenir sensible que pour les biens de la communauté, les seuls qui ne puissent se partager qu'au moyen d'un acte émané des deux époux. Car, quand il s'agit de biens propres, chacun d'eux peut faire son partage séparément.

Ce qui s'oppose à ce que des époux puissent partager, chacun séparément, la moitié qui leur revient dans la communauté, c'est, avons-nous déjà dit, l'impossibilité où ils sont, tant que dure la communauté, de connaître quels sont les objets qui leur reviendront.

Deux époux ont cru pouvoir lever cet obstacle, en opérant d'abord entre eux-mêmes le partage de leur communauté, avec déclaration que l'unique objet de cette mesure était de leur procurer les moyens d'effectuer, entre leurs enfants, par testaments séparés, le partage des biens qui en dépendaient, et qu'ils n'entendaient pas en faire d'autre usage.

Il est constant d'abord qu'un partage de la communauté, fait prématurément entre les deux époux, ne saurait enlever au mari les pouvoirs que la loi lui donne sur les biens qui en font partie; que, par conséquent, il conserve toujours le droit de les aliéner et de les hypothéquer, et qu'il a ainsi en main le moyen de détruire toute l'économie du partage.

Il est également constant que ce partage, bien que constituant de la part de la femme, une acceptation implicite de la communauté, lui laisse, à elle ou à ses héritiers, la faculté d'y renoncer lors de sa dissolution, et que, si cette renonciation a lieu en effet, comme le mari ou ses héritiers restent par là seuls propriétaires des biens qui la composaient, le partage qui en a été fait entre les époux avant sa dissolution, tombe nécessairement, et entraîne dans sa chute le partage testamentaire fait par la femme, celle-ci se trouvant, par le fait, avoir partagé des biens qui ne lui appartenaient pas, ou, si l'on veut, qui ne lui appartenaient que sous une condition résolutoire qui s'est accomplie, et qui, par son accomplissement, a résolu sa propriété.

Mais supposons que la femme ou ses héritiers acceptent la communauté, et, de plus, que le mari n'ait, par ses actes de gestion, porté aucune atteinte au partage prématuré qui en a été fait.

La loi n'admettant pas que la communauté puisse être partagée avant sa dissolution, le partage qu'en feraient les parties est nécessairement sans effet. Donc, dans l'espèce, les droits de chaque époux ou de leurs héritiers sur les biens de la communauté, étaient restés en tous points les mêmes que si le partage n'en avait pas eu lieu. — La circonstance que ce partage n'avait d'autre but que de leur procurer le moyen de partager ensuite ces mêmes biens entre leurs enfants par acte testamentaire, est absolument sans influence. — Un arrêt[1] prétend qu'un tel partage est valable pour la fin que les parties se sont proposée, par cela seul que la loi ne l'a pas expressément défendu. Nous disons, nous, qu'il reste nul, par cela seul que la loi ne l'a pas expressément permis. Car la règle étant que la communauté ne peut être partagée avant sa dissolution, on ne saurait admettre, à cette règle, une dérogation qui n'est pas écrite dans la loi. — Or, s'il est nul, chaque partie a le droit d'en provoquer un autre à l'époque ordinaire, c'est-à-dire lors de la dissolution de la communauté. Pour qu'à cette époque, celui qui a été fait par anticipation prît vie, il faudrait les mêmes actes, les mêmes formes que s'il s'agissait de le faire *a priori*, parce que, s'il existe de fait, il n'existe pas en droit. Or l'acte nécessaire pour partager une communauté, c'est le consentement de toutes les parties intéressées, si elles sont capables, et l'homologation de la justice, s'il y a parmi elles des incapables. Donc, dans l'espèce, il faudra, pour donner l'existence au partage pré-

---

[1] Douai, 3 août 1846. *Journ. du Pal.*, t. II, p. 450, 1846.

maturé de la communauté, la ratification de toutes les parties intéressées, si elles sont capables, et l'homologation de la justice, s'il y a parmi elles des incapables. Mais il est clair que les parties ou l'une d'elles peuvent se refuser à ratifier, et le tribunal, à homologuer le partage, tel qu'il a été fait.

Mais quel sera, dans l'une ou l'autre hypothèse, le sort des partages testamentaires?

Si les époux ou leurs héritiers provoquent un nouveau partage de la communauté, les partages testamentaires se trouvent nécessairement non avenus. Car ils n'avaient pour base en la personne de leur auteur respectif, qu'une propriété éventuelle qui ne se réalise pas. — Si le partage de la communauté est ratifié, cette ratification, en réalisant la propriété, telle qu'elle a servi de base aux partages testamentaires, donne vie, ce nous semble, au partage fait par l'époux survivant, et conséquemment aux deux partages, en cas de séparation de corps ou de biens. Car un partage testamentaire ne produisant effet qu'au décès du testateur, il suffit qu'à cette époque les biens par lui partagés soient sa propriété. Peu importe dès lors que, lors de la confection du testament, la propriété ne lui en appartînt que sous condition. C'est par application de ce principe que l'art. 1423 porte que, si le mari a disposé par testament de choses dépendant de la communauté, et que ces choses, par le partage, échoient à ses héritiers, elles sont dues aux légataires. Donc la propriété, qui avait servi de base à la disposition testamentaire, propriété qui, pendant la communauté, n'appartenait au mari que sous condition, venant à se réaliser, la disposition se trouve par là confirmée. Or, cette décision est applicable au partage en question, puisque ce partage constitue une disposition testamentaire, régie, d'après les termes mêmes de la loi (1076), par les règles qui régissent les dispositions de ce genre.

Mais notre solution sera différente à l'égard du partage fait par l'époux prédécédé.

Les descendants de cet époux se trouvent en présence de deux partages qu'ils sont libres de repousser : en présence du partage prématuré de la communauté, et en présence du partage testamentaire. Le partage testamentaire ne peut exister sans le partage de la communauté, sur lequel il est enté. Mais à l'inverse, le partage de la communauté peut très-bien exister sans le partage testamentaire. Si donc les descendants de l'époux prédécédé ratifient le partage de la communauté, soit parce que ce partage leur paraît conforme à leur intérêt collectif, soit parce qu'en tout cas, ils veulent bien faire cette concession à l'ascendant survivant, cette ratification ne saurait, par elle-même, avoir d'influence sur le partage testamentaire. Une ratification, en effet, comme tout autre acte d'ailleurs, ne saurait être étendue au delà de son objet. Or, celle dont il s'agit ici, ayant pour objet le partage prématuré de la communauté, rend bien ce partage obligatoire pour les parties de qui elle émane; mais elle les laisse libres de repousser le partage testamentaire, qui peut ne pas satisfaire leurs intérêts ou leurs goûts individuels. Ce n'est donc que par une ratification spéciale de leur part, que ce dernier partage peut acquérir lui-même autorité.

Ainsi le partage testamentaire de l'ascendant survivant est confirmé par le seul fait de la ratification donnée au partage de la communauté, tandis que celui de l'époux prédécédé ne l'est pas. C'est qu'un partage testamentaire, ne devant produire son effet qu'à la mort de son auteur, et la ratification donnée, dans l'espèce, au partage de la communauté par l'ascendant survivant, ayant lieu pendant sa vie, elle met les choses, pour l'époque de sa mort, en un état tel que son partage pourra alors produire son effet. Quant au partage fait par l'époux prédécédé, le sort en a été fixé au moment de la mort de cet époux ; et comme à cette époque le partage anticipé de la communauté qui lui servait de base, n'avait aucune existence légale, il est resté lui-même définitivement nul ; il n'aurait pu se réaliser qu'autant qu'il aurait été, lui aussi, ratifié par les héritiers entre lesquels il a été fait.

L'arrêt précédemment cité, tout en considérant, dans l'espèce, le partage de la communauté comme *provisionnel,* et en convenant qu'il ne doit produire effet, ou devenir définitif, que lors de la dissolution de la communauté et par la ratification des parties intéressées, refuse néanmoins d'en prononcer la nullité, ainsi que celle des partages testamentaires qui avaient été faits en conséquence. Et pourtant le descendant qui demandait la nullité, et qui, sans nul doute, était l'une des parties intéressées, ne ratifiait pas. — Cet arrêt donne donc, au fond, le caractère de définitif à un partage qu'il qualifie de provisionnel. Il applique comme obligatoire et forcé un partage qu'il présente comme libre et facultatif.

Si, après la mort de l'un des époux, la communauté est restée indivise entre le survivant et les enfants communs, l'époux survivant n'a pas le pouvoir de la partager en totalité par acte testamentaire, parce que ce serait là, de sa part, partager non-seulement la portion qui lui appartient, mais encore celle qui appartient à ses enfants. Le partage d'ascendant n'est, en effet, qu'un acte particulier de disposition de biens. Or, pour avoir le droit de disposer d'un bien, il faut en avoir la propriété. L'ascendant ne peut pas plus disposer de la portion qui appartient en propre à ses enfants dans les biens de la communauté, qu'il ne pourrait disposer de leurs autres biens personnels. Il ne peut donc pas plus la comprendre dans son partage, qu'il ne pourrait y comprendre leurs autres biens. Il y aurait peut-être quelquefois utilité pratique à partager la communauté entière; mais l'utilité qu'il peut y avoir à faire une chose ne donne pas, à elle seule, le droit de la faire. Le partage testamentaire qui comprendrait la totalité de la communauté ne serait donc pas obligatoire pour les enfants, en ce qui concernerait la portion qui leur appartient; et comme cette portion se trouverait confondue avec celle de l'ascendant, de manière à ne former qu'un seul et unique partage, l'opération serait nulle dans son entier.—L'ascendant ne peut même, tant que la communauté est indivise, partager par testament la moitié qui lui revient, si ce n'est en attribuant à tel enfant sa part indivise dans tel bien, à tel autre enfant sa part dans tel autre bien, et ainsi de suite. Il ne peut pas comprendre dans son partage les objets en entier, puisque ces objets ne lui appartiennent que pour partie.

Si c'est par acte entre-vifs que l'ascendant survivant fait entre ses enfants le partage de la communauté entière, restée indivise, et que les enfants soient tous capables, l'acceptation de leur part valide le partage, non-seulement en tant qu'il se réfère à la portion qui appartient à l'ascendant, mais encore en tant qu'il se réfère à celle qui leur appartient à eux-mêmes. Car, en acceptant le partage de la communauté entière, ils acceptent par là même le partage de la portion qui leur appartient, puisque cette portion y est comprise. Or, cette acceptation équivaut à une convention par laquelle ils en feraient eux-mêmes le partage.

C'est, disons-nous, leur acceptation qui valide l'opération en tant qu'elle contient partage de biens qui leur appartiennent. L'ascendant, en effet, n'a pas le pouvoir propre de les partager. Voilà pourquoi nous exigeons que les descendants soient capables. S'il y a parmi eux des incapables, le partage entre-vifs n'est pas possible. Peu importerait l'acceptation des tuteurs ou autres représentants des incapables. Cette acceptation, suffisante pour un partage qui ne comprendrait que des biens appartenant à l'ascendant, est insuffisante pour un partage de biens appartenant aux descendants eux-mêmes, au moins pour un partage définitif. En pareil cas donc, le partage, à moins de l'homologation de la justice, ne pourrait être que provisionnel, et cela, bien entendu, dans son entier, c'est-à-dire aussi bien pour la portion de l'ascendant que pour celle des descendants, parce que, portant sur ces deux portions confondues par indivis, il est impossible de le scinder en deux.

Remarquez que rien ne s'oppose à ce que, de concert avec l'ascendant, les descendants fassent entrer dans le partage, indépendamment des biens qui leur proviennent de la succession de l'ascendant prédécédé, d'autres biens qui leur appartiendraient aussi en commun par indivis.

Mais quelle peut être la valeur d'un partage entre-vifs de biens de la communauté, fait avant sa dissolution, suivant qu'il a été fait par le mari seul, ou bien par le mari et la femme conjointement, et, en outre, suivant que la femme accepte la communauté ou y renonce ?

Le mari ne peut, durant la communauté, disposer seul entre-vifs, à titre gratuit, des immeubles de la communauté, ni de l'universalité ou d'une quotité du mobilier, si ce n'est pour l'établissement des enfants communs. — Il peut néanmoins disposer des effets mobiliers à titre gratuit et particulier, au profit de toute personne, pourvu qu'il ne s'en réserve pas l'usufruit. Voilà la règle posée par l'art. 1422.

Cette règle toutefois n'est établie, suivant nous, que dans l'intérêt privé de la femme, et comme garantie de ses droits dans la communauté. Or, ces droits ne s'ouvrent qu'à partir de la dissolution de la communauté, et dans le cas d'ailleurs où elle accepte. Jusque là, elle n'a aucun contrôle à exercer sur les actes du mari; et si, à cette époque, elle renonce, c'est le mari qui se trouve, en fin de compte, avoir été seul propriétaire des biens communs. La disposition qu'il en aurait faite ne blesse donc en rien les droits de la femme. Celle-ci dès lors est sans intérêt, et, par suite, sans qualité pour l'attaquer. Le mari, de son côté, n'a pas non plus, soit durant la communauté, soit après sa dissolution, qualité pour en demander la nullité. Car celui qui étant d'ailleurs personnellement capable, fait un acte que la loi lui défend dans l'intérêt d'autrui, n'est pas admis à attaquer cet acte en son nom. Il ne peut se prévaloir d'une nullité qui n'a pas été introduite dans son intérêt à lui. C'est là une différence essentielle entre une incapacité et une prohibition. Aussi, ceux qui pensent que le mari a qualité pour demander la nullité d'une donation qu'il aurait faite en contravention à la disposition de l'art. 1422, prennent-ils, suivant nous, une prohibition pour une incapacité.

De ces principes, nous tirons les conséquences suivantes relativement au partage entre-vifs.

Le partage que le mari ferait seul des biens meubles ou immeubles de la communauté, pour l'établissement des enfants communs serait valable, même à l'encontre de la femme. Car il serait fait dans la limite des pouvoirs qui appartenaient au mari comme chef de la communauté. — Si donc, plus tard, la femme ou ses héritiers acceptent la communauté, le partage, quoique fait par le mari seul, sera considéré comme fait conjointement par le mari et la femme. Car la moitié des biens qu'il comprend se trouvera avoir appartenu à la femme, et aura été d'ailleurs partagée en son nom par son représentant légal.

Le partage que le mari ferait des meubles de la communauté, serait également valable à l'encontre de la femme, pourvu qu'il ne s'en réservât pas l'usufruit. Car un partage constitue une disposition à titre particulier. Peu importerait donc, en ce cas, que le partage eût ou non pour but l'établissement d'enfants communs. Peu importerait même que les enfants entre lesquels il a été fait, fussent ou non des enfant communs, ou bien que quelques-uns le fussent, tandis que d'autres ne le seraient pas. Seulement, si le partage n'a pas eu pour but l'établissement d'enfants communs, il ne saurait être considéré comme fait par le mari, tant en son propre nom qu'au nom de sa femme. Il reste exclusivement personnel au mari. Si donc la femme ne peut, alors même qu'elle accepte la communauté, en demander la nullité, elle a du moins droit à une récompense.

Le partage que le mari ferait en dehors des pouvoirs que la loi lui accorde, c'est-à-dire un partage qui n'aurait pas pour but l'établissement d'enfants communs, et qui d'ailleurs comprendrait des biens autres que des meubles en pleine propriété, ce partage, d'après les principes précédemment posés, sera inattaquable jusqu'à la dissolution de la communauté. A cette époque, il restera définitivement tel, si la femme renonce. Car le mari se trouvant, par suite de cette renonciation, seul propriétaire des biens de la communauté, le partage qu'il en a fait ressemble à un partage qu'il aurait fait de ses biens propres. Mais si la femme accepte, comme elle a droit à la moitié des biens que le mari a partagés, elle peut demander la nullité du partage, et faire rapporter à la masse de la communauté les biens qui en ont été l'objet.

Si le partage a été fait par le mari et la femme conjointement, il n'y a pas à distinguer si les biens qui s'y trouvent compris, sont des meubles ou des immeubles, ni si les enfants sont des enfants communs, ni enfin, dans le cas où ce sont des enfants communs, si le partage a eu pour but leur établissement. La raison en est que les pouvoirs du mari sur les biens de la communauté ne sont limités que dans l'intérêt de la femme, et que, par suite, le concours ou le consentement de celle-ci valide toutes les dispositions qu'il en ferait. — Mais les effets du partage varieront, suivant que la femme acceptera ou bien répudiera la communauté.

Si la femme accepte la communauté, son droit sur la moitié indivise des biens qui en font partie, se conserve définitivement. En conséquence, le partage qu'elle a fait conjointement avec son mari, porte sur des choses qui lui appartenaient bien réellement. Il ressemble donc à tout autre partage conjonctif dans lequel deux époux feraient entrer leurs biens personnels.

Si la femme renonce, le droit qu'elle avait à la moitié des biens de la communauté, se trouvant résolu par sa renonciation, la disposition qu'elle en a faite à titre de partage, se trouve résolue en même temps. Elle n'avait qu'un droit résoluble ; elle n'a pu conférer à ses descendants que des droits également résolubles. Donc le partage, bien que fait dans l'origine par le mari et la femme conjointement, ne peut être considéré comme émané de la femme.

Mais est-il maintenu à l'égard du mari ? — Et d'abord la moitié qui a été partagée du chef de la femme, revient-elle au mari ? ou accroît-elle au contraire à ses enfants, comme leur ayant été virtuellement donnée par lui pour le cas où sa femme renoncerait? C'est là bien certainement, avant tout, une question d'intention et, par conséquent, d'interprétation d'acte. Que présumer dans le doute? En général, lorsque les deux époux aliènent conjointement des biens de la communauté, l'intervention de la femme n'a pour but que de donner pleine sécurité à l'acquéreur, en le garantissant, à tout événement, contre une éviction fondée sur les droits qu'elle a dans la communauté. L'aliénation emporte donc, de la part des deux époux, l'abandon, en faveur de l'acquéreur, de tous leurs droits, soit actuels, soit éventuels, sur les biens qu'ils aliènent. Le mari dès lors entend transférer la propriété en totalité, pour le cas où, par suite de la renonciation de la femme, il y aurait droit en totalité. Donc, dans l'espèce, le partage doit, dans le silence des parties, être considéré comme comprenant, de la part du mari, non pas seulement la moitié, mais bien la totalité des objets partagés.

Cela supposé, le partage est-il, en cas de renonciation de la femme, maintenu du chef du mari, tel qu'il a été fait, c'est-à-dire en totalité? L'est-il du moins pour la moitié? Le partage nous paraît devoir subsister, et cela, en totalité, s'il n'y a que des enfants communs. La raison en est que ces enfants étant tous également et dans les mêmes proportions, héritiers du mari et de la femme, et se trouvant dès lors, par suite de la renonciation de cette dernière, avoir chacun, en leur seule qualité d'héritiers du mari, dans les biens partagés, la même quote-part qu'ils auraient eue en leur double qualité d'héritiers du mari et de la femme, si la femme avait accepté, le partage s'est effectué, avec l'intervention de la femme et dans la prévision qu'elle accepterait, absolument de la même manière qu'il se serait effectué sans cette intervention, si l'on avait prévu qu'elle renoncerait. Si donc son intervention doit être considérée, en droit, comme non avenue, du moins elle n'a exercé, en fait, aucune influence sur le mode de partage. Ce partage, par conséquent, doit rester tel qu'il a été fait.

Mais s'il y a des enfants de différents lits, les héritiers du mari n'étant plus exclusivement les mêmes que ceux de la femme, le partage n'a pas été fait, avec l'intervention de la femme, de la même manière qu'il l'aurait été sans cette intervention. Il a dû être fait de manière à attribuer une moitié aux héritiers respectifs de chaque époux.

Si toutefois les enfants de la femme sont tous d'un autre lit, le partage doit être maintenu en ce qui concerne les apportionnements attribués aux enfants du mari. Car ces enfants n'ayant rien reçu du chef de la femme, n'ayant reçu que la moitié partagée du chef du mari, à leur égard et dans leurs rapports respectifs, le partage de cette moitié s'est effectué, avec l'intervention de la femme, dans les mêmes proportions qu'il se serait effectué sans cette intervention; et, comme d'un autre côté, les biens que le mari leur a partagés, sont bien réellement sa propriété, il n'y a aucun motif légal pour annuler le partage. Ce partage, il est vrai, ne comprend qu'une partie des biens de la communauté, alors que la totalité en appartient au mari; mais un partage d'ascendant est valable, quelle que soit la quantité de biens qu'on y a fait entrer. Quant aux choses qui avaient été attribuées aux enfants de la femme, elles donneront lieu, entre les enfants du mari, à un supplément de partage. Car elles leur accroissent par indivis. Dans cette hypothèse donc, le partage n'est maintenu que pour une partie. Pour l'autre partie, il y aura partage fait par les communistes eux-mêmes. — Mais si les enfants de la femme ne sont pas tous d'un autre lit, c'est-à-dire s'il y a des enfants communs, et en même temps des enfants d'un autre lit, soit du mari, soit de la femme, soit de tous deux, le partage, avec l'intervention de la femme, ne s'est pas effectué, à l'égard des enfants du mari, dans les mêmes proportions qu'il se serait effectué sans cette intervention. Car les enfants communs ont été apportionnés et du chef du mari et du chef de la femme, tandis qu'ils ne viennent en définitive que du chef du mari, et sont, par conséquent, sur la même ligne que les enfants d'un autre lit. Donc le partage doit être annulé en totalité comme n'étant pas fait en raison des droits respectifs des héritiers. Il ne serait maintenu pour la moitié partagée du chef du mari, qu'autant que les époux auraient d'abord divisé les biens de la communauté en deux portions égales, et auraient ensuite partagé séparément chacune de ces moitiés entre leurs héritiers respectifs, parce qu'il y aurait alors, non plus un partage conjonctif, c'est-à-dire un partage unique, mais bien deux partages dans un seul et même acte, lesquels seraient régis absolument comme s'ils avaient été faits par des actes séparés. Celui qui aurait été fait du chef de la femme serait seul caduc; celui du chef du mari serait maintenu. Les enfants communs apportionnés dans les deux partages, garderaient le lot qu'ils auraient reçu pour biens paternels, et remettraient en commun celui qu'ils auraient reçu pour biens maternels, sauf à venir prendre part au partage à faire de la moitié indûment partagée du chef de la mère. Les enfants d'un autre lit de la femme n'ayant rien reçu du chef du mari, restitueraient tout ce qui leur aurait été attribué, sans pouvoir se présenter au nouveau partage. Enfin, les enfants d'un autre lit du mari, n'ayant rien reçu du chef de la femme, ne restitueraient rien, et viendraient encore prendre part au nouveau partage.

Dans une espèce qui s'est présentée, les enfants apportionnés du chef de la femme, prétendaient garder en nature les biens qu'ils avaient reçus, sauf à indemniser les enfants du mari. Ils argumentaient de ce que la loi veut qu'il en soit ainsi, lorsque la femme a, de l'autorisation de son mari, doté personnellement ses enfants en biens de la communauté. — Mais le cas est différent. Car une constitution de dot, faite de la sorte, est une aliénation pure et simple d'un bien de la communauté, autorisée par le mari pour le compte de la femme. Ce qui donne naturellement lieu à l'application du principe proclamó par l'art. 1437, que *toutes les fois que l'un des deux époux a tiré un profit personnel des biens de la communauté, il en doit la récompense.* — Mais le partage, dans l'espèce, n'est fait du chef de la femme que dans la supposition qu'elle acceptera la communauté, et que par là, les biens qu'elle partage feront partie de sa succession, et reviendront à ses héritiers. Or, si elle renonce, la propriété présumée, la propriété conditionnelle qui était la seule et unique cause du partage, ne se réalisant pas en sa personne, ne saurait se réaliser en la personne de ses ayants cause. Le partage ne se réalise donc pas non plus, ou, si vous voulez, il se résout, et, par conséquent, ceux au profit desquels il a été fait doivent restituer les biens. Car ils n'ont aucun titre pour les garder, leur seul titre, qui était le partage, s'étant évanoui.

17. L'ascendant peut, sans nul doute, faire plusieurs partages successivement, soit tous entre-vifs, soit tous par testament, soit les uns entre-vifs et les autres par testament.

Et il pourra ainsi comprendre dans un partage ultérieur, des biens qu'il n'aura pu ou voulu comprendre dans un partage antérieur.

Peut-il aussi attribuer à chaque descendant son lot par acte séparé?

L'affirmative ne nous paraît pas douteuse, si les divers actes contenant les apportionnements sont des actes testamentaires. La raison en est que, comme ils produiront tous leur effet en même temps, à savoir, au décès de l'ascendant, les divers apportionnements, bien que faits par testaments distincts et séparés, se réuniront et se confondront sous le point de vue de leurs effets. — On ne peut prétendre que, faits ainsi séparément, ils ne constituent plus que de simples legs. Car, dès qu'ils sont faits à titre de partage, ils ne sauraient avoir le caractère de legs.

Quant au partage entre-vifs, il ne peut se faire que du consentement des descendants. Or, dans un partage, le consentement, dès qu'il est requis, doit porter sur l'opération tout entière, c'est-à-dire sur tous les apportionnements. Un consentement qui ne porterait que sur un seul, ne porterait par là même que sur l'un des éléments du partage; il ne porterait pas sur le partage entier. Chaque lot ne peut, en effet, s'apprécier que par sa corrélation avec les autres. Le consentement ne peut donc être valablement donné que sur le vu des divers lots. — L'observation de cette règle peut toutefois se concilier avec des apportionnements faits par actes séparés. Il suffit pour cela, ce nous semble, d'un côté, que les descendants qui ont été apportionnés les premiers, interviennent et donnent leur consentement, lors des actes qui apportionnent ensuite d'autres descendants, et d'un autre côté, qu'il soit donné connaissance à ces derniers, lors de ces mêmes actes, de ce qui a été attribué précédemment à leurs cohéritiers. Nous pensons donc que, moyennant cette double condition, les apportionnements séparés seraient valables, même par actes entre-vifs.

18. L'ascendant qui fait un partage entre ses descendants, peut le faire sous toutes les modalités dont sont susceptibles les donations et les testaments. Ainsi, il peut le faire purement, à terme, ou sous condition, soit sous des conditions proprement dites, suspensives ou résolutoires, soit sous des charges improprement appelées conditions, en matière de donations et de testaments.

Toutes les charges qu'un donateur ou testateur ordinaire pourrait imposer à un donataire ou légataire, l'ascendant a, en principe, le pouvoir de les imposer à ses descendants.

Il est très-ordinaire, dans les partages entre-vifs, que l'ascendant se réserve la jouissance de la totalité ou d'une partie des biens qu'il y comprend, ou bien stipule que ses descendants ou quelques-uns d'entre-eux lui serviront une rente viagère, soit en argent, soit en nature. — Il pourrait même y avoir imprudence de sa part, à ne pas le faire, lors au moins qu'il abandonne la totalité ou la plus grande partie de ses biens (voy. n° 2).

En fait, la réserve d'usufruit entrera moins souvent que la stipulation d'une rente viagère, dans les convenances de l'ascendant. Car, d'ordinaire, un ascendant ne fait un partage entre-vifs que parce qu'il ne se trouve plus la force, ou qu'il n'a plus la volonté d'exploiter lui-même ses biens, et que la réserve d'usufruit l'obligerait à continuer cette exploitation. — D'un autre côté, la rente viagère a son inconvénient : elle est généralement servie avec assez peu de régularité ; et il est pénible pour un ascendant, d'exercer des poursuites contre ses descendants.

Nous avons déjà fait remarquer (n° 7) que la réserve d'usufruit ou la stipulation d'une rente viagère n'autorisent nullement à confondre un partage entre-vifs avec l'aliénation prévue par l'art. 918.

La réserve faite par l'ascendant, de l'usufruit des biens qu'il donne, retarde naturellement jusqu'à son décès, l'entrée en jouissance, ou, comme on dit quelquefois, la prise de possession de la part des descendants. Mais elle n'empêche nullement l'actualité du droit. C'est par une erreur manifeste que l'administration de l'enregistrement a cru qu'une pareille cause faisait obstacle au dessaisissement actuel de l'ascendant[1]. Si elle avait ouvert le Code, elle y aurait vu le contraire, écrit en toutes lettres. Car l'art. 947 porte qu'il est permis au donateur de se réserver l'usufruit des biens qu'il donne. C'est qu'en effet, le donataire, en pareil cas, est immédiatement saisi de la nue propriété. — L'espèce est donc bien différente de celle où l'ascendant aurait assigné à l'un de ses descendants, soit des biens à venir, soit une somme à prendre sur ce qu'il pourrait laisser à son décès, auquel cas ce descendant n'a aucun droit actuel ni certain.

Il est arrivé qu'un descendant s'étant ainsi réservé l'usufruit des biens qu'il partageait, ne fit point l'attribution des lots, mais déclara simplement qu'ils seraient tirés au sort après son décès. On conçoit l'utilité de cette clause : elle empêche, par exemple, les descendants, si souvent jaloux les uns des autres, de s'imaginer que, dans sa jouissance, l'ascendant néglige et laisse dépérir leur lot, tandis qu'il entretient bien et améliore celui des autres. Elle ne fait d'ailleurs nul obstacle à ce que l'opération ne constitue bien un partage. Car elle n'empêche pas les biens donnés d'être acquis divisément aux descendants. Elle laisse seulement ignorer, jusqu'au décès de l'ascendant, de quel lot chacun se trouve propriétaire.

M. Duranton pense (n° 627) que si l'ascendant a partagé tout ou presque tout son patrimoine, on pourrait, par interprétation de sa volonté, ainsi que de celle des enfants, *voir, dans cette circonstance, une réserve tacite d'usufruit,* fondée sur la présomption naturelle qu'il n'a point entendu s'en remettre à la discrétion de ses enfants pour ses besoins, au risque d'être obligé de recourir à une demande d'aliments. — Cette interprétation nous semblerait difficile à admettre. Car la déclaration faite par un ascendant qu'il fait *donation entre-vifs à titre de partage,* emporte, en principe, d'après la nature même de l'acte, dépouillement complet de sa part, c'est-à-dire aliénation de tous ses droits sur les choses données. Donc, pour détruire l'effet attaché de droit à cette déclaration, il faudrait une déclaration en sens inverse ; il faudrait une seconde déclaration qui viendrait modifier la première, et excepter quelque chose de l'aliénation qu'elle doit naturellement entraîner. La seule circonstance qu'il donne tout ou à peu près tout son patrimoine ne saurait donc suffire. Aussi l'ancien droit n'admit-il jamais cette réserve tacite d'usufruit ; et pourtant, c'eût bien été le cas, puisque la démission emportait abandon de l'universalité des biens. D'ail-

---

[1] *Traité des Droits d'Enregistr.,* t. III, n° 2608.

leurs, la présomption naturelle, à nos yeux, est précisément l'inverse de celle qu'indique M. Duranton. Les père et mère, en général du moins, croient toujours aux bons sentiments et à la reconnaissance de leurs enfants; et c'est ce qui les porte à se dépouiller souvent sans réserve. Pour être détrompés à cet égard, il leur faut des marques non équivoques d'ingratitude et de dureté de cœur. Voilà pourquoi la démission était si souvent suivie de regrets, comme l'attestent les anciens auteurs.

Le terme, inséré dans un partage entre-vifs, aurait pour effet de retarder l'entrée en jouissance des descendants jusqu'à son arrivée. — Dans un partage testamentaire, il constituerait une modalité analogue à la prohibition faite par un testateur de partager sa succession; car il obligerait les descendants à jouir indivisément jusqu'à l'arrivé du terme. Or, c'est une question de savoir si la prohibition de partager est valable, même pour la période pendant laquelle les parties elles-mêmes peuvent convenir de suspendre le partage. — Du reste, on ne conçoit guère l'utilité d'un terme dans un partage testamentaire d'ascendant.

Les conditions dont l'exécution dépendrait de la seule volonté de l'ascendant, annuleraient un partage entre-vifs, puisqu'elles annuleraient les donations ordinaires, et que le partage entre-vifs est soumis aux règles des donations (943 et suiv.).

Les conditions impossibles, contraires aux lois et aux mœurs, sont, dans les donations et testaments, et, par conséquent, dans les partages d'ascendants, réputées non écrites. La disposition reste donc pure et simple, nonobstant la présence de pareilles conditions.

Il est permis à l'ascendant, comme il serait permis à tout autre donateur ou testateur, de modifier la condition légale que les biens partagés devraient avoir, d'après le droit commun, entre les mains des descendants. Il pourrait, par exemple, lorsque tel de ses descendants est marié, déclarer que les biens qu'il lui attribue n'entreront point en communauté, alors que, d'après la loi ou le contrat de mariage, ils devraient y entrer, ou, à l'inverse, qu'ils y entreront, alors qu'ils ne devraient pas y entrer. Il pourrait encore, si un descendant est mineur, soustraire à l'usufruit légal le lot qui lui attribue.

On s'est demandé si, dans un partage entre-vifs, un mari peut valablement, du vivant de sa femme, imposer à leurs enfants communs, et ceux-ci accepter, la condition de renoncer à l'action en révocation de l'aliénation des immeubles dotaux. Cette condition a pour objet un fait que la loi ne permet pas, à savoir la renonciation à un droit dépendant de la succession de la mère, laquelle succession n'est pas encore ouverte. Elle est donc contraire à la loi, et, par conséquent, réputée non écrite (1130, 900). Elle ne saurait, par conséquent, rendre les enfants non recevables, après la mort de leur mère, à demander de son chef la révocation de l'aliénation. — Si toutefois le père est garant de l'aliénation (ce qui, en fait, arrive presque toujours), la condition devient utile. Car elle a pour effet d'imposer aux enfants, comme charge de la donation, l'obligation de garantie dont leur père est tenu envers les acquéreurs. Or, une fois que les enfants se sont ainsi soumis à cette obligation, et qu'ils deviennent héritiers de leur mère, ils ne sont plus recevables à évincer des acquéreurs qu'ils doivent garantir [1].

19. Quelquefois, dans les partages testamentaires surtout, l'ascendant déclare priver de la quotité disponible, en tout ou en partie, ceux de ses descendants qui attaqueront le partage. Quel peut être l'effet de cette clause?

La question, du reste, n'est pas spéciale à notre sujet. Elle n'est qu'un cas particulier de cette question plus générale : quelle est l'autorité d'une clause testamentaire qui prive un héritier de tout ou partie de ce qu'on lui laisse, pour le cas où il attaquerait les dispositions faites en faveur d'autres personnes?

La question s'est obscurcie, et elle a été mal résolue, suivant nous, par suite de l'assimilation qu'on a établie entre la clause dont il s'agit et les dispositions testamentaires faites à titre de peine dont il est question dans le droit romain, et qui, jusqu'à Justinien, étaient sans effet. — On qualifiait ainsi les dispositions par lesquelles le testateur, dans le but de contraindre plus sûrement son héritier institué à faire ou à ne pas faire quelque chose, mettait à sa charge, pour le cas de désobéissance, une disposition qui lui enlevait une partie du bénéfice de l'institution. Et les textes citent, comme exemples, les cas suivants : *Si mon héritier marie, ou bien, s'il ne marie pas sa fille à Scius, s'il ne m'élève pas un monument dans tel délai, qu'il donne telle somme à Titius.*

On voit par là que ces sortes de dispositions étaient simplement des dispositions conditionnelles à la charge de l'héritier, et qui ne se distinguaient des autres dispositions également à sa charge, qu'en ce que la condition consistait dans un fait qui lui était imposé, à lui, et non à celui au profit de qui la disposition était faite.

[1] Rouen, 22 mai 1839. Dall., 1840, 2, 44.

Si la condition avait été imposée à ce dernier, la disposition eût été valable, et eût dû, par conséquent, recevoir son exécution dans le cas où la condition se fût accomplie; tandis que, par cela seul que la condition était imposée à l'héritier, la disposition était nulle, de sorte que l'héritier était, à tout événement, dispensé de l'exécuter, quelque parti qu'il prît sur le fait que le testateur avait eu en vue.

Justinien abrogea cette règle. Il assimila les dispositions à titre de peine aux autres dispositions conditionnelles. L'héritier fut donc désormais dans l'alternative ou d'obéir au testateur, ou d'exécuter la disposition mise à sa charge, par forme de peine, en cas de désobéissance. — Justinien laissa seulement subsister la nullité à l'égard des dispositions qui auraient imposé à l'héritier des choses impossibles, déshonnêtes ou prohibées par les lois. L'héritier put, en pareil cas, sans crainte d'encourir la peine, se dispenser d'obéir à un ordre impossible, immoral ou illicite[1].

On pense généralement que le Code ne fait que reproduire, en cette matière, la législation de Justinien; qu'en conséquence, les dispositions à titre de peine sont purement et simplement des dispositions conditionnelles; que la peine forme une condition ordinaire imposée à l'héritier; qu'elle doit dès lors, le cas échéant, produire son effet, c'est-à-dire entraîner, pour l'héritier, la privation que le testateur a prononcée contre lui dans cette prévision, excepté lorsque la condition consiste dans un fait impossible, immoral ou illicite, parce que la loi regardant cette condition comme non écrite, elle dispense par là même l'héritier de l'accomplir, et le décharge dès lors, en cas de non-accomplissement, de la peine dont le testateur l'a menacé dans cette prévision.

Mais cette opinion, que nous adoptons en thèse générale, doit-elle s'appliquer à la question proposée, c'est-à-dire, à la question de savoir si un testateur peut prononcer valablement contre son héritier une déchéance totale ou partielle, pour le cas où cet héritier attaquerait le testament, et si, par exemple, un ascendant peut priver de toute part dans la quotité disponible celui de ses descendants qui contestera la validité d'un partage testamentaire? On l'admet assez généralement. — L'ascendant, peut-on dire à l'appui de cette opinion, est le maître de priver ses descendants de sa quotité disponible. Il peut les en priver purement et simplement;

---

[1] Inst. *de leg.* § ult. — L. unic. C. *de his quæ pœn. nom.;* et pour le droit antérieur, Cai., II, 235. Ulp. Fragm. 24, § 17.

il peut également, et à plus forte raison, les en priver sous condition. Donc, dès que la condition sous laquelle il les en prive, n'a rien d'impossible, ni de contraire aux lois ou aux mœurs, elle doit avoir l'effet ordinaire de toutes les conditions, c'est-à-dire, amener, quand elle s'accomplit, la privation qu'il a prononcée. La question se réduit donc, dans l'espèce, à se demander si la condition imposée aux descendants, de ne pas attaquer le partage, consiste dans un fait impossible, contraire aux mœurs, ou défendu par la loi, ou plus simplement encore, dans un fait défendu par la loi, puisqu'il est clair que ce fait n'a rien d'impossible, ni de contraire aux mœurs. Or c'est évidemment une chose licite que de ne pas attaquer le partage. Car s'il est valable, non-seulement c'est une chose permise aux descendants, que de ne pas l'attaquer, mais c'est encore pour eux un devoir. En pareil cas donc, la condition que leur impose le testament, loin d'être contraire à la loi, y est tout à fait conforme, la loi elle-même défendant déjà implicitement ce que le testateur défend expressément et sous une sanction destinée à punir celui qui enfreindrait la défense. — Le partage est-il nul? La condition de ne pas l'attaquer revient à la condition de renoncer à l'action en nullité, c'est-à-dire, à un droit de pur intérêt privé. Or c'est une chose parfaitement licite que de renoncer à un droit de cette nature. Pour qu'il en fût autrement dans l'espèce, il faudrait que la loi eût *prescrit* aux parties intéressées, d'attaquer les dispositions testamentaires entachées de nullité, qu'elle leur en eût fait un devoir; et c'est ce qui n'est pas. Donc la renonciation à l'action en nullité reste une chose permise; et par conséquent l'ascendant, ainsi que tout autre testateur, peut l'imposer comme condition à ses descendants, et subordonner à son accomplissement leur droit aux biens disponibles. Sans doute, il leur impose par là un sacrifice; car il les met dans l'alternative, ou de renoncer à l'avantage qu'ils pourraient retirer de l'annulation du partage, ou de perdre leurs droits sur les biens non réservés. Mais est-ce que la plupart des conditions imposées à un héritier, celles surtout qui rentrent dans la catégorie des dispositions pénales, n'ont pas précisément pour résultat de priver l'héritier d'un droit, ou de lui interdire, en totalité ou en partie, l'exercice d'une faculté que la loi lui reconnaît d'ailleurs? Toute condition de faire ou de ne pas faire, forme en définitive une charge pour l'héritier; que cette charge soit plus ou moins lourde, là n'est point la question. La question est uniquement de savoir si le testateur a eu le pouvoir de l'imposer. Or, dès que ce qu'il a voulu, n'est ni impossible, ni contraire aux mœurs, ni défendu par la loi, il a pu en faire une condition de sa libéralité. Il faut donc que l'héritier s'y soumette, ou du moins qu'il subisse la peine, la privation, qui lui a été infligée pour le cas où il irait contre la volonté du défunt.

Cela ne veut pas dire que l'ascendant ait le pouvoir d'enfreindre impunément les règles qui lui sont imposées dans l'exercice de la faculté qu'il a de partager ses biens ; qu'il lui soit permis, au moyen d'une clause pénale, de mettre sa volonté au-dessus de celle de la loi, et de porter ainsi atteinte aux droits que le législateur accorde à ses descendants relativement à son partage. Il en serait ainsi, sans doute, si la disposition pénale avait pour résultat de rendre valable et inattaquable un partage qui, par lui-même, serait nul et non obligatoire pour les descendants. Mais cela n'est pas. La clause pénale ne valide nullement le partage, si ce partage n'est pas conforme aux règles établies par la loi. Le partage qui serait nul et non obligatoire en l'absence d'une clause pénale, reste tel, nonobstant la présence de cette clause. Cette clause laisse donc aux descendants le droit d'en faire prononcer la nullité. Elle n'affranchit donc pas l'ascendant qui tient à faire un partage valable et obligatoire, de l'obligation d'observer les règles prescrites par la loi pour la validité des partages. Sa volonté dès lors reste toujours subordonnée à l'autorité de la loi. Le seul effet que produise la clause pénale, est de mettre les descendants dans l'alternative, ou d'accepter le partage tel qu'il est, ou de perdre leur part dans la quotité disponible. Or cette alternative n'a rien que de licite. Les descendants, en effet, ont deux droits distincts : d'abord le droit d'attaquer le partage, et de se soustraire par là à son exécution, s'il est nul. C'est là un droit que la loi leur donne indépendamment de la volonté de l'ascendant, en dépit même de cette volonté. — Ils ont ensuite le droit de recueillir tous les biens de l'ascendant, même les biens disponibles. Mais le droit que la loi leur donne à l'égard des biens disponibles, dépend entièrement de la volonté de l'ascendant. — Or que fait l'ascendant par la clause pénale ? Il n'impose pas forcément aux descendants un partage que la loi leur permet de repousser ; il le leur offre simplement, sauf à eux à l'accepter ou à le refuser, à leur choix. Donc il ne leur enlève, ni purement, ni sous condition, le droit qu'ils tiennent de la loi, de repousser, même malgré lui, le partage qu'il leur présente, lorsque ce partage est nul. Il leur enlève conditionnellement, il est vrai, leur droit aux biens disponibles ; mais il en a le pouvoir, puisque c'est un droit que la loi ne leur laisse qu'autant que l'ascendant ne le leur a pas ôté. C'est comme si l'ascendant disait à ses descendants : « Voici le partage de ma succession. S'il n'est pas valable, il vous est permis de ne pas l'accepter. Mais il m'est aussi permis, à moi, de vous priver de mes biens disponibles. J'entends donc que celui d'entre vous qui refusera de se conformer à mon partage, soit déchu de sa part dans ces biens. »— La clause pénale constitue donc simplement, de la part de l'ascendant, une disposition sous condition résolutoire, par laquelle il enlève à ses enfants, pour un cas donné, leur portion dans les biens dont il a la faculté de les priver. La disposition est donc en soi parfaitement valable. Car, en la faisant, l'ascendant, loin de sortir des limites du pouvoir que la loi lui reconnaît, n'est pas même allé jusqu'où il pouvait aller, puisqu'il lui était permis de dépouiller ses descendants d'une manière absolue, et qu'il ne l'a fait que sous condition.— D'un autre côté, la condition consistant dans un fait permis par la loi, doit produire les résultats ordinaires, c'est-à-dire que si elle s'accomplit, en d'autres termes, si les descendants commettent l'action prévue, ils doivent encourir la déchéance prononcée contre eux dans cette prévision.

Cette opinion se recommande d'ailleurs par des considérations puissantes. La clause pénale est une précaution salutaire contre le mauvais vouloir et l'esprit de chicane des héritiers, trop souvent disposés à attaquer sans motifs sérieux, les dispositions du défunt, par cela seul qu'elles préjudicient à leurs intérêts. — Elle donnera en particulier aux ascendants le moyen d'assurer plus efficacement la tranquillité de leur famille. Il est donc conforme à l'esprit de la loi qu'elle reçoive religieusement son exécution ; que la peine, par conséquent, soit encourue, lorsque l'héritier attaque les dispositions qu'on lui demande de respecter[1] ?

Telle est, il faut le dire, l'opinion qui a été déjà généralement admise dans l'ancien droit français (Introd., n° 31). Nous ne pouvons toutefois nous résoudre à l'accepter. Sans doute, elle semblerait bien demandée par la disposition de l'art. 900, si c'était cette disposition qui dût régir le cas en question. Mais il nous paraît soumis à d'autres principes. Faisons d'abord remarquer que plusieurs auteurs, tout en prenant l'art. 900 pour point de départ, refusent néanmoins d'appliquer la peine dans le cas où l'action de

---

[1] Cass., 22 décembre 1845. Dall. 1846, 1, 5, et les observations de l'arrétiste.

l'héritier est fondée[1]. L'art. 900, s'il est applicable à l'espèce, ne permet pas cette distinction. Il doit recevoir son application, aussi bien dans le cas où l'action en nullité est fondée que dans le cas contraire. Car, comme nous l'avons dit en exposant cette opinion, la condition d'exécuter un partage, consiste dans un fait permis, non-seulement lorsque ce partage est valable, mais encore lorsqu'il est nul. Aussi beaucoup d'arrêts ont-ils également appliqué la déchéance dans les deux cas. C'est là en effet qu'on arrive nécessairement, sous peine d'inconséquence, avec l'art. 900.

Mais les principes qui, à nos yeux, doivent régir la question, sont ceux des dispositions avec clause pénale, et non ceux des dispositions conditionnelles. Les incertitudes à cet égard sont venues de ce que la clause pénale constitue elle-même une disposition conditionnelle. Mais ce qui la caractérise et la distingue des autres dispositions conditionnelles, même de celles que les Romains qualifiaient de dispositions pénales, c'est qu'elle fait suite à une première disposition et est établie pour le cas d'inexécution de cette disposition. Elle a pour objet, dans l'intention de son auteur, d'assurer, autant qu'il est en lui, l'exécution de la disposition qui se trouve en première ligne, qui est placée sur le premier plan. Ce qu'il veut, ce qu'il se propose, c'est d'abord, et avant tout, que cette disposition ait son effet : c'est là son but dirigeant. La clause pénale n'arrive que secondairement, et pour concourir à ce but, en portant celui contre qui elle est dirigée, à exécuter la disposition principale, afin d'éviter la peine qui serait la suite de l'inexécution.

Or, tel est le caractère de la disposition par laquelle l'ascendant prive de la quotité disponible celui de ses descendants qui attaque son partage. En vain chercherait-on à donner le change à cet égard, au moyen d'expressions tendant à présenter les choses sous un point de vue différent. Formulez, paraphrasez sa disposition comme il vous plaira : son but est de contraindre ses descendants, par la menace d'une peine pécuniaire, à exécuter le partage. — Sa disposition est donc une clause pénale proprement dite. Elle forme, sans doute, une disposition conditionnelle, comme toutes les clauses pénales. Mais ce n'est pas une raison pour la confondre avec les dispositions conditionnelles ordinaires. Les clauses pénales, insérées dans les conventions, constituent également des dispositions conditionnelles ; et, pourtant, elles

---

[1] Voy. surtout Merlin, *Répert.*, v° *Peine testamentaire.*

forment bien une classe à part , régie par des règles spéciales. Donc, dans les testaments aussi, la clause pénale a beau constituer une disposition conditionnelle ; elle doit rester distincte de la disposition conditionnelle ordinaire, et, par conséquent, des dispositions que le droit romain qualifiait de pénales, lesquelles ne sont en effet que de simples dispositions conditionnelles. — Dans les testaments comme dans les conventions, la clause pénale doit être régie, non par les principes purs et simples des dispositions conditionnelles, mais par les principes propres aux clauses pénales. Il est vrai que ces principes sont placés sous le titre des obligations conventionnelles, et qu'en les formulant, le législateur se préoccupait principalement des conventions. Mais on ne peut conclure de cette seule circonstance qu'ils ne sont applicables qu'aux conventions. Car tout le monde convient que la plupart des règles écrites dans ce titre, bien que généralement formulées en vue des obligations conventionnelles, régissent néanmoins toutes les obligations, quelle qu'en soit la source, que ce soit un contrat, un quasi-contrat, un délit ou un quasi-délit, et, par conséquent, aussi bien celles qui résultent de dispositions testamentaires que toutes les autres. C'est qu'en effet les testaments obligent les héritiers ni plus ni moins qu'une convention oblige les parties contractantes, et que, dès lors, le système général doit être le même dans l'un et l'autre cas, en ce qui touche les moyens propres à garantir l'exécution de l'obligation, moyens parmi lesquels se range la clause pénale. Il ne s'agit donc que de rechercher si les principes généraux s'opposent à ce que le système qui régit les clauses pénales dans les conventions, puisse s'appliquer à celles qui se trouvent dans un testament.

La règle fondamentale sur la validité des clauses pénales , c'est qu'une clause pénale n'est valable et obligatoire qu'autant que la disposition principale l'est elle-même (1227); qu'en conséquence, si la disposition principale est nulle, la clause pénale l'est pareillement. Or, les principes généraux, loin de s'opposer à ce qu'on fasse l'application de cette règle aux dispositions testamentaires, réclament au contraire cette application.

Sans doute la loi consacre la faculté de disposer par testament. Mais elle ne reconnaît effet, elle ne donne de l'efficacité aux dispositions testamentaires, qu'autant que ces dispositions sont conformes aux règles qu'elle a établies. Or, lorsqu'une disposition est contraire à ces règles, et, par suite, inefficace, non obligatoire, la sanction pénale qu'établirait le testateur pour le cas où ses héritiers refuseraient de l'exécuter, pourrait-elle être efficace, obligatoire? Lorsque la loi refuse toute autorité à une disposition, pourrait-elle, sans inconséquence, accorder de l'autorité aux mesures par lesquelles le disposant chercherait à en assurer l'exécution? Il nous paraît évident que non. — Ces mesures, en effet, ne seraient pas autre chose, de la part du disposant, qu'une tentative par lui faite pour soustraire sa disposition à l'application des règles de la loi. Sans doute, cette tentative, si elle a lieu, ne réussit pas complétement. Sans doute les héritiers conservent, en principe, le droit de faire prononcer la nullité dont la disposition est atteinte. Mais il est clair que si le testateur n'anéantit pas entièrement l'autorité de la loi, du moins, il l'affaiblit considérablement. Il est clair qu'avec un pareil procédé, s'il était permis, les règles de la loi ne seraient bientôt plus, dans la plupart des cas, et au gré des testateurs, qu'une lettre morte, qui, en fait, et dans la réalité des choses, resterait sans application, par la raison toute simple que ceux qui auraient qualité pour les invoquer, c'est-à-dire, pour attaquer les dispositions irrégulières des testateurs, renonceraient presque toujours à le faire, parce qu'on n'agit pas sans intérêt, et que, dans l'espèce, les parties à qui compéterait l'action en nullité, n'auraient, en définitive, aucun intérêt à l'intenter, la clause pénale étant là, qui les menacerait d'une perte égale, peut-être même supérieure au bénéfice que pourrait leur procurer cette action. Les clauses pénales ajoutées à une disposition nulle sont donc de nature à contraindre indirectement les parties intéressées à exécuter une disposition qui ne les oblige pas directement et par elle-même. Donc, elles sont bien incontestablement, en définitive, pour celui qui les établit, un moyen d'arriver, en prenant une voie détournée, à un but auquel il ne pourrait arriver en restant dans la voie directe. Et l'on en est convaincu, quand on voit des auteurs[1] donner à l'ascendant le conseil de recourir à cette mesure dans tous les cas où, à leurs yeux, il y a doute sur la validité et la régularité du partage, la clause pénale étant ainsi, pour eux, une sorte de topique dont l'application doit avoir la vertu de guérir toutes les plaies, de faire disparaître tous les défauts des partages d'ascendants, ou du moins de prévenir les accidents que ces défauts devaient entraîner à leur suite. Ce conseil est certes un aveu bien clair de la vertu qu'on y attache. C'est un aveu patent qu'on la reconnaît au fond, quoiqu'on s'en

---

[1] Grenier, Favard, etc. — Dumoulin même, si l'on en croit des auteurs (Introd., n° 31).

défende bien haut, comme étant un moyen d'éluder la loi. C'est là, disaient déjà d'anciens auteurs, un heureux expédient, à l'aide duquel on parvenait à partager des biens dont la coutume défendait expressément le partage, à l'aide duquel, par conséquent, des actes de dernière volonté formellement prohibés par la loi, devenaient efficaces en fait. Voilà, en fin de compte, le résultat de la clause pénale. On en convenait; on s'en félicitait même.

Il ne saurait, suivant nous, en être ainsi. La clause pénale, ajoutée à une disposition illégale, n'étant qu'un moyen destiné à étayer une illégalité, est elle-même, à raison de ce but, illégale. Le testateur, par la disposition principale, a dépassé les pouvoirs que la loi lui reconnaissait; il a commis ce qu'en d'autres matières on appelle un excès de pouvoirs. La clause pénale, n'ayant pour objet que de contraindre les parties intéressées à se soumettre à cet excès de pouvoirs, à le subir, constitue elle-même un excès de pouvoirs qui s'ajoute au premier. Car il est manifeste que si la loi ne reconnaît pas au testateur le pouvoir d'imposer telle disposition à ses héritiers, elle ne lui reconnaît pas davantage le pouvoir de recourir aux moyens propres à les contraindre néanmoins à l'exécuter. Il est manifeste, pour parler d'une manière générale, que celui qui cherche à amoindrir, à éluder l'autorité de la loi, n'use pas, en cela, d'un pouvoir que la loi lui reconnaisse, la loi, certes, n'autorisant pas les mesures destinées à échapper à l'application des règles qu'elle a établies. Aussi est-ce un principe, à l'abri de toute contestation, qu'il n'est pas permis de faire indirectement, soit par des actes entre-vifs, soit par des actes de dernière volonté, peu importe, ce qu'on n'a pas le droit de faire directement[1]; que, par conséquent, toutes les dispositions, quelles qu'elles soient, par lesquelles on cherche à éluder, c'est-à-dire à violer indirectement la la loi, sont tout aussi inefficaces que celles par lesquelles on la viole directement. C'est là un principe général, universel, et non un principe particulier borné aux conventions. Car il est tellement essentiel, tellement nécessaire dans toutes les parties de la législation, que, sans lui, l'autorité du législateur serait illusoire. L'homme, en effet, toujours ingénieux quand il s'agit de satisfaire ses passions, aurait bientôt trouvé les moyens, soit de se soustraire complétement à l'application de la loi, soit, du moins, d'en amortir l'action, d'en affaiblir les effets. — Et la sanction, l'application de

---

[1] *Nemo potest in suo testamento cavere, ne leges in suo testamento locum habeant.* fr. 55, de leg. 2°

ce principe, en matière de clause pénale, se trouve dans la règle proclamée par l'art. 1227, qu'*une clause pénale est nulle, lorsqu'elle a pour but d'assurer l'exécution d'une disposition nulle* ; en d'autres termes, que dès qu'une disposition est nulle et inefficace par elle-même, une clause pénale ne saurait lui donner aucune efficacité. Or, elle lui en donnerait, dans une certaine mesure, si elle était valable elle-même. Car elle mettrait les parties dans l'alternative obligée d'exécuter l'une ou l'autre disposition. Voilà pourquoi, dans le but d'exprimer d'une manière saisissante le caractère et la portée de la clause pénale, la théorie s'exprime en ces termes : Une clause pénale, n'ayant pour objet que d'assurer et de garantir l'exécution de la disposition principale, n'étant là que pour soutenir et étayer cette disposition, elle n'a pas d'existence propre et indépendante. En droit, elle se rattache essentiellement, d'après le but et l'intention de son auteur, à la disposition principale. *Elle n'en est que l'accessoire.* Conséquemment, elle en doit suivre le sort, et être nulle avec elle.

C'est pour avoir méconnu ce caractère propre, ce caractère essentiel à la clause pénale, que l'on a dit : « La disposition par laquelle l'ascendant prive de la quotité disponible ceux de ses descendants qui attaquent le partage, est valable et conforme aux pouvoirs que la loi lui reconnaît : car il a le droit de disposer comme bon lui semble de ceux de ses biens que la loi ne réserve pas à ses successeurs ; et c'est là ce qu'il fait par la clause pénale. »

Raisonner ainsi, c'est, disons-nous, méconnaître le caractère de la clause pénale. — Une clause pénale peut être nulle par deux causes. — Elle peut être nulle en elle-même, et abstraction faite de la validité ou de la nullité de la disposition principale. — De plus, elle est nulle toutes les fois que la disposition principale est nulle. Dans ce dernier cas, ce n'est point en elle que se trouve la cause, le principe de la nullité ; cette nullité, elle l'emprunte, elle la reçoit de la disposition principale. En vain, donc, en ce cas, serait-elle en elle-même et considérée isolément, parfaitement valable, parfaitement régulière ; comme elle n'est que l'accessoire de la disposition principale, cette dernière lui communique son vice [1]. Or, c'est ce qui a lieu dans l'espèce. Sans doute l'ascendant a le pouvoir de disposer de sa quotité disponible. Mais

---

[1] *Quam principalis causa non consistit, ne ea quidem quæ sequuntur, locum habent.* fl. 129, § 1, *de reg. jur.*

si la disposition qu'il en fait constitue une clause pénale établie par lui dans le but d'assurer l'exécution de son partage, comme elle n'est que l'accessoire de ce partage, elle en suit le sort. S'il est valable, elle sera valable avec lui; s'il est nul, elle sera nulle comme lui. C'est donc en vain, dans ce dernier cas, qu'elle ne porterait en elle-même aucune cause de nullité; car elle en reçoit d'ailleurs. C'est en vain qu'en elle-même, et isolément, elle serait valable; car, isolément, elle n'a pas d'existence. *Quum principalis causa non consistit, ne ea quidem quæ sequuntur, locum habent.* — C'est donc une erreur que de voir une disposition conditionnelle ordinaire, ayant son existence propre et distincte, là où il n'y a qu'une disposition accessoire, qui se rattache à une disposition principale, qui en fait partie. — C'est par suite de cette erreur que l'on présente le partage et la clause pénale comme deux dispositions distinctes, ayant chacune leur existence à part, et réunies sous une alternative. La clause pénale n'a pas d'existence à part; elle n'existe, elle ne vit que par la disposition principale. C'est pour cela que quand la disposition principale n'a qu'une existence illégale, la clause pénale n'a également qu'une existence illégale. — Tandis que deux dispositions comprises sous une alternative sont indépendantes l'une de l'autre. La nullité de l'une ne se communique pas à l'autre. N'objectez pas, par conséquent, que l'ascendant a voulu, pour tel cas donné, priver les descendants de la quotité disponible. Sans doute il l'a voulu; mais il l'a voulu en dehors des limites de la légalité. Sa volonté se proposant d'aller à la traverse de la volonté de la loi, reste sans effet. — Si l'objection était fondée, elle aurait également lieu dans les conventions. Car là aussi, les parties, en souscrivant une clause pénale, veulent qu'elle ait son effet; et pourtant la loi le lui refuse, lorsque l'obligation principale est nulle.

En résumé donc, dans les testaments comme dans les conventions, dès que la disposition principale est nulle, la clause pénale est nulle elle-même; et par conséquent, dans notre espèce, lorsque le partage est nul, les descendants peuvent en demander la nullité, sans encourir pour cela la peine prononcée. — Mais si le partage est valable, la clause pénale l'est également (en supposant, bien entendu, qu'elle n'ait en elle-même rien d'irrégulier). En ce cas, donc, si les descendants agissent en nullité, ils encourent la peine.

Cette solution nous paraît d'ailleurs l'emporter de beaucoup sur la précédente, sous le point de vue des considérations. Celles en effet que nous avons fait valoir en exposant l'opinion contraire, ne sont sérieuses et solides, que dans le cas où la disposition principale est valable. Ce n'est qu'alors que la peine est juste. Car dès qu'on l'applique dans le cas même où la disposition est nulle, ainsi que le demande le principe des dispositions conditionnelles ordinaires, on expose les familles à des spoliations qui seraient souvent dues à des suggestions perfides. On étouffe par la menace de la peine les plaintes les plus légitimes. Enfin, dans notre matière, tout ascendant qui aurait la conscience d'avoir injustement favorisé l'un de ses descendants au détriment des autres, ne manquerait pas, comme d'ailleurs on lui en donne le conseil, de recourir à une clause pénale, pour donner, autant qu'il serait en lui, effet à sa disposition; ce qui, bien loin d'assurer la paix et la tranquillité de sa famille, aurait infailliblement pour résultat d'envenimer encore davantage les descendants les uns contre les autres.

Nous nous sommes constamment placés dans l'hypothèse d'un partage testamentaire. Mais la solution doit être la même dans un partage entre-vifs. Elle y paraîtra sans doute moins douteuse encore, parce que les partages entre-vifs constituant une convention entre l'ascendant et les descendants, et étant incontestablement, sous ce rapport, régis par les principes généraux des contrats, les art. 1226 et suiv. leur sont littéralement applicables. Si donc le partage est nul, la clause pénale l'est également. On ne pourrait objecter que les descendants, en acceptant la donation, se sont soumis par là à la clause pénale. Car l'objection serait la même dans une convention ordinaire; et pourtant la loi ne s'y est pas arrêtée.

Nous avons supposé une clause pénale consistant dans la privation de la quotité disponible. Mais les principes sont les mêmes, quelle que soit la nature de la peine établie par l'ascendant. C'est ainsi qu'un ancien arrêt rendu en 1609 prononce la rescision d'un partage testamentaire pour cause de lésion, sans prononcer la peine de 12 000 livres qui y était apposée, parce que, disent les auteurs qui rapportent cet arrêt, cette peine est censée en fraude de l'égalité que les ascendants doivent observer entre leurs descendants [1]. Mais, en pareil cas, on voit, au premier coup d'œil, que c'est bien là une clause pénale, tandis que, quand la peine consiste dans la déchéance prononcée contre l'héritier, de

---

[1] Valin, sur Rochelle, art. 42. — Boucheul, sur Poitou, art. 219.

tout ou partie de ce qu'on lui laisse, on a pu se méprendre sur son caractère, et la considérer comme une de ces dispositions que les testateurs font isolément et principalement, tandis qu'au fond et en réalité, elle ne constitue qu'une disposition accessoire. Cela est si vrai que Boucheul, et beaucoup d'autres auteurs, approuvent l'arrêt qui rejeta la clause pénale de 12 000 livres, et admettent en même temps la validité de la privation de la quotité disponible. Nous ne pouvons concevoir la distinction. Car la peine de 12 000 livres est un legs de 12 000 livres, mis à la charge de ceux qui attaqueront le partage et au profit de leurs cohéritiers. Est-ce qu'en faisant des legs de sommes d'argent, on ne dispose pas de la quotité disponible, tout aussi bien que si on léguait des corps certains ? Forcer l'héritier à débourser en argent la valeur de la quotité disponible, ou bien à délaisser les objets héréditaires mêmes, c'est, pour nous, la même chose en résultat.—Est-ce que, dans l'espèce de cet arrêt, par exemple, la peine eût dû être appliquée, si elle eût consisté dans la privation d'une chose héréditaire valant 12 000 livres ?

 Les clauses d'une disposition devant s'interpréter par elles-mêmes et d'après l'intention des parties, il n'y a pas à distinguer pour la solution de notre question, entre le cas où l'ascendant commence *ab illicitis*, de celui où il aurait commencé au contraire *a licitis*. Cette distinction, que Valin qualifie de *futile*, avait été généralement rejetée par nos anciens auteurs[1]. Elle fournirait, en effet, si on l'admettait, un moyen bien simple d'éluder la disposition de l'art. 1227 ; il n'y aurait pour cela qu'à intervertir l'ordre des deux dispositions contenues dans l'acte.

Il n'y a pas à distinguer non plus si, lors de la mort de l'ascendant, quand le partage est testamentaire, et, lors de sa confection, quand il est entre-vifs, les descendants étaient capables ou non. Car l'ascendant a, en ce qui concerne la faculté de disposer, le même pouvoir à l'égard des descendants incapables qu'à l'égard des descendants capables.

Mais il en est qui paraissent disposés à distinguer entre les diverses causes de nullité. Ils rejetteraient la clause pénale qui aurait pour but de punir la demande en nullité formée contre un partage où l'ascendant aurait compris les biens de son conjoint prédécédé ; mais ils l'appliqueraient, lorsqu'elle aurait pour but de punir une demande en nullité, fondée sur ce que le partage contient une

---

[1] Vrevin, sur Chauny, art. 37. — Boucheul, sur Poitou, art. 219.

lésion de plus du quart. Leur raison est que, dans ce dernier cas, l'ascendant a en définitive le pouvoir d'établir une inégalité aussi forte qu'il le veut, pourvu qu'il ne dépasse pas la quotité disponible ; tandis qu'il n'a pas le pouvoir de partager les biens propres de ses enfants.

Cette distinction repose sur une notion exacte du caractère légal des partages d'ascendants. Non, l'ascendant n'a pas le pouvoir d'établir, entre ses enfants, par la voie du partage, une inégalité de plus du quart. Il ne le peut que par une disposition directe à titre de préciput. Donc le partage qui fait éprouver à un enfant une lésion de plus du quart, est nul comme partage. Sans doute l'ascendant pourrait, en y ajoutant une clause expresse de préciput, valider l'inégalité dans la mesure de la quotité disponible. Mais s'il reste dans les termes d'un partage, l'opération est nulle : *fecit quod non potuit ; non fecit quod potuit.* Elle n'est pas moins viciée par la lésion qu'elle ne le serait par la circonstance que l'ascendant y aurait compris des biens appartenant à ses enfants. Il n'y a pas du plus ou du moins entre ces deux causes de nullité. Le partage est nul pour lésion, ou il ne l'est pas : point de milieu. Il est nul, on ne peut le nier. Donc la clause pénale l'est aussi. — Chose bizarre ! la distinction qu'on voudrait introduire ici, est l'inverse de celle qu'admettaient les anciens auteurs, puisque, on vient de le dire, ils rejetaient la clause pénale qui servait à couvrir une lésion, et admettaient celle qui servait à valider le partage, soit des biens du conjoint prédécédé, soit de ceux dont la coutume prohibait expressément le partage.—Nous repoussons également les deux distinctions.

Lorsque la clause pénale a été ajoutée à un partage dans lequel l'ascendant a compris et ses propres biens et ceux de son conjoint prédécédé, confondus en une seule masse, si le partage est par acte testamentaire, comme il est nul, la clause pénale, dans notre opinion, étant également nulle, le sera, soit à l'égard des biens de l'ascendant, soit à l'égard de ceux de son conjoint. — Dans l'opinion contraire, elle serait valable à l'égard des biens de l'ascendant, et nulle à l'égard de ceux de son conjoint[1]. Cette opinion, en effet, ne considérant la clause pénale que comme une simple disposition conditionnelle, ne la déclare valable qu'autant qu'elle constitue effectivement une disposition valable par elle-même. Il faut donc pour cela qu'elle porte sur des biens dont l'ascendant

---

[1] Lyon, 6 mars 1829, *Journ. du Pal.*, 1828-1829, p. 774.

ait le pouvoir de disposer. Or, il a le pouvoir de disposer de ses biens, mais non de ceux de son conjoint.

La clause pénale par laquelle un ascendant, en faisant un partage testamentaire, enlève à ceux de ses descendants qui attaqueront le partage, leur part dans les biens dont il lui est permis de disposer, ne constitue pas, à proprement parler, un legs au profit des autres. C'est une disposition *privative*, comme l'appelait l'ancienne pratique, et non une disposition *attributive*. De là, il résulte qu'elle aurait son effet (lors, bien entendu, que le partage est valable, suivant nous) alors même que les descendants qui sont personnellement mentionnés dans le partage, mourraient avant l'ascendant et se trouveraient représentés par leurs propres descendants. Tandis que s'il y avait là un legs par préciput à leur profit, leur prédécès en entraînerait la caducité, et, par conséquent, les représentants n'y auraient pas droit.

20. L'ascendant peut, sans nul doute, insérer dans l'acte de partage, des dispositions étrangères à ce partage même. — Il suffit, pour cela, que la forme de l'acte admette ces sortes de dispositions.

Ainsi, il peut faire au profit de l'un ou de quelques-uns de ses descendants des dispositions par préciput. — Et ces dispositions resteraient soumises aux règles ordinaires des dispositions de cette nature. Car, pour être dans le même acte que le partage, elles n'en sont pas moins distinctes et indépendantes (sauf le cas spécial prévu par l'art. 1079, *in fine*). En conséquence, la nullité ou la rescision du partage n'entraînerait pas la nullité ou la rescision des dispositions par préciput. Réciproquement, la nullité ou la réductibilité des dispositions par préciput, ne préjudicierait en rien à la validité du partage. C'est par application de ce principe, qu'on a décidé que, si un acte contenant tout à la fois un partage entre-vifs entre tous les descendants, et un préciput en faveur de l'un d'eux, n'est accepté que par l'enfant avantagé, la nullité résultant du défaut d'acceptation de la part des autres descendants, doit être restreinte au partage, et ne pas s'étendre au préciput.

Nous ne saurions trop engager les ascendants qui ont l'intention d'avantager un ou quelques-uns de leurs descendants par l'acte même de partage, à manifester clairement leur intention à cet égard. Qu'ils n'oublient pas qu'une clause qui manquerait de précision, deviendra probablement la source d'un procès.

Un ascendant avait, dans un acte, déclaré disposer *à titre de partage, et, en tant que de besoin, par préciput.* Or une telle énonciation laisse, à notre avis, des doutes sur l'intention de l'ascendant. Avait-il réellement entendu faire et un partage et des dispositions par préciput? Car, si la disposition à titre de préciput est parfaitement distincte de celle à titre de partage, il y a pourtant un caractère qui leur est commun : c'est qu'elles sont l'une et l'autre dispensées du rapport. Or, on peut admettre, en présence de clauses semblables, que l'ascendant veut simplement exprimer ce caractère, qu'il veut simplement dire que les biens attribués aux divers copartagés, sont destinés à former leur part définitive dans la succession, de manière que, plus tard, ils n'auront point à en effectuer le rapport. — D'un autre côté, si des inégalités se trouvent dans les lots, on peut soutenir que l'ascendant, qui n'était probablement pas sans les connaître, puisque c'est de lui qu'elles émanent, a voulu en assurer le maintien par une clause de préciput, cette clause devant alors avoir pour effet d'écarter l'action en rescision du partage pour cause de lésion (1079, 1er al.). — Mais cette interprétation nous paraît difficile à admettre. La loi ne reconnaît, comme disposition par préciput, que celle qui ne laisse aucun doute sur l'intention, et que le disposant a d'ailleurs ouvertement avouée. Or, ces caractères se rencontrent-ils là où il ne désigne pas même l'enfant avantagé? Les art. 919 et 843 par leurs termes n'autorisent pas, ce nous semble, l'affirmative. En outre, leur esprit nous paraît s'y refuser énergiquement. Car le législateur n'a pas entendu autoriser les ascendants à favoriser l'un de leurs enfants à l'aveugle et au hasard, sans même qu'ils sachent lequel. Voilà pour les cas où l'on nous dirait que l'ascendant ignore dans quel lot est l'excédant. S'il le sait, il viole la loi, en faisant un avantage qu'il n'ose exprimer, qu'il déguise sous la qualification de partage, et qui n'est pas la conséquence obligée des règles mêmes du partage.

Dans une autre espèce, l'ascendant avait déclaré qu'*il voulait que si l'un des lots se trouvait plus fort que les autres, il n'y fût néanmoins rien changé, et qu'il entendait donner par préciput la différence en plus.* Il paraît assez évident, en pareil cas, que l'intention de l'ascendant était d'exclure l'action en rescision pour lésion de plus du quart. Car entendre la clause de préciput du cas où la différence entre les lots n'excéderait pas le quart, c'est l'entendre dans un sens dans lequel elle serait tout à fait inutile, puisque, dans cette supposition, la loi aurait maintenu le partage par sa seule puissance. — Toutefois, on peut reproduire ici toutes les raisons que nous venons de faire valoir à propos de la clause précédente.

Au reste, ces diverses clauses ne peuvent guère, en général du moins, se prendre, dans toute la force du terme, pour un préciput proprement dit. Un préciput ordinaire aurait effet, même contre les nouveaux héritiers qui pourraient survenir à l'ascendant. Or, il est probable qu'en s'exprimant dans les termes que nous venons de rapporter ou autres analognes, l'ascendant ne songeait qu'aux héritiers entre lesquels il faisait son partage. La clause de préciput ne pourrait donc, tout au plus, s'appliquer que dans les rapports respectifs de ces derniers, et mettre simplement le partage à l'abri de l'action en rescision pour lésion. Mais ce serait lui faire produire des effets auxquels ne songeait pas l'ascendant, que de l'appliquer à l'égard d'un nouvel héritier. Celui-ci aurait donc le droit, en provoquant un nouveau partage, conformément à la disposition de l'art. 1078, de faire rapporter tout ce qui a été compris dans le premier.

Toujours par suite du but pour lequel pareille clause a été insérée dans l'acte, les descendants compris dans le partage, ne devraient pas être reçus à l'opposer à des donataires postérieurs ou à des légataires, c'est-à-dire, à prétendre que la quotité disponible a été par là absorbée ou diminuée d'autant. Car les inégalités du partage ne constituent pas des dispositions directes (voy. n° 3).

Ce n'est pas seulement au profit de ses descendants que l'ascendant peut faire, dans l'acte de partage, des dispositions autres que le partage même ; c'est encore au profit des tiers.

Ainsi, il peut, dans l'acte portant partage testamentaire, faire des legs à des étrangers. C'est par une conséquence de ce premier pouvoir, que nous lui avons précédemment reconnu celui de faire entrer un légataire universel ou à titre universel dans le partage même. — Il peut aussi nommer un tuteur à ses enfants mineurs, et non émancipés, un conseil à la mère survivante et tutrice, un ou plusieurs exécuteurs testamentaires, ordonner qu'il lui sera élevé un monument, etc.

L'acte portant partage entre-vifs peut contenir également au profit de tierces personnes, toutes les dispositions dont est susceptible un acte notarié, par exemple, une donation, une reconnaissance d'enfant naturel, etc. Cette reconnaissance devant être par acte authentique, ne pourrait avoir lieu dans le partage testamentaire, si le testament était olographe. Car ce testament ne constitue pas un acte authentique.

DEUXIÈME PARTIE.

EFFETS DU PARTAGE D'ASCENDANTS.

Ces effets étant très-différents, suivant que le partage a été fait par testament ou bien par acte entre-vifs, nous traiterons séparément, sous ce rapport, des deux espèces.

CHAPITRE PREMIER.

EFFETS DU PARTAGE TESTAMENTAIRE.

SOMMAIRE.

21. Ce partage est révocable et sans effet, tant que vit l'ascendant.
22. Révocation expresse ou tacite du partage testamentaire.
23. Effet : 1° des actes de disposition faits par l'ascendant ;
24. 2° Des changements qu'il aurait fait subir à l'état des biens ;
25. 3° Des changements indépendants de sa volonté.
26. Les biens partagés sont recueillis à titre de succession.
27. Effets du partage relativement aux descendants qui recueillent la succession. Il est obligatoire. — Il saisit chacun de la portion qui lui est assignée. — Il entraîne la garantie et le privilége résultant des partages. — Il est annulable pour les causes qui entraînent la nullité des partages.—N'est pas révocable pour les causes qui entraînent la révocation des legs. — Il ne constitue pas un juste titre pour prescrire. — Les soultes ont nature de valeur immobilière, dans les rapports des descendants avec leur conjoint.
28. Effets qu'entraînerait une disposition par préciput.
29. Caducité de l'apportionnement qui était destiné aux descendants qui ne recueillent pas la succession.
30. Le prédécédé est-il représenté dans le partage par ses enfants ?
31. Sort du partage, si la succession n'est pas recueillie par plusieurs descendants.

21. Les actes testamentaires sont essentiellement, tant que vit leur auteur, révocables à volonté. De plus, ils ne produisent encore aucune espèce d'effet.

En conséquence, l'ascendant qui a fait un partage testamentaire, conserve jusqu'à son décès, la pleine et entière disposition des biens qu'il y a compris. Les actes de disposition qu'il en fera, soit à titre gratuit, soit à titre onéreux, soit entre-vifs, soit pour après la mort, seront donc valables.

Il peut aussi, et par la même raison, faire subir à ces biens tous les changements, toutes les modifications que bon lui semble. Ainsi, il peut les augmenter, les améliorer, ou, au contraire, les détériorer, les détruire en totalité ou en partie.

Enfin, il lui est loisible, soit de révoquer entièrement son partage, soit de le modifier par un autre acte. — C'est là une faculté fort précieuse, et qui, dans le droit actuel, à la différence de l'ancien droit (Introd., n° 28), ne souffre aucune exception. Elle constitue l'un des avantages propres à ce partage. Car il peut survenir, soit dans le nombre et la qualité des descendants, et, par suite, dans la quotité de leurs droits, soit dans le patrimoine de l'ascendant, des changements qui nécessitent des modifications au partage primitif.

22. Le partage testamentaire étant soumis, en tant qu'il constitue, de la part de l'ascendant, un acte de dernière volonté, aux règles qui régissent les autres dispositions de ce genre, et sa révocabilité étant une conséquence de ce caractère, les règles établies par la loi pour la révocation des autres dispositions testamentaires (1035 et suiv. C. civ.), doivent, dans le silence du Code à cet égard, recevoir leur application au partage. On conçoit néanmoins que cette application ne peut avoir lieu qu'avec les modifications qui seraient commandées par les principes propres aux partages. Car les deux caractères de l'acte doivent se combiner, et non se détruire.

La révocation des dispositions testamentaires peut se faire, de droit commun, expressément ou tacitement.

La révocation expresse résulte d'une déclaration faite par le testateur, dans un nouveau testament, ou dans un acte notarié, *qu'il a changé de volonté* (1035). — Cette révocation est incontestablement applicable au partage testamentaire. Et elle peut, au fond, comme celle de toute autre disposition testamentaire, être partielle, aussi bien que totale, c'est-à-dire que l'ascendant a le pouvoir, soit de révoquer le partage dans son entier, soit de ne le révoquer qu'en partie.

On conçoit d'ailleurs plusieurs espèces de révocation partielle. Ainsi d'abord, une révocation qui porterait sur tous les apportionnements, comme si l'ascendant, par son acte de révocation, retirait des biens de chaque lot. Ensuite, une révocation qui ne porterait que sur quelques lots. Et cette dernière espèce se subdivise elle-même. Car l'ascendant peut révoquer ces lots en entier ; il peut aussi ne les révoquer qu'en partie, c'est-à-dire, se borner à en retirer quelques biens. — La révocation totale d'un lot se conçoit notamment, dans le cas où l'ascendant présumerait que le descendant auquel ce lot devait revenir, ne recueillera pas la succession ; dans le cas où il lui ferait, par un autre testament, un lot différemment composé, dans le cas où il voudrait disposer par préciput au profit des autres descendants des biens que le partage leur attribuait (sauf à lui, bien entendu, à appliquer l'art. 919 *in fine*, indépendamment de la révocation). — La révocation partielle de certains lots se conçoit dans le cas où l'ascendant, trouvant ces lots trop forts, les diminue pour les mettre au niveau des autres et rétablir ainsi l'égalité ; dans le càs où les lots étant d'ailleurs égaux, l'ascendant veut, en diminuant les uns, avantager les descendants auxquels sont attribués les autres, et mettre ainsi entre ses héritiers les inégalités que comporte le partage ; enfin dans le cas où il veut modifier la composition de certains lots, en y mettant tel bien à la place de tel autre qu'il y avait mis d'abord.

La révocation partielle trouve naturellement une limite dans les règles du partage. Toute révocation qui porterait atteinte à ces règles, reste bien toujours permise, il est vrai ; mais elle deviendrait une cause de nullité du partage. Telle serait, par exemple, celle dont il résulterait, soit une lésion de plus du quart au préjudice de l'un des descendants, soit l'omission même de ce descendant, soit un avantage prohibé au profit d'un autre, soit une inégalité grave quant à la répartition en nature des meubles et des immeubles.

La révocation tacite résulte,

1° D'un testament nouveau, qui, sans révoquer d'une manière expresse le précédent, contient néanmoins des dispositions incompatibles avec celles de ce testament, ou qui y sont contraires (1036).

2° De l'aliénation totale ou partielle des choses comprises dans la disposition (1038).

Au premier cas, la révocation n'atteint que celles des dispositions précédentes qui sont incompatibles avec les nouvelles, ou qui y sont contraires (1036). — Au second cas, elle n'atteint la disposition que pour ce qui a été aliéné (1038).

Il faut bien admettre, dans notre matière, la révocation résultant de l'incompatibilité ou de la contrariété des dispositions, puisque cette révocation est commandée par la nécessité des choses. Si donc, par exemple, un ascendant, après avoir partagé certains biens par testament, comprend ces mêmes biens en tout ou en partie dans un autre partage, soit entre-vifs, soit testamentaire, les deux partages ne pouvant s'exécuter concurremment, le premier doit être considéré comme révoqué par le second.

23. Mais doit-on considérer les actes d'aliénation comme entraînant une révocation tacite? et en cas de négative, quelle influence peuvent-ils exercer sur le partage et dans les rapports respectifs des descendants?

La règle posée dans l'art. 1038 se conçoit dans l'hypothèse littéralement prévue par cet article, c'est-à-dire dans l'hypothèse d'un legs, disposition isolée, qui produit son effet ou qui devient caduque par elle-même et sans relation à aucune autre disposition.—Il est tout simple que le testateur, qui a pu, dès l'origine, faire son legs de la manière que bon lui a semblé, puisse pareillement, par la suite, le modifier à son gré, et, par conséquent, le révoquer, soit en totalité, soit en partie. Une révocation partielle se conçoit alors, et, par suite, se présume, aussi bien qu'une révocation totale. La loi, d'ailleurs, admet assez facilement la révocation d'un legs, parce que c'est le retour à l'ordre légal et au cours ordinaire des choses. Mais ces considérations ne se rencontrent pas dans un partage. Là les divers apportionnements se lient les uns aux autres, de manière à former, par leur réunion, un seul tout. Lors donc que l'ascendant a fait son partage, il a clairement montré par là quelles proportions il entendait établir entre ses descendants. Or, appliquer l'art. 1038, c'est supposer qu'il s'est proposé ensuite, par une aliénation, de modifier, de changer ces proportions. Mais cette supposition peut-elle raisonnablement s'induire d'un simple acte d'aliénation, d'un de ces actes qu'un administrateur fait tous les jours, par occasion ou par utilité? Est-il vraisemblable qu'un ascendant, qui a tant fait que de partager sa succession, afin d'assurer par là le repos de sa famille, allât prendre, pour retoucher ce partage, si son intention était, en effet, de le retoucher, la voie douteuse et équivoque d'une aliénation? La chose est trop importante, ce nous semble, pour qu'il la règle autrement que par un acte formel.

D'un autre côté, admettre qu'en disposant d'un ou de quelques objets compris dans un lot, il a entendu détruire le partage même dans son entier, parce qu'il en détruisait l'économie, ce serait dépasser la règle de l'art. 1038 : car ce serait dire que la révocation tacite s'applique à des choses autres que celles dont le testateur a disposé. Or, on ne peut étendre les présomptions légales au delà des limites posées par la loi. — Si cette raison n'était pas péremptoire, nous ajouterions que ce serait encore là une supposition sans fondement. Car des actes de disposition, fort peu importants peut-être, lors du moins qu'on les compare à la totalité des biens partagés, ne prouvent nullement par eux-mêmes que l'ascendant ait voulu détruire son partage en entier.

Or, s'il est impossible de tirer des actes de disposition faits par l'ascendant aucune conclusion certaine sur le point de savoir quelle a été sa véritable pensée en ce qui concernait son partage, ce partage, une fois fait, doit, dans le doute, être considéré comme subsistant. L'ascendant aurait pu s'expliquer; il ne l'a pas fait. On doit donc plutôt supposer que sa volonté est restée la même. Car une première manifestation de volonté ne peut être détruite que par une manifestation nouvelle et en sens contraire. Et puisque, d'un côté, nous refusons de présumer l'intention, de sa part, de modifier, dans les rapports respectifs des descendants, les dispositions du partage, et que, d'un autre côté, les actes d'aliénation doivent avoir leur effet, nous sommes amenés à dire que le descendant, auquel avaient été attribués les objets dont il a été disposé, doit avoir le droit d'agir en garantie contre ses cohéritiers à raison des actes de disposition. Ce sera donc comme dans le cas où, ayant fait eux-mêmes le partage après le décès de l'ascendant, ils y avaient compris des objets ayant cessé d'appartenir à l'ascendant ou grevés de charges à eux inconnues.

Si toutefois les actes de disposition avaient pour effet de rendre un lot notablement inégal aux autres sous le rapport de la nature des biens, le descendant auquel il est attribué, serait fondé à en demander la nullité. Car ce qui n'est pas permis dès l'origine à l'ascendant, ne saurait lui être permis après coup. Donc, puisqu'il n'a pu *ab initio,* former son partage, qu'en donnant à chacun sa part en nature dans les meubles et les immeubles, il n'a pu le modifier plus tard, par ses actes de disposition, en contravention à cette règle. On peut citer, comme exemple, le cas où il aurait disposé, soit d'un grand nombre d'objets compris dans un lot, soit d'objets importants qui en faisaient tout le prix, ou du moins une bonne partie du prix, et, à plus forte raison, s'il avait disposé de la totalité de ce lot. Nous ne disons pas que dans ce dernier cas, le partage serait nul, par application de la disposition de l'art. 1078, c'est-à-dire comme ne comprenant plus tous les descendants. Car, d'après notre solution, celui dont le lot a été aliéné, y reste compris pour la valeur qu'avaient les choses qui lui étaient assignées. — Il en serait de même encore, si les aliénations, portant sur différents lots ou sur tous, avaient totalement changé la physionomie primitive du partage. L'opération se trouverait alors dénaturée. Elle ne constituerait plus un partage ; elle devrait donc rester sans exécution. A quoi bon d'ailleurs une exécution qui, loin de présenter l'utilité ordinaire d'un partage, nécessiterait l'expertise de tous les biens, et, par conséquent, une véritable liquidation, laquelle se terminerait par le recours des héritiers les uns contre les autres? Il est plus simple de regarder le partage comme non avenu.

Ainsi, les actes de disposition donneront lieu, en principe, à une action en garantie, et quelquefois à une action en nullité, à raison de l'importance des aliénations.

Lorsque les actes de disposition consistent dans des ventes, et que ces ventes ne sont pas d'ailleurs de nature à autoriser la demande en nullité du partage, ou que le descendant intéressé ne demande pas cette nullité, ce n'est ni le prix de vente, ni l'action contre l'acheteur qu'on devra lui accorder. Car, en droit, le prix de vente ou l'action contre l'acheteur, ne représentent pas la chose vendue. C'est à la valeur réelle de la chose, ni plus ni moins, que le descendant aura droit, et cela contre ses cohéritiers. En un mot, ce sont les règles ordinaires de la garantie des partages qu'on appliquera.

Si les actes de disposition consistent en une donation faite par avancement d'hoirie à un descendant autre que celui auquel ont été attribués les objets donnés, ce n'est plus l'action en garantie qui compétera à ce dernier contre tous ses cohéritiers, mais l'action en rapport contre le donataire. Et si c'est à lui que la donation est faite, il n'aura aucune action ; il se fera le rapport à lui-même.

On doit ranger parmi les actes de disposition, ou du moins assimiler à ces actes les faits qui éteignent les créances. Si donc une créance, mise dans un lot par l'ascendant, lui est payée, le descendant auquel elle était attribuée, aura droit à la somme qui se trouvait due ; car c'est cette somme que l'ascendant a mise dans son lot. Peu importerait, par conséquent, que le débiteur, en payant d'avance, par exemple, ou parce qu'il était gêné, eût obtenu une remise sur le montant intégral de sa dette. — Il en serait donc encore ainsi, et par la même raison, dans le cas où l'ascendant lui aurait fait remise entière. — La décision serait d'ailleurs la même dans les autres modes d'extinction d'obligation.

Ces diverses règles ne sont pas applicables aux baux faits par l'ascendant. Ces baux devront rester au compte du descendant qui recueillera les biens loués. Car le bail n'est qu'un acte d'administration, qui n'influe en rien sur les dispositions testamentaires.

24. Nous venons de voir quelle influence peuvent exercer sur le partage les changements survenus dans les biens partagés, par suite des aliénations qu'a pu consentir l'ascendant. Mais l'ascendant peut aussi, nous l'avons déjà dit, faire subir des modifications à l'état matériel des biens, augmenter la valeur d'un ou de plusieurs lots, au moyen, par exemple, de constructions, de plantations, etc., ou, au contraire, la diminuer, au moyen, par exemple, de démolitions.

Dans les legs, ces changements profitent ou nuisent au légataire. La loi s'en est expliquée formellement pour les embellissements faits ou les constructions nouvelles élevées sur le fonds légué (1019). Mais nous ferons ici l'observation que nous avons déjà faite à propos des actes de disposition. Le legs est une disposition isolée, qui s'apprécie par elle-même, et sans corrélation à aucune autre disposition. Il est donc tout simple que les augmentations ou les diminutions soient au compte du légataire. Les divers apportionnements du partage, au contraire, sont en corrélation les uns avec les autres. Or, la circonstance que, dans la gestion de son patrimoine, l'ascendant a augmenté la valeur de tels biens et diminué celle de tels autres, ne peut, à elle seule, faire présumer l'intention de sa part de détruire l'économie de son partage, telle qu'il l'avait établie primitivement. Donc, dans le doute, nous maintiendrons cette économie. De cette sorte, nous arrivons à appliquer ici la même solution et la même distinction que quand il s'agit d'actes de disposition, c'est-à-dire que si les changements opérés par l'ascendant étaient d'un telle importance que l'égalité entre les descendants en fût tout à fait rompue, et que le partage n'eût pu *ab initio* être fait de cette sorte, la nullité pourrait en être demandée. Car puisque s'il eût été fait ainsi dès l'origine, il n'eût pas été régulier, il ne se trouve pas non plus régulier depuis les changements qui l'ont mis en cet état. — Si, au contraire, les changements laissent les lots égaux ou à peu près, ils formeront simplement un sujet de compte entre les descendants. Le lot dont ces changements augmentent la valeur, devra indemniser les autres. Celui, au contraire, dont ils auront diminué la valeur, devra être indemnisé.

Si toutefois les changements étaient sans importance ou de très-peu d'importance, relativement à la valeur totale du lot, on ne devrait y avoir aucun égard. *De minimis non curat prætor.* Si on écoutait trop facilement les descendants à cet égard, les partages d'ascendants, loin d'éviter un procès, y donneraient toujours lieu.

On ne devrait pas non plus avoir égard aux réparations. Car les réparations entretiennent ou conservent la chose ; elles ne la changent pas, sous le point de vue du droit.

Quant aux acquisitions nouvelles par lesquelles l'ascendant aurait augmenté un immeuble compris dans son partage, ces acquisitions, fussent-elles contiguës, ne reviendraient pas au descendant à qui est attribué l'immeuble, mais à la masse non partagée. Telle est déjà la règle portée pour les legs (1019). Or il en doit être ainsi, à plus forte raison, dans le partage testamentaire, s'il est vrai, comme nous le pensons, qu'on ne saurait tirer des faits postérieurs au partage, la présomption que l'ascendant ait entendu changer les proportions qu'il avait d'abord données aux divers apportionnements, lorsque ces faits ne sont pas de nature à faire supposer, à eux seuls, cette intention.

Cette raison fait que nous irions plus loin qu'en matière de legs, et que nous déciderions que, dans le cas même où l'ascendant aurait, postérieurement au partage, augmenté l'enceinte d'un enclos qu'il y avait compris, l'augmentation ne reviendrait pas au descendant à qui a été attribué l'enclos. Nous réglerions donc ce cas comme celui des acquisitions contiguës, bien que la loi le règle autrement en matière de legs (1019). C'est toujours parce que le legs est une disposition isolée qui est sans corrélation à aucune autre.

25. Recherchons maintenant s'il faut avoir égard aux changements survenus dans l'état des biens, indépendamment du fait et de la volonté de l'ascendant. Ces changements peuvent résulter de cas fortuits et de force majeure, ou bien d'événements qui, sans constituer une disposition de la part de l'ascendant, produisent néanmoins un résultat analogue, en ce qu'ils font passer un bien de ses mains en celles d'un tiers.

La destruction matérielle des choses, les détériorations ou dépréciations qu'elles subissent, ou, à l'inverse, l'accroissement de valeur qu'elles prennent, le tout sans le fait du propriétaire, les changements survenus dans la solvabilité des débiteurs : voilà les divers résultats des cas fortuits. On les désigne ordinairement sous l'expression de *risques*. Il semble donc que la question, sous ce rapport, revienne à se demander pour qui sont les risques postérieurs à la confection du testament, mais antérieurs au décès de l'ascendant. Doivent-ils rester communs, de manière que le résultat s'en répartisse, lors de l'ouverture de la succession, au moyen d'un compte entre les divers descendants? On peut argumenter en ce sens, de ce que nous avons dit à propos des changements résultant des faits de l'ascendant. L'ascendant, en faisant son partage, l'a formé en vue de l'état dans lequel étaient alors les biens. Il a donc entendu que les divers lots eussent la valeur que leur donnait cet état. Par conséquent, on tromperait son intention, on détruirait l'économie du partage, telle qu'il a entendu l'établir, si l'on ne tenait compte des événements qui, depuis, ont modifié la valeur respective des divers apportionnements. Il aurait opéré autrement, si la valeur des biens eût été, dès cette époque, telle qu'elle se trouve à son décès. Ce caractère du partage, ajouterait-on, rend inapplicable à l'espèce, la règle relative aux legs, et d'après laquelle le légataire prend la chose dans l'état où elle se trouve au décès du testateur (1018). De sorte qu'il y a, en définitive, analogie entre ce cas et celui où il s'agit d'actes de disposition faits par l'ascendant ou de changements opérés par lui.

Cette opinion nous paraît toutefois devoir être rejetée. Lorsque l'ascendant a fait un partage testamentaire, il laisse une succession toute partagée. Or, les successions se recueillent dans l'état où elles se trouvent lors de leur ouverture. C'est donc d'après cet état que, dans notre espèce, les descendants doivent prendre la succession de l'ascendant. Et comme, par l'effet du partage, chacun d'eux est appelé à une part divise et déterminée, il prend cette part dans l'état où elle se trouve alors. — Cela ne veut pas dire que les lots soient aux risques de chaque descendant du jour même du partage. Tant que vit l'ascendant, son partage ne produit aucune espèce d'effet; et ce serait lui en faire produire que de dire qu'il met immédiatement les choses partagées aux risques de ceux auxquels il les attribue. Mais un légataire aussi prend la chose léguée dans l'état où elle se trouve au décès du testateur; et pourtant, on ne peut pas dire pour cela qu'elle soit à ses risques avant le décès du testateur. Tant que vit un homme, tous ses biens sont à ses risques. Mais le résultat des événements qui en augmentent ou en diminuent la valeur, passe naturellement à ceux qui lui succèdent. Car ses successeurs ne peuvent recueillir ses biens que dans l'état où ils se trouvent à son décès.

On ne peut se prévaloir de l'intention de l'ascendant. Car en faisant un partage testamentaire, il savait que le partage ne produirait effet qu'à sa mort. Il savait donc que jusque là, le cours ordinaire des choses pouvait modifier la valeur respective des biens. Il entendait donc tacitement, puisqu'il ne s'est pas expliqué à cet égard, que les descendants recueilleraient chacun leur lot dans l'état où il se trouverait à l'ouverture de la succession, par suite du seul cours des événements.

Mais il est clair que s'il résultait des changements survenus que l'un des descendants fût lésé de plus du quart, ou, à l'inverse, recueillît un avantage plus grand que la loi ne le permet, le partage pourrait être attaqué, conformément à la règle portée par l'art. 1079. Car, pour savoir s'il y a lieu à l'action en rescision contre un partage testamentaire, soit pour lésion de plus du quart, soit pour atteinte portée à la réserve, c'est, sans nul doute, la valeur des lots au moment de l'ouverture de la succession qu'il faut apprécier.

Nous serions d'ailleurs portés, en cas de perte ou destruction totale d'une chose comprise dans le partage, à donner une action en garantie à celui à qui cette chose devait revenir. Car, lorsque l'une ou quelques-unes des choses que l'ascendant avait mises dans un lot, et qui devraient par conséquent s'y trouver, ne s'y trouvent pas, il nous semble que le descendant auquel revient ce lot, doit en avoir la valeur. Il y a là un cas analogue, en définitive, à une éviction.

En tout cas, quelque parti que l'on adopte, soit sur le cas de perte, soit sur celui de dépréciation, si la perte ou la dépréciation était imputable à un tiers, l'action en indemnité contre ce tiers ne peut, en droit, être considérée comme représentant la chose détruite, ou le montant de la dépréciation. Si donc elle n'a pas été exercée par l'ascendant, ou s'il n'en a pas fait remise, ou ne l'a pas laissé prescrire, elle reviendra à tous les héritiers. Le descendant auquel avait été attribuée la chose détruite ou détériorée, n'y peut donc prétendre exclusivement; et pourtant, il faut en convenir, ce serait équitable, si on laisse à son compte la perte ou la détérioration.

Quant aux événements qui auraient enlevé à l'ascendant la possession de l'un des objets par lui compris dans son partage, tels que la rescision, la révocation, la résolution d'un droit qui lui appartenait, ou bien la revendication intentée contre lui par un tiers dont il possédait la chose, une expropriation pour cause d'utilité publique, ces événements nous paraissent devoir donner lieu, dans tous les cas, lors de l'ouverture de la succession, au profit du descendant sur le lot duquel ils sont tombés, à une action en garantie contre ses cohéritiers, absolument comme s'ils n'étaient arrivés qu'après l'ouverture de la succession. Il y a là une éviction antérieure à cette ouverture, mais qui ne doit pas plus retomber sur un seul héritier que si elle était postérieure, parce qu'autrement elle aurait pour résultat de mettre entre les divers descendants une inégalité qui n'était pas dans l'intention de l'ascendant. Car il comptait que la chose se trouverait en définitive dans le lot où il l'avait mise. La date de l'éviction ne doit pas influer sur ses conséquences dans les rapports respectifs des descendants.

L'action en garantie ne devrait pas, au reste, empêcher l'action en nullité, si le partage, par suite des événements survenus, se trouvait ne plus contenir une répartition régulière des biens. C'est là une différence qu'il faut mettre, suivant nous, avec l'action en garantie qui a lieu dans les partages ordinaires, et avec celle dont la cause, dans les partages mêmes d'ascendants, ne s'ouvrirait qu'après le décès. — Cette différence se conçoit. Dans un partage ordinaire, l'état des biens est fixé depuis l'ouverture de la succession, tant sous le rapport de la valeur estimative, que sous le rapport des droits dont ils peuvent être grevés au profit des tiers. C'est aux héritiers à rechercher exactement cet état, et à faire le partage en conséquence. En tout cas, si une éviction devait anéantir un premier partage, une seconde éviction devrait également en anéantir un second, et ainsi de suite. Les successions ne se trouveraient donc jamais irrévocablement partagées. —Il en est autrement dans notre espèce. Le partage testamentaire ne doit produire effet qu'au décès. On a donc à examiner à cette époque s'il se trouve constituer un partage régulier. En cas d'affirmative, il produira son effet; sinon, on procédera à un nouveau partage.

26. Ce n'est qu'à la mort de l'ascendant que le partage testamentaire peut produire effet. Et une première condition pour cela, c'est que l'ascendant meure naturellement. Car la loi annule le testament du mort civilement (25). — De sorte que le partage testamentaire qu'aurait fait un ascendant que vient frapper la mort civile, deviendrait caduc; de même que toutes les autres dispositions de dernière volonté.

Supposons donc l'ascendant mort naturellement : le partage peut produire effet. Mais quel effet et entre quels descendants? — La réponse à cet égard dépend, en grande partie du moins, d'une question préalable, qui est fondamentale dans la matière : de la question de savoir en quelle qualité les descendants sont appelés à recueillir les biens qui leur sont attribués par le partage, si c'est en qualité d'héritiers ou bien de légataires, en d'autres termes, si le partage est un acte d'attribution, ou bien, au contraire, de simple distribution.

La question, bien entendu, ne concerne en rien les biens que l'ascendant a pu laisser indivis. Ceux-là, en effet, se trouvant dans la succession légitime ordinaire, évidemment les descendants n'y sont appelés que par la loi. Ils ne peuvent donc les recueillir qu'en devenant héritiers et ils les recueillent alors avec tous les effets attachés à la qualité d'héritier. Il ne saurait y avoir de doute qu'en ce qui concerne les biens partagés par le testament. Doit-on dire qu'à l'égard de ces derniers la vocation n'est plus légitime, qu'elle est devenue testamentaire?

Nous pensons qu'elle est restée légitime. En effet, l'acte par lequel l'ascendant, usant de la faculté que lui donnent les art. 1075 et suiv., C. civ., a, pour après sa mort, distribué ses biens entre ses descendants, n'est que le partage même de sa succession légitime. Il avait, sans doute, le pouvoir de faire autre chose; mais il ne l'a pas fait. Il a déclaré faire un partage; la loi s'en tient à cette déclaration. — Cela posé, nous dirons, pour être dans la théorie de la loi : La seule fin que se propose un ascendant, en faisant le partage de ses biens pour après sa mort, c'est de remplir lui-même l'office qu'aurait à remplir le juge en cas de désaccord ou d'incapacité des descendants. Or, l'office du juge serait de partager la succession légitime, sans détruire les effets résultant de la vocation de la loi, en prenant, au contraire, ces effets pour base et pour règle de son opération. De même, l'ascendant prend pour base et pour règle de son opération, la vocation établie par la loi : il n'agit qu'en prévision de cette vocation. Il n'entend y rien ajouter, ni en rien retrancher; il entend la laisser subsister avec toutes ses conséquences, même en ce qui concerne les biens qu'il partage; sauf qu'il fait d'avance, qu'il prévient, une opération qu'elle devait amener à sa suite. — Ce n'est donc pas son testament qui est le principe de la vocation des descendants relativement aux biens partagés; ce principe est toujours dans la loi. Donc, le partage testamentaire ne détruit pas en la personne des descendants, relativement aux objets sur lesquels il porte, la qualité d'héritiers légitimes pour y substituer celle de légataires. Décider autrement, ce serait confondre ce que la loi a si nettement distingué, le pouvoir qu'ont les ascendants de partager leur succession légitime, avec le pouvoir qu'ils ont en même temps de disposer de leurs biens, dans une certaine mesure, même entre leurs descendants, d'une manière autre que celle dont la loi en règle la transmission : ce serait voir dans le partage une disposition par préciput.

La circonstance que le partage est fait par acte testamentaire, et pour après la mort de l'ascendant, ne peut, par elle-même, comme le faisait déjà observer Lebrun dans l'ancien droit (Introd., n° 22), ôter aux descendants leur qualité d'héritiers pour leur attribuer celle de légataires. Car l'ascendant, libre d'ôter à ses descendants la qualité d'héritier, dans la mesure de la quotité disponible, est, à plus forte raison, libre de la leur laisser, en la modifiant simplement dans l'un de ses effets, c'est-à-dire en se bornant à faire le partage des biens que cette qualité doit leur procurer. Qui peut le plus, peut le moins. Aussi la loi soumet bien le partage aux règles des testaments, parce qu'il constitue, en effet, un acte de dernière volonté; mais elle s'est gardée de le soumettre aux règles des legs.

La circonstance que le partage peut, dans une certaine mesure, contenir des avantages indirects, ne saurait non plus le faire sortir de la classe des actes de simple distribution, puisque, en droit, ce ne sont point des avantages proprement dits, mais de purs accidents de fait qui peuvent se rencontrer dans les partages ordinaires, sans porter atteinte au caractère légal du partage. Car le co-partageant dont le lot est plus fort que celui des autres, n'est certes pas considéré, dans ces partages, comme ayant reçu une libéralité des autres.

Une objection très-spécieuse peut se tirer de ce que nous avons dit nous-même précédemment, que le partage est bien au fond et en réalité, une disposition attributive, puisque les descendants apportionnés ne tiennent plus leurs droits de la loi seulement. Car la loi ne leur attribuerait qu'une part indivise dans chacun des objets, tandis que le testament leur attribue la propriété entière des objets composant leur lot. Ils tiennent donc quelque chose du testament : ils tiennent du testament les portions qui, dans chacun des objets qui leur sont attribués, auraient appartenu, d'après l'effet de la loi, à leurs cohéritiers.

Mais faut-il conclure de là qu'il contienne une disposition attributive proprement dite, c'est-à-dire un legs ordinaire, ou, en d'autres termes, que la vocation des descendants devienne testamentaire? Cette conclusion serait en opposition avec les principes du partage. Le partage est considéré, en droit, non comme attributif, mais comme simplement déclaratif; de sorte que, dans les cas ordinaires, lorsque des héritiers ont partagé une succession, chacun d'eux est censé avoir succédé seul et immédiatement à tous les objets compris dans son lot, et n'avoir jamais eu aucun droit dans les autres effets de la succession (883). Donc, chacun d'eux est considéré comme ayant acquis à titre d'héritier, et en vertu de la loi, la totalité des objets qu'il obtient par le partage, c'est-à-dire, non-seulement la portion correspondante à ses droits, mais encore la portion correspondante aux droits héréditaires des autres. Il n'est point considéré comme tenant de ses cohéritiers, et en vertu du partage, les portions que ceux-ci y avaient pendant l'indivision. Donc, pareillement, le partage testamentaire n'étant que le partage de la succession légitime, chacun des descendants doit être considéré comme acquérant en qualité d'héritier, et en vertu de la loi, la totalité des objets que le partage lui attribue, et non pas, comme les acquérant pour aucune partie, à titre de légataire, et en vertu d'une vocation testamentaire.

Ainsi donc, dans le droit actuel, comme dans le droit romain et dans l'ancien droit français (Introd., n⁰ˢ 14 et 22), le partage fait par un ascendant pour après sa mort n'est qu'un acte de distribution, qui laisse subsister, ou, pour mieux dire, qui suppose, au préalable, la qualité d'héritier.

Ceci posé, entrons dans le développement de ses effets.

A cet égard, trois hypothèses peuvent se rencontrer :

Ou tous les descendants compris dans le partage survivent à l'ascendant, acceptent sa succession et ne sont pas indignes ;

Ou il y a parmi eux des prédécédés, des renonçants, des indignes ;

Ou enfin, tous, sans exception, ou à l'exception d'un seul, sont prédécédés, renonçants ou indignes.

27. Prenons d'abord le premier cas. — C'est le cas simple et dégagé de tout accident.

Les descendants appelés à la succession, et compris dans le partage, ne peuvent, tout en acceptant la succession, refuser le partage. — La distribution qu'un ascendant fait de ses biens par testament entre ses descendants, constituant un partage de sa succession légitime, elle a pour résultat de faire que cette succession arrive aux descendants toute partagée (en ce qui concerne les biens compris dans le testament). Ils ne peuvent donc la recueillir autrement. Sans cela, il dépendrait de l'un d'eux de rendre illusoire la faculté que la loi reconnaît aux ascendants. Dès qu'on admet qu'un ascendant a le pouvoir de partager sa succession légitime entre ses descendants, il faut nécessairement admettre en même temps que l'exercice qu'il fait de ce pouvoir oblige ses descendants. Autrement, ce ne serait plus un pouvoir.

Il n'y a donc pas à se demander si les incapables peuvent, et comment ils peuvent accepter le partage testamentaire, si, par exemple la femme mariée a besoin de l'autorisation de son mari ou de justice. Elle a besoin de cette autorisation pour accepter la succession. Mais le partage ne faisant qu'un avec la succession, dès qu'une fois elle accepte la succession, elle la prend avec le partage. — Et il en est de même des mineurs ou interdits. Le partage les lie, dès que leur tuteur, autorisé du conseil de famille, a accepté la succession en leur nom.

Nous ne pensons pas, d'ailleurs, qu'il y ait à distinguer si, au moment où les descendants ont accepté la succession, ils avaient ou non connaissance du partage. Car, dans les cas ordinaires, l'effet d'une acceptation de succession est indépendant du partage. Un partage a beau ne pas convenir à l'héritier ; cela ne l'autorise pas à revenir sur son acceptation. Or il en doit être de même ici, puisque le partage testamentaire n'est que le partage de la succession, fait d'avance par les soins de l'ascendant.

Il est clair, du reste, que si tous les descendants sont capables, il leur est loisible de renoncer d'un commun accord au partage fait par l'ascendant, et d'en faire un autre. Car ce partage constitue simplement, pour chaque partie, un droit de pur intérêt privé, qu'elle trouve dans la succession. Or, s'il est vrai que ce droit ne puisse lui être enlevé sans son consentement, il est vrai aussi qu'elle a le droit d'y renoncer.

Puisque ce droit fait partie de ce que chaque descendant recueille dans la succession, les incapables ne pourraient y renoncer et consentir à un nouveau partage, qu'au moyen des formalités qui leur sont prescrites pour la renonciation à la succession. Mais aussi ces formalités suffiraient. Ainsi, le tuteur aurait besoin, et il lui suffirait d'une autorisation du conseil de famille (à part, bien entendu, le cas où il s'agirait de transiger sur la validité du partage).

Quand nous disons du partage testamentaire qu'il est obligatoire, nous le supposons, bien entendu, valable et régulier. Il est clair que, dans le cas contraire, les descendants ont la faculté de se soustraire à son exécution, en en demandant la nullité.

L'acte contenant partage testamentaire peut être vicieux

Comme testament,

Comme partage,

Comme testament et comme partage tout à la fois.

Nous nous occuperons plus tard des nullités de partage. — Quant aux nullités de testament, il suffit de dire ici que toutes les causes de nullité ou de rescision que l'on peut invoquer de droit commun contre les testaments, peuvent être invoquées par les descendants contre l'acte testamentaire par lequel leur ascendant a fait le partage de ses biens. Et cet acte une fois rescindé ou déclaré nul, le partage qu'il contient tombe par là même, puisque la loi ne reconnaît ces sortes de partages qu'autant qu'ils sont faits avec les formalités, conditions et règles prescrites pour les testaments.

Le partage testamentaire produit son effet au moment même où s'ouvre la succession, c'est-à-dire au moment de la mort (naturelle) de l'ascendant. De sorte que, par l'effet de ce partage, les biens qui y sont compris, ne se trouvent pas un seul instant indivis entre les descendants. A l'instant même de la mort de l'ascendant, chaque descendant acquiert seul et exclusivement le lot qui lui est attribué, sans acquérir aucune portion dans les biens attribués aux autres. — A l'instant même, par conséquent, les divers objets qui le composent, sont à ses risques. — La saisine, en ce qui concerne les choses partagées par l'ascendant, est limitée, pour chacun des descendants, à celles qui lui sont attribuées ; mais aussi elle les frappe en totalité. Telle était déjà la règle admise dans l'ancien droit français, parce que là aussi les descendants recueillaient leur lot à titre d'héritier (Introd., n° 22).

Dans les successions ordinaires, au contraire, les héritiers acquièrent en commun et par indivis les divers objets composant la succession, et ils en supportent dès lors les risques en commun jusqu'au partage. — De même la saisine de chacun d'eux porte sur tous les biens, mais à raison seulement de sa part héréditaire.

Des trois effets que nous venons d'indiquer comme résultant du partage, les deux premiers sont indépendants du caractère légal qu'on voudrait lui attribuer. Ils auraient lieu, aussi bien dans l'opinion qui le considérerait comme un acte d'attribution, que dans celle qui le considère comme un simple acte de distribution. Les deux opinions ne peuvent différer qu'en ce qui concerne la saisine. — Dans la première, les descendants n'étant appelés qu'en qualité de légataires à recueillir les biens formant leur lot, ils seraient dans la nécessité de se demander respectivement la délivrance. Car chacun d'eux, étant d'ailleurs héritier, nous le supposons, resterait, à ce titre, saisi d'une portion indivise dans chacun des objets partagés. — Dans la seconde, comme dès l'instant de l'ouverture de la succession, ils acquièrent chacun la totalité des objets composant leur lot, et l'acquièrent en qualité d'héritier, ils en ont la saisine.

Ce que nous avons dit de l'acquisition immédiate, au profit de chaque descendant, de la totalité des biens compris dans son lot, se trouve, bien entendu, modifié par les principes généraux, en ce qui concerne les créances qu'aurait partagées l'ascendant. Il faut appliquer en ce cas les règles propres au transport des créances. La propriété des créances ne se transférant à l'égard des tiers que par une signification faite au débiteur, ou par l'acceptation de ce dernier (1690), jusque là, dans notre espèce, chaque descendant resterait, nonobstant le partage, propriétaire et saisi de la créance pour une partie correspondante à ses droits héréditaires.

Cette partie pourrait donc s'éteindre de son chef (1691-1295).

Il aurait qualité pour la céder.

Ses créanciers pourraient la saisir.

En cas de faillite, elle devrait être payée aux syndics.

Mais du moment qu'il a notifié le partage, ou l'a fait accepter par le débiteur, c'est lui qui en est, pour l'avenir, saisi en totalité, ou dans les proportions déterminées par l'acte de partage, en supposant, bien entendu, que les choses soient encore entières, c'est-à-dire qu'il ne soit survenu aucun des événements que nous venons d'indiquer. Dans le cas contraire, il aura un recours contre celui dont il ne peut plus acquérir la part, parce que ce dernier ne doit pas profiter d'une chose qui, par suite du partage, devait revenir à un autre. — Ces règles sur la transmission des créances ne font nul obstacle à ce que celles qui ont été attribuées à un descendant, soient à ses risques, dès l'ouverture de la succession. Car une chose est aux risques de celui à qui elle est due, alors même qu'il n'en serait pas encore propriétaire.

Les descendants recueillant à titre d'héritier les biens partagés par l'ascendant, ils ont, relativement à ces biens, soit entre eux, soit à l'égard des tiers, tous les droits, et aussi toutes les charges, attachées à la qualité d'héritiers.

D'abord entre eux. Ainsi, ils se doivent, à l'égard de ces biens, la garantie qui est la conséquence des partages de succession ; de sorte que toutes les règles relatives à ce point, et qui ont lieu dans les partages ordinaires, sont applicables au cas qui nous occupe. — Il en serait autrement, si les biens partagés leur arrivaient à titre de legs. Car les legs ni les donations ne donnent pas lieu, de droit, à la garantie. — Telle était déjà la doctrine la plus généralement admise dans l'ancien droit (Introd. , n°s 16 et 22). Les raisons qu'on donnait à l'appui, s'appliquent dans le droit actuel.

D'après ce que nous avons dit précédemment, la garantie serait due, même à raison , soit des changements que l'ascendant aurait fait subir, postérieurement au partage, à l'état matériel des biens, soit des actes de disposition qu'il aurait consentis.

Par suite du même principe, il y a lieu au privilége que la loi établit au profit des cohéritiers sur les immeubles de la succession, pour la garantie des partages, des soultes, et du prix de licitation. (2103,1°. 2109).

Le délai pour prendre l'inscription nécessaire à la conservation de ce privilége, délai qui est de soixante jours, et qui, dans les cas ordinaires, court du jour de l'acte de partage ou de l'adjudication par licitation, doit, dans notre espèce, courir du jour même du décès de l'ascendant, puisque c'est à ce moment que le partage produit effet, et que la loi n'a pas fixé, pour ce cas particulier, un autre point de départ. Cette conséquence, qui découle forcément des principes, n'est pas sans inconvénient. Car il se peut que le testament ne soit connu qu'un certain intervalle de temps après le décès, lors peut-être que déjà les soixante jours sont expirés ; il se peut aussi que l'un des descendants ne soit pas sur les lieux lors de l'ouverture de la succession. Le privilége en question pourra donc plus d'une fois se trouver perdu sans aucune négligence imputable à celui à qui la loi l'accordait, et dégénérer, par conséquent, en une simple hypothèque.

Une autre conséquence résultant de ce que la distribution faite par l'ascendant constitue un simple partage de sa succession légitime , c'est que les causes de nullité ou de rescision propres aux partages, et qui pourraient être invoquées contre un partage fait par les descendants eux-mêmes ou par la justice, peuvent, la loi s'en explique formellement, être invoquées contre les partages d'ascendants. Telles seraient, par exemple, une lésion de plus du quart au préjudice de l'un des descendants, l'omission dè l'un d'eux (1078 , 1079). — Au lieu qu'elles seraient inapplicables, si les dispositions contenues dans le testament formaient des legs. Car les legs ne peuvent être critiqués que pour atteinte à la réserve ; et encore cette atteinte donne-t-elle simplement lieu à une réduction, et non à une nullité.

Par la même raison, le partage n'est pas révocable pour les causes qui entraînent la révocation des legs, c'est-à-dire, pour inexécution des conditions, charges ou obligations qu'il impose aux descendants, ni pour ingratitude (1046).

Le partage ne serait pas révocable pour inexécution des obligations qu'il impose, c'est-à-dire que cette exécution ne saurait avoir pour effet de le priver de la part que lui attribue le partage. Car il a droit à cette part en qualité d'héritier. Or, la qualité d'héritier ne se perd point par la circonstance que celui qui l'a, n'exécute pas les obligations qu'elle lui impose envers ses cohéritiers. Ceux-ci ne peuvent que réclamer, tant par action simple que par action privilégiée, l'exécution des obligations que le partage crée à leur profit.

Le partage n'est pas non plus révocable pour ingratitude. Si toutefois les faits qui, de la part d'un légataire, constitueraient une ingratitude, rentrent dans les cas d'indignité prévus par l'art. 727, le descendant qui en sera coupable, pourra être exclu comme indigne, non-seulement de ce qui lui revient dans les biens que n'aurait pas partagés l'ascendant, mais encore de ceux que lui attribue le partage ; c'est ce qu'on expliquera bientôt.

Les descendants ont aussi, vis-à-vis des tiers, relativement aux biens compris dans le partage, la condition qui résulte de la qualité d'héritier.

Ainsi, ils sont entièrement, sous le rapport de la prescription acquisitive, dans la même position que l'ascendant. En conséquence, si, parmi les biens partagés, il s'en trouve qui appartiennent à autrui, et que l'ascendant fût en voie de prescrire, les descendants continueront la prescription. Si, au contraire, l'ascendant à raison des vices de sa possession, ne pouvait prescrire, les descendants ne le pourront pas davantage. Car, puisqu'ils possèdent comme héritiers, ils continuent les vices de la possession du défunt.— Il en serait autrement, s'ils possédaient à titre de legs. Car, comme le partage porte sur des objets déterminés, il constituerait un legs particulier, et formerait, dès lors, au profit des descendants, un juste titre, et, partant, une cause nouvelle de possession, absolument comme la donation, la vente, l'échange, etc.

Lorsque les descendants sont mariés, le point de savoir si c'est à titre d'héritier ou bien de légataire qu'ils recueillent ce que leur attribue le partage, importe aussi dans leurs rapports avec leur conjoint. Car si c'était à titre de légataire, et que, dans un partage comprenant des biens immeubles seulement, l'ascendant attribuât la totalité ou une plus forte part à l'un d'eux, à la charge par lui de payer une somme d'argent à un autre, celui à qui serait attribuée cette somme, devrait être considéré comme recueillant par legs une valeur mobilière. Si donc, par exemple, il était marié en communauté, cette somme tomberait dans sa communauté. Si c'était une fille, mariée sous le régime dotal, et que cette somme dût, d'après son contrat, être dotale, elle pourrait être touchée par le mari sans remploi, à moins que le contrat n'assujettît l'aliénation des meubles dotaux à la nécessité du remploi. En effet, si, en ce qui concerne les objets partagés, le descendant n'était qu'un légataire, dans l'espèce, comme c'est une somme qu'on lui a attribuée, cette somme ne pourrait être considérée comme représentant sa part dans les immeubles. Car il n'aurait aucun titre qui lui donnât droit à une part dans les immeubles. Mais comme la disposition constitue simplement le partage de la succession légitime, elle doit avoir, sous le rapport qui nous occupe, les mêmes effets qu'un partage ordinaire. Sans doute, elle existe dès le moment de l'ouverture de la succession. Mais un partage ordinaire remonte aussi à ce moment, d'après le principe de l'article 883. De sorte que, si le partage testamentaire empêche l'indivision d'exister un seul instant appréciable, le partage ordinaire, par son effet rétroactif, la fait considérer comme non avenue. Il faut donc décider, dans notre espèce, comme s'il s'agissait d'un partage ordinaire, à savoir, que, puisque l'ascendant n'a partagé que des immeubles, les divers descendants n'ont pu succéder qu'à des immeubles; que, dès lors, la soulte ne saurait être considérée comme un effet mobilier de la succession. Elle représente, dans les mains de celui à qui elle est attribuée, ce qu'il reçoit en moins dans les immeubles. C'est le prix de la portion à laquelle il a droit comme héritier dans les biens immobiliers auxquels il se trouve appelé avec les autres héritiers, mais que le partage attribue à l'un de ces derniers.

Aucune difficulté n'est possible lorsque l'ascendant, ayant partagé tout à la fois des meubles et des immeubles, il a distribué inégalement ces deux sortes de biens. Car puisque, par le partage, chacun est censé avoir succédé seul et immédiatement aux objets compris dans son lot, et n'avoir jamais eu aucun droit de copropriété dans les objets attribués aux autres, celui dont le lot se compose de meubles se trouve avoir recueilli par succession des meubles. Celui dont le lot se compose d'immeubles se trouve avoir recueilli par succession des immeubles. Donc le titre d'héritier a, en ce cas, le même effet qu'aurait le titre de légataire.

On présente quelquefois comme l'une des conséquences du principe que les descendants ne sont appelés qu'en qualité d'héritiers aux biens partagés, qu'ils sont tenus des dettes comme les héritiers dans les cas ordinaires. Toutefois, il faut se garder ici d'une équivoque. Le partage n'exerce par lui-même aucune influence relativement aux dettes. Seulement, les descendants ne peuvent recueillir les biens partagés qu'en prenant la qualité d'héritiers. Or, cette qualité les soumet aux conséquences ordinaires, et particulièrement à l'obligation de payer les dettes.

Si l'ascendant impose à un seul descendant la charge d'acquitter une dette héréditaire, cette charge ne saurait avoir pour effet, dans le partage testamentaire de l'ascendant, pas plus que dans aucun autre partage, d'enlever au créancier la faculté qui lui appartient de poursuivre personnellement les autres descendants à raison de leur part, sauf alors leur recours contre celui qui a été chargé de la totalité de la dette. C'est ce qu'on décidait aussi en droit romain. (Introduction, n° 16.)

Les créanciers de l'ascendant peuvent, d'ailleurs, en demandant la séparation de patrimoines contre les créanciers des descendants, comprendre dans cette séparation les choses partagées par l'ascendant, aussi bien que celles qu'il a laissées dans l'indivision.

28. Si le testament, outre le partage, contenait un préciput, le préciputaire y serait appelé à titre de légataire, et non plus à titre d'héritier. — Il n'en serait donc pas saisi, et devrait dès lors en demander la délivrance, comme s'il n'était qu'un légataire étranger.

Le préciput ne donnerait pas lieu, de droit, à la garantie.

Il serait révocable pour ingratitude ou inexécution des conditions.

Il donnerait au préciputaire, sous le rapport de la prescription acquisitive, une possession distincte de celle de l'ascendant.

Il devrait s'imputer sur la quotité disponible.

Enfin, alors même qu'il consisterait en sommes d'argent à payer par un descendant dont le lot se composerait exclusivement d'immeubles, il ne formerait néanmoins qu'un legs mobilier, réglé comme tel dans les rapports du préciputaire avec son conjoint.

Tous ces résultats, on le voit, sont l'inverse de ceux qui ont lieu à l'égard des biens formant, pour un descendant, sa part héréditaire. C'est qu'en effet le titre n'est plus le même. Dans un cas, le titre d'héritier ; dans l'autre, le titre de légataire.

29. Seconde hypothèse. — Parmi les descendants compris dans le partage, les uns recueillent la succession. D'autres, au contraire, sont prédécédés, renonçants ou indignes.

Il n'y a, en pareil cas, rien de spécial à dire des premiers. Le partage produit ses effets à leur égard, dans leurs rapports respectifs, comme s'il n'y avait pas d'autres descendants, en supposant, bien entendu, qu'ils soient plusieurs. Car autrement, il n'y aurait plus partage.

Nous n'avons donc à nous occuper que des prédécédés (ou morts civilement), des renonçants, ou des indignes.

Le partage ne peut avoir effet qu'à l'égard des descendants qui se trouvent capables au moment où cet effet se produit, c'est-à-dire au moment de la mort naturelle de l'ascendant. — Or, la première condition de capacité, c'est l'existence naturelle et civile. Donc ceux des descendants qui meurent naturellement ou civilement avant cette époque, ne peuvent acquérir aucun droit aux biens qui leur étaient destinés. — Peu importerait, à cet égard, qu'on envisageât le partage comme conférant une vocation testamentaire, au lieu de laisser subsister la vocation légitime. Car la vocation testamentaire, comme la vocation légitime, ne s'ouvre qu'au décès.

Les descendants qui renoncent à la succession, ne peuvent prétendre aux biens que leur attribue le partage. Car ils n'y ont droit qu'en qualité d'héritier. Or, cette qualité, ils la perdent par leur renonciation. — Si, au contraire, ils avaient droit à ces biens en qualité de légataires, ils pourraient renoncer à la succession, et par là, perdre, il est vrai, leur droit aux biens non partagés, mais réclamer néanmoins ce qui leur aurait été attribué par le partage, jusqu'à concurrence de la quotité disponible.

De même, ceux des descendants qui ont en leur personne des causes d'indignité, peuvent être exclus, non-seulement de ce qui leur revient dans les biens non partagés, mais encore de ce qui leur est attribué par le partage.—Il est vrai qu'alors même qu'on envisagerait le partage comme constituant un legs au profit de chaque descendant, le résultat, en pareil cas, serait presque identique, parce que les causes qui rendent un héritier indigne et le font exclure d'une succession, rendent un légataire ingrat et autorisent la révocation du legs (1046. 727).—Il y a toutefois quelques différences entre les deux cas.—Ainsi, un testateur peut pardonner au légataire ingrat, et par là effacer son ingratitude, tandis que l'indignité d'un héritier ne peut être couverte par le pardon du *de cujus*. De même, l'action tendant à faire exclure un héritier comme indigne de succéder, dure 30 ans, tandis que l'action en révocation pour ingratitude, est quelquefois annale. — Sous ces deux rapports, la position de l'héritier indigne est plus désavantageuse que celle du légataire ingrat.—Mais, d'un autre côté, la loi admet un peu plus facilement la révocation d'un legs pour ingratitude, que l'exclusion d'un héritier pour cause d'indignité. Elle autorise en effet cette révocation à raison d'un attentat de la part du donataire ou légataire à la vie du donateur ou testateur, sans exiger que le donataire ou légataire ait été condamné pour ce fait, tandis qu'elle l'exige pour qu'il y ait lieu à l'exclusion d'un héritier pour cause d'indignité. De plus, elle autorise la révocation d'un legs pour délits ou injures graves du légataire contre le testateur ou sa mémoire, tandis qu'elle ne prononce son indignité que pour une seule injure grave, pour le fait d'avoir porté contre le défunt une accusation capitale jugée calomnieuse (955. 727). —Or, le partage testamentaire, laissant subsister la qualité d'héritier, n'y substituant pas la qualité de légataire, un descendant ne peut être exclu des biens qui y sont compris, que pour des faits de nature à constituer une cause d'indignité.—Mais aussi l'action pour le faire exclure de ces biens durerait 30 ans dans tous les cas.

Si, dans l'apportionnement qui était destiné au prédécédé, au renonçant, à l'indigne, il se trouve des choses qui lui aient été données en avancement d'hoirie, ces choses lui restent, à lui ou à ses héritiers. Car comme elles lui appartiennent déjà en vertu de la donation, il n'a pas besoin de la qualité d'héritier pour les acquérir.—Peu importe, à cet égard, que la donation soit antérieure ou bien postérieure au partage. Car si elle est antérieure, le partage n'a pu y porter atteinte. Si elle est postérieure, l'ascendant a eu le pouvoir de la faire, puisque le partage lui avait laissé la libre disposition de ses biens.

Remarquez seulement, en ce qui concerne l'indigne, que les causes d'indignité constituant aussi des causes d'ingratitude, le descendant indigne restera exposé, à l'égard des biens qu'il a reçus entre-vifs, à l'action en révocation pour ingratitude ; si cette action n'était pas éteinte.

Lorsqu'un descendant apportionné par le partage, renonce ou est indigne, les biens qui lui étaient attribués pour son lot, restent naturellement dans la succession, comme biens non partagés, puisque le partage est caduc en ce qui les concerne. Ils suivent donc le sort que suit, dans toute succession légitime, la part héréditaire qui échappe à l'héritier présomptif auquel elle était destinée, c'est-à-dire qu'ils sont soumis aux règles ordinaires sur l'accroissement. Ainsi, lorsque tous les descendants viennent de leur chef, comme le partage a dû être fait par tête, l'accroissement a également lieu par tête. Lors, au contraire, qu'il y a lieu à représentation, comme le partage a dû être fait par souche, l'accroissement a aussi lieu par souche. Si donc il se trouve, dans une même souche, plusieurs descendants appelés à la succession, et que l'un d'eux renonce ou soit indigne, sa part accroît d'abord aux autres héritiers de cette souche. Mais si le renonçant ou l'indigne est le seul héritier de sa souche, ou que tous ceux qui s'y trouvent renoncent ou soient indignes, alors l'accroissement a lieu au profit des autres souches par portions égales.

50. La solution est la même dans le cas de prédécès d'un descendant, lorsque ce descendant n'a pas laissé d'enfants. Dans le cas contraire, ses enfants sont-ils appelés à le représenter dans le partage ? — Il ne s'agit pas, bien entendu, de savoir s'ils arrivent à la succession de l'ascendant par représentation de l'enfant prédécédé. Cela n'est pas douteux. La difficulté consiste à savoir si, en leur qualité de représentants de l'enfant prédécédé, ils doivent être considérés comme étant eux-mêmes compris dans le partage en sa personne et sous son nom, et si, par conséquent, la succession leur arrive toute partagée, ou si, au contraire, le partage est nul, en vertu de l'art. 1078, comme ne les comprenant pas, eux, représentants[1].

La solution de la question nous paraît dépendre du parti qu'on adopte sur le point de savoir si la vocation des descendants aux biens partagés par l'ascendant, reste la vocation légitime, ou si, au contraire, elle devient une vocation testamentaire. Car, si elle reste la vocation légitime, elle doit, par l'effet de la représentation, passer de la tête du représenté sur celle des représentants.

---

[1] Voy. dans Sir., 1848. 2. 1, une dissertation à l'appui de l'opinion contraire à la nôtre.

Si elle devient une vocation testamentaire, elle n'admet pas la représentation ; elle est attachée à la personne. Le prédécès de la personne appelée en entraîne donc la caducité (1039); d'où résulte, par voie de conséquence, la nullité du partage, conformément à l'art. 1078, puisque les enfants de l'appelé, qui deviennent héritiers, ne s'y trouvent pas compris. On conçoit donc qu'il n'y a qu'à résumer ici les raisons et les objections que nous avons exposées en recherchant le caractère légal du partage testamentaire.

Ainsi, on dit à l'appui de la première opinion : les descendants recueillant en vertu du partage testamentaire une part composée d'objets certains et déterminés, dont la propriété leur est attribuée *in solidum*, tandis qu'en vertu de la loi, ils ne recueilleraient, dans ces mêmes objets, qu'une portion indivise, ce partage est une disposition attributive de droit, c'est-à-dire un legs.

D'ailleurs, l'art. 1076 le soumet expressément aux règles des testaments. Donc, il considère les choses comme transmises aux descendants par le testament même, c'est-à-dire par voie de legs, et non par succession.

D'où la conséquence qu'il y a lieu à l'application de l'art. 1039, et, par suite, à celle de l'art. 1078.

Nous avons répondu à la première raison qu'en droit, les partages étant déclaratifs et non attributifs, les descendants sont considérés comme acquérant en vertu de la loi la totalité de leur lot. L'art. 1076 ne contredit en rien ce résultat ; car il s'explique par là double nature du partage testamentaire. Ce partage, en tant qu'acte émané de l'ascendant, rentre sans nul doute dans la catégorie générale des actes de dernière volonté ; c'est à ce titre qu'il est soumis aux règles qui régissent ces sortes d'actes. Mais, dans les rapports respectifs des descendants, il constitue un simple acte de distribution, c'est-à-dire, en d'autres termes, le partage de biens transmis par une autre cause, transmis ici par la loi. Or, la loi transmet aux représentants ce qui échappe au représenté.

De là, on doit conclure que les représentants sont appelés, dans notre espèce, à recueillir la part qui était destinée au représenté. Car puisque, d'un côté, ils sont appelés à prendre dans la succession légitime, la place qu'aurait occupée, et à recueillir les droits qu'aurait recueillis le représenté, s'il fût devenu héritier, et que, d'un autre côté, le représenté, s'il vivait, recueillerait, en qualité d'héritier, et comme formant sa part dans la succession légitime, l'apportionnement qui a été inscrit sous son nom, c'est bien cet apportionnement que les représentants sont appelés à recueillir en son lieu et place. Le représenté, au lieu d'arriver à une succession indivise, serait arrivé à une succession toute partagée ; il aurait trouvé son lot tout fait. Il en sera de même des représentants. Sans quoi, ils seraient, contrairement aux principes de la représentation, traités, dans une succession légitime, autrement que ne l'eût été le représenté.

Si, dans les partages d'ascendants, l'apportionnement attribué à un descendant devient, par son prédécès, caduc à son égard, ce n'est point par application des art. 1039 et 1076 combinés, mais bien par une conséquence de la règle posée par l'art. 725, qui porte que *pour succéder, il faut nécessairement exister à l'instant de l'ouverture de la succession.* — Sans doute, le principe est le même dans les deux cas, et il conduit aux mêmes résultats, en tant qu'il s'agit d'en faire l'application au descendant prédécédé. Mais voici la différence qui, sous un autre rapport, sépare les deux hypothèses. Lorsque la vocation vient de l'homme, et c'est l'hypothèse de l'art. 1039, comme elle est exclusivement limitée à la personne qui se trouve appelée par les termes mêmes du testament, elle devient caduque en elle-même, et d'une manière absolue par le prédécès de cette personne. — Lors, au contraire, que la vocation vient de la loi, et que l'on est dans les cas de la représentation, le prédécès de l'appelé n'entraîne qu'une caducité relative. La vocation s'évanouit bien à l'égard du représenté. Mais la loi ne la laisse pas tomber ; elle la soutient, et la fait passer sur la tête des représentants, qu'elle substitue au représenté. Or tel est le cas dans notre matière : les divers apportionnements contenus dans le partage ne sont que le résultat de la vocation légitime. Ils forment le compte définitif de chaque héritier dans la succession. Donc il faut, lorsqu'il est question d'en faire l'attribution, consulter quels sont au fond, et d'après la loi, les véritables ayants droit, et par conséquent, mettre les représentants à la place du représenté. — Ainsi, le partage testamentaire, pour être soumis, sous un rapport, à une règle analogue à celle établie par l'art. 1039, ne rentre pourtant pas dans l'hypothèse de cet article, lequel ne régit que la vocation testamentaire.

Ajoutons que les motifs de la disposition de cet article sont inapplicables au partage. La vocation testamentaire est l'effet d'une affection spéciale. On ne peut donc présumer que le testateur ait voulu l'étendre à d'autres qu'à ceux qu'il a expressément désignés. Voilà ce qui, en législation, rend raison de la caducité absolue des legs en cas de prédécès du légataire. Mais le partage testamentaire n'est dicté par aucune prédilection particulière pour tel ou tel descendant. L'ascendant, en le faisant, se propose de leur éviter à tous les difficultés d'un partage. C'est donc dans l'intérêt de tous, dans l'intérêt de la masse qu'il procède, et nullement dans l'intérêt de tel, pris isolément. Son but est simplement de partager sa succession. Il entend laisser subsister, quant au surplus, les règles qui en déterminent la dévolution. Or la représentation étant une de ces règles, on doit admettre qu'il entend virtuellement qu'elle ait son cours. C'est par cette raison que l'on admettait autrefois les descendants du démissionnaire prédécédé, à le représenter dans les biens qui faisaient partie de la démission (Introd., nᵒ 53). Or il y a ici même raison. — Telle est aussi l'opinion la plus générale.

On a objecté que le lot qui était destiné au représenté, pourrait ne pas convenir à la situation personnelle des représentants. Comme si le pouvoir qui appartient aux descendants de partager leurs biens, était subordonné à la condition qu'ils feront le partage suivant les convenances personnelles de chacun de leurs descendants !

On a aussi prétendu que, pour qu'un apportionnement fût valablement attribué à plusieurs petits-enfants venant par représentation, il devait être subdivisé; que l'art. 1078 le décidait ainsi; qu'en effet la mission confiée par la loi aux ascendants, c'était de faire cesser l'indivision, et non de la laisser subsister avec ses dangers. — D'abord cette raison est évidemment insuffisante; car elle ne conviendrait qu'au cas où il y aurait plusieurs petits-enfants. Elle ne pourrait donc résoudre la question d'une manière générale. Du reste, elle n'a pas le moindre fondement. L'art. 1078 ne contient pas un mot d'où l'on puisse induire que l'ascendant doive subdiviser entre les descendants d'un enfant le lot qui revient à leur souche. Rien ne l'oblige à faire cesser complétement l'indivision, soit entre ses enfants, soit entre ses petits-enfants. Il peut n'user que dans telle mesure que bon lui semble, de la faculté qu'il a de partager ses biens (v. nᵒ 13).

Du reste l'ascendant qui fait un partage testamentaire, préviendrait toute difficulté si, après avoir attribué les lots à ceux de ses descendants qui se trouvent à cette époque ses héritiers présomptifs, il leur substituait leurs propres descendants pour le cas où eux-mêmes viendraient à prédécéder.

La solution que nous venons de donner, se fondant sur ce que la vocation des descendants aux biens partagés, reste la vocation légitime, il faut la restreindre au partage même. Elle ne serait pas applicable aux dispositions testamentaires que l'ascendant aurait pu faire, soit dans le même testament, soit dans un autre, et qui seraient véritablement attributives de droit, qui constitueraient de véritables legs, et non un partage. — Les représentants ne pourraient, en ce cas, les recueillir à défaut du représenté, du moins par le seul effet de la représentation. Pour leur y donner droit, il faudrait que le testament contînt une substitution expresse en leur faveur.

Il résulte de là que, si l'ascendant fait tout à la fois un partage et un legs par préciput, et que le préciputaire vienne à prédécéder, ses descendants, s'il en a, le représenteront dans le partage, sans le représenter dans les dispositions par préciput.

51. Troisième hypothèse. — Les descendants compris dans le partage testamentaire sont tous ou à l'exception d'un seul, prédécédés sans postérité, ou bien ils survivent, mais renoncent ou sont indignes. En ce cas, le partage testamentaire est caduc en totalité.

Et il en serait ainsi, en ce qui concerne les renonçants ou les indignes, alors même qu'ils auraient des descendants. Ce n'est pas précisément parce que ces descendants succédant de leur chef, et conséquemment par tête et non par souche, le partage ne se trouverait pas fait en raison de leurs droits héréditaires. Cette raison serait insuffisante : car il se peut que chaque descendant renonçant ou indigne n'ait lui-même qu'un descendant, auquel cas ce descendant recueille dans la succession la même quotité qu'eût recueillie le renonçant ou l'indigne. La véritable raison, c'est que les descendants des renonçants ou des indignes succédant de leur chef et non par représentation, ce sont les personnes prises individuellement que l'on considère dans le règlement de la succession, et non les souches; de sorte que ce qui a été fait pour la personne des renonçants ou des indignes est, en droit, tout aussi étranger à leurs descendants, que si, au lieu de descendants, c'étaient des collatéraux. Le seul moyen pour l'ascendant de prévenir la caducité résultant de la renonciation ou de l'indignité de ceux des descendants qui se trouvent héritiers présomptifs, c'est, lorsque chacun d'eux n'a qu'un enfant, de substituer vulgairement le second degré au premier, et lorsque l'un ou quelques-uns d'entre eux en ont plusieurs, de faire un second partage subsidiaire au premier, et d'y former les lots en conséquence des droits des descendants du second degré, sauf d'ailleurs à le recommencer, si d'autres descendants de ce degré venaient à naître de son vivant.

CHAPITRE II.

EFFETS DU PARTAGE ENTRE-VIFS.

SOMMAIRE.

32. Le partage entre-vifs constitue, du vivant de l'ascendant, une donation entre-vifs actuelle et un partage éventuel de sa succession.
33. Sa validité comme donation ne dépend pas de sa validité comme partage.
34. Ses effets, comme donation, dans les rapports de l'ascendant avec ses descendants. — Il dépouille l'ascendant. — Il lui donne les actions en nullité, en rescision ou en révocation propres aux donations, mais non celles en nullité de partage. — Les descendants ne sont tenus des dettes de l'ascendant qu'autant que l'acte en contient une clause.
35. Influence exercée par le partage dans les rapports de l'ascendant avec les tiers. — L'ascendant perd, à l'égard des biens partagés, les pouvoirs attachés au droit de propriété. — Les biens partagés sont considérés, relativement au calcul de la quotité disponible, comme biens donnés par une donation entre-vifs ordinaire.
36. Effets du partage dans les rapports réciproques des descendants avant l'ouverture de la succession. — Il n'y a pas lieu au rapport, — ni à la garantie des partages, — ni au privilége pour soultes. — Les actions en nullité ou en rescision propres au partage ne sont pas encore ouvertes.
37. Effets du partage dans les rapports des descendants vis-à-vis des tiers. — Le partage fait, au regard des tiers, entrer les choses partagées dans le patrimoine de l'ascendant : conséquences. — Il constitue un juste titre pour prescrire. — Les soultes ont toujours, vis-à-vis du conjoint, nature de valeurs mobilières. — Modération, en faveur des descendants, des droits proportionnels de mutation.
38. Effets d'un partage où l'ascendant n'a pas attribué les lots.
39. A la mort de l'ascendant, le partage se réalise comme partage de succession, à l'égard des descendants qui deviennent héritiers, mais sans perdre son caractère de donation : Conséquences.
40. A l'égard des descendants qui ne deviennent pas héritiers, le partage entre-vifs reste une pure donation : Conséquences.
41. Effets du partage entre-vifs entre les représentants d'un enfant apportionné et leurs cohéritiers.

32. Le partage entre-vifs présente une particularité qui ne se rencontre pas dans le partage testamentaire : c'est qu'il produit un effet du vivant même de l'ascendant. Cette circonstance doit naturellement influer sur son caractère légal. Cherchons donc à découvrir ce caractère.

Les héritiers présomptifs d'une personne n'ont, en cette qualité, aucun droit actuel à ses biens. Ils n'y ont qu'une simple espérance, qu'on appelle, en droit, une *éventualité*. Le *de cujus* reste maître absolu de son patrimoine pour tout le temps de sa vie. Il peut donc le garder. Il peut aussi le donner, en tout ou en partie, à qui bon lui semble. Et il en est ainsi, alors même que ses héritiers auraient droit à une réserve. Car ce n'est qu'à sa mort que les héritiers réservataires eux-mêmes peuvent recueillir ses biens, s'il ne les a pas donnés, et, dans le cas contraire, réclamer contre les donataires, nous ne disons pas, tout ce qu'il a donné, mais une partie seulement, la partie qui leur est réservée par la loi, et cela sans pouvoir d'ailleurs se faire tenir compte, même pour cette partie, des jouissances antérieures.—Telle est la conséquence de ce que, pour tout le temps de sa vie, une personne ne doit à ses héritiers présomptifs, en cette qualité d'héritiers présomptifs, ni la propriété ni la jouissance d'aucun de ses biens, de ce que leurs droits, comme héritiers, ne s'ouvrent qu'à sa mort.

Il résulte de là que l'ascendant qui distribue, de son vivant, par un acte entre-vifs, la totalité ou une partie quelconque de ses biens, entre ceux de ses descendants qui sont ses héritiers présomptifs, et les rend ainsi immédiatement propriétaires, en se dépouillant lui-même, leur fait une véritable donation; car rien ne l'obligeait à leur faire cette distribution. *Donari videtur, quod nullo jure cogente conceditur.* Le législateur moderne s'est donc conformé à la vérité des choses, lorsqu'il a vu dans le partage entre-vifs une véritable donation, et qu'il l'a, en conséquence, régi comme tel, soit quant à la forme, soit quant au fond, en le soumettant expressément (1076) *aux formalités, conditions et règles prescrites pour les donations entre-vifs.*

C'est donc une erreur de dire, comme l'ont fait de nombreux arrêts, que les descendants tiennent de la loi même, les droits qui résultent immédiatement pour eux d'un partage entre-vifs, et que l'ascendant n'a fait que les leur délivrer par anticipation. Cette *délivrance anticipée*, qui procure aux descendants un *droit certain et actuel*, au lieu de *l'éventualité incertaine* qu'ils avaient, constitue incontestablement, de la part de l'ascendant, une pure libéralité, puisqu'elle vient de lui et non de la loi. On s'en serait bien vite aperçu, si l'on avait fait attention que les descendants apportionnés dans le partage, peuvent ne jamais arriver à la succession, et, par conséquent, ne jamais rien tenir de la loi.

Mais la distribution qu'un ascendant fait de ses biens par acte entre-vifs entre ses descendants, constitue-t-elle aussi un partage de sa succession ? Peut-elle constituer en même temps et tout à la fois une donation entre-vifs et une succession partagée ? Évidemment, cela est impossible. Car une succession est une acquisition conférée par la loi, tandis qu'une donation est une acquisition conférée par le fait de l'homme. Si donc, dans l'espèce, c'est de l'ascendant que les descendants tiennent les biens partagés entre-vifs, ce n'est pas de la loi. Sous quel point de vue donc, et en quel sens peut-on envisager le partage entre-vifs comme partage de succession? C'est à l'aide de la théorie du Code sur les donations ordinaires faites en avancement d'hoirie que nous résoudrons la question.

Les dons faits par avancement d'hoirie à un héritier présomptif, ne constituent pas une ouverture ni une délation, même partielle, de succession. Le droit qu'ils créent au profit de l'héritier présomptif auquel ils sont adressés, n'est point un droit héréditaire ; ce dernier droit reste toujours une simple expectative, même en ce qui concerne les choses données. Ces choses, c'est purement et simplement à titre de donation entre-vifs que l'héritier présomptif les acquiert et les tient. Il ne peut, du vivant du donateur, se prévaloir que des droits, de même qu'il n'est soumis qu'aux charges résultant d'une donation. Ce n'est qu'à l'époque de l'ouverture de la succession, et dans le cas d'ailleurs où il devient héritier, que les biens qu'il a reçus par anticipation sont considérés et régis entre lui et ses cohéritiers comme biens héréditaires ; qu'ils doivent, par exemple, être rapportés par lui à la masse commune pour être partagés entre tous, ou que, s'il les garde, ils lui sont imputés pour sa part et garantis par ses cohéritiers, de même qu'ils sont affectés par privilége à la garantie des autres lots.

Ainsi, les *avancements d'hoirie* ne constituent pas une *hoirie présente et actuelle*, ayant un effet immédiat à raison de ce caractère. Ils constituent une donation entre-vifs ordinaire. C'est comme donation entre-vifs qu'ils ont un effet actuel et immédiat. Et ce caractère de donation est pur et simple, tant que vit le donateur ; il n'est mélangé d'aucune idée de succession ; en d'autres termes les choses données ne sont, sous aucun rapport, considérées ni régies comme une portion de succession, et, par conséquent, les résultats légaux de la donation sont en tous points les mêmes que si elle avait été faite à un étranger. Toute la différence entre les deux cas consiste dans une pure éventualité ; c'est que les choses données en avancement d'hoirie doivent plus tard, si le donataire devient héritier, entrer dans le compte et la liquidation de la succession, et être alors régies, entre les divers héritiers, comme choses héréditaires. Mais cette éventualité, de même que toutes celles qui sont attachées au titre d'héritier présomptif, n'exerce actuellement aucune influence sur le caractère et les effets de la donation. De sorte que, non-seulement les avancements d'hoirie constituent immédiatement une donation entre-vifs, mais encore ils ne constituent pas autre chose. Ce sont, pour le moment, des donations entre-vifs pures et simples. — Bien plus, leur existence pour l'avenir, pour après l'ouverture de la succession, n'est pas même subordonnée à la condition que l'héritier présomptif auquel ils ont été faits, arrivera à la succession. Bien qu'ils ne soient faits qu'en vue du droit éventuel du donataire à la succession du donateur, ils sont faits purement et simplement, et à tout événement. Le donataire a beau ne pas arriver en définitive à la succession; il les garde néanmoins, sans qu'on puisse lui objecter qu'il ne les avait reçus que comme une avance sur la succession, et que, n'ayant pas droit à la succession, il devrait les restituer comme les ayant reçus indûment. Les avancements d'hoirie n'ont donc pas pour base de leur existence en la personne du donataire, la qualité d'héritier. Autrement, ils se résoudraient lorsque le donataire n'arrive pas à la succession, tandis que la loi les maintient expressément dans ce cas (845). — De là il résulte que si le successible donataire ne devient pas héritier, sa position reste, après l'ouverture de la succession, ce qu'elle était auparavant, c'est-à-dire celle d'un donataire. Son droit héréditaire, qui était en expectative, ne s'étant pas réalisé, les choses qu'il a reçues ne peuvent être soumises aux conséquences qu'entraîne ce titre; elles restent désormais et irrévocablement des choses données.

On peut dire sans doute que le législateur attache peut-être aux avancements d'hoirie des effets qui vont au delà de l'intention du donateur. Le donateur avait en vue le cas où le donataire deviendrait héritier; il entendait donc simplement lui délivrer d'avance une partie de ce que ce titre devait, dans sa pensée, lui procurer plus tard. C'est donc ce titre, et ce titre seul, alors en expectative, qui a été la cause intentionnelle de la donation de la part du donateur. Il devrait donc en être aussi la base légale; et, par suite, sa non-réalisation devrait en entraîner l'anéantissement. Dès que le donateur n'a eu pour donner d'autre mobile que le droit éventuel du donataire à sa succession, c'est outrepasser sa volonté que de maintenir la donation, alors que la base sur laquelle elle reposait, d'après cette volonté, vient à manquer. N'est-il pas bien probable, par exemple, que si, au moment où il se disposait à donner, il eût pu acquérir la certitude que celui auquel il destinait la donation ne deviendrait pas son héritier, il eût renoncé à son projet de donner, et eût ainsi laissé le bien dans sa succession? Pourquoi ne pas se conformer à cette intention?

C'est par suite de ces considérations que, dans l'ancien droit, les démissionnaires qui n'arrivaient pas à la succession, perdaient leur droit aux biens qui leur avaient été abandonnés; que les dons individuels faits en avancement d'hoirie étaient, très-anciennement, sujets au rapport, et qu'ils restèrent tels dans plusieurs coutumes pour le cas même où l'héritier donataire n'arrivait pas à la succession (Introd., nᵒˢ 52, 53, 54, 57). — Mais ce système, qu'avait consacré la loi du 17 niv. an II (Introd., nᵒ 52), ne fut pas adopté par le législateur moderne, qui préféra celui qu'avaient déjà admis un grand nombre de coutumes, lors de la Réformation. Il jugea sans doute plus utile que le donataire pût compter à tout événement sur le don qui lui était fait, qu'il fût, lui ou ses ayants cause, à l'abri d'une éviction, alors même que la succession lui échapperait. Il érigea donc les avancements d'hoirie en donations pures et simples, irrévocables, sauf que, si le donataire devient héritier, les choses données rentrent dans le compte de la succession en ce qui concerne ses rapports avec ses cohéritiers. Pour qu'ils fussent résolus dans le cas contraire, il faudrait une clause expresse à cet égard. C'est au donateur, si la loi lui paraît dépasser sa volonté, d'insérer cette clause dans l'acte de donation. Sans cela, la donation subsistera nonobstant le prédécès, la renonciation ou l'indignité du donataire.

En résumé donc, les choses données en avancement d'hoirie doivent être considérées sous deux points de vue distincts :

1º Comme choses données entre-vifs. C'est là un caractère actuel et immédiat, indépendant du point de savoir si le donataire arrivera ou non à la succession du donateur.

2º Comme choses qui, dans les rapports respectifs des cohéritiers, feront partie de la succession du donateur, si le donataire y arrive. C'est là un caractère futur et éventuel.

Or, le partage entre-vifs n'est qu'une espèce particulière d'avancement d'hoirie. Lors, en effet, qu'un ascendant fait par acte entre-vifs le partage et la distribution de la totalité ou d'une partie de ses biens entre ceux de ses descendants qui sont ses héritiers présomptifs, et conformément à leurs droits éventuels à sa succession, il n'agit évidemment qu'en vue et en considération du titre d'héritier auquel ils sont appelés. Il leur assigne et leur délivre d'avance leur part héréditaire dans les biens qu'il partage. Or, c'est là ce qui caractérise éminemment un avancement d'hoirie, comme on l'admettait autrefois pour la démission de biens (Introd., chap. II, *passim*, et n° 57). S'il en est ainsi, le partage entre-vifs doit être soumis au système général que nous venons d'exposer. — Par conséquent, de même que les choses données individuellement à un héritier présomptif en avancement d'hoirie, ne sont pas immédiatement acquises et possédées par lui à titre d'héritier, mais bien à titre de donataire, de même les choses partagées entre-vifs par un ascendant entre ceux de ses descendants qui sont éventuellement appelés à sa succession et en raison de leurs droits éventuels à cette succession, ne sont pas immédiatement acquises et possédées par eux à titre d'héritier, mais bien à titre de donataire. Le titre d'héritier est en effet impossible, là où il n'y a pas encore de succession ouverte. Or, le partage entre-vifs n'ayant pas été rangé par la loi au nombre des événements qui ouvrent les successions, il ne crée pas le droit héréditaire au profit des descendants qui y sont compris, pas plus qu'il ne l'enlève, comme le prouve l'art. 1078, à ceux qui y sont omis. La base nécessaire et indispensable d'un partage actuel de succession, c'est-à-dire, une succession ouverte et acquise aux apportionnés, manque encore. Pour qu'il y ait succession partagée, il faut d'abord qu'il y ait succession. *Prius est esse, quam esse tale.*

Et non-seulement les descendants compris dans le partage, n'ont pas actuellement la qualité d'héritiers, mais il est même incertain s'ils l'auront jamais. Car il se peut qu'ils n'arrivent pas en définitive à la succession. Ce n'est donc pas seulement l'actualité qui manque à leur titre d'héritier, c'est encore la certitude. Cela étant, il est impossible de considérer la distribution de biens faite entre eux, comme un partage actuel de la succession de l'ascendant. Il est impossible de regarder et de traiter dès maintenant comme héritiers copartagés, des descendants qui ne seront peut-être jamais héritiers, et qui, en tout cas, s'ils le sont un jour, ne le sont pas encore aujourd'hui. — C'est là une considération qui paraît avoir échappé dans les nombreux procès qui ont été soumis aux tribunaux sur la question que nous examinons.

Ainsi, la distribution de biens faite par l'ascendant à titre de partage de sa succession, étant faite par *anticipation* ou *avance-*

ment d'hoirie, ne peut, de son vivant, constituer qu'un partage éventuel de cette succession. La base nécessaire à ce partage, c'est-à-dire une succession ouverte et acquise aux apportionnés, n'existant qu'éventuellement, il est éventuel lui-même. Ce n'est qu'à la mort de l'ascendant que cette base, nous ne disons pas, se réalisera, mais pourra se réaliser. Car la succession, sans doute, s'ouvrira; mais cela ne suffira pas. Il faudra, en outre, que les descendants apportionnés deviennent héritiers. Ce n'est que moyennant cette double condition que le partage se réalisera lui-même.

Il résulte de là que ce partage peut bien produire, et que, de fait, il produit actuellement et immédiatement les effets d'une donation entre-vifs, mais non ceux d'un partage de succession. Ces derniers effets sont en expectative. Ils ne peuvent avoir lieu qu'à l'ouverture de la succession, et dans le cas seulement où les descendants qui y figurent arrivent à cette succession. Aussi, quand on recherche quel est, du vivant de l'ascendant, le caractère légal, et, par suite, quels sont les effets de son partage, faut-il se bien pénétrer de cette idée, que la décision doit, dans le cas où les descendants sont tous vivants, être absolument la même que dans le cas où ils seraient décédés, sans même laisser de postérité pour les représenter dans la succession; la même encore, que dans le cas où, ayant survécu à l'ascendant, ils renonceraient à sa succession ou en seraient indignes. Ce serait ainsi, en effet, que l'on devrait procéder dans les avancements individuels d'hoirie; et c'est là la vraie position de la question. Car, tant que la succession n'est pas ouverte, le descendant vivant n'est pas plus héritier, et, par conséquent, ne figure pas plus dans un partage actuel de succession, que le descendant prédécédé, ni qu'un descendant qui a renoncé après l'ouverture de la succession. Si l'on ne se préoccupe que du cas où les descendants sont encore vivants et héritiers présomptifs de l'ascendant, on peut, par surprise, se laisser aller à cette idée que l'opération existe actuellement et immédiatement comme partage de succession, sauf qu'elle a été faite avant le temps ordinaire. Tandis que la vérité est, par suite de la théorie de la loi sur les avancements d'hoirie, que le seul caractère et les seuls effets actuels et immédiats de l'opération sont ceux d'une donation entre-vifs, son caractère et ses effets, en tant que partage d'une succession, étant renvoyés à l'époque de l'ouverture de cette succession.

Mais si, tant que vit l'ascendant, il n'y a pas partage de sa succession, et s'il en doit être encore ainsi, même après sa mort, à l'égard des descendants apportionnés qui ne deviennent pas héritiers, il y a du moins, peut-on dire, un partage de choses communes. Car l'ascendant qui distribue ses biens entre ses descendants, fait une donation accompagnée de partage. Son acte a donc immédiatement deux caractères : celui de donation et celui de partage. Ce ne sera pas, sans doute, un partage de succession ; mais ce sera un partage de choses communes [1]. Ce point, nous devons le dire, nous a paru délicat.

Le partage peut se présenter sous trois formes distinctes.

Tantôt l'ascendant procède immédiatement par attribution, au profit de chaque descendant, des objets qui doivent composer son lot.

Tantôt il commence par donner ses biens à tous les descendants collectivement ; puis il en fait le partage et la distribution entre eux.

Tantôt enfin, il attribue un ou plusieurs objets à un seul, à charge par lui de payer aux autres une somme d'argent représentative de leur part.

Dans le premier cas, la disposition, par sa physionomie même, par sa forme intrinsèque, ne donne pas l'idée d'un partage. — Un partage suppose nécessairement des biens indivis entre les copartageants. Il suppose un droit préexistant, appartenant en commun à plusieurs. Ce n'est pas lui qui attribue *a priori* la propriété aux copartageants. Il ne fait que diviser entre eux une propriété qui leur appartient déjà à un autre titre. Or, telle ne paraît pas ici la position des descendants. Au moment où l'ascendant fait entre eux une distribution de biens, ils n'en ont pas la propriété en commun et par indivis. C'est cette distribution qui est leur seul titre, la cause première et unique de leur droit. Or puisqu'il ne répartit pas entre eux des biens dont ils soient déjà copropriétaires, qu'au contraire il donne à chacun d'eux divisément et *in solidum* les objets composant son lot, l'opération ne saurait constituer un partage dans le sens légal du mot, ni avoir dès lors un effet actuel et immédiat à ce titre.

Mais ce raisonnement paraît inapplicable à la seconde hypothèse,

____

[1] Dans cette manière de voir, le partage produirait immédiatement les effets qui tiennent à tous les partages de choses communes ; par exemple, l'action en rescision pour lésion, la garantie. Il n'y a que l'action en nullité pour omission d'un descendant (1078), et l'action en rescision pour avantage excédant la quotité disponible (1079, 2ᵉ partie) qui ne s'ouvriraient pas immédiatement, parce qu'il faut être héritier pour intenter ces deux actions.

celle où la distribution de biens est précédée d'une disposition collective. N'est-il pas vrai de dire alors que les droits des descendants sur les biens donnés se sont ouverts par indivis au moyen de la disposition collective; que ces biens ont pu dès lors être véritablement partagés, et l'ont été en effet au moyen de la répartition individuelle? Cette répartition conséquemment ne constitue-t-elle pas un véritable partage de choses communes, devant produire immédiatement effet à ce titre?

Cette conclusion toutefois nous semble difficile à admettre. — Lorsque des parties font un acte quelconque, elles sont censées, en l'absence d'une déclaration contraire, accepter toutes les conséquences auxquelles il est soumis d'après la loi. Donc l'ascendant qui fait un partage entre-vifs, et les descendants qui l'acceptent, doivent être considérés comme s'en référant à la théorie du Code sur les avancements d'hoirie, toutes les fois qu'ils n'y dérogent pas expressément. — D'après cela, l'intention de l'ascendant est de faire au profit de ses descendants, *une donation entre-vifs contenant le partage anticipé de sa succession*, c'est-à-dire, en d'autres termes, d'après le système de la loi sur les avancements d'hoirie, *une donation entre-vifs, éventuellement destinée à valoir plus tard, s'il y a lieu, comme partage de sa succession.* De même l'intention des descendants *est d'accepter cette donation comme contenant un partage éventuel de la succession qu'ils ont en expectative, et, partant, de se soumettre, dans leurs rapports respectifs, aux conséquences qu'entraînera un tel partage, s'il se réalise.* Ce serait donc dénaturer l'intention des parties que de considérer l'acte comme contenant un partage actuel de choses communes. Ce serait voir dans cet acte autre chose que ce que les parties ont entendu y mettre. Car ce qu'elles ont entendu y mettre, c'est *un partage futur et éventuel de la succession de l'ascendant, et non un partage actuel de choses communes.*

Voici donc la manière dont la théorie de la loi sur les avancements d'hoirie nous paraît commander d'envisager le partage en question :

Les avancements d'hoirie, étant faits en vue d'une qualité future et éventuelle en la personne des donataires, n'acquièrent pas immédiatement tous leurs caractères, on l'a déjà dit; leur nature légale n'est pas immédiatement complète. S'il y a un élément actuel et immédiat, il y en a un autre qui reste en expectative. Il n'y a d'actuel que ce qui repose sur l'idée simple de donation. Ce qui a sa base dans le droit éventuel des donataires à la succession du donateur est futur et éventuel ; ce dernier élément ne prend vie, ne se réalise qu'à l'époque où le droit sur lequel il est fondé se réalise lui-même, et lors, bien entendu, qu'il se réalise en effet.

Appliquant ces principes à la question, nous dirons : Dans un partage entre-vifs, la disposition qui répartit certains biens entre les divers descendants à raison de leurs droits éventuels à la succession, sort de l'idée simple de donation. Elle n'a pour base que le droit éventuel des descendants à la succession, non encore ouverte, de l'ascendant ; et, reposant ainsi sur une éventualité, elle ne constitue elle-même qu'une éventualité. Or, il en est absolument de même d'une disposition collective qui précéderait la répartition individuelle. Cette disposition collective n'est faite, comme la répartition individuelle, que par avancement d'hoirie, c'est-à-dire en vue du droit éventuel des descendants à la succession de l'ascendant, en vue de l'acquisition collective qui doit avoir lieu à leur profit, lors de l'ouverture de cette succession. La distribution individuelle n'est qu'un *partage anticipé de succession* ; de même, la disposition collective n'est qu'une *attribution anticipée de succession faite à tous les héritiers collectivement*. L'indivision qu'elle établit entre eux n'est donc que cette indivision qui doit résulter pour eux de l'acquisition qu'ils sont appelés à faire, en commun, de la succession. Or, cette indivision établie ainsi entre les héritiers, par anticipation , c'est-à-dire avant l'ouverture de leurs droits, repose sur une éventualité ; elle ne peut donc constituer elle-même qu'une éventualité ; elle est future et éventuelle comme sa base. Donc, de même que la distribution individuelle ne confère pas aux descendants la qualité actuelle de copartagés, de même la disposition collective ne leur confère pas la qualité de copropriétaires actuels par indivis.

Il y a là deux idées qui se lient inséparablement. Car, s'il est vrai que la répartition individuelle n'a pas encore, qu'elle *n'aura peut-être jamais* le caractère de partage de succession, il en résulte, par voie de conséquence, que la disposition collective qui la précède n'a pas davantage, qu'elle n'aura peut-être jamais non plus le caractère d'une acquisition de biens faite par des cohéritiers en commun et par indivis. En effet, la disposition collective ne pourrait constituer une donation faite à plusieurs par indivis, sans que la répartition individuelle qui la suit constituât un partage actuel de choses communes. Or, ce serait, nous l'avons dit, méconnaître l'intention des parties et violer la théorie de la loi sur

les avancements d'hoirie, que de voir, dans la distribution individuelle, un partage actuel de choses communes. Ce serait donc également méconnaître cette intention et violer cette théorie, que de
voir une donation faite à plusieurs par indivis dans la disposition
collective. L'une et l'autre sont également futures et éventuelles,
en tant qu'elles se réfèrent à un état de choses qui ne doit résulter
que du titre d'héritier. L'ascendant n'entend reproduire cet état de
choses, placer ses héritiers dans l'indivision, puis les en faire
sortir par un partage, qu'hypothétiquement et en tant que de
besoin. Hors de là, ce qu'il fait est une donation. Or, si, dans l'espèce, on fait abstraction de ce qui tient aux éventualités de la
succession, on ne trouve dans l'acte, comme élément actuel,
qu'une donation entre-vifs faite à plusieurs conjointement. Seulement, l'acte commence par désigner tous les biens donnés et
tous les donataires; ce n'est qu'ensuite qu'il détermine quels sont
les objets donnés à chacun des donataires individuellement. Mais
cette forme ne peut, à elle seule, faire produire à une donation, ni,
par conséquent, à un partage entre-vifs envisagé comme donation,
les effets d'un partage de choses communes. Une donation, même
ainsi formulée, n'est toujours, dans son ensemble, qu'une donation
faite divisément à plusieurs; ce n'est point une donation collective suivie de partage. En effet, les donataires conjoints n'ont,
sur les choses données, aucun droit antérieur que le donateur
doive respecter. Tout leur droit vient de la donation. En dehors
ou au delà de la volonté du donateur, ils n'ont aucune espèce de
droit. Or, le donateur est le maître de leur donner, soit à tous
ensemble, soit à chacun en particulier, ce qu'il lui plaît. Il a donc
beau commencer par une déclaration qui comprenne collectivement
tous les donataires et toutes les choses données, il n'en reste pas
moins libre de faire ensuite entre eux telle répartition que bon lui
semble[1]. Et, cette répartition, une fois effectuée, fait essentiellement partie de la donation; elle en donne le résultat réel et
définitif : de telle sorte, qu'en fin de compte, l'opération tout
entière ne donne droit, en faveur de chaque donataire, qu'à la
portion qui lui a été assignée. Peu importe, par conséquent, que
l'un ait en définitive moins que les autres; il ne saurait être fondé
à dire qu'il était en droit d'avoir autant qu'eux.

---

[1] Et sous ce rapport, l'ascendant a, pour tout le temps de sa vie, autant de pouvoir qu'un autre donateur, sauf l'action en nullité ou en rescision, *une fois que
la succession sera ouverte* (Voy. p. 257 et s.).

Nous ne faisons donc aucune différence entre le cas où la distribution individuelle est précédée d'une disposition collective, et celui où elle ne l'est pas. Nous sommes d'autant plus portés à décider ainsi qu'il n'y a bien certainement là qu'un accident de rédaction. Comment, en effet, se passent les choses dans la réalité des faits? L'ascendant annonce son intention de se dessaisir de tels et tels biens en faveur de ses héritiers présomptifs, et en raison des droits héréditaires de chacun d'eux. Il compose lui-même les lots, ou les laisse composer par ses descendants ; et l'acte est dressé en conséquence. Que la distribution individuelle soit, ou qu'elle ne soit pas précédée d'une déclaration comprenant collectivement tous les biens qu'il s'agit d'abandonner, et en même temps tous les descendants qui s'y trouvent appelés, l'intention des parties est bien la même dans l'un et l'autre cas. En considérant l'acte d'après le but que les parties ont en vue, c'est-à-dire comme destiné à constituer le partage éventuel de la succession de l'ascendant, on voit que c'est la répartition individuelle qui est l'élément principal, l'élément vital de l'opération. La disposition collective n'a pas d'autre objet que de représenter, que de figurer, l'état de choses qui précède d'ordinaire les partages. Elle n'est là que pour ouvrir, en quelque sorte, la voie au partage. Du reste, elle est, au fond, parfaitement inutile. Il y a plus : c'est que là où elle n'est pas écrite explicitement, elle est comprise implicitement (comme éventualité). Car si le partage se réalise un jour, les biens qui y sont compris seront *considérés comme ayant été, ne fût-ce qu'un instant de raison, indivis entre les descendants.* Donc, là où elle est exprimée, elle ne doit amener aucun résultat particulier.

Ce que nous venons de dire de la seconde forme du partage entre-vifs, est applicable à la troisième. — Cette dernière apparaît comme adjudication. Nous n'en conclurons pourtant pas que l'opération doive être immédiatement considérée comme le résultat d'une licitation entre copropriétaires. — Pour donner en cette forme, l'ascendant n'a pas eu d'autre cause que le droit éventuel des donataires à sa succession. Donc, l'opération, en tant qu'adjudication entre héritiers présomptifs, est future et éventuelle, comme la qualité sur laquelle elle repose. Abstraction faite du titre futur et éventuel d'héritier, elle ne constitue qu'une donation entre-vifs faite à une personne, à charge par elle de payer une somme d'argent à d'autres. — Par conséquent, l'opération tout entière contient plusieurs donations, donation de tel bien à l'un, donation de sommes d'argent aux autres. Au fond pourtant, le donateur ne se dépouille que de tel bien. Ce bien est la seule chose qui sorte de son patrimoine. Aussi, celui qui le reçoit, s'obligeant en même temps à payer aux autres comme charge et condition de la donation qui lui en est faite, une somme d'argent représentative de la part qu'ils recevraient dans le bien lui-même, si ce bien était partagé en nature, le don qui lui est fait, à lui, est virtuellement diminué du montant de ces sommes.

Faisons remarquer en terminant que, comme il est loisible à un donateur de donner sous telles conditions que bon lui semble, l'ascendant aurait la faculté de soumettre actuellement la distribution qu'il fait de ses biens entre ses descendants aux effets, soit d'une adjudication, soit d'un partage de choses communes. Il suffirait, pour cela, qu'il manifestât sa volonté. Il y aurait là une clause qui modifierait les effets ordinaires des donations entre-vifs, et qui devrait, comme toute autre, recevoir son exécution.

Peu importerait, à cet égard, que l'acte ne contînt qu'une répartition individuelle, ou bien que cette répartition fût précédée d'une disposition collective, puisque c'est de l'intention du donateur et de l'acceptation des donataires, que résulteraient les effets d'un partage ou d'une adjudication.

En tout cas, la clause en question, en faisant produire à l'acte les effets d'un partage de choses communes, ne saurait lui faire produire, du vivant de l'ascendant, tous les effets qu'il pourra avoir, à son décès, comme partage de sa succession. Ainsi, elle n'ouvrirait pas les actions en nullité ou en rescision de l'acte considéré comme partage de succession. — Nous ne disons pas d'ailleurs qu'elle imprimerait à l'acte le caractère de partage de choses communes. L'opération resterait toujours, du vivant de l'ascendant, une pure donation entre-vifs; seulement l'effet attaché d'ordinaire aux donations, en serait modifié par la volonté des parties. Il y aurait donc alors un acte semblable à ce qu'on appelle improprement partage de collatéraux (voy. n° 5).

Ainsi, et en résumé, un partage entre-vifs n'est, ni un partage simple, ni une donation simple. C'est un acte qui a une double nature, qui contient tout à la fois un partage de succession, et une donation entre-vifs, sauf que l'opération, en tant qu'elle constitue un partage de succession, est future et éventuelle. Car elle ne doit se réaliser sous ce point de vue qu'à l'ouverture de la succession, et dans le cas seulement où les descendants deviendront héritiers, tandis que, considérée comme constituant une donation

entre-vifs, elle est actuelle, immédiate, et indépendante du sort
que pourra avoir la succession de l'ascendant.

35. Déduisons maintenant les conséquences qui découlent de
ce caractère.

Le partage entre-vifs a, comme donation, un caractère d'actualité qui le rend, à ce titre, indépendant de la valeur qu'il pourra
avoir comme partage de la succession de l'ascendant. — Ainsi,
quelque irrégulier qu'il puisse être dès l'origine, ou qu'il puisse
devenir par la suite, comme partage, il peut être très-valable
comme donation, et produire dès lors ses effets sous ce dernier
rapport. — Sans doute, sa validité, en tant que partage, dépend
de sa validité en tant que donation. Mais cela tient à ce que la loi
ne donne effet aux partages d'ascendants faits par acte entre-vifs,
qu'autant qu'ils sont faits suivant les règles des donations; tandis
qu'elle n'a pas déclaré également et par une sorte de réciprocité,
que l'acte en tant que constituant une donation, serait nul, s'il ne
valait en outre comme partage de succession. Cette disposition eût
été dangereuse. Car elle eût empêché les descendants de pouvoir
compter sur la propriété des choses qui leur auraient été abandonnées, par la raison que ces choses auraient pu, en effet, leur
échapper pour bien des causes et en bien des cas.— Il suffit donc
que le partage entre-vifs soit valable comme donation, pour qu'il
produise ses effets à ce titre.

Ces effets, nous allons les rechercher :

Dans les rapports de l'ascendant et des descendants;

Dans les rapports de l'ascendant et des tiers;

Dans les rapports des descendants entre eux;

Dans les rapports des descendants et des tiers.

34. Examinons d'abord les effets du partage dans les rapports
de l'ascendant avec ses descendants.

Sous ce point de vue, le partage entre-vifs ne saurait avoir immédiatement, ni acquérir plus tard le caractère de partage de
succession. De l'ascendant à ses descendants, il constitue une donation faite à plusieurs conjointement, et il ne saurait jamais constituer autre chose. Il produit donc purement et simplement les
effets ordinaires que ce caractère entraîne.

Ainsi, et à n'examiner que les rapports de l'ascendant avec ses
descendants, il dépouille actuellement et irrévocablement l'ascendant au profit des descendants de toutes les choses comprises dans
le partage (894).

Ces choses sont donc désormais aux risques de chacun de ceux auxquels les attribue le partage. C'est pour eux, en tant du moins qu'on les considère comme donataires, qu'elles périssent, se détériorent ou s'améliorent.

Un donateur contracte implicitement par la donation l'obligation de procurer au donataire les objets qu'il donne, tels qu'ils se trouvent au moment de l'acte de donation. L'ascendant doit donc, dans l'espèce, faire à ses descendants la délivrance de leurs lots respectifs. Or, tout débiteur est tenu de dommages-intérêts à raison de l'inexécution de son obligation, dès que cette inexécution ne provient pas d'une cause étrangère qui ne peut lui être imputée. Si donc l'ascendant ne faisait pas la délivrance, ou si des tiers acquéraient de son chef, avant la transcription de l'acte de partage, des droits sur les immeubles par lui partagés, si des créances s'éteignaient de son chef, avant que la notification fût faite aux débiteurs ou qu'il y eût acceptation de leur part, ou enfin si, avant de mettre les descendants en possession réelle des meubles corporels, il les livrait à un tiers à un titre translatif de propriété, ou d'usufruit, ou à titre de gage, dans tous ces cas, la donation n'étant pas exécutée, et cela, par une cause venant de lui, il serait tenu d'indemniser les descendants.

Il est de principe qu'un donateur n'est pas, par le seul effet de la donation, et en l'absence d'une clause expresse, tenu de garantir le donataire à raison des troubles ou évictions provenant d'un droit de propriété ou autre droit existant au profit d'un tiers sur la chose donnée. La garantie n'est due, de droit, par le donateur que dans deux cas : d'abord, à raison des hypothèques existant de son chef, ensuite, lorsque la donation est faite à titre de constitution de dot (2178, 1440, 1547). — Ces principes doivent donc s'appliquer au partage entre-vifs.

Le partage entre-vifs constitue une donation de la part de l'ascendant à ses descendants. A ce titre, il serait

Nul pour inobservation des formalités, conditions et règles propres aux donations et aux actes notariés ;

Révocable pour les causes qui entraînent la révocation des donations (inexécution des conditions, ingratitude, et survenance d'enfant) ;

Enfin, rescindable pour les causes applicables à tous les contrats, telles que le dol, la violence, l'incapacité de l'ascendant.

Dans ces divers cas, l'ascendant aurait contre ses descendants, comme tout autre donateur contre le donataire, l'action en nullité, en rescision ou en révocation, conformément aux règles ordinaires.

De même, si le partage comprenait des immeubles dotaux, l'aliénation de ces immeubles pourrait être révoquée dans les cas prévus et d'après les règles établies par les art. 1554 et suiv. C. civ.

La révocation pour survenance d'enfant ne peut se présenter que dans le cas où un adoptant ayant fait un partage entre ses enfants adoptifs, il lui survient un enfant légitime, ou bien il légitime par mariage subséquent un enfant naturel né depuis le partage.

Il est également entendu que si un partage entre-vifs a été fait par le contrat de mariage de l'un des descendants, l'apportionnement de ce descendant n'est pas révocable pour ingratitude (959).

L'action en nullité, en rescision ou en révocation, ne peut appartenir qu'à l'ascendant. Car un donateur seul a intérêt à l'anéantissement de la donation. Le donataire n'a intérêt qu'à son maintien. Et comme l'intérêt est la mesure des actions, les descendants sont sans qualité, dans l'espèce, pour intenter une action qui aurait pour résultat d'anéantir leur titre.

La révocation ou la rescision entraînerait d'ailleurs les effets de droit commun, soit contre les descendants, soit contre les tiers qui auraient acquis de leur chef des droits sur les choses partagées.

La révocation et la rescision peuvent atteindre le partage tout entier. Elles peuvent aussi ne l'atteindre qu'en ce qui concerne le lot d'un ou de quelques-uns des descendants. Il est des causes, soit de révocation, soit de rescision, qui, par leur nature, doivent entraîner l'anéantissement du partage en totalité : telles seraient la survenance d'enfant, la violence exercée contre l'ascendant. — D'autres, au contraire, comme l'ingratitude, l'inexécution des conditions, le dol pratiqué pour amener l'ascendant à partager ses biens, n'entraîneraient l'anéantissement que du lot des descendants qui seraient ingrats, qui n'exécuteraient pas les conditions qui leur ont été imposées, ou qui auraient usé de dol. L'acte subsisterait à l'égard des autres.

Quant à la nullité proprement dite, laquelle consiste dans l'inobservation des règles prescrites, soit quant au fond, soit quant à la forme, pour la validité des donations, elle doit toujours, à notre avis, frapper le partage en totalité, alors même que la cause ne s'en rencontrerait que dans un seul apportionnement, comme si, par exemple, l'un des descendants portés dans le partage n'avait pas accepté, ou l'avait fait sans les formes voulues. La raison en est que le partage constitue un tout unique, formé des divers apportionnements. Il suffit donc qu'un seul de ces apportionnements soit vicié pour que l'opération tout entière soit viciée elle-même. Car les autres apportionnements ne peuvent valoir, n'ayant pas, à eux seuls, une existence propre et indépendante. C'est ce que nous avons déjà fait observer (n°ˢ 12, 14).

Il est vrai qu'un lot peut être révoqué ou rescindé, sans que les autres cessent pour cela d'exister. Mais c'est qu'alors l'acte ayant eu, *ab initio,* une existence légale, il a formé, pour chaque descendant, une donation de nature à subsister par elle-même, indépendamment de toute idée et de tout caractère de partage.

Du reste, la diversité possible de jugements peut amener l'anéantissement partiel du partage, alors même qu'on se place dans l'hypothèse d'une cause qui, par sa nature, devait en entraîner l'anéantissement total. Car l'ascendant a pu agir contre certains descendants sans agir contre les autres, ou bien agir contre tous, mais réussir à l'égard des uns sans réussir à l'égard des autres.

Toutes ces décisions sont la conséquence de ce que, quand on considère le partage entre-vifs comme donation, l'acte une fois valablement fait, les divers descendants ne sont que des donataires conjoints, et que, par suite, la position de l'un vis-à-vis de l'ascendant est tout à fait indépendante de la position des autres.

L'ascendant a, contre le partage entre-vifs, les actions en nullité, en rescision, ou en révocation, propres aux donations, parce que, dans ce partage, il a, vis-à-vis de ses descendants, le rôle et la qualité de donateur. Mais il ne saurait avoir les actions en nullité ou en rescision propres au partage. Ces sortes d'actions ne peuvent présenter d'intérêt, et, par conséquent, compéter qu'à ceux qui interviennent dans l'acte pour y recueillir une part; et telle n'est pas la position de l'ascendant.

Ainsi, une femme mariée sous le régime dotal comprend dans son partage des biens dotaux inaliénables. Elle peut bien faire révoquer l'aliénation de biens qu'elle n'avait pas pouvoir d'aliéner; mais elle n'est pas fondée à faire révoquer le partage, c'est-à-dire à faire révoquer l'opération tout entière, de manière à rentrer en possession même des biens qu'elle pouvait aliéner. Car il y a, de sa part, une donation, et cette donation, révocable, il est vrai, en ce qui concerne les biens qu'elle ne pouvait aliéner, est irrévocable pour le surplus. — Ses enfants seuls auront qualité pour demander plus tard la nullité de l'acte en tant que partage, parce que, l'aliénation des biens dotaux une fois révoquée, l'économie du partage est détruite.

Supposons que, dans la même espèce, le mari s'étant réuni avec sa femme, les biens de l'un et de l'autre aient été confondus en une seule masse, et ainsi partagés entre leurs enfants communs. Si la femme fait prononcer à son profit la révocation de l'aliénation de ses biens dotaux, cette révocation entraîne bien la nullité du partage, même en ce qui concerne les biens du mari; mais cette nullité ne regarde que les enfants. Le mari n'a pas qualité pour s'en prévaloir. Il n'a, d'ailleurs, aucune action pour faire révoquer l'opération, en tant qu'elle contient une donation de sa part. Car, sous ce rapport, elle est parfaitement régulière. La dotalité n'ayant effet qu'à l'égard des biens dotaux et en faveur de la femme, n'a pu empêcher le mari d'aliéner ses propres biens [1].

Mais les descendants sont-ils de droit, et en l'absence d'une convention à cet égard, tenus des dettes de l'ascendant? Le partage n'étant, du vivant de l'ascendant, qu'une donation entre-vifs, c'est se demander si un donataire entre-vifs est tenu des dettes du donateur. Tout le monde admet la négative, dans le cas d'un donataire à titre particulier, parce qu'il est constant qu'aucun titre particulier n'entraîne obligation aux dettes. Mais il y a controverse au sujet du donataire à titre universel. — C'est là, dit Ricard (*Donat.*, n° 1522), *une grande et importante question, et peu entendue, dont la plupart des auteurs n'ont pas compris la difficulté.* — Elle présente à résoudre deux points qu'on ne doit pas confondre. Le premier est de savoir si la donation à titre universel *oblige le donataire envers les créanciers*, c'est-à-dire, si elle donne aux créanciers une action personnelle contre le donataire, pour le contraindre à les payer. Le second point est de savoir si elle oblige le donataire envers le donateur, à acquitter les dettes de ce dernier pour une part proportionnelle à la quotité de la donation, de manière à faire naître au profit du donateur, mais de lui seul, une action personnelle pour l'y contraindre, sans donner, du reste, une action propre et directe aux créanciers.

[1] Arrêt contr. (Cass., req., 5 janv. 1846. Dall., 1846. 1. 465). Cet arrêt, en annulant le partage sur la demande et au profit du mari, maintient néanmoins une vente faite par l'un des copartagés d'un immeuble paternel. Mais si le partage eût été révocable, la vente l'eût été également. Car le vendeur n'aurait eu, et, partant, n'aurait pu transférer qu'une propriété révocable. — On s'est fondé sur ce que l'ensemble de la conduite de l'ascendant dénotait de la fraude (il n'avait attaqué le partage qu'après que le prix de vente avait servi à payer les dettes inscrites sur les immeubles partagés). Nouvelle raison, s'il en eût été besoin, pour le déclarer non recevable dans sa demande en nullité. Car l'auteur d'un acte frauduleux n'a pas qualité pour en demander lui-même la révocation.

On s'est divisé d'abord sur une question préalable, sur la question de savoir dans quels cas une donation entre-vifs est à titre universel, les uns ne reconnaissant comme telle que celle qui comprendrait l'universalité ou une quote-part du patrimoine entier, d'autres y ajoutant, comme en matière de legs, celle qui comprendrait l'universalité ou une quote-part, soit des meubles, soit des immeubles. Mais il n'y a pas lieu, ce nous semble, à cette question. Car une donation d'effets mobiliers n'étant valable, d'après l'état actuel de la législation, que pour les objets détaillés dans un état estimatif (948), toute donation d'effets mobiliers est nécessairement à titre particulier. Alors même, en effet, que tout ce que l'ascendant a de mobilier, serait, de fait, porté sur l'état, cette circonstance ne pourrait, en droit, la faire passer au rang de disposition à titre universel : elle resterait toujours une donation d'objets individuellement déterminés; ce qui est le caractère du titre particulier. Or, s'il en est ainsi, il est impossible qu'une donation entre-vifs porte, soit sur l'universalité du patrimoine, soit sur une quote-part de l'universalité. Car il faudrait pour cela qu'elle portât, non-seulement sur l'universalité ou sur une quote-part des immeubles, mais encore sur l'universalité ou sur une quote-part des meubles; et c'est ce qui ne se peut pas. — On ne peut donc voir une donation à titre universel que dans celle qui porterait sur l'universalité ou sur une quote-part des immeubles.

Quant au fond même de la question, il en est qui pensent que le donataire à titre universel est personnellement tenu des dettes du donateur envers les créanciers, et cela, non-seulement sans stipulation, mais même nonobstant toute stipulation contraire. La clause qui le dispenserait des dettes, n'aurait, disent-ils, aucun effet à l'égard des créanciers; elle ne les empêcherait pas de poursuivre le donataire. Elle donnerait simplement à ce dernier, en cas de poursuites dirigées contre lui, un recours contre le donateur. Ils en donnent pour raison que le donataire est tenu des dettes du donateur comme d'une charge grevant les biens qui lui ont été donnés. — Mais alors, ils considèrent les dettes du donateur comme formant une charge réelle qui suit les biens entre les mains des acquéreurs; ce qui est une erreur. Car l'obligation est attachée à la personne; elle ne constitue pas une charge réelle, une charge qui grève les biens, et les suive entre les mains des tiers.

D'autres admettent bien que le donataire à titre universel est tenu des dettes du donateur, mais en vertu d'un autre principe et avec un effet différent. Il n'en serait tenu que par une présomption de la volonté du donateur. Le donateur, en donnant l'universalité ou une quote-part de ses biens, doit être réputé n'avoir entendu donner que ce qui resterait, ses dettes payées. Si, par exemple, ayant un actif de 100, et un passif de 50, je donne la moitié de mes biens, ce n'est pas 50 que j'entends donner, c'est 50 diminués de 25, c'est-à-dire la moitié de l'actif diminuée de la moitié du passif. — Tel était bien, en effet, le sens de la maxime du droit romain : *bona non intelliguntur, nisi deducto ære alieno* : maxime qui ne servait qu'à régler les rapports de l'acquéreur avec celui qui devait exécuter la disposition, et à préciser quel devait être le résultat définitif, l'émolument net de la disposition, mais qui n'a jamais eu pour effet d'autoriser les créanciers à agir contre un donataire universel (ff. 72, *de jur. dot.*).

Dans ce système donc, si le donataire est tenu des dettes, c'est en vertu d'une convention tacite. Il n'est dès lors tenu directement qu'envers le donateur, et non envers les créanciers. — On reconnaît, d'ailleurs, que si les termes de l'acte, ou même d'autres circonstances détruisent la présomption sur laquelle on se fonde pour déclarer le donataire tenu des dettes du donateur, le donataire est affranchi de toute obligation à cet égard. Il ne s'agit, en effet, dans cette opinion, que d'une interprétation d'intention.

Cette opinion, qu'adoptait Ricard (nº 1522 et s.), d'après le droit romain, se conçoit dans une donation qui porterait sur l'universalité du patrimoine, seul exemple que fournisse le droit romain (dict. ff. 72). Il est vraisemblable en effet qu'un donateur qui se dépouillerait de la totalité de son actif, n'entendrait pas garder néanmoins son passif. Mais cette présomption perd déjà bien de sa force dans le cas où la donation ne porterait que sur une quote-part du patrimoine, telle qu'une moitié, un tiers, etc., puisque le donateur peut très-bien avoir, dans ce qui lui reste, plus qu'il ne lui est nécessaire pour payer toutes ses dettes. On peut même dire qu'il est bien peu vraisemblable que celui dont le passif aurait quelque importance, s'avisât de faire des dons considérables qui le missent hors d'état de satisfaire à ses engagements. Enfin, le doute augmente encore, quand il s'agit d'une donation qui ne comprendrait que l'universalité ou une quote-part des immeubles, la seule qu'on puisse, sous le Code, qualifier de donation à titre universel. En pareil cas, la présomption sur laquelle se fonde Ricard, n'a véritablement aucune base solide, en thèse générale. Si, par exemple, ayant un patrimoine de 100, et 20 de dettes, je donne l'universalité ou une quote-part de mes immeubles, valant, si vous voulez, 60, peut-être moins, quelle raison y a-t-il pour présumer, quand je ne dis rien, que j'entends que le donataire supporte, dans mes dettes, une portion correspondante à la valeur de mes immeubles comparée à celle de mes meubles? N'est-il pas plus vraisemblable que je compte payer moi-même la totalité avec mes biens mobiliers? Cette présomption est même d'autant plus probable que, d'ordinaire, ce sont les valeurs mobilières que l'on emploie à l'acquittement de ses dettes.

D'ailleurs, dans une donation qui porterait sur l'universalité ou sur une quote-part du patrimoine entier, l'étendue de l'obligation du donataire aux dettes du donateur se trouverait déterminée par les termes mêmes de la disposition. On connaîtrait alors *a priori* la quotité à laquelle il aurait droit dans l'actif, et partant, la quotité qui devrait être à sa charge dans le passif. Mais dans la donation de tous les immeubles ou d'une quote-part des immeubles, la contribution, si elle devait avoir lieu, étant en raison de la valeur des immeubles comparée à celle des meubles, on ne connaîtrait pas *a priori* dans quelle proportion se trouvent comparativement les meubles et les immeubles ; et il serait impossible de découvrir ultérieurement cette proportion. Car on ne peut obliger le donateur à faire connaître sa fortune. D'un autre côté, s'en rapporter à sa déclaration, c'est dire que le donataire contribuera aux dettes du donateur, en raison, non pas de la quote-part qu'il prend dans l'actif, mais bien de celle qu'il plaira au donateur de fixer ultérieurement; ce qui est, non-seulement abandonner le principe que l'on prend pour point de départ, c'est-à-dire le principe de la contribution proportionnelle, mais encore violer la règle *donner et retenir ne vaut*. L'opinion de Ricard est donc d'une application impossible dans les seules donations qu'on puisse aujourd'hui qualifier à titre universel.

Il en est autrement, sans doute, dans les legs et les institutions contractuelles, qui emportent de droit obligation aux dettes. Mais là, d'abord, ce système est d'une application possible, puisque, la succession étant ouverte, on peut, au moyen d'un inventaire, connaître la valeur comparative des meubles et des immeubles, et, par suite, la part pour laquelle les uns et les autres doivent contribuer aux dettes. Le *de cujus* n'est pas là pour soustraire aux regards aucune portion de son patrimoine. Ensuite, la personne du débiteur n'existant plus, la loi elle-même impose de droit ses dettes à ceux qui recueillent son patrimoine. Dans le système du législateur, en effet, tant que le débiteur vit, c'est à sa personne que sont attachées ses obligations, et non à son patrimoine. Elles ne suivent donc pas ses biens entre les mains des acquéreurs ; elles restent avec sa personne. Mais une fois que la personne du débiteur a cessé d'exister, ses dettes suivent son patrimoine, en ce sens que le passif va s'attacher à ceux qui recueillent l'actif à titre universel. De sorte qu'on peut dire que le passif, qui, pendant la vie du débiteur, était essentiellement attaché à sa personne, *se réalise* lors de son décès, c'est-à-dire qu'il devient alors une charge réelle de l'actif, au moins dans une certaine mesure. Donc, ceux qui succèdent à titre universel, au moment de la mort, sont, de droit, tenus des dettes du défunt, parce qu'ils succèdent, soit à la personne même du débiteur, soit du moins à un actif désormais grevé et affecté du passif. Un donataire, au contraire, ne saurait en être tenu de droit, parce que, d'un côté, il ne succède pas à la personne même du débiteur, ni, par conséquent, aux obligations attachées à cette personne, et que, d'un autre côté, les biens auxquels il succède, quelle qu'en soit la quotité, ne sont pas, à l'époque de la transmission, grevés, par affectation réelle, des dettes du donateur. Voilà ce qui laisse une différence tranchée entre la donation entre-vifs d'un côté et les legs, ainsi que les institutions contractuelles de l'autre. Voilà pourquoi aussi d'Argentré (sur Bretagne, art. 219, gl. 7), s'occupant de notre question, tient que la donation, même de tous les biens, n'est qu'un titre singulier. — Il faut donc, pour qu'un donataire soit tenu de payer les dettes du donateur, qu'il en ait pris l'engagement par une convention passée, soit avec le donateur, soit avec les créanciers. Mais cette convention ne saurait, suivant nous, se présumer à raison de cette seule circonstance que la donation porterait sur la totalité ou sur une quote-part des immeubles. Elle doit ressortir des termes mêmes de l'acte ; et telle est la solution que nous appliquons au partage entre-vifs, qui, de l'ascendant à ses descendants, n'est pas autre chose qu'une donation.

Il ne saurait d'ailleurs, à nos yeux, y avoir doute en ce qui concerne ce partage, parce qu'il ne constitue, suivant nous, qu'une donation à titre particulier. Ce point, il est vrai, a été contesté. Nous devons l'établir pour ceux qui pensent qu'une donation à titre universel oblige tacitement le donataire aux dettes du donateur, et qui pourraient appliquer cette décision au partage d'ascendant.

La distribution qu'un ascendant fait de ses biens entre ses descendants est, dit-on, un partage anticipé de sa succession. Elle comprend donc virtuellement une universalité, l'universalité des biens présents. Sans doute, la répartition qu'il fait entre eux amène forcément ce résultat, qu'il ne revient à chacun d'eux individuellement que des objets particuliers ; mais il en est ainsi dans le partage de toute succession. Cela n'empêche donc pas le partage d'ascendant d'être le partage d'un patrimoine, la division d'une universalité. Il n'y en a donc pas moins transmission de la masse des biens présents à tous les héritiers présomptifs. — Et peu importe, à cet égard, que l'ascendant se réserve et garde quelques biens. Ces biens ne forment pas l'universalité de son patrimoine. On ne doit les envisager que comme des objets particuliers.

Mais la force même des choses s'oppose à ce que le partage entre-vifs comprenne une universalité. Pour faire ce partage, l'ascendant est bien obligé de spécifier individuellement, de prendre un à un les objets qu'il entend y comprendre. Il lui serait impossible de faire porter l'opération du partage et de la distribution sur une universalité ou une quote-part de l'universalité. Une universalité est une chose abstraite qui comprend, comme dit Ricard (n° 1529), même la *possibilité* et l'*espérance*. Donc, elle comprendrait, dans notre espèce, même les biens qui ne seraient pas mentionnés dans l'acte de partage, même ceux dont les parties n'auraient aucune connaissance, par exemple, une succession ou un legs qui viendrait de s'ouvrir au profit de l'ascendant, sans qu'il en fût encore instruit. Or, tel n'est pas et ne peut pas être l'effet d'un partage, acte dans lequel un objet ne peut figurer s'il n'est attribué déterminément à tel des co-partageants. Donc le partage de l'ascendant est, comme tous les autres partages, forcément limité aux objets mêmes qui y sont spécifiés. En dehors et au delà de ces objets, il ne comporte aucune espérance, aucune possibilité. Aussi, l'ascendant conserve-t-il tout ce qu'il n'y comprend pas expressément ; de sorte que si son intention est de garder une partie de ses biens, il n'a pas besoin d'en faire la réserve expresse ; il les garde par cela seul qu'il ne les partage pas nominativement. Tout ce qui n'entre pas explicitement dans le partage, reste implicitement en dehors : preuve irrécusable que ce partage porte sur des objets particuliers et non sur une universalité. Car autrement, il comprendrait même ce qu'il ne mentionnerait pas, les choses non spécifiées allant avec l'universalité.

C'est à tort que l'on compare ce cas à celui du partage d'une succession. Le partage d'une succession n'est pas le titre en vertu duquel les héritiers acquièrent les biens. Il n'est qu'une opération postérieure, distincte de l'acquisition. Or, s'il ne porte, lui, que sur les objets pris déterminément et individuellement, l'acquisition qui a précédé, a embrassé, elle, tout le patrimoine sans aucune réserve ; elle a donc porté sur une universalité. — Tandis qu'un partage d'ascendants étant lui-même et *a priori* le titre, et le seul titre de l'acquisition, c'est un titre qui naît forcément avec sa physionomie obligée de titre particulier. Il ne peut transmettre une universalité ni une quote-part, mais seulement tels et tels biens spécifiés. Donc il ne forme qu'un titre particulier.

L'ascendant aurait réellement, en fait, partagé tous ses biens, que son partage n'en comprendrait pas plus pour cela, en titre et en droit, une universalité, puisqu'il ne comprendrait toujours que tels ou tels biens spécifiés individuellement. Aussi, Boullenois faisait-il remarquer autrefois, au sujet de la démission, que si le démettant se bornait à énumérer les biens qu'il abandonnait, la démission ne portait pas sur l'universalité, alors même que tous ses biens, sans exception, se fussent trouvés compris dans l'énumération (Introd., n° 41). C'est ainsi que quand un testateur lègue déterminément des biens à une personne et en institue une autre, héritier ou légataire universel, c'est cette dernière qui succède à titre universel ; la première ne succède qu'à titre particulier, et ce, alors même que son legs comprendrait en réalité tous les biens qui se trouvent dans le patrimoine.

Cette solution devient évidente, quand on songe qu'un ascendant peut aujourd'hui ne partager qu'une partie, et une partie quelconque de ses biens, qu'il peut même, et cela se voit, partager un objet particulier, une somme d'argent. Il s'en faut donc que, même en fait, le partage entre-vifs porte sur la totalité des biens.

Aussi des auteurs exigent-ils, pour que les descendants soient considérés comme donataires à titre universel, que l'ascendant, au lieu de se borner à procéder, à l'égard de chacun d'eux isolément, par attribution d'objets déterminés, leur ait d'abord fait à tous collectivement une donation à titre universel.

Mais en ce cas, l'acte contiendrait deux choses : une donation à titre universel, puis un partage ; et l'objet de ces deux dispositions ne serait plus le même. Car le partage serait limité aux objets déterminés qu'il spécifierait, tandis que la donation portant sur une abstraction, comprendrait même les objets qu'on ne connaîtrait pas, et qui ne seraient pas portés dans le partage. — Il ne s'agirait donc plus de savoir si le partage entre-vifs oblige aux dettes. Car on serait en présence d'une donation simple à titre universel, laquelle resterait parfaitement distincte du partage.

Il est clair, du reste, que, dans cette hypothèse même, nous n'ad-

mettrions pas que les descendants fussent tenus, en l'absence
d'une stipulation, d'aucune portion des dettes de l'ascendant, puisque telle a été notre solution, en thèse générale. Mais que devraient décider ceux qui n'adoptent pas notre manière de voir ?
Sans doute, si l'on pensait que les dettes forment une charge réelle
au regard du donataire à titre universel, on en conclurait que
dans l'espèce, les descendants sont tenus envers les créanciers en
proportion de leur émolument. Mais si l'on donne à la maxime
bona non intelliguntur... son véritable sens, le sens que lui
donnait le droit romain et qu'adoptait Ricard, c'est-à-dire si l'on
fait dériver l'obligation du donataire aux dettes du donateur de
la volonté tacite de ce dernier, on sera amené, par les principes
qu'enseigne Ricard, à ne pas présumer ici cette volonté. — Ricard
en effet, ne la présumait, et ne pouvait raisonnablement la présumer, qu'autant que cette présomption n'était pas détruite, soit par
les termes de l'acte, soit même par les circonstances ; et il citait,
comme circonstance de nature à détruire cette présomption, la
délivrance que le donateur aurait faite au donataire purement et
sans réserve. Si, en effet, il délivre des objets au donataire en
exécution de la donation, sans rien retenir à raison des dettes,
sans faire d'ailleurs aucune réserve à cet égard, il montre suffisamment par là que son intention a été, en faisant la donation,
que les choses qu'il lui délivre, lui fussent acquises en entier et
sans aucune diminution. Il ne peut plus venir prétendre que, par
l'acte de donation, il a entendu lui donner moins que ce qu'il a
délivré lui-même. Voilà le raisonnement de Ricard. Or, dans notre
espèce, l'opération du partage, si l'ascendant y a procédé sans
faire mention de ses dettes, fait connaître ce qu'il a eu l'intention
de donner. Il ne pourrait raisonnablement prétendre qu'il était
dans sa pensée de donner en définitive, moins que ce qu'il a expressément désigné et spécifié par le partage. Il est évident que
ce qu'il comprend dans le partage, il l'a compris et intégralement
compris dans la disposition. Car, par le partage, il ne fait qu'exécuter sa disposition : cette exécution montre quel sens il attache
lui-même à l'acte qu'il exécute. Ce n'est que quand la disposition
porte exclusivement sur une abstraction, c'est-à-dire sur l'universalité ou sur une quotité, qu'il est possible de soutenir, avec plus
ou moins de vraisemblance, que la quotité abstraite ne comprend,
dans la pensée du disposant, que ce qui restera d'émolument net.
Mais dès que, par l'exécution ou par une désignation détaillée, le
disposant a fait apparaître déterminément les choses données, l'ob-

jet de la disposition sort de l'abstraction. Bien que formulée d'abord à titre universel, elle se convertit en une disposition d'objets déterminés.

On a objecté contre notre solution que le partage serait, entre les mains d'un ascendant, un moyen de frauder ses créanciers. Nous répondrons que les droits des créanciers sont protégés contre la fraude du débiteur par la disposition de l'art. 1167. D'ailleurs est-ce que les avancements individuels d'hoirie n'offrent pas le même danger? et pourtant, personne n'ose soutenir qu'ils entraînent de droit obligation aux dettes. Aussi, l'ascendant qui voudrait réellement frauder ses créanciers, préférerait-il de beaucoup cette voie à la voie du partage, précisément parce que le partage exposerait les descendants à un procès, puisqu'il y a controverse à son sujet, tandis qu'il n'y en a pas au sujet des avancements individuels d'hoirie.

Ainsi, l'ascendant qui fait un partage entre-vifs est dans la position de tout autre donateur. S'il veut imposer à ses descendants l'obligation de payer tout ou partie de ses dettes, il doit s'en exprimer; faute de quoi, on ne présumera pas que telle ait été son intention. Il n'est vraiment pas présumable, en effet, qu'un ascendant qui se dépouille de son bien, ne songe pas à ses dettes; et s'il y songe, mais qu'il n'en parle pas, n'est-ce pas dire implicitement à ses descendants : je vous donne tels et tels biens ; quant à mes dettes, cela me regarde? Si son intention était de mettre ses dettes à la charge de ses descendants, il serait vraiment extraordinaire qu'il gardât le silence sur un point aussi important. Cela est d'autant moins croyable, que le partage se fait par acte notarié, et que les notaires, qui mettent tant de choses oiseuses dans les actes, ne manqueront pas d'y insérer une clause relative aux dettes, lorsqu'ils verront par les explications des parties, qu'il est entendu que les dettes soient supportées par les descendants.

Lorsque l'ascendant a mis ses dettes, en tout ou en partie, à la charge de ses descendants, sans s'expliquer sur la part que chacun devrait en supporter, cette part doit être proportionnelle à la quotité des droits héréditaires. Telle est l'intention probable des parties, puisque l'opération tout entière est faite en raison de ces droits.

Les descendants ne pouvant, dans notre opinion, être tenus des dettes de leur ascendant, qu'en vertu d'une clause de la donation, et la donation, comme tous les contrats en général, n'ayant d'effet qu'entre les parties, les créanciers de l'ascendant ne sauraient avoir, en vertu de la clause en question, une action propre et directe contre les descendants. L'acte de partage est pour eux *res inter alios acta.*—Mais l'ascendant ayant acquis, contre ses descendants, ou du moins contre ceux qu'il a chargés de ses dettes, une action personnelle pour les contraindre à l'exécution de cette obligation, les créanciers peuvent exercer cette action de son chef (1166).

35. Examinons maintenant l'influence que le partage entre-vifs peut exercer dans les rapports de l'ascendant avec les tiers.

Ce partage est, de la part de l'ascendant, un acte qui le dépouille de la propriété, comme le ferait toute autre donation. Il entraîne donc, dans les rapports de l'ascendant vis-à-vis des tiers, les mêmes conséquences qu'une donation ordinaire.

Ainsi, en premier lieu, il fait perdre à l'ascendant vis-à-vis des tiers, en ce qui concerne les biens partagés, les pouvoirs attachés au droit de propriété, c'est-à-dire,

1° Le pouvoir d'intenter désormais les actions, soit les actions réelles, tant possessoires que pétitoires, soit les actions personnelles, tant contre un usufruitier, un fermier ou locataire, et contre les débiteurs cédés par le partage, que celles qui résulteraient de délits ou quasi-délits commis désormais par des tiers;

2° Le pouvoir de disposer à l'avenir de ces mêmes biens.

Cette dernière conséquence, toutefois, ne résulte pas immédiatement de l'acte seul de partage, pas plus que d'un acte seul de donation.

En effet, dans les donations de biens susceptibles d'hypothèques, la propriété n'étant transmise au donataire à l'égard des tiers qu'au moyen de la transcription, et à partir du jour où cette formalité a été remplie, jusque-là des tiers peuvent encore acquérir du chef du donateur, et, ici, du chef de l'ascendant, des droits sur les choses données.

De même, si le partage comprend des créances, c'est l'ascendant qui en reste saisi tant qu'une notification n'a pas été faite aux débiteurs, ou qu'il n'est pas intervenu une acceptation de leur part. Jusque-là, donc, la dette pourrait s'éteindre de son chef, être cédée par lui à des tiers, être saisie-arrêtée par ses créanciers ou par l'effet d'un jugement déclaratif de faillite.

Enfin, si le partage comprend des meubles corporels, et qu'avant la mise en possession réelle des descendants, l'ascendant les livre à des tiers, à un titre translatif de propriété ou d'usufruit, ou à titre de gage, ces tiers seront préférés aux descendants (2279, et arg. de l'art. 1141.)

On a, du reste, vu précédemment qu'en pareil cas les descendants avaient un recours contre l'ascendant.

Les choses partagées sortant du patrimoine de l'ascendant, cessent par là même d'être le gage de ses créanciers, sauf l'action révocatoire, si le partage a été fait en fraude de leurs droits.

Par suite du même principe, l'ascendant ne doit plus être chargé des contributions à raison des biens compris dans le partage.

Ces divers effets n'étant, du reste, que l'application des principes généraux, il n'est pas besoin de s'y arrêter.

On a prétendu que les biens partagés entre-vifs ne devaient pas, à la mort de l'ascendant, compter dans la masse pour la fixation de la quotité disponible ; qu'à ces biens correspondait une quotité disponible spéciale, distincte de la quotité disponible correspondant aux biens non partagés.—De la sorte, les dispositions entre-vifs ou testamentaires faites par l'ascendant, n'auraient leur effet, à l'ouverture de sa succession, que dans la mesure de la quotité disponible mesurée ainsi sur les biens non compris dans le partage[1].

Le partage entre-vifs, a-t-on dit, constitue, non une donation pure, mais un pacte de famille, qui a ses effets particuliers, spécialement réglés par les art. 1075 et suiv. Or ce partage est irrévocable de sa nature ; de sorte que les biens qui y sont compris, sortent à jamais du patrimoine de l'ascendant pour entrer dans celui des descendants. Ils sont par là mis tout à fait en dehors de la succession. C'est ce qui ressort et du texte et de l'esprit de la loi. — Du *texte* : car l'art. 1077 veut que le partage des biens existants lors de l'ouverture de la succession, ait lieu conformément à la loi : ce qui est exclure tout rapport réel ou fictif des biens partagés entre-vifs. — De l'*esprit* de la loi : car la loi, en autorisant ces partages, a voulu fournir aux ascendants le moyen d'assurer la paix et la tranquillité de leur famille. Or, il faut, pour que ce but soit complétement atteint, que les choses partagées entre-vifs ne puissent plus être comprises, ni réellement ni fictivement, dans la liquidation de la succession. — Si, après que la propriété en a été acquise aux descendants, il était permis d'y toucher directement par un rapport réel, ou indirectement par un rapport fictif, le but de la loi serait manqué. Car le sort de la famille demeurerait incer-

---

[1] Cass., req., 4 fév. 1845 (Dall., 1845. 1. 49). — Et dans l'opinion contraire, consultation de M⁽ᶜ⁾ Paul Fabre (Sirey, 1844. 2. 225).

tain et comme suspendu jusqu'à l'époque, peut-être fort éloignée, de la liquidation de la succession. L'opération du rapport fictif, qui aurait lieu alors, nécessiterait des expertises, des évaluations comparatives des divers lots, et porterait par conséquent le trouble dans une famille que le partage tenait unie. La loi n'a pas permis qu'il en fût ainsi : elle a imprimé à ce partage, un caractère qui l'abrite contre toute recherche.

Les termes mêmes de l'art. 922, a-t-on ajouté, prouvent que les biens partagés entre-vifs ne doivent pas entrer dans la composition de la masse pour le calcul de la quotité disponible : car cet article, en prescrivant de réunir fictivement à la masse les biens dont il a été disposé par donations entre-vifs, ne dit rien de ceux qui auraient été compris dans un partage. — Ces derniers forment donc une masse particulière sur laquelle doit se calculer une quotité disponible spéciale, distincte de celle qui devra se calculer sur les autres biens, lors de l'ouverture de la succession.

Cette règle ne porte pas atteinte au droit qu'a l'ascendant de disposer. Car il peut, lors du partage, faire ses réserves. Comme il est le maître de sa quotité disponible, il peut, en partageant une portion de ses biens, disposer de sa quotité disponible, en totalité ou en partie, par conséquent, tant de celle qui correspond aux biens qu'il partage, que de celle qui correspond aux autres biens. Mais il peut également, s'en réserver, pour l'avenir, la libre disposition.

Ces raisons que nous avons reproduites des monuments de la jurisprudence, peuvent, ce nous semble, se résumer ainsi :

Les biens partagés entre-vifs sont irrévocablement acquis aux descendants. Ils sont par là, ainsi que le prouve d'ailleurs l'art. 1077, mis, sous tous les rapports, en dehors de la succession de l'ascendant. Or, ce serait les y faire rentrer que de les réunir, pour le calcul de la quotité disponible, aux biens existants lors du décès.

Ce raisonnement ainsi mis à nu, montrons que les prémisses posées, savoir, l'irrévocabilité du partage, et la disposition de l'art. 1077, ne sauraient amener la conclusion.

Le partage, sans doute, est irrévocable. Mais il ne l'est ni plus ni moins qu'une donation ordinaire. La loi n'a pas créé deux sortes d'irrévocabilité, l'une qui s'appliquerait au partage, l'autre qui s'appliquerait aux donations ordinaires. Elle a simplement appliqué au partage l'irrévocabilité des donations ordinaires. Donc le seul et unique effet de l'irrévocabilité, c'est que l'ascendant n'a pas la faculté de reprendre les biens dont il s'est dessaisi par le partage, pas plus qu'un donateur n'a la faculté de reprendre ce qu'il a une fois donné, pas plus, par conséquent, qu'il n'aurait lui-même, ascendant, la faculté de reprendre les biens dont il aurait fait une donation simple, une donation ordinaire, soit en faveur de l'un ou de quelques-uns de ses descendants seulement, soit en faveur d'un étranger. — En d'autres termes, le partage entre-vifs, à la différence de l'ancienne démission de biens, à la différence aussi des dispositions testamentaires et des donations entre époux, ne peut être révoqué par l'ascendant, pas plus que ne le peuvent d'autres donations entre-vifs, quelles qu'elles soient, et de quelque personne qu'elles émanent. Or, le principe de l'irrévocabilité ainsi entendu, ne saurait mettre le moindre obstacle à ce que, lors de l'ouverture de la succession, les biens partagés soient, conformément à l'art. 922, réunis fictivement, pour le calcul de la quotité disponible, aux biens non partagés. En effet, la réunion fictive établie par cet article, n'a pas le moindre rapport avec une révocation. C'est une pure affaire de calcul, qui consiste à *additionner* la valeur des biens dont le *de cujus* s'est dépouillé entre-vifs à titre gratuit, avec la valeur de ceux qu'il laisse à sa mort, dans le seul et unique but de découvrir, d'après le total, le montant de ce dont il a pu disposer. L'art. 922 veut simplement dire, en effet, que les biens sortis du patrimoine à titre gratuit *comptent* pour la détermination de la quotité disponible, tout comme ceux qui y sont restés. Le procédé à l'aide duquel on arrive à établir ce compte, est donc un procédé purement arithmétique, qui n'enlève absolument rien aux donataires, et qui, par conséquent, ne porte pas la plus légère atteinte au principe de l'irrévocabilité. Aussi, et c'est là une preuve péremptoire, toutes les donations sans exception, y sont-elles soumises, nonobstant leur irrévocabilité.

Sans doute, le calcul nécessite quelquefois une expertise, mais cette expertise, alors même qu'elle ne pourrait se faire qu'avec la participation du donataire et en pénétrant sur sa propriété, lui laisse cette propriété pleine et entière. Comment dès lors avancer, que, jusqu'à ce qu'elle ait lieu, le sort des donataires est incertain et comme suspendu? — D'ailleurs, voulût-on voir, dans cette expertise, alors qu'elle est nécessaire, un certain trouble apporté à leur possession, qu'ils ne seraient pas fondés à se plaindre. Car quiconque reçoit entre-vifs, reçoit sous la condition tacite de souffrir l'expertise qui peut être nécessaire pour la fixation de la quotité disponible. Aussi, doit-il se soumettre à cette condition, alors même que sa donation serait la plus ancienne, et manifestement à l'abri de toute réduction.

Disons donc hardiment que si les biens partagés entre-vifs ne devaient pas être comptés dans la masse pour la fixation de la quotité disponible, ce ne serait certainement pas, du moins, le principe de l'irrévocabilité qui s'y opposerait. Cet obstacle viendrait-il de la disposition de l'art. 1077 ?

Une seule et même succession, de même que toute autre masse indivise, peut être partagée en plusieurs fois; et lorsqu'une portion a été une fois partagée, il n'y a pas à la comprendre dans un partage subséquent avec la portion restée indivise, puisque autrement, ce serait, après l'avoir partagée, la remettre dans l'indivision, et détruire, par conséquent, le partage qui en aurait été fait. Or, l'art. 1077, en disposant que les biens non partagés par l'ascendant le seront conformément à la loi, n'est que l'application pure et simple de cette règle. Il veut donc dire que, lors du partage à faire après le décès de l'ascendant, des biens qu'il aura laissés dans sa succession, il n'y aura pas à se préoccuper de ceux qu'il aura partagés. Ces derniers étant déjà partagés, il n'y aura pas à les partager de nouveau, en les remettant en commun avec les biens qui se trouvent indivis. L'art. 1077 signifie donc simplement que les biens partagés entre-vifs ne sont pas sujets à rapport. Mais il est tout à fait étranger au calcul de la quotité disponible. L'application du rapport aux biens partagés entre-vifs serait en effet la destruction du partage, tandis que l'application du calcul établi par l'art. 922 n'y porte pas la plus légère atteinte.

Cette confusion entre le rapport et le calcul de la quotité disponible a sa source dans la cause la plus bizarre.—On sait qu'un héritier rapporte, soit en remettant effectivement, dans la masse, les objets qui lui ont été donnés, soit en les imputant sur ce à quoi il a droit de prétendre, et en prenant ainsi d'autant moins dans les autres biens. Il y a, au premier cas, *rapport en nature*, au second cas, *rapport en moins prenant*. Ces deux sortes de rapport ont également pour résultat d'enlever à l'héritier donataire le bénéfice exclusif des objets qui lui ont été donnés, pour y faire participer ses cohéritiers dans la proportion de leurs droits, puisque, dans le cas où il n'en fait pas la restitution en nature, il abandonne à la place, jusqu'à due concurrence, sa part dans les autres valeurs de la succession.—Mais la *réunion fictive*, dont parle l'art. 922, est tout autre chose. C'est une simple opération arithmétique, qui se fait sur le papier, et qui consiste à additionner ensemble la valeur du patrimoine existant au décès, et celle des biens dont il a été disposé entre-vifs. Ce calcul n'a donc rien de commun avec le rapport, soit en nature, soit en moins prenant. Il n'enlève rien aux donataires ; il leur laisse le bénéfice exclusif des biens qu'ils ont reçus.—Mais des auteurs ont, dans la matière du rapport, substitué à l'expression *rapport en nature*, celle de rapport réel, et à celle de *rapport en moins prenant*, celle de *rapport fictif*. D'un autre côté, on s'est habitué dans la matière du calcul de la quotité disponible, à qualifier de *rapport fictif*, cette partie de l'opération arithmétique que la loi appelle *réunion fictive*, et qui consiste à *compter* la valeur des biens donnés dans l'addition qui se fait lors du décès. Et, après avoir ainsi appliqué la même expression à deux choses entièrement différentes, on a confondu et assimilé les choses elles-mêmes ; et c'est ainsi que, dans notre question, d'un article qui soustrait les biens partagés entre-vifs à l'obligation du rapport, et par là, à la nécessité d'un nouveau partage, on a été amené à conclure que ces biens ne devaient pas *entrer en ligne de compte*, lorsqu'il s'agit de calculer la masse d'après laquelle se détermine la quotité disponible.

Au reste, c'est sans doute parce qu'on a bien senti que, ni l'irrévocabilité du partage, ni la disposition de l'art. 1077, ne suffisaient pour repousser l'application de l'art. 922, qu'on a prétendu que le partage entre-vifs constitue, non une libéralité pure, mais un pacte de famille qui n'a rien de commun avec les avancements d'hoirie; et que c'est pour cela que l'art. 922 ne fait aucune mention des biens partagés entre-vifs.

Que le partage entre-vifs soit un pacte de famille, nous le concédons. Mais est-ce à dire pour cela qu'il constitue, de la part de l'ascendant, une aliénation à titre onéreux? Car il n'y a pas de milieu : ou l'aliénation est à titre gratuit, ou elle est à titre onéreux. Or, il est manifeste qu'elle constitue, de la part de l'ascendant, une libéralité pure.—Le partage entre-vifs a, dites-vous, ses effets particuliers, tous réglés par les art. 1075 et suivants. Vous oubliez donc que, parmi ces articles, il en est un , l'art. 1076, qui, par cela seul qu'il soumet ces partages aux règles des donations, soit quant au fond, soit quant à la forme, commande expressément l'application de tous les articles qui régissent les donations ordinaires, et notamment l'application de l'art. 922? Ce dernier article n'avait donc pas à mentionner les biens partagés entre-vifs, puisqu'en énonçant ceux dont il a été disposé par donation entre-vifs, il énonçait par là même ceux compris dans un partage. L'art. 922 contenant une règle relative aux donations entre-vifs, et le partage étant soumis aux règles des donations, n'étant qu'*une donation entre-vifs portant partage*, il faut lui appliquer celle-là aussi bien que les autres.

Il suffit, pour poser les vrais principes, de distinguer les deux caractères que présente le partage. — Dans les rapports respectifs des descendants, l'acte a bien, en effet, après l'ouverture de la succession, et entre ceux qui deviennent héritiers, le caractère d'un partage, et, partant, d'une opération à titre onéreux. Entre eux, nul rapport de donateur à donataire ; car ils ne se sont rien donné. Mais l'acte, en tant qu'émané de l'ascendant, est, en fait et en droit, une donation pure. Il doit donc, pour tout ce qui concerne ses effets au regard de l'ascendant, et, partant, pour la détermination de sa quotité disponible, produire l'effet que produirait toute autre donation. Peu importe, à cet égard, qu'il soit destiné à servir plus tard de partage de succession ; car il ne s'agit pas des conséquences qu'il peut entraîner sous ce rapport. —Or, puisque la quotité disponible est en raison de tous les biens qui se trouvent avoir composé en définitive le patrimoine, tant de ceux qui s'y trouvent encore au décès, que de ceux qui en sont sortis à titre gratuit, et que les biens partagés entre-vifs sont incontestablement au nombre de ces derniers, ils doivent entrer en ligne de compte dans le montant du patrimoine. Sans quoi, on calcule le patrimoine comme si ces biens n'en avaient jamais fait partie, et, par conséquent, on restreint, en proportion, la quotité disponible de l'ascendant.

Ne dites pas qu'il dépend de lui de se réserver sa quotité disponible entière. Car tout propriétaire conserve essentiellement, jusqu'à la mort, le pouvoir de disposer dans les limites autorisées par la loi, eu égard à ce qui se trouvera avoir composé son patrimoine. Bien loin d'avoir besoin, pour conserver ce droit, d'en faire la réserve expresse, il ne pourrait y renoncer ni expressément, ni tacitement. On ne se lie pas les mains à soi-même en cette matière ; on n'épuise son droit qu'en l'exerçant, c'est-à-dire en donnant la quotité disponible. Or, ce que l'ascendant donne à tous ses descendants collectivement, à titre de partage, c'est leur part dans la succession, c'est ce qui doit leur revenir un jour à titre d'héritier. Ce ne peut donc être la quotité disponible ; car ce qui serait pris sur la quotité disponible, et donné comme tel, ne serait pas recueilli par eux à titre d'héritier, mais au titre pur et simple de donataire. Et si ce n'est pas la quotité disponible qui leur est ainsi donnée, ce ne peut être que la réserve; d'où il résulte, par voie de conséquence, que l'ascendant conserve ses pouvoirs ordinaires sur les biens non compris dans le partage.

Nous avons déjà fait observer que l'excédant de certains lots sur d'autres ne constitue point un préciput; il ne doit donc pas s'imputer sur la quotité disponible. Le bénéfice que peut procurer à un copartagé la lésion éprouvée par un autre, n'est pas, aux yeux de la loi, une libéralité, soit dans les partages d'ascendants, soit dans les partages ordinaires. Donc, sous le point de vue de la quotité disponible, les biens partagés par un ascendant forment une masse unique, imputable d'abord sur la réserve.

36. Recherchons maintenant quels sont, du vivant de l'ascendant, les effets du partage entre-vifs dans les rapports réciproques des descendants.

Avant l'ouverture de la succession, les effets du partage diffèrent, suivant que l'on considère les descendants comme étant simplement des donataires conjoints, ou bien comme étant déjà, en outre, des copartagés.

Si le partage entre-vifs avait deux caractères actuels et immédiats : le caractère de donation et celui de partage, il produirait aussi actuellement et immédiatement, deux ordres d'effets, les effets des donations et ceux des partages. Mais nous pensons, on l'a déjà vu, que le seul caractère actuel et immédiat est celui de donation entre-vifs. — Dans cette manière de voir, les descendants ne peuvent, tant que vit l'ascendant, se rattacher entre eux par aucun des rapports qui existent entre des cohéritiers ou autres copropriétaires.

Ainsi d'abord, celui qui aurait, antérieurement au partage, reçu un avancement d'hoirie, n'est pas tenu d'en faire immédiatement le rapport, à moins que les choses données n'aient été comprises dans le partage, et attribuées aux autres descendants. Car le partage n'est pas une ouverture de succession; c'est une donation : il n'entraîne donc pas les effets propres aux successions. — Dans la démission de biens, sans doute, des auteurs exigeaient le rapport immédiatement (Introd., n° 47). Mais cela venait de ce que la loi des successions devait, en principe, recevoir une exécution actuelle et immédiate en vue de l'état de choses existant alors. Ce motif n'a plus lieu aujourd'hui. Le partage entre-vifs ne porte que sur les choses qui y sont expressément comprises.

Ainsi encore, les descendants ne se doivent actuellement au-

cune garantie à raison des troubles ou évictions qu'ils éprouve-
raient dans leur lot. — Si les partages entraînent de droit la garantie, c'est qu'ils constituent un acte de transmission de propriété,
analogue à l'échange ou à la vente, puisqu'en effet, par le partage
en nature, les communistes échangent respectivement leurs portions dans les diverses choses indivises, et que, par la licitation,
ils les vendent à un seul. Il est donc tout simple qu'ils se doivent
la même garantie qu'un vendeur doit à l'acheteur, et un échangiste
à son coéchangiste. Mais dans les partages d'ascendants faits par
acte entre-vifs, chaque lot passe directement du patrimoine de
l'ascendant, dans le patrimoine du descendant auquel il est attribué. Par conséquent, ce que reçoit chacun d'eux, il le tient de
l'ascendant, et de l'ascendant seul. Ils ne se transmettent donc
rien les uns aux autres. Or, celui-là n'a rien à garantir, qui n'a
rien transmis. Si donc, du vivant de l'ascendant, un descendant
vient à éprouver des troubles ou évictions dans les choses composant son lot, il ne saurait être fondé, par l'effet seul du partage,
à exercer un recours contre les autres descendants. Le droit à la
garantie n'est qu'éventuel, comme le partage lui-même. Il ne peut
s'ouvrir qu'à la mort de l'ascendant, et entre ceux seulement des
descendants qui recueilleront la succession. — Sans doute, les
biens partagés entre-vifs ne deviendront pas, lors de l'ouverture
de la succession, communs entre les descendants. Ils resteront la
propriété exclusive de ceux auxquels ils auront été attribués primitivement; et par conséquent, les descendants ne se transmet-
tront rien à cette époque, de même qu'ils ne s'étaient rien transmis
au moment de la confection du partage : ce qui semblerait amener
cette conséquence, que la base de la garantie manquera après le
décès de l'ascendant, aussi bien que pendant sa vie. — La réponse
à cette objection se tire du caractère attaché aux avancements
d'hoirie. — Les choses données individuellement à un héritier
présomptif en avancement d'hoirie ne lui sont acquises que sous
la réserve tacite des droits éventuels de ses cohéritiers. A l'ouverture de la succession, les droits de ces derniers se réalisent, même
en ce qui concerne les choses données. Ils se réalisent, alors même
que le rapport devrait ou pourrait se faire en moins prenant. Cette
réalisation n'a lieu, sans doute, en pareil cas, qu'un instant de
raison. Mais cela suffit pour que la garantie soit due à raison des
choses qui ont fait l'objet de la donation, aussi bien qu'à l'égard
de celles qui se trouvent encore dans le patrimoine du défunt au
moment de sa mort. Les choses données étaient éventuellement

destinées à entrer dans le compte de la succession. Elles y sont effectivement entrées. Donc elles sont régies comme telles. — Or il en est exactement de même des choses partagées entre-vifs. Elles ne donnent pas lieu au rapport, parce que le rapport, même en moins prenant, ne sert qu'à établir la masse à partager, et que par conséquent, il ne saurait en être question là où le partage est déjà effectué. Mais au fond, les choses partagées entrent dans le compte de la succession. Seulement, le partage entre-vifs remplace, et l'opération du rapport, et le partage qui l'aurait suivie. Les divers descendants sont dans la même position que s'ils se faisaient respectivement le rapport en moins prenant, mais sans procéder à aucun calcul à cet égard, et en tenant les divers dons comme égaux, comme formant dès lors les parts définitives[1]. — Voilà pourquoi le partage entre-vifs, sans donner lieu à la garantie du vivant de l'ascendant, y donne pourtant lieu après sa mort, absolument comme les avancements d'hoirie entraînent, après l'ouverture de la succession, au profit du donataire qui a rapporté en moins prenant, la garantie ordinaire des partages, bien que les choses ainsi rapportées ne lui aient pas été réellement transmises par ses cohéritiers. — L'analogie entre les deux formes d'avancement d'hoirie est donc parfaite. — Tout donataire par avancement d'hoirie a seul à souffrir, du vivant du donateur, des troubles ou évictions; et la perte lui en reste définitivement, si, par prédécès, renonciation ou indignité, il ne recueille pas la succession. Si, au contraire, il la recueille, la perte se répartit sur tous les héritiers, au moyen de l'action en garantie dans les partages d'ascendants, et d'une dispense de rapport ou d'un rapport moins considérable dans les cas ordinaires.

Admettre immédiatement l'action en garantie, c'est la donner à des descendants qui ne deviendront peut-être pas héritiers, et qui, dès lors, n'auront jamais eu, en définitive, droit à la garantie, même contre ceux qui le deviendront. De plus, c'est la donner contre des descendants qui ne deviendront peut-être pas héritiers, et qui, dès lors, n'auront jamais dû la garantie, même à ceux qui le

---

[1] Cette explication est aussi applicable au partage testamentaire. — Il en est qui donnent pour fondement à la garantie dans les partages, l'égalité qui doit régner entre communistes. Cette manière de présenter les choses ne changerait pas notre solution. L'égalité, en effet, n'existe qu'entre cohéritiers ou autres copropriétaires. Elle ne saurait donc exister entre les descendants avant l'ouverture de la succession, puisqu'ils ne sont pas encore cohéritiers ni copropriétaires en commun.

deviendront. Quelle est donc, en pareil cas, la base de la garantie? Si l'ascendant était décédé, on conviendrait sans doute que ceux des descendants qui ne seraient pas héritiers, n'auraient pas droit à la garantie, de même qu'ils n'en seraient pas tenus. Or, comment est-il possible de décider autrement, avant sa mort? Est-ce que le titre d'héritier peut exister avant l'ouverture de la succession? L'observation est la même à l'égard des héritiers d'un descendant prédécédé. On ne leur appliquerait sans doute pas la garantie. Mais ce serait convenir que lui-même, de son vivant, n'était pas tenu de la garantie et n'y avait pas droit. Car s'il avait eu déjà les droits attachés à la qualité d'héritier, il les aurait transmis.

Les descendants peuvent, du reste, s'engager par l'acte de partage à se garantir immédiatement leurs lots. Cette clause ne donnerait pas précisément ouverture à la garantie des partages, mais à un résultat analogue. Elle modifierait l'acte en tant que donation. Elle augmenterait en réalité le lot de ceux qui auraient reçu des objets sujets à des troubles ou à des évictions, et, par contre, diminuerait le lot des autres, puisqu'elle donnerait aux premiers contre les derniers une action pour se faire indemniser des troubles ou évictions. Ce n'est donc point en qualité d'héritiers, c'est-à-dire, en vertu de l'acte considéré comme partage de succession, que les descendants auraient, en pareil cas, droit à la garantie, et en seraient tenus; c'est en qualité de donataires, et en vertu des conventions insérées dans l'acte considéré comme donation entre-vifs. D'où il suit qu'après la mort de l'ascendant, ceux-là mêmes qui ne seraient pas héritiers en resteraient tenus, et continueraient d'y avoir droit. En un mot, il n'y aurait pas, à raison de la clause en question, un partage proprement dit, soit de succession, soit de choses communes : il n'y aurait toujours qu'une donation entre-vifs ordinaire, modifiée accidentellement dans ses effets par la volonté des parties, absolument comme nous l'avons vu pour les dispositions faites à titre de partage par autres que par les ascendants entre leurs descendants.

Il en est qui, pour trouver une base à la garantie avant l'ouverture de la succession, ont prétendu qu'elle était due en vertu d'une convention tacite des parties. Ils sous-entendent donc, dans les partages d'ascendants, la clause dont nous venons de parler. — Cette décision n'est qu'une conséquence du système qui consiste à voir, dans ce partage, un partage actuel de choses communes, système que nous avons repoussé (n° 32) comme contraire à la théorie de la loi sur les avancements d'hoirie et à l'intention tacite des parties, qui, lorsqu'elles ne s'expliquent pas, sont réputées avoir entendu donner à l'acte le caractère et les effets déterminés par le législateur ; d'où il résulte que, dans notre matière, les parties doivent être présumées avoir entendu faire un partage futur et éventuel de succession, et non un partage actuel de choses communes, et, par suite, ne s'être engagées qu'éventuellement à la garantie résultant des partages.

Le droit à la garantie à raison du partage entre-vifs n'est, du vivant de l'ascendant, qu'un droit éventuel. Mais est-ce simplement une de ces éventualités attachées à la qualité d'héritier présomptif, qui n'autorisent aucune espèce d'action, pas même une mesure conservatoire? — Est-ce au contraire un droit conditionnel, donnant dès lors à celui qui l'a, la faculté de faire, dès maintenant, des actes conservatoires? — Nous sommes plutôt de cette dernière opinion. Car si le partage entre-vifs ne produit pas encore les effets attachés à la qualité d'héritier, ni, par conséquent, le droit à la garantie, du moins en rendant les descendants actuellement propriétaires, il les expose immédiatement aux troubles et évictions. Il fait donc naître immédiatement en leur personne les événements qui doivent plus tard entraîner la garantie. Or, cette circonstance leur donne évidemment intérêt, et, par suite, qualité pour prendre dès maintenant des mesures conservatoires. Ils doivent donc pouvoir, lorsqu'ils sont actionnés par des tiers, à raison de droits prétendus sur les biens partagés, mettre en cause leurs cohéritiers présomptifs, afin qu'en cas de perte du procès, le jugement à intervenir soit déclaré commun avec eux, et que ceux-ci ne puissent, dès lors, à l'ouverture de la succession, opposer à l'action en garantie qu'il y avait des moyens suffisants pour faire rejeter la demande.

Par la même raison, si le descendant actionné ne mettait pas ses cohéritiers en cause, ceux-ci auraient intérêt, et, par conséquent, qualité pour intervenir, puisqu'en cas d'éviction, ils devraient plus tard indemniser l'évincé, à moins de justifier qu'il y avait des moyens suffisants pour faire rejeter la demande. Or, cette justification pourra être plus difficile, peut-être même impossible à faire lors de l'ouverture de la succession. — Ils auraient d'ailleurs, à cette époque, à lutter dans l'esprit des juges contre le préjugé moral résultant de la sentence antérieure.

Lorsque le partage entre-vifs présente la forme d'une adjudication, c'est-à-dire, lorsqu'un ou plusieurs immeubles ont été attribués à un seul descendant, à la charge par lui de payer une somme d'argent aux autres, il nous semble qu'il a immédiatement contre ceux-ci, s'il est évincé, l'action en répétition pour payement indu. Car l'obligation qu'il a prise par l'acte de donation de payer une somme comme charge de cette donation, reposait sur une fausse cause, puisque cette cause était une acquisition qui, en définitive, ne s'est pas réalisée.

Cette action différera de l'action en garantie,

1° En ce qu'elle ne donnera droit qu'à la restitution de ce qui aura été payé, tandis que l'action en garantie de partage donne droit à une somme égale à la perte résultant de l'éviction ;

2° En ce qu'ayant son principe dans une clause de l'acte considéré comme donation, elle aurait lieu alors même que les descendants, soit celui qui a payé ces sommes, soit les autres, prédécéderaient, renonceraient ou seraient indignes.

Les descendants auraient également un recours les uns contre les autres dans le cas où une dette ayant été mise à leur charge par l'acte de partage, l'un d'eux était poursuivi hypothécairement par le créancier. Mais ici encore, ce ne serait pas la garantie ordinaire des partages qui aurait lieu ; ce serait la garantie de l'hypothèque, garantie due par tout débiteur personnel, et qui, dans l'espèce, résulterait, pour les descendants, de l'obligation que leur aurait imposée l'ascendant d'acquitter cette dette. Cette garantie auraitdonc son principe dans l'acte considéré comme donation ; car elle constituerait une charge de la donation. Elle aurait donc lieu même à l'égard des descendants qui n'arriveraient pas à la succession.

De ce que, tant que vit l'ascendant, les descendants ne sont pas des copartagés, il résulte encore que si, par l'acte de partage, l'un d'eux a été chargé d'une soulte, cette soulte constitue, pour ceux auxquels elle est attribuée, une créance ordinaire, et non point, par application des art. 2103, 3° et 2109 C. civ., une créance privilégiée sur le lot chargé de la soulte. Car ils n'ont actuellement droit à cette soulte qu'à titre de donataires.

La décision doit être la même dans le cas où l'ascendant a attribué la totalité d'un ou de plusieurs immeubles à un seul descendant, à charge par lui de payer aux autres une somme équivalente à la valeur de la part qu'ils auraient eue, si le partage eût été fait en nature. Car cette somme ne forme pas un prix de licitation, puisque les biens attribués ainsi à un seul n'étaient pas indivis entre les descendants.

Mais il nous semble qu'une clause insérée dans l'acte pourrait conférer ce privilége. Les priviléges, il est vrai, ne résultent pas d'une convention. La base du système hypothécaire, c'est-à-dire, la règle *prior tempore, potior jure*, s'y oppose invinciblement, puisque sans cela il serait loisible à un débiteur de donner à un créancier postérieur le pas sur les créanciers antérieurs. Mais il y a ici un principe qui doit, à notre avis, l'emporter sur cette règle. Ce principe, c'est qu'il est permis à un donateur de ne donner sa chose que sous telles restrictions que bon lui semble. Il doit donc pouvoir, en la donnant, se réserver à lui-même ou réserver au profit d'un tiers, un droit sur cette chose, de telle sorte qu'elle n'entre dans le patrimoine du donataire, et ne devienne, par conséquent, le gage de ses créanciers que grevée de ce droit. Or, l'ascendant qui fait un partage entre-vifs a, en sa qualité de donateur, le même pouvoir. Il peut donc, en attribuant tel immeuble à l'un de ses descendants, le grever au profit des autres descendants d'un privilége, ou, si l'on veut, d'un droit analogue à un privilége. C'est là tout simplement, de sa part, ne lui donner cet immeuble que sous la déduction d'une valeur réservée aux autres. Le bien n'entre dans le patrimoine du donataire que grevé de la charge de verser telle somme. Ses créanciers n'en éprouvent pas de préjudice; ils gagnent seulement moins qu'ils ne gagneraient sans cette charge. Donc, on ne viole pas les principes fondamentaux du système hypothécaire.

Ceux auxquels une soulte est due, n'ont d'ailleurs, à raison de cette soulte, que l'action en payement. Le défaut de payement de la part de celui qui la doit, ne les autoriserait pas à demander contre lui la révocation du partage pour inexécution des conditions. L'action en révocation n'appartient qu'au donateur, parce qu'ayant pour but de faire considérer la donation comme non avenue, elle fait rentrer les biens dans le patrimoine du donateur, et ne peut dès lors profiter qu'à lui. Tout autre est sans intérêt, et, par conséquent, sans qualité pour l'intenter.

Enfin, de ce même principe que, du vivant de l'ascendant, les descendants n'ont pas encore la qualité de copartagés, il résulte que les actions en nullité ou en rescision de l'acte considéré comme partage, ne sont pas encore ouvertes à leur profit; d'où la conséquence ultérieure que le délai en est suspendu.

Cette décision est admise sans difficulté pour le cas d'une action fondée sur ce que le partage n'aurait pas été fait entre tous les enfants existants au décès de l'ascendant et les descendants de ceux prédécédés. Cette cause de nullité, en effet, ne pouvant apparaître qu'à la mort de l'ascendant, l'action ne saurait évidemment s'ouvrir plus tôt.

Mais elle est vivement débattue relativement aux deux actions prévues par l'art. 1079, c'est-à-dire pour le cas de lésion, et pour celui d'un avantage dépassant la quotité disponible. La jurisprudence avait paru d'abord disposée à distinguer, et à admettre que l'action s'ouvrait du jour même du partage, au cas de lésion, et du jour de la mort de l'ascendant, au cas d'un avantage excédant la quotité disponible. — Bientôt, rejetant cette distinction, elle prit, pour point de départ, dans l'un et l'autre cas, le jour même du partage; et cette opinion avait été consacrée par la Chambre des requêtes, lorsque la Chambre civile, adoptant l'opinion diamétralement opposée, décida que, dans les deux cas, le point de départ du délai était l'époque de la mort de l'ascendant[1]. — C'est aussi l'opinion que nous allons défendre. Elle découle naturellement du principe que nous avons cherché à établir que la distribution de biens faite par l'ascendant entre ses descendants, ne peut acquérir le caractère de partage de succession qu'à la mort de l'ascendant : que jusque-là, elle n'a d'autre caractère que celui d'une donation entre-vifs. Dans cette manière de voir, en effet, tant que vit l'ascendant, ses descendants n'ont pas encore la qualité de copartagés. Cette qualité n'est qu'éventuelle : ils ne peuvent l'avoir que lors de l'ouverture de la succession, et dans le cas d'ailleurs où ils seront héritiers. Or s'ils n'ont pas la qualité de copartagés, ils ne sauraient avoir les actions en nullité ou en rescision de l'acte considéré comme partage. Ces actions sont éventuelles comme le partage même. Elles ne s'ouvrent qu'à la mort de l'ascendant, et au profit de ceux seulement des descendants qui arrivent à la succession, et contre eux. D'où la conséquence que le délai de l'action est suspendu

---

[1] Voy. Cass., req., 4 fév. 1845. Dall., 1845. 1. 49 ; et Cass., civ., 30 juin 1847 (après partage), Sir., 1847. 1. 481. — Quelques mois avant ce dernier arrêt, nous eûmes à traiter la question par écrit dans un concours ouvert devant la Faculté de Droit de Paris, et adoptant dès lors sur le caractère des partages entre-vifs, le système que nous développons dans ce Traité, nous soutînmes que, quelle que fût la cause de nullité de ces actes considérés comme partages, le délai de l'action ne devait jamais courir contre les descendants qu'après le décès de l'ascendant. Nous avons été infiniment flattés de voir que M. l'avocat-général Pascalis, qui s'était trouvé juge adjoint du concours, ait complétement admis notre opinion et les raisons sur lesquelles nous la fondions. M. le conseiller Bryon, rapporteur dans l'affaire, avait été également juge du concours.

jusque-là. *Contra non volentem agere, non currit præscriptio.* Mais il est nécessaire de développer ce point.

L'opinion contraire n'était d'abord admise, disons-nous, que pour le cas de lésion.

Le partage entre-vifs, disait-on pour ce cas, produisant un effet actuel et irrévocable, l'action en rescision doit s'ouvrir, et le délai, par suite, en courir immédiatement, puisque l'art. 1079 ne fixe pas un autre point de départ. C'est ce qui ressort également de l'art. 1304. Cet article, en effet, ne reporte le point de départ du délai des actions en rescision à une époque postérieure au contrat, que dans les cas d'incapacité, d'erreur, de dol ou de violence : ce qui est implicitement décider que, dans le cas de lésion, le délai court immédiatement. La loi fait, d'ailleurs, une application expresse de cette règle implicite, en décidant que le délai de l'action en rescision de la vente pour cause de lésion, court du jour même du contrat (1676). Cette règle est raisonnable ; car il est au pouvoir d'une partie de s'assurer immédiatement si elle est lésée. Dans le cas d'un partage, par exemple, chaque descendant n'a qu'à vérifier la valeur des divers lots ; il découvrira par là les iné-galités qui peuvent s'y trouver.— Enfin, le préjudice éprouvé par le descendant lésé est actuel. L'acte, étant un partage, veut l'éga-lité. Ce droit d'égalité est donc acquis aux descendants. Ils peu-vent dès lors s'en prévaloir, en attaquant le partage, si ce partage y porte atteinte.

On convenait alors que l'action en rescision fondée sur un avantage dépassant la quotité disponible n'était pas recevable du vivant de l'ascendant, par la raison que cette action a pour base le droit à la réserve, lequel ne s'ouvre qu'au décès, et ne saurait d'ailleurs se liquider auparavant, puisque la quotité disponible est en raison, tant des biens composant le patrimoine lors du décès du *de cujus,* que de ceux dont il a disposé entre-vifs (922). — Pour décider que cette action s'ouvrait du jour même du partage, il fallait admettre que la réserve est acquise, et qu'elle peut se liquider dès cette époque : on l'admit.

Le partage entre-vifs, a-t-on dit, est irrévocable. Les biens qui y sont compris sortent entièrement du patrimoine de l'ascendant. Le partage sépare donc ce patrimoine en deux, en biens partagés et biens non partagés ; de sorte que, lors de sa mort, les biens partagés ne font plus partie de sa succession. Cette succession ne se compose que des biens non partagés. C'est ce qui ressort de la disposition de l'art. 1077, d'après laquelle on ne doit pas, lors du partage de cette succession, revenir sur celui qu'a fait l'ascendant. — Tel est d'ailleurs le résultat que demande l'esprit de la loi : le législateur, en autorisant les ascendants à partager leur succession, a voulu leur fournir le moyen d'assurer la paix et la tranquillité de leur famille. Or, ce but ne serait qu'imparfaitement atteint, s'il était permis de revenir sur le partage qu'ils auraient fait, à l'époque, peut-être fort éloignée, de l'ouverture de leur succession. Donc, pour que cette séparation entre les biens partagés et les biens non partagés soit complète, il faut qu'à la masse des biens partagés, correspondent une quotité disponible et une réserve spéciales, distinctes de celles qui correspondent aux biens non partagés. De cette sorte, le partage entre-vifs contient tous les éléments nécessaires à l'action en rescision fondée sur un avantage dépassant la quotité disponible. Car il ouvre, au profit de chaque descendant, le droit à la réserve sur les biens qui y sont compris. Aucun obstacle, d'ailleurs, ne s'oppose à la liquidation de cette réserve, puisque le calcul à cet égard ne doit porter que sur les biens partagés. Donc, et par une conséquence ultérieure, cette action est ouverte, et le délai, par suite, en court immédiatement.

Admettre ainsi, dans un même patrimoine plusieurs, quotités disponibles et plusieurs réserves distinctes, c'était y admettre comme principe préalable, plusieurs successions, puisque la réserve ne s'acquiert qu'avec la succession même, dont elle est une partie. Il en est qui ont franchement proclamé en effet que le partage entre-vifs opérait une ouverture anticipée de la succession de l'ascendant; et, pour appuyer ce système, aux raisons ci-dessus exposées, ils ont ajouté un argument tiré de la loi du 16 juin 1824. Cette loi, ont-ils dit, en assujettissant les partages entre-vifs au simple droit de mutation par décès, au lieu du droit plus élevé auquel sont assujetties les donations en ligne directe, considère la transmission qui s'opère lors du partage comme une transmission par décès. — Ce n'est donc plus le cas, dans la législation nouvelle, d'invoquer la maxime : *nulla viventis hæreditas*.

D'autres, il est vrai, ont prétendu qu'il n'y a toujours qu'une seule succession, et partant, une seule quotité disponible et une seule réserve ; que seulement cette quotité disponible et cette réserve étaient divisées en plusieurs parties[1]. — Pure échappatoire !

[1] Voici comment un arrêt s'exprime à cet égard (Dall., 1836. 1. 299) : « En vain dit-on que c'est opérer sur deux successions du même individu. Non, il n'y

car ouvrir et liquider un droit à la réserve, du vivant même de l'ascendant, sur les biens par lui partagés, et au profit des descendants qui se trouvent alors héritiers présomptifs, indépendamment de celui qui doit s'ouvrir à son décès, sur les biens non partagés, au profit de ceux seulement des descendants qui recueilleront sa succession, c'est évidemment créer, dans un même patrimoine, plusieurs réserves parfaitement distinctes, tant parce qu'elles portent sur des masses entièrement séparées, que parce qu'elles sont ou peuvent être dévolues à des réservataires différents.

Au reste, ce système de réserve, *une*, mais *divisée en plusieurs parties distinctes*, est tout aussi inadmissible que le système de la pluralité des réserves. — Tout propriétaire reste, de son vivant, maître absolu de ses biens. Il peut en disposer, pour tout le temps de sa vie, en faveur de telle personne et dans telles proportions que bon lui semble.—Or, ce principe ne permet pas qu'une réserve, ou portion de réserve, s'ouvre alors sur ses biens. La réserve, en effet, est une quotité de biens que la loi met hors de la disposition de l'homme, pour en assurer l'acquisition aux héritiers. Le droit des héritiers à la réserve ne peut donc s'ouvrir du vivant du *de cujus*, puisqu'il a le pouvoir de disposer en maître absolu pour jusqu'à sa mort. Le droit des héritiers à une réserve et le pouvoir absolu de disposer entre les mains du *de cujus*, sont deux choses qui ne peuvent coexister. Elles peuvent bien se suivre; mais elles ne peuvent pas marcher ensemble. — Aussi qu'a fait la loi? Laissant au propriétaire la faculté de disposer à son gré pour tout le temps de sa vie, elle n'ouvre le droit de ses héritiers à la quotité réservée, qu'au moment de sa mort, c'est-à-dire au moment où elle ouvre leurs autres droits héréditaires, parce qu'en effet, le droit à la réserve n'est que l'un de ces droits.

Il est impossible, d'après cela, que les descendants aient, du vivant de l'ascendant, le pouvoir de critiquer son partage, en invoquant leur droit à une réserve. — Ce partage constituant de sa part une disposition entre-vifs, il a eu le pouvoir de le faire au profit de chacun d'eux, pour tout le temps de sa vie, dans telle

a jamais qu'une succession, et c'est celle qui s'ouvre au décès; ou, pour mieux dire, il n'entre dans la succession que les biens non partagés. Les biens partagés ne peuvent plus faire partie de la succession. Ils sont sortis des mains de l'ascendant irrévocablement et à titre d'hérédité. Ils doivent rester au pouvoir des enfants au même titre. » — Si les biens partagés ne font point partie de l'hérédité qui s'ouvre au décès, qu'ils soient néanmoins acquis et qu'ils restent aux enfants à titre d'hérédité, de quelle hérédité proviennent-ils donc?

mesure que bon lui a semblé, le pouvoir, par conséquent, d'y faire à l'un une condition plus avantageuse qu'aux autres. Ces derniers seraient doublement mal fondés à vouloir enlever à celui qui se trouve favorisé, une partie quelconque de ce qu'il a reçu. Car d'abord, ce qu'il a reçu, il est en droit de le garder actuellement, puisque l'ascendant avait incontestablement le pouvoir de le lui donner pour tout le temps de sa vie. Ensuite, eux-mêmes n'y ont aucun droit. Car d'où pourraient-ils tenir ce droit? ce n'est pas de la loi, puisqu'ils ne tiendront quelque chose de la loi que lorsqu'ils seront devenus héritiers, si d'ailleurs ils le deviennent. Ce n'est pas non plus de la disposition de l'ascendant, puisque, sous ce rapport, la disposition n'est point en leur faveur. Le descendant qui a reçu des biens à titre de partage, est, tant que l'ascendant vit, dans la même position que tout autre héritier présomptif qui aurait reçu un avancement d'hoirie. Car, alors même que cet héritier aurait reçu la plus grande partie ou même la totalité du patrimoine, les autres n'auraient rien à lui demander; et pour étendre davantage encore la comparaison, un héritier donataire, qu'il soit donataire par suite de partage, ou bien par suite d'une donation individuelle, peu importe, est dans la même position qu'un donataire étranger, lequel ne saurait être inquiété par les héritiers avant l'ouverture de la succession. Car le droit des héritiers, sur les biens sortis du patrimoine, ne s'ouvre pas plus tôt que sur ceux qui y sont restés. A l'égard des uns comme à l'égard des autres, il ne s'ouvre qu'au décès et par la dévolution de la succession.

A quoi bon, en présence de principes aussi certains, s'occuper des arguments invoqués à l'appui du système contraire?

Ainsi, l'irrévocabilité du partage empêche l'ascendant de pouvoir reprendre les biens qu'il a partagés. Mais suit-il de là que les descendants aient des droits autres que ceux que leur a conférés l'ascendant, autres que ceux qui résultent, pour chacun d'eux, de la teneur même du partage?

De l'art. 1077 il résulte que les biens partagés par l'ascendant ne seront pas partagés de nouveau après son décès, concurremment avec ceux qu'il a pu laisser indivis : en d'autres termes, qu'ils ne seront pas sujets à rapport lors de l'ouverture de la succession. Mais en quoi cela peut-il signifier que la loi ouvre au profit des descendants donataires le droit d'inquiéter et d'évincer d'autres donataires avant le décès de l'ascendant?

D'après la loi de 1824, le droit proportionnel de mutation *des donations entre-vifs portant partage par les ascendants entre leurs descendants,* est le même que celui des mutations par décès. Mais résulte-t-il de là que la transmission opérée par une *donation portant partage* soit une transmission opérée par la loi, à titre de succession réservée et avec tous les effets attachés à ce titre?

Nous ajouterions, s'il était besoin, qu'admettre une quotité disponible et une réserve correspondant aux biens partagés, mais aussi, et par là même, restreinte à ces biens, c'est limiter arbitrairement la faculté de disposer, entre les mains de l'ascendant, au moment de son partage. Car s'il fallait, pour déterminer ce dont il peut alors disposer, s'en tenir à cette époque, on devrait du moins lui reconnaître une quotité disponible en raison de l'état actuel de sa fortune entière, c'est-à-dire en raison, tant des biens dont il se dépouille alors que de ceux qu'il garde. Autrement, on arrive à ce résultat inouï, que si, par exemple, il a trois enfants et un patrimoine de 1000, mais qu'il se borne à donner 400, il ne peut, par l'acte de partage, disposer que de 100 ; alors qu'il a incontestablement, d'après l'état actuel de sa fortune, le pouvoir de disposer de 250. Il est vrai qu'on était bien forcé d'accepter ce résultat. Car, comme les moyens de connaître la valeur de son patrimoine entier au moment du partage manquent complétement, il aurait été impossible de découvrir quel était le chiffre d'une quotité disponible mesurée sur ce patrimoine. On en a donc été réduit, pour avoir un système praticable, à donner un démenti à des principes regardés jusque-là comme étant au-dessus de toute controverse. La disposition formelle de la loi ne permet pas de déterminer la quotité disponible d'une personne (922), ni pendant sa vie, ni sur une partie seulement de son patrimoine. La loi n'a pas deux procédés ni deux temps pour fixer le chiffre de la quotité disponible. Ce n'est jamais qu'au décès qu'elle en place le calcul, et d'après la valeur des biens existant alors dans le patrimoine, et auxquels on réunit la valeur de ceux dont il a été disposé entre-vifs : d'où il résulte qu'un avantage qui paraîtrait excessif, à ne considérer que les biens partagés, et en se plaçant à l'époque du partage, peut ne pas l'être au décès, en raison de l'état de choses qui existera alors.

Tenons-nous-en donc aux principes. Le droit à la réserve, qui n'est qu'un droit successif par lequel la loi permet aux héritiers de restreindre les effets des dispositions du *de cujus* après sa mort, ne saurait s'ouvrir et s'exercer de son vivant, par l'effet même de ses propres dispositions. Il ne s'ouvre jamais que par l'effet de la loi, et au moment de la mort, parce que c'est à cette époque, et à cette époque seulement, que la loi est mise en action; et que le droit à la réserve consistant en un obstacle mis par le législateur aux dispositions de l'homme, est éminemment une action de la loi. Jusque-là donc, une donation entre-vifs faite à titre de partage doit, comme le devrait toute autre, s'exécuter telle qu'elle est. Car, de quelque manière que l'ascendant l'ait faite, il est resté, pour tout le temps de sa vie, dans les limites de ses pouvoirs, attendu que ces pouvoirs étaient illimités. Ce n'est qu'à sa mort qu'il pourra y avoir lieu d'en arrêter les effets, parce qu'il n'a eu la faculté de prolonger ces effets au delà de sa vie que dans les limites fixées par la loi. En attendant, ses descendants ont beau être présomptifs, ce titre ne produisant point d'effet, ne leur donne aucune espèce de droit contre leurs cohéritiers, pas plus qu'elle ne leur en donne contre des tiers donataires. Ils n'ont donc, pour avoir été apportionnés dans le partage, que les droits qu'aurait un donataire étranger. Car actuellement ils ne sont que de simples donataires. Ils ne sont pas, et ils ne seront peut-être jamais héritiers.

Au fond, les principes sont les mêmes en cas de lésion. — La lésion ne suppose pas simplement la non-réalisation d'un bénéfice. Elle suppose une perte effective, par conséquent une opération qui fait sortir d'un patrimoine plus qu'elle n'y fait entrer. C'est ainsi que, dans un partage de choses communes, si le lot attribué à l'un des communistes est d'une valeur inférieure au montant de sa part dans la masse totale, il est lésé. Alors, en effet, le partage a fait sortir de son patrimoine plus qu'il n'y a fait entrer. — Mais, dans le cas d'un partage d'ascendants, les descendants ne sauraient éprouver de lésion avant l'ouverture de la succession. Jusque-là, en effet, ils n'ont aucun droit aux biens de l'ascendant. Si donc celui-ci les leur donne en forme de partage, l'opération étant, de sa part, une donation proprement dite, soit en fait, soit en droit, elle fait bien entrer quelque chose dans leur patrimoine, mais elle n'en fait rien sortir. Elle a exactement le même résultat qu'aurait une donation qui leur serait faite individuellement par avancement d'hoirie, et, par une conséquence ultérieure, le même résultat qu'aurait une donation faite à un étranger. Or, une donation ne saurait léser le donataire. Si donc l'un d'eux reçoit moins que les autres, il n'éprouve pas pour cela une perte. Il manque tout simplement de faire un gain, c'est-à-dire un gain égal à celui que font ses cohéritiers. Or ce résultat ne constitue pas une lésion. Il ne pourrait y avoir lésion qu'autant que les biens partagés par l'ascendant auraient, antérieurement, appartenu en commun aux descendants. Mais, pour cela, il faudrait que leurs droits successifs eussent été déjà ouverts. Car la lésion, dans un partage, consiste essentiellement et uniquement à recevoir, par le partage, un lot d'une valeur inférieure à la part indivise dont on était déjà propriétaire dans la masse, et à laquelle, par conséquent, on avait un droit acquis. Or, ce droit acquis à une certaine part dans la masse totale, qui existerait, en effet, au profit des descendants, si la succession de l'ascendant était ouverte, ce droit ne saurait résulter du partage entre-vifs. Ce partage est actuellement leur seul titre, la source unique de leurs droits. Mais par lui-même, et comme acte de disposition de la part de l'ascendant, il n'a fait acquérir à chacun d'autre droit que celui qui découle de ses termes mêmes, c'est-à-dire le droit à une part divise, déterminée, et par là même restreinte aux objets qu'il spécifie. — En vain donc cette part serait-elle, pour tel d'entre eux, d'une valeur inférieure au montant intégral de celle qu'il est appelé à recueillir un jour en sa qualité d'héritier dans la masse des biens. Comme son droit à cette part n'est encore pour lui qu'un droit éventuel, l'atteinte qui y est portée n'est également qu'éventuelle. Donc, elle ne saurait donner lieu qu'à une action éventuelle. On ne lui a fait aucune injustice : car il n'avait droit à rien. Ce qu'il a reçu est encore un bienfait dont il doit savoir gré à l'ascendant, et que ce dernier pourrait même lui retirer en cas d'ingratitude. Ce n'est donc qu'à l'époque où le droit à sa part héréditaire se réalisera en sa faveur par l'ouverture de la succession, si jamais il se réalise, qu'il pourra attaquer la disposition qui ne la lui attribue pas intégralement. C'est alors, mais alors seulement, qu'il éprouvera un préjudice, une lésion ; ce n'est donc qu'alors qu'il pourra en demander la réparation.

Du reste, ici, comme dans le cas d'un avantage excédant la quotité disponible, l'action est non recevable du vivant de l'ascendant, non pas seulement parce que le descendant demandeur n'a aucun droit né et actuel à ce qu'il réclamerait, mais encore parce que ceux contre qui il réclamerait, ont droit, jusqu'à la mort de l'ascendant, à tout ce qu'ils ont reçu, et, par conséquent, même à ce qu'il prétendrait leur enlever. Ils y ont droit, puisque l'ascendant était libre d'en disposer en leur faveur.

Le partage, a-t-on dit, donne droit à l'égalité. Cette proposition serait conséquente avec le système qui verrait, dans le partage entre-vifs, un partage actuel de choses communes. C'est ainsi encore que le droit à la garantie s'ouvrirait immédiatement. Mais, d'après la théorie de la loi sur les avancements d'hoirie, ce que, dans l'espèce, les parties entendent faire, c'est un partage futur et éventuel de succession , et non un partage actuel de choses communes. Donc, elles n'entendent pas faire produire actuellement à l'opération les effets d'un partage de choses communes, mais seulement les effets d'un partage de succession, et cela, pour l'époque où il acquerra ce caractère, s'il l'acquiert effectivement. Hors de là , c'est-à-dire abstraction faite de l'idée de succession, et, par conséquent, pour tout le temps de la vie de l'ascendant, l'opération n'est qu'une donation. Or, une donation ne donne à un donataire que ce que comportent ses termes , et cela alors même que le donateur aurait cru donner davantage. Car, pour qu'une personne ait droit à une chose en qualité de donataire, il ne suffit pas qu'on se soit proposé de la lui donner : il faut qu'on la lui ait donnée effectivement. D'un autre côté, une donation ne contient pas moins que ce que comportent ses termes, alors même que le donateur aurait cru donner moins. Par cela seul qu'on m'a donné effectivement telle chose, je suis en droit de la garder comme donataire. Le partage entre-vifs, en tant que donation, n'établit donc pas entre les descendants un droit à l'égalité. Il crée les droits qui résultent de ses termes, ni plus ni moins[1].

Ainsi, le droit à l'égalité n'étant, dans les successions, que le droit d'obtenir, lors du partage, en objets déterminés, une valeur qui représente exactement la valeur de la part héréditaire que l'on a recueillie indivisément dans la masse des biens, ce droit est, comme le droit à la réserve, un pur droit successif, qui ne s'ouvre dès lors que par l'effet de la loi, au moment où la succession s'ouvre pour le surplus, c'est-à-dire à la mort naturelle ou civile de l'ascendant, parce que c'est à cette époque seulement que la loi est mise en action.

---

[1] Ceci peut paraître inconséquent avec ce que nous disons ci-dessus (n° 5), que les dispositions faites par un collatéral, à titre de partage, peuvent entraîner la rescision pour lésion. Mais nous exigeons pour cela que les termes de l'acte autorisent une action à cet égard. Seulement, nous pensons que la déclaration faite par le disposant *qu'il entend simplement partager sa succession*, peut s'interpréter en ce sens. Si donc nous accordons, en pareil cas, à un donataire ou légataire, l'action en rescision, c'est que les termes mêmes de l'acte la lui donnent. Mais dans un partage entre-vifs, un ascendant, d'après la théorie de la loi, fait deux choses : d'abord un partage éventuel de sa succession. Sous ce rapport, il veut, telle est, du moins, la présomption légale, établir l'égalité entre ses descendants, mais en tant seulement qu'ils seront héritiers Il fait ensuite une donation actuelle, et indépendante du titre d'héritier. Or, sous ce point de vue, il procède abstraction faite de l'idée de succession, et, par conséquent, de l'idée d'égalité.

Jusque-là, chaque descendant n'a que ce qu'il tient de la disposition de l'homme. C'est la teneur de cette disposition qui détermine la mesure de ses droits : en dehors ou au delà , il n'a plus droit à quoi que ce soit. — En vain donc ferait-on valoir cette circonstance que le chiffre de la lésion peut se déterminer du vivant de l'ascendant, par la raison que le calcul ne doit porter que sur les biens compris dans le partage. Cela ne saurait faire que la lésion soit actuelle. On pourrait même ajouter qu'il n'y a pas certitude à cet égard , parce qu'il peut survenir un ou plusieurs héritiers non compris dans le partage, auquel cas, tel descendant que vous croyez lésé, se trouvera avoir reçu, dans les objets partagés, plus qu'il ne doit lui revenir en définitive. La quotité des droits de chaque descendant n'est donc pas plus certaine que les droits eux-mêmes. Mais cet argument est superflu.

Pour nous résumer donc sur ce point , nous dirons : Il n'y a que les droits attachés à la qualité d'héritier qui puissent autoriser à attaquer un partage de succession. Donc les deux actions prévues par l'art. 1079 ayant également pour base, non la qualité de donataire et les droits attachés à cette qualité, mais bien la qualité d'héritier et les droits attachés à cette qualité , elles ne s'ouvrent qu'à l'époque où s'acquiert la qualité d'héritier, et dans le cas d'ailleurs où elle s'acquiert effectivement. — C'est en vertu du même principe qu'on décidait déjà, dans l'ancien droit, que la validité du partage fait par un démettant ne s'appréciait qu'à l'ouverture de sa succession, même dans les coutumes qui regardaient la démission comme irrévocable (Introd., n°^s 54 et 57). Et pourtant il y avait plus de doute que sous le Code civil; car la démission entraînait, en principe, l'application immédiate des règles des successions, tandis que, sous le Code civil, le partage entre-vifs ne constitue immédiatement qu'une donation. — Sans doute, s'il était rescindable comme donation, à raison , par exemple , d'une violence exercée sur l'ascendant, l'action en rescision (existant au profit de l'ascendant), s'ouvrirait, et le délai en courrait dès avant sa mort. Ce serait le cas d'appliquer l'art. 1304; car il s'agirait de rescinder l'acte comme contrat. Or, le partage, en tant que contrat, est parfait du moment où toutes les parties y ont donné leur consentement. Il y aurait alors même raison de décider que dans le cas de rescision de la vente pour cause de lésion (1676). Mais ce n'est qu'à l'époque de l'ouverture de la succession que l'acte peut devenir un partage de cette succession. Jusque-là donc, on doit dire de ce partage ce que, d'après les anciens auteurs, nous avons dit (Intr., n° 44 et 54) du partage fait par un démettant : ce partage porte sur une succession future, tout aussi bien que celui dont l'effet ne doit commencer qu'au décès. Les descendants, sans doute, sont en possession, mais ils ne possèdent qu'une hérédité future. Il leur manque, pour être héritiers actuels, le décès de l'ascendant..... Ce partage n'est, en tant que partage de la succession, qu'un acte éventuel, dont l'attribution légale doit être la règle définitive et le prototype. Or l'attribution légale n'ayant lieu qu'au décès, c'est à cette époque, et à cette époque seulement que l'on pourra juger si celle que l'ascendant a faite par anticipation, y est conforme. Donc, en attendant, les actions, tendant à la critiquer sous ce rapport, ne sont pas ouvertes ; d'où la conséquence ultérieure que le délai en est suspendu. *Contra non valentem agere, non currit præscriptio.*

Cette solution tire une nouvelle force de la disposition de l'art. 1078. L'hypothèse prévue par cet article est sans doute différente de celle que prévoit l'art. 1079 ; mais le principe est exactement le même. — Dans les deux cas, en effet, il faut apprécier séparément l'acte sous ses deux caractères, c'est-à-dire comme donation et comme partage. Dans les deux cas, tant que l'ascendant vit, l'acte constitue une donation, et pas autre chose. Or, à ce titre, il est parfaitement valable, parfaitement conforme aux pouvoirs de l'ascendant. Peu importe donc que l'un des descendants y ait été omis, ou y ait reçu moins que ce qui doit lui revenir plus tard. L'ascendant avait le pouvoir de disposer pour tout le temps de sa vie comme bon lui semblait. Mais, après sa mort, l'acte doit, pour tenir, être conforme aux droits des héritiers ; car il devient partage. En conséquence, le descendant omis n'est pas fondé à se plaindre du vivant de l'ascendant, parce que le partage ne viole pas à son préjudice un droit actuel et certain. Ce n'est qu'à la mort de l'ascendant, et en devenant héritier, s'il le devient, qu'il aura qualité pour faire tomber le partage qui se trouvera alors porter atteinte à ses droits d'héritier. De même, le descendant qui n'a pas reçu par le partage le montant intégral de ce à quoi il est éventuellement appelé comme héritier, n'est pas fondé à se plaindre du vivant de l'ascendant ; car le partage ne viole pas à son préjudice un droit actuel et certain. Ce n'est qu'à la mort de l'ascendant, et en devenant son héritier, s'il le devient en effet, qu'il aura qualité pour faire tomber le partage qui n'aura pas donné satisfaction entière à ses droits d'héritier.

Il n'y a donc, entre les deux cas, qu'une différence du plus au moins, quant au chiffre de l'intérêt, en ce qui concerne les biens partagés. Au fond, le principe de l'action est le même; il s'agit, dans les deux cas, d'une atteinte portée à des droits successifs, atteinte qui n'est qu'éventuelle, comme les droits successifs eux-mêmes, tant que vit l'ascendant. Que n'a-t-on rapproché dans la discussion, comme ils sont rapprochés dans la loi, les articles 1078 et 1079, qui, à eux deux, concernent la matière des nullités de l'acte en tant que partage. On aurait été amené à voir que l'art. 1078, qui fait manifestement courir le délai de l'action du jour du décès de l'ascendant, loin de contenir une règle spéciale au cas qui y est prévu, n'est que l'application de la règle générale. Aussi, sous ce rapport encore, la règle est-elle, dans le droit actuel, la même que dans le droit ancien. En effet, l'enfant survenu au démettant, après la démission, n'était admis qu'à l'ouverture de la succession, à prendre part aux biens abandonnés (Int., n° 52).

Pour ajouter un dernier argument, supposons qu'un descendant, qui n'a pas reçu, par le partage, le montant intégral de ses droits éventuels dans les biens partagés, vienne à prédécéder ou bien survive, mais renonce à la succession. S'il a agi et fait rescinder le partage ou obtenu un supplément, est-ce que son action aura été fondée? Et, si elle ne l'a pas été, ne doit-on pas remettre les choses sur l'ancien pied, c'est-à-dire reconstituer le partage primitif ou faire restituer le supplément fourni? Mais si le droit d'agir en rescision dépendait de l'acquisition, à son profit, de la qualité d'héritier, ce droit n'était pas ouvert lorsqu'il a agi; car il n'était pas plus héritier à cette époque qui ne l'est depuis son prédécès ou sa renonciation; il n'était encore que donataire, et il est définitivement resté tel. — Supposez maintenant que ce descendant n'ait pas agi avant son prédécès ou sa renonciation, lui donnerez-vous l'action à lui après sa renonciation, et, à ses héritiers, après son prédécès? S'il avait un droit acquis à la réserve et à l'égalité, ce droit, et, partant, l'action pour le réclamer, ne se sont pas éteints par son prédécès ou sa renonciation. Si vous refusez l'action, vous convenez qu'il ne l'avait pas encore; et, s'il ne l'avait pas encore, pourquoi la lui donnez-vous donc avant son prédécès ou sa renonciation, alors, par conséquent, qu'il n'était qu'héritier présomptif?

Nous disons, nous, le descendant omis, qui prédécède ou renonce, n'avait encore aucune action contre le partage. Il n'a donc pu en acquérir, s'il a renoncé, ou en transmettre, s'il est prédécédé. Or, il en est de même du descendant prétendu lésé dans son droit à l'égalité ou à la réserve. Ce droit, il ne l'avait pas :

donc, il ne l'a pas transmis, s'il est prédécédé, ni acquis, s'il a renoncé.

Notre système, nous dit-on, prolonge l'incertitude, en reculant l'époque où le partage deviendra inattaquable. Mais, outre que ce ne serait là qu'une considération, qui ne pourrait faire fléchir les principes, nous répondrons que, si l'ascendant veut faire un partage stable et irrévocable, il a pour cela un moyen bien simple : qu'il remplisse avec impartialité la magistrature que la loi lui confie, et alors ses descendants seront à l'abri de toute dépossession. Son opération ne peut être annulée que s'il ne s'est pas conformé au vœu de la loi. Et quels sont ceux qui souffriront de cette annulation, sinon ceux qu'il aura injustement favorisés, et auxquels, par conséquent, on ne fait qu'enlever un gain contraire au vœu de la loi?

Nous dirions, nous, de notre côté, si nous regardions les considérations comme pouvant servir de base à une décision de droit : l'intérêt des enfants dont les droits ont été méconnus, ne doit pas être sacrifié. Or, il le serait presque toujours, dans le système qui les déclare non recevables, pour n'avoir pas agi du vivant même de l'ascendant, lorsque le délai de l'action se sera écoulé dans l'intervalle du partage à l'ouverture de la succession. L'intérêt de l'enfant serait d'intenter une action qui accuse, en définitive, le jugement de son ascendant d'injustice et de partialité. Or, s'il est soumis et respectueux, il se résignera, et laissera ainsi périmer ses droits. S'il réclame, il mécontentera l'ascendant, et s'exposera à toutes les suites de ce mécontentement. On paralyse donc son action ; car on le met dans une position telle que, si ce n'est pas le respect filial qui le retient, ce sera son intérêt bien entendu.

On n'a pas osé nier ces résultats dans l'action fondée sur une atteinte portée à la réserve, parce que la loi attribue incontestablement cette atteinte à un dessein prémédité de la part de l'ascendant. Mais on les a niés relativement à l'action fondée sur la lésion. La lésion, a-t-on dit, ne doit s'imputer qu'à une simple erreur échappée à l'ascendant. L'action qui a pour but d'établir cette erreur, et de la faire réparer, n'a donc rien de contraire au respect dû à l'ascendant. Il y a même lieu de croire qu'elle est conforme à ses intentions.—Mais le législateur a positivement imputé la lésion aussi bien à l'intention de la part des ascendants d'avantager un enfant, qu'à une erreur qui leur échapperait. Les travaux préparatoires du Code en font foi. Avouons même que le cas d'erreur sera le plus rare ; car un ascendant connait la valeur de ses biens. Or, une lésion de plus du quart est si facile à apercevoir, qu'elle ne peut guère se glisser dans le partage d'un ascendant, à son insu, et contrairement à sa volonté.

Ceux qui font courir le délai de l'action en rescision du vivant même de l'ascendant, admettent néanmoins que cette action ne doit avoir lieu qu'entre les divers descendants, et que l'ascendant y reste étranger. Cette décision a été suivie dans la pratique, probablement parce qu'on a senti combien on aurait prêté le flanc aux attaques, en obligeant les descendants à traduire leur ascendant devant les tribunaux pour faire annuler son partage. Mais cette forme de procéder ne nous paraîtrait guère conforme aux principes.—Le partage est essentiellement l'œuvre de l'ascendant. C'est de l'ascendant, en effet, que sont parties l'initiative et l'exécution. Or, comment concevoir qu'il fût permis d'attaquer son œuvre, de son vivant, sans qu'il eût qualité pour la défendre? Dans le cas d'ailleurs où l'annulation en serait prononcée, est-ce que lui seul n'a pas, tant qu'il vit, le pouvoir de la refaire? La loi n'a donné qu'à lui le droit de faire, de son vivant, le partage de ses biens. Si donc, une première fois, il n'a pas procédé régulièrement, et qu'à raison des vices que présentait son partage, la nullité en ait été prononcée, rien n'autorise à lui dénier la faculté d'exercer de nouveau et régulièrement cette fois, un pouvoir qui n'appartient qu'à lui.—Il nous semble donc, par ces raisons, que si l'action en rescision du partage était recevable du vivant de l'ascendant, elle ne pourrait du moins être intentée régulièrement qu'en présence de l'ascendant, ou lui dûment appelé.

Nous ne nous sommes occupés que des trois causes de nullité prévues par la loi. Mais le principe sur lequel nous nous fondons, étant général, la solution est la même pour tous les cas où les descendants attaqueraient l'acte comme partage, pour le cas, par exemple, où il y aurait eu violence exercée contre un descendant, ou dol pratiqué envers lui, pour le faire consentir au partage.

L'action en nullité ou en rescision ne s'ouvrant qu'au décès de l'ascendant, les tribunaux doivent, dans le cas où elle serait intentée avant cette époque, se borner à la déclarer non recevable quant à présent, la question du fond restant alors intacte. — Quant aux jugements ou arrêts qui, faisant courir le délai de l'action du jour même du partage, l'ont repoussée comme n'étant plus recevable, pour avoir été intentée après l'expiration de ce délai, ils sont aujourd'hui protégés par l'autorité de la chose jugée, alors même qu'ils auraient été rendus du vivant de l'ascendant, ou avant l'expiration du délai légal depuis son décès.

S'il est vrai que le droit d'attaquer le partage dépende de la qualité d'héritier, il s'ensuit que la renonciation à l'action en nullité, ou, en d'autres termes, la ratification du partage, ne peut, en principe, avoir lieu avant l'ouverture de la succession; car elle constituerait un pacte sur une succession future (1130. 791). — Toutefois, le partage entre-vifs fait dans les formes et conformément aux règles prescrites par la loi, déroge à la disposition qui prohibe tout pacte sur une succession future ; car il contient un arrangement anticipé sur la succession de l'ascendant. Or, dès qu'il est permis de faire valablement un acte dans l'origine, il est également permis de le ratifier après coup, lorsqu'il renferme quelque vice. Seulement, la ratification ayant, en fin de compte, le même résultat que l'acte lui-même, puisqu'elle en assure les effets, les formalités nécessaires pour faire l'acte *a priori* sont pareillement nécessaires pour le ratifier. Un partage d'ascendant pourrait donc être ratifié au moyen d'un acte notarié fait dans la forme des donations entre-vifs, et avec l'intervention de l'ascendant. De cette sorte, en effet, on se trouve dans des conditions où l'arrangement sur la succession future de l'ascendant est permis.

De ce que la validité d'un acte de ratification est subordonnée, en principe, aux mêmes règles que la validité de l'acte primitif lui-même, il suit que la ratification d'un partage entre-vifs, pour être valable au fond, ne doit pas porter atteinte aux droits héréditaires des descendants, ne doit pas, par exemple, renfermer au préjudice de l'un d'eux une lésion de plus du quart ; car, puisque ce descendant ne se lierait pas en acceptant un partage qui le léserait dans cette proportion, il ne se lie pas davantage en consentant une ratification qui aurait un résultat semblable. — Par la même raison, un descendant omis dans un partage ne pourrait, par un acte de ratification, renoncer gratuitement à attaquer ce partage ; car une telle ratification laisserait subsister son omission. Pour être efficace, elle doit lui donner actuellement et irrévocablement une part.

De ces principes, il résulte qu'on ne peut admettre de ratification tacite pendant la vie de l'ascendant, puisque la ratification expresse elle-même ne peut se faire que par acte notarié et avec l'intervention de l'ascendant. — Ainsi, l'exécution libre du partage, de la part des descendants qui auraient une action en nullité ou en rescision, les actes d'aliénation qu'ils consentiraient, n'élèveraient contre eux aucune fin de non-recevoir.

La transaction constituerait bien, comme la ratification, un pacte sur la succession future de l'ascendant. D'où il semble qu'elle devrait être régie par les mêmes règles, c'est-à-dire, ne pouvoir se faire que conformément aux règles des donations entre-vifs, et avec l'intervention de l'ascendant. Toutefois, lorsqu'en fait il s'élève, entre les descendants, des contestations sur la validité du partage, et qu'ils transigent entre eux sans appeler l'ascendant, il nous paraîtrait difficile de déclarer cette transaction nulle. Car dès qu'il y avait contestation, il y avait matière à transaction.

57. Voyons enfin les conséquences que peut produire le partage entre-vifs dans les rapports des descendants vis-à-vis des tiers.

Ces conséquences ne sont, en bien des points, que la contre-partie de celles que nous avons indiquées en traitant des rapports de l'ascendant vis-à-vis des tiers. C'est qu'en effet le partage, en ôtant la propriété à l'ascendant, la donne aux descendants.

Ainsi, les descendants acquièrent vis-à-vis des tiers, en ce qui concerne les biens partagés, les pouvoirs que perd l'ascendant, c'est-à-dire le pouvoir de disposer désormais de ces biens, et celui d'intenter les actions qui les concernent. Seulement, ces pouvoirs ne leur sont pleinement acquis qu'à partir de la transcription pour les immeubles, de la mise en possession réelle pour les meubles corporels, et de la notification ou de l'acceptation des débiteurs pour les créances, puisque ce n'est qu'à partir de ces diverses époques que l'ascendant cesse d'être propriétaire à l'égard des tiers.

En cas de décès, ils transmettent les biens à leurs héritiers.

Les choses partagées entrant dans leur patrimoine, elles deviennent le gage de leurs créanciers, en même temps qu'elles échappent à l'action personnelle des créanciers de l'ascendant. Les descendants, comme tous autres acquéreurs à titre particulier, ne peuvent être soumis envers les créanciers de l'ascendant qu'à l'action hypothécaire et à l'action révocatoire, s'il y a lieu (n° 34).

Le partage constituant une donation, il forme, pour les descendants, la cause et le principe d'une possession distincte de la possession de l'ascendant. Leur condition est donc, ou du moins elle peut être, en ce qui concerne la prescription à l'effet d'acquérir, différente de celle de l'ascendant. Ils ne sont pas comme des héritiers, qui continuent simplement la personne, et, par suite, la possession du défunt. En conséquence, si le partage comprend des biens dont l'ascendant n'était pas propriétaire, la prescription commencera en leur personne, alors même que l'ascendant ne pouvait prescrire. — De même, ils pourront, s'ils sont de bonne foi, prescrire par dix ou vingt ans, alors que l'ascendant, faute, soit de bonne volonté, soit de juste titre, n'eût pu, lui, prescrire que par vingt ans. — C'est là une différence avec le partage testamentaire, qui, ne constituant pas, pour les descendants, le titre d'acquisition, mais ne faisant, en droit, que déclarer ce qui revient aux descendants en leur qualité d'héritiers, ne forme pas un juste titre de possession.

Les mêmes principes s'appliquent à la prescription des hypothèques existant, soit du chef de l'ascendant, soit du chef des précédents propriétaires, puisque la prescription de l'hypothèque est soumise, en faveur du tiers détenteur, aux mêmes règles que la prescription de la propriété au profit du possesseur (2180, 4°). — Si toutefois il était vrai, comme quelques-uns le pensent, que les descendants fussent tenus de droit, par l'effet du partage, des dettes de l'ascendant, ils ne pourraient prescrire les hypothèques existant de son chef, pas plus que ne le pouvait l'ascendant lui-même. Car, lorsque les biens hypothéqués sont dans la main du débiteur lui-même, l'hypothèque ne se prescrit pas isolément; elle ne se prescrit que par voie de conséquence, au moyen de la prescription même de la dette (2180, 4°). Mais cette décision ne doit pas s'appliquer au cas où une clause du partage imposerait aux descendants l'obligation d'acquitter les dettes de l'ascendant, parce que cette clause les obligerait bien personnellement envers l'ascendant, mais envers lui seul, et non envers ses créanciers.

Si l'un des descendants a reçu pour son lot des immeubles, à la charge par lui de payer une somme d'argent à un autre, ce dernier n'acquiert par donation qu'une valeur mobilière. Par conséquent, s'il est marié, et qu'il ait adopté le régime de la communauté, cette somme tombe dans sa communauté. Si c'est une fille, mariée sous le régime dotal, et que cette somme doive, d'après son contrat, devenir dotale, elle est régie, comme le sont en vertu de la loi ou du contrat, les sommes dotales. Elle ne peut, en effet, être considérée comme représentant, au regard de l'enfant auquel elle est attribuée, sa part dans les immeubles. Car il n'a jamais eu aucun droit de copropriété dans ces immeubles. Il n'a eu droit, comme donataire, qu'à la somme qui lui a été attribuée, sauf à l'ascendant, puisqu'en principe, il peut comme donateur, modifier la condition légale que les biens donnés devraient avoir, d'après le droit commun, entre les mains des descendants, à stipuler que la somme en question sera régie comme si elle représentait effectivement une valeur immobilière. — Il en serait autrement dans un partage ordinaire. Car lorsque des héritiers succèdent en commun à des immeubles, la somme reçue par l'un d'eux à titre de soulte ou de prix de licitation, représente, dans ses mains, ce qu'il reçoit en moins dans les immeubles. C'est le prix de la portion immobilière qui lui a été acquise par indivis, et que le partage ou l'adjudication attribue à son cohéritier.

Les descendants devenant propriétaires des biens partagés, c'est à eux à en acquitter désormais les impositions. Si donc l'ascendant restait porté sur les rôles, et se trouvait ainsi obligé de payer, il aurait son recours contre eux.

De même, la transmission opérée par le partage au profit des descendants, donne ouverture contre eux, en faveur du Trésor, à un droit proportionnel de mutation.

Ce sont là des conséquences communes à toute mutation de propriété. — La seconde toutefois demande quelques développements.

Les lois fiscales de la révolution (l. 22 frim. an VII. art. 69. — l. 27 vent. an IX. art. 10) avaient assujetti les donations entre-vifs en ligne directe à un droit plus élevé que n'était celui des mutations par décès dans la même ligne.

Ce droit s'appliqua naturellement au partage entre-vifs du Code civil, puisqu'il constituait une véritable donation.

En 1824, on proposa de l'abaisser au taux fixé pour les mutations par décès. Les deux transmissions, en effet, ont pour objet les mêmes biens ; elles s'opèrent entre les mêmes personnes, et sont également à titre gratuit. La seule différence c'est que la transmission entre-vifs s'opère plus tôt. Mais il paraissait dur qu'elle fût, à raison de cette circonstance, frappée d'un droit plus élevé. Il était, au contraire, d'une bonne législation de la favoriser, parce qu'elle a pour résultat, d'abord, de faciliter les établissements des enfants, et ensuite de remettre l'exploitation des biens à des mains plus vigoureuses, plus actives.

Toutefois, l'éternelle raison des besoins du Trésor fut un obstacle à ce que la proposition de dégrèvement fût admise dans toute son étendue. On la scinda, et on se borna, en attendant, dit-on, un moment plus favorable, à l'admettre pour les partages entre-vifs, comme ressemblant le plus aux mutations par décès.

Ainsi donc, à partir de cette époque, on distingue, sous le point de vue fiscal, parmi les donations entre-vifs en ligne directe, celles qui portent partage conformément aux art. 1075 et suiv. C. civ., de celles qui n'ont pas ce caractère. Les premières sont assimilées aux mutations par décès. Les dernières restent soumises à la règle moins favorable établie par les lois de l'an VII et de l'an IX.

Voici, à cet égard, les termes de la loi du 16 juin 1824, art. 3 :

« Le droit d'enregistrement, fixé par les § 4 et 6 de l'art. 69 de « la loi du 22 frim. an VII, par les donations entre-vifs en ligne « directe, à 1 fr. 25 c. par 100 fr. sur les biens meubles, et à 2 fr. « 50 c. sur les immeubles, est réduit, en ce qui concerne les do- « nations portant partages faites par acte entre-vifs conformément « aux art. 1075 et 1076 C. civ., par les père et mère et autres as- « cendants entre leurs enfants et descendants, au droit de 25 c. « par 100 sur les biens meubles, et 1 fr. par 100 sur les immeu- « bles, ainsi qu'il est réglé pour les successions. »

Une seconde faveur, sous le point de vue fiscal, fut accordée par cette même loi aux partages entre-vifs. Elle porte, en effet, que le droit de 1 $\frac{1}{2}$ pour 100, ajouté au droit d'enregistrement par l'art. 54 de la loi du 28 avril 1816 pour droit de transcription au bureau des hypothèques, lorsqu'il s'agit d'immeubles, ne sera perçu pour les partages entre-vifs que dans le cas où la transcrip- tion en serait requise, et lors seulement de cette transcription. Or on sait que, dans les donations ordinaires, même en ligne directe, ce droit est perçu lors de l'enregistrement, et cela lors même, par conséquent, que les parties ne requerraient pas la transcription; de sorte que le droit payé en définitive pour une donation ordinaire en ligne directe s'élève, quand il s'agit d'immeubles, à 4 pour 100. Il est donc quadruple du droit que l'on a à payer pour les partages d'ascendants, si on ne les fait pas transcrire. La transcription, ou du moins les droits de transcription, forcés dans les cas ordi- naires, sont facultatifs en cas de partage; et comme les descen- dants ont, en général, peu à craindre de la part de leur ascendant des actes préjudiciables à leurs droits, ils ne font guère transcrire.

Le dégrèvement établi pour les partages entre-vifs par la loi de 1824, fait, sans aucun doute, exception à la règle générale éta- blie par les lois de l'an VII et de l'an IX pour les donations entre- vifs en ligne directe. Or, toute exception doit se restreindre au cas expressément prévu par la disposition qui la consacre, at- tendu que les hypothèses qui ne rentrent pas précisément dans le cas de l'exception, restent par là même sous l'empire de la règle.

Nous n'appliquerons donc le bénéfice de la loi de 1824 que dans les cas d'un partage d'ascendant proprement dit, tel que nous l'avons caractérisé ci-dessus (n°s 3, 6, 7, 8, 9).

Ainsi d'abord, il est par trop clair que ce bénéfice est inapplicable à un étranger que l'ascendant aurait compris dans son partage concurremment avec ses descendants. Car cet étranger a beau recevoir par l'acte de partage ; cet acte n'est toujours, par rapport à lui, qu'une donation ordinaire et non une *donation portant partage par un ascendant entre ses descendants.*

Mais la même raison nous conduit à la même solution pour un cas qui peut offrir quelque doute, pour le cas où il s'agirait de petits-enfants qui seraient compris dans le partage pour une quote-part des biens, en même temps que l'enfant dont ils sont issus s'y trouve compris pour sa part héréditaire. Ce serait le droit ordinaire des donations en ligne directe que devraient ces petits-enfants, et non le droit établi pour les partages. Sans doute les petits-enfants semblent, au premier abord, être compris dans la disposition de la loi qui parle d'un partage fait entre *les enfants et les descendants.* Mais la loi n'entend parler que des enfants et descendants qui ont qualité d'héritiers présomptifs. Car le partage qu'elle autorise les ascendants à faire, est le partage de leur succession légitime. Or, dans l'espèce, les petits-enfants ne pouvant avoir, concurremment avec l'enfant dont ils sont issus, la qualité, ni, par suite, le rôle d'héritiers présomptifs, dans le partage où ils figurent, ils n'y interviennent que comme donataires purs et simples. Sous le point de vue de la succession légitime de l'ascendant, ils ne sont que des étrangers.—L'acte, en pareil cas, contient tout à la fois une donation portant partage de la succession légitime au profit des descendants qui sont héritiers présomptifs, et une donation simple au profit des autres. — Pour qu'il en fût autrement, il faudrait que les petits-enfants eussent été apportionnés au lieu et place de l'enfant, et dans la prévision du prédécès de ce dernier.

Enfin, et pour marcher de conséquence en conséquence, nous conclurons des mêmes principes, que, si un descendant appelé à la succession et apportionné comme héritier dans le partage, reçoit, en outre, un préciput par le même acte, il ne doit pas jouir du bénéfice de la loi de 1824 relativement aux biens qui lui sont donnés par préciput. Car ce n'est pas comme héritier qu'il reçoit ces biens ; c'est comme donataire, puisque les biens formant le préciput sont mis en dehors de la succession légitime. La disposition par préciput a beau se trouver dans le même acte que le partage; en droit cette circonstance ne la fait pas changer de nature; elle ne lui donne pas le caractère de disposition à titre de partage, et ne la fait point, par conséquent, jouir des prérogatives attachées à ce caractère. — Ajoutons que les dispositions par préciput ne méritent pas la même faveur que les partages. Donc le préciputaire doit, relativement à son préciput, être assimilé aux petits-enfants dont nous venons de parler. Ce n'est pas plus en qualité d'héritier qu'il reçoit ce préciput, que ce n'est en qualité d'héritiers que les petits-enfants ont reçu un lot dans le partage où figurait aussi l'enfant dont ils sont issus. — Cette solution ne paraît guère susceptible de difficulté, lorsque le préciput consiste en objets certains et déterminés, parce qu'alors il est, en fait aussi bien qu'en droit, séparé du partage. Mais elle est également fondée en principe, lorsqu'il consiste en une quote-part, et qu'à raison de ce caractère, il est délivré au moyen du partage, par un apportionnement qui représente, pour l'enfant avantagé, et sa part héréditaire, et son préciput. Car, dans cet apportionnement, se trouve une fraction qu'il ne recueille pas comme héritier présomptif. Il figure dans le partage à deux titres distincts, qui tous deux doivent produire leurs effets propres.

Enfin, et par les mêmes raisons, l'enfant naturel, compris dans un partage entre-vifs, ne peut réclamer l'application de la loi de 1824, puisqu'à son égard la disposition ne rentre pas dans le système spécial établi par les art. 1075 et suiv. C. civ., et qu'elle n'a que le caractère de disposition simple.

Il ne suffit pas, pour l'application de la loi de 1824, que ceux qui réclament cette application, aient la qualité d'héritiers légitimes, et qu'ils aient reçu en cette qualité, c'est-à-dire par avancement d'hoirie. Il faut, en outre, d'après le texte de la loi de 1824, que le don par lequel ils ont reçu, soit un partage dans le sens et dans les termes des art. 1075 et suiv. du Code civil.

De là nous conclurons que cette application ne saurait se faire à un abandon fait sans partage, par la raison que cet abandon ne constitue qu'une donation simple (voy. n° 9).

Par suite de ce principe, si un ascendant fait un abandon dans lequel il partage certains biens, et laisse les autres dans l'indivision, la loi de 1824 s'appliquera aux premiers, parce qu'à leur égard, il y a partage, mais sans s'appliquer aux derniers, puisque ceux-là ne sont point partagés. — C'est ainsi que, dans une succession ordinaire, si les héritiers ne partageaient qu'une partie des biens, personne ne s'aviserait de dire que les biens restés indivis sont partagés. — Mais nous ne déciderions plus ainsi dans le cas où l'ascendant aurait attribué un même bien en commun et par indivis à plusieurs des copartagés. Car il n'en aurait pas moins partagé sa succession, puisque l'indivision dans laquelle se trouveraient, entre eux, ceux auxquels il aurait attribué ce bien, serait parfaitement distincte de celle qui serait résultée entre tous de la dévolution de la succession. — C'est ainsi que des héritiers pourraient très-bien, dans les cas ordinaires, faire un véritable partage de la succession, tout en procédant ainsi. Il suffit, pour qu'il y ait partage, que les biens aient été distribués entre tous par des affectations spéciales.

C'est encore par suite des mêmes principes que nous refusons d'appliquer la loi de 1824 à un abandon de biens fait à un enfant unique. Car il n'y a pas alors, et il ne peut pas y avoir partage d'ascendant, puisqu'il n'y a qu'un héritier. — Aussi, peu importerait qu'un donataire étranger ou même les enfants de l'héritier présomptif reçussent une quote-part concurremment avec l'héritier lui-même. Cela ne ferait pas qu'il y eût partage dans le sens des articles 1075 et suiv. C. civ. (n° 5).

Nous avons contre nous, il faut le dire, pour la plupart des solutions que nous venons de donner, un grand nombre d'arrêts et les auteurs du Traité des Droits d'Enregistrement. On prétend qu'il est rationnel d'appliquer le bénéfice de la loi de 1824 à tous les avancements d'hoirie, sans distinguer entre ceux qui contiennent et ceux qui ne contiennent pas un partage, et d'en faire jouir d'ailleurs tous les descendants, qu'ils soient ou non héritiers. Ce que le législateur de 1824 aurait entendu favoriser, ce serait bien moins le partage que l'abandon anticipé, qui fait passer les biens, de mains que l'âge a rendues incapables de les faire valoir, en des mains plus propres à en tirer un parti profitable à la société. —

Qu'il soit rationnel de mettre sur la même ligne tous les avancements d'hoirie accompagnés ou non de partage, collectifs ou individuels, sauf à mettre dans une classe à part les dons faits par préciput, lesquels ne méritent aucune faveur particulière; c'est là une question de législation, et non une question de droit. Le pouvoir judiciaire doit, dans notre constitution politique, accepter et appliquer la loi telle qu'elle émane du pouvoir législatif. Or, dans l'espèce, nous avons une loi claire et positive, qui ne parle que des donations entre-vifs portant partage, conformément aux art. 1075 et 1076 C. civ. ; il faut s'en tenir à ses dispositions.

Quant au fond, nous pourrions dire, d'abord, que c'est se donner

une peine inutile que de chercher à trouver logique et rationnelle
une œuvre que le législateur lui-même a avoué laisser imparfaite,
et à laquelle il se proposait, disait-il, de donner son complément
logique , lorsque les circonstances le permettraient. Mais nous irons
plus loin : nous dirons que ceux qui sortent ainsi des termes précis
de la loi , oublient que le principal but des partages d'ascendants
est de prévenir les difficultés que peut occasionner le partage de la
succession, lorsque les héritiers ont à le faire eux-mêmes, et que
ce but ne saurait être atteint, ni au moyen d'un abandon fait par
indivis, ni au moyen d'avancements individuels d'hoirie, et que,
par conséquent, d'après l'esprit, non moins que d'après la lettre
formelle de la loi, ces deux sortes de donations restent parfaitement distinctes du partage.

La Régie a souvent refusé de considérer comme partages d'ascendants, et, par suite, de faire jouir du bénéfice de la loi de 1824,
les actes dans lesquels les descendants n'étaient pas tous compris,
bien que, du reste, ils portassent les caractères du partage. L'omission ou l'exclusion d'un ou de plusieurs descendants est sans doute
une cause de nullité. Mais, d'abord, cette nullité n'est qu'éventuelle. Elle est d'ailleurs dans l'intérêt exclusif des descendants
omis. La Régie est donc sans qualité pour s'en prévaloir.

A l'inverse, la Régie considère comme partages d'ascendants et
soumet aux droits, ces abandons de biens dont nous avons parlé
précédemment (n° 8), qui se font sans écrit, ou par un simple
écrit sous-seing privé. La loi de 1824, dit-elle, ne distingue pas.
C'est là une erreur manifeste. Cette loi se réfère formellement aux
partages tels qu'ils sont réglés par les art. 1075 et 1076 C. civ. Or
l'art. 1076 ne reconnaît de partages d'ascendants que là où il existe
un acte de donation entre-vifs en bonne forme.— D'un autre côté,
un abandon anticipé fait sans les formes des donations ne saurait,
non plus, constituer en droit une donation ordinaire. Il n'opère
donc aucune mutation, et ne peut dès lors donner lieu à des droits
proportionnels quelconques. La mutation ne s'opérera qu'au décès.
Le droit, sans doute, sera le même que celui des partages (si ce
sont des descendants qui recueillent la succession). Mais il ne
sera dû qu'à cette époque. Le fisc n'est donc fondé, ni à le
réclamer plus tôt, ni , par suite , à exiger le double droit pour
amende.

38. En traitant des effets que produisent les partages entre-vifs
du vivant de l'ascendant, nous ne nous sommes point préoccupés
des formes singulières que ces actes présentent quelquefois dans

la pratique. Ce sont là des accidents qui peuvent influer plus ou moins sur les effets de l'acte, soit entre les parties, soit à l'égard des tiers, mais qu'il serait trop long d'examiner. — Nous dirons seulement quelques mots du cas où l'ascendant, s'étant réservé l'usufruit, ne ferait point l'attribution des lots, mais en remettrait le tirage après son décès. Les choses partagées n'en sont pas moins, avons-nous dit (n° 18), acquises aux descendants, et acquises divisément. Seulement on ignore, jusqu'au tirage, à qui revient tel lot en particulier.—Or, il suffit que chaque descendant soit actuellement propriétaire d'un lot, pour que ce lot se trouve immédiatement à ses risques. Cela suffit également pour qu'il puisse en disposer, et, en cas de décès, le transmettre à ses héritiers, mais, bien entendu, comme lot, encore incertain, et qui ne sera désigné que plus tard. Si donc il disposait, soit de tel lot en particulier, soit d'objets placés dans tel lot, le tiers acquéreur n'y aurait droit, au décès de l'ascendant, qu'autant que ce lot écherrait au descendant qui en aurait disposé. Car il ne saurait avoir plus de droit que son auteur. — Si l'un des descendants voulait constituer une hypothèque, le principe de la spécialité des hypothèques conventionnelles le mettrait dans la nécessité, s'il tenait à ce que son acte fût efficace, de désigner des immeubles de chaque lot ; et l'hypothèque n'aurait effet, en définitive, que sur ceux qui lui écherraient.—Il est clair, d'ailleurs, que le descendant qui fait ainsi des actes de disposition, doit avoir soin, pour ne pas s'exposer à des recours en garantie, d'expliquer quelle est la situation des choses.

Chaque descendant étant propriétaire d'un lot, ce lot se trouve le gage de ses créanciers. Mais comme il reste inconnu jusqu'au décès de l'ascendant, il est impossible aux créanciers de le saisir. Ils ne peuvent d'ailleurs demander le tirage au sort du vivant de l'ascendant ; car leur débiteur ne le pourrait pas lui-même. Or, ils ne sauraient avoir plus de droits que lui.

Mais auquel des descendants compéteraient, contre les tiers, les actions attachées au droit de propriété ? Le droit romain, dans un cas analogue, déclarait que les actions étaient dans l'incertitude comme la propriété elle-même, c'est-à-dire qu'elles ne s'exerçaient pas plus que le droit même de propriété (*ff.* 12. § 5. *de usuf.*). Qu'il en soit ainsi pour l'émolument de l'action, cela est conséquent avec ce que nous venons de dire. Mais, en droit, l'action elle-même est-elle suspendue? Sont-ce les principes qui s'opposeraient à ce qu'elle pût être exercée immédiatement par celui des descendants auquel elle se trouve appartenir? Évidemment non ; car, par cela seul que ce descendant a un droit acquis à la propriété, il a qualité pour intenter les actions attachées à la propriété. Il n'y a donc là qu'un pur obstacle de fait, provenant de ce qu'on ignore quel est celui des descendants auquel compète telle action en particulier. Mais cet obstacle disparaîtra, s'ils se réunissent pour agir. Car, de cette sorte, l'action sera bien certainement exercée par celui à qui elle appartient. — On conçoit d'ailleurs qu'il serait souvent dangereux d'attendre le décès de l'ascendant. Car la prescription pourrait s'accomplir, les preuves s'affaiblir ou périr, les tiers devenir insolvables.

Si l'un des descendants se refuse à agir, son refus paralyse-t-il l'exercice de l'action de la part des autres? Si rien ne constate que ce soit celui-là qui ait qualité pour l'intenter, rien ne constate non plus que ce soient les autres. Or, cette incertitude ne doit-elle pas suffire pour faire repousser ces derniers, par la raison que c'est à eux, en leur qualité de demandeurs, à établir que leur demande est recevable? Cette objection toutefois, qui serait fondée s'ils prétendaient obtenir un jugement susceptible d'exécution immédiate, nous paraît sans application dans le cas où ils déclarent n'agir que par mesure conservatoire, sauf à n'exécuter le jugement qu'après le décès de l'ascendant, et dans le cas, bien entendu, où ce serait l'un d'eux qui y aurait droit. Leurs conclusions une fois formulées ainsi, leur position devient analogue à celle de créanciers et de propriétaires éventuels, propriétaires conditionnels, auxquels on accorde les actions conservatoires, lorsqu'ils y ont intérêt. Or, cet intérêt est manifeste dans l'espèce.

Si, en pareil cas, le résultat du tirage des lots montre que l'action appartenait à celui qui n'a pas voulu l'exercer, le jugement intervenu sur cette action sera non avenu. Car, d'un côté, il ne peut servir dans les rapports respectifs des parties entre lesquelles il a été rendu. D'un autre côté, il ne saurait avoir effet à l'égard du descendant qui n'a pas figuré dans l'instance. Sa position, à lui, sera donc la même que si rien ne s'était fait.

39. C'est au moment de la mort de l'ascendant que la distribution de biens par lui faite peut devenir un partage de sa succession.

Peu importe, du reste, à cet égard, que sa mort soit naturelle ou bien civile. Car la mort civile ne porte aucune atteinte aux actes entre-vifs, et particulièrement aux donations. — C'est une différence avec le partage testamentaire qui devient caduc par la mort civile de l'ascendant.

Pour que le partage entre-vifs puisse, à la mort de l'ascendant, devenir un partage de sa succession, il faut d'abord qu'il existe encore comme donation. Car son existence comme partage, étant, par suite de la disposition de l'art. 1076, subordonnée à son existence comme donation, tout événement qui l'aurait anéanti en tant que donation, l'aurait par là même anéanti en tant que partage. Tel serait le cas où il aurait été annulé ou révoqué, en tant que donation, à l'égard de tous les descendants. Il est clair que n'ayant plus alors aucune existence, il ne pourrait acquérir le caractère de partage. *Prius est esse, quam esse tale.*

Une seconde condition, c'est que les descendants qui y sont apportionnés deviennent héritiers. De même, en effet, que l'avancement individuel d'hoirie ne devient réellement une partie de la succession du donateur, qu'à l'ouverture de cette succession, et dans le cas seulement où le donataire devient héritier, de même le partage entre-vifs n'acquiert le caractère de partage qu'à l'époque et dans le cas où les descendants qui y figurent deviennent héritiers, et à l'égard seulement de ceux qui le deviennent.

Moyennant cette double condition, les descendants, qui ne tenaient les biens partagés, que comme donataires, les tiennent désormais comme héritiers copartagés. — Ce n'est pas que le titre d'héritier efface celui de donataire. Il faut ici, comme dans un avancement individuel d'hoirie, distinguer les personnes qui se trouvent en rapport.—Dans les coutumes d'*égalité parfaite,* lorsqu'une donation avait eu lieu au profit d'un présomptif, les choses données rentraient dans la succession, à la mort du donateur, d'une manière absolue, c'est-à-dire non-seulement à l'égard des héritiers, mais encore à l'égard des créanciers, des légataires ou autres parties intéressées (Introd., n° 57). Mais tel n'est pas le système de la loi actuelle. Aujourd'hui, ainsi que cela avait déjà lieu sous les coutumes de *simple égalité,* les choses données, même par simple avancement d'hoirie, ne retombent dans la succession qu'au regard des héritiers, et en supposant d'ailleurs que le donataire soit lui-même héritier. A l'égard des créanciers, des légataires ou autres parties intéressées, elles sont sorties du patrimoine ; elles n'y rentrent pas. L'héritier qui les a reçues, continue donc, sous ce rapport, de les tenir exclusivement à titre de donataire; il ne les tient point à titre d'héritier.—Or, ces principes doivent recevoir leur application aux choses comprises dans un partage entre-vifs, puisque ce partage constitue une donation faite en avancement d'hoirie. Seulement, il y a ici quelque chose de plus que dans les dons individuels ; c'est que les choses partagées n'étant pas sujettes à rapport, il en résulte que la donation continue de subsister en la personne des descendants, même au regard les uns des autres ; de telle sorte que, sous ce point de vue, ils réunissent alors en leur personne, en ce qui concerne les biens partagés, deux qualités distinctes, celle d'héritier et celle de donataire. — En résumé donc, tant que vivait l'ascendant, les descendants n'étaient, relativement aux biens partagés, que simples donataires, soit dans leurs rapports respectifs, soit dans leurs rapports avec l'ascendant, soit enfin dans leurs rapports avec les tiers. A partir de l'ouverture de la succession, leur titre à ces biens continue, dans leurs rapports avec les tiers, d'être exclusivement le titre de donataires. Mais dans leurs rapports respectifs, ils réunissent deux titres, le titre de donataires, puis le titre d'héritiers copartagés. — Déduisons les conséquences qui découlent de ces principes.

Dans leurs rapports respectifs, les descendants tiennent désormais à titre d'héritiers copartagés, les biens que leur a distribués l'ascendant. — Donc, ils doivent être traités entre eux, relativement à ces biens, comme tous autres héritiers entre lesquels a été partagée une succession.

Ainsi d'abord, si l'acte est nul ou rescindable en tant que partage de la succession, les actions en nullité ou en rescision s'ouvrent au profit de qui de droit (p. 253 et suiv.).

S'il est valable, il produit désormais les effets ordinaires des partages de succession.

Ainsi, il entraîne la garantie. Et cela, en raison des troubles ou évictions survenus depuis l'acte de partage, et non pas seulement depuis la mort de l'ascendant. Car chaque copartagé a droit d'être garanti dans la possession de son lot tel qu'il l'a reçu *ab initio*.

Les sommes qui, d'après le partage, devaient être payées par certains descendants à d'autres, soit comme retour de lots, soit comme une sorte de prix d'adjudication, ces sommes, si elles ne sont pas encore payées, seront désormais privilégiées sur le lot chargé de les payer, sauf à celui à qui elles sont dues, s'il veut conserver son privilége, à prendre une inscription dans le délai déterminé par l'art. 2109 (60 jours), délai qui court du moment même de la mort de l'ascendant, puisque c'est à ce moment que l'acte prend le caractère de partage.

Les immeubles partagés ont sans doute pu, avant l'ouverture de la succession, être aliénés ou grevés de charges et hypothèques au profit des tiers. Mais cette circonstance ne saurait porter aucune atteinte au privilége résultant du partage. Car les descendants à qui ils avaient été attribués, n'en étaient devenus propriétaires que sous la condition qu'ils seraient affectés de ce privilége, si le partage anticipé se réalisait. Or les tiers acquéreurs doivent subir cette condition. Car l'ayant cause n'a pas plus de droit que son auteur.

De ce que les choses partagées ne se rapportent pas, nous avons conclu que la donation, et, par suite, les effets qui peuvent y être attachés, continuent de subsister en la personne des descendants, même au regard les uns des autres.

Que décider dès lors si, du vivant de l'ascendant, le partage entre-vifs a été anéanti en tant que donation, ou s'il se trouve, à son décès, susceptible de l'être, mais à l'égard de l'un ou de quelques-uns des descendants seulement, et non à l'égard des autres, comme si, par exemple, l'ascendant a fait révoquer un apportionnement pour ingratitude de la part du descendant auquel il avait été attribué; ou si, à son décès, une action en révocation pour ingratitude n'est pas éteinte?

Prenons d'abord le cas où la révocation a eu lieu. — Le descendant dont l'apportionnement a été révoqué, ne tient plus, comme donataire, la part qui lui revient, comme héritier, dans les biens partagés. Il ne doit pourtant pas en être privé; car la révocation, en anéantissant la donation, ne lui a fait perdre que ce qui constituait une libéralité de la part de l'ascendant, c'est-à-dire la propriété et la jouissance antérieures à l'ouverture de la succession. Elle ne lui a point enlevé les droits qu'il tient aujourd'hui de sa qualité d'héritier. — Quelle sera donc sa position vis-à-vis de ses cohéritiers? — L'anéantissement de la donation, par suite de la révocation prononcée contre lui, n'est pas absolu, mais simplement relatif. L'acte est anéanti contre lui, non en sa faveur. De là nous concluons, en premier lieu, qu'il n'est pas fondé à prétendre aujourd'hui aux biens qui lui avaient été attribués pour son lot. Car son titre à ces biens, c'est-à-dire la donation portant partage, a été anéanti contre lui. — Nous en concluons, en second lieu, qu'il n'est pas non plus fondé à prétendre que l'anéantissement de la donation en ce qui le concerne, en a, par voie de conséquence, entraîné l'anéantissement même à l'égard des autres. Car la donation n'étant anéantie que contre lui et non en sa faveur, il n'est pas recevable à se prévaloir de cet anéantissement contre ses cohéritiers. — Ceux-ci, au contraire, peuvent demander un nouveau partage; car, par là, ils ne feront que se prévaloir de ce que la donation a été révoquée contre leur cohéritier. Mais ils peuvent aussi se prévaloir de ce qu'elle n'a pas été révoquée contre eux, de ce que, par conséquent, elle subsiste toujours en leur faveur, et, par suite, garder ce qu'ils ont reçu pour leur part, leur titre à ces biens n'ayant reçu aucune atteinte. Seulement, en ce dernier cas, ils doivent laisser leur cohéritier reprendre, dans la masse de la succession, ce qui lui avait été attribué ; car l'égalité ne permet pas qu'on puisse scinder l'opération contre lui.—En somme donc, la révocation de l'apportionnement reçu par un descendant ayant été prononcée contre lui et non en sa faveur, il n'est pas fondé à se prévaloir de cette révocation contre les autres, tandis que ceux-ci sont fondés à s'en prévaloir contre lui ; de même qu'ils sont fondés, s'ils le préfèrent, à se prévaloir de ce que leurs propres apportionnements subsistent toujours.

Cette solution doit s'appliquer à toutes les causes qui auraient pu anéantir la donation à l'égard de certains descendants en la laissant subsister à l'égard des autres, qu'il s'agisse d'une cause de révocation, de nullité, de rescision ou de toute autre cause qui pourrait se présenter. Il n'y a pas d'ailleurs à distinguer si un semblable anéantissement provient ou non du fait du descendant contre lequel il a lieu. Car une fois qu'il a eu lieu, les effets légaux en sont les mêmes, indépendamment de la cause qui l'a amené. Aussi, appliquerions-nous notre solution au cas même où il proviendrait de la diversité de jugements.

Le descendant qui, après l'anéantissement de la donation à son égard, reprend son lot, parce que ses cohéritiers préfèrent s'en tenir au partage, doit sans doute compte des dépenses utiles ou nécessaires faites par l'ascendant ; et réciproquement, il lui est dû compte des détériorations. Ce compte est nécessaire pour maintenir les bases et l'économie du partage.

Par le même motif, il a droit à la garantie à raison des aliénations faites et des charges établies par l'ascendant. Mais il ne pourrait demander la nullité du partage, sous prétexte qu'il n'aurait plus ou presque plus de biens en nature. Autrement, l'anéantissement de la donation à son égard en entraînerait l'anéantissement à l'égard des autres, ce que les principes ne permettent pas.

Prenons maintenant le cas où, lors du décès de l'ascendant, il existait une cause de nature à entraîner l'anéantissement de la donation, mais seulement contre un seul descendant. L'action que l'ascendant avait à cet égard, est, nous le supposons, une action transmissible de sa nature. Mais le descendant qui s'y trouve soumis dans l'espèce, ayant recueilli la succession, il semble que ses cohéritiers ne sauraient être admis à l'exercer, par application de cette règle qu'on n'est pas recevable à évincer ceux qu'on doit garantir. La donation, en effet, prenant alors le caractère de partage, et, par conséquent, les divers descendants devant se garantir respectivement leur lot, ils ne peuvent s'en évincer. — Mais le partage entre-vifs, tout en acquérant le caractère de partage, ne perd pas celui de donation. C'est tout simplement un partage enté sur une donation, et sur une donation telle qu'elle est. Or, puisque l'ascendant avait, lors de sa mort, le droit de faire anéantir la donation, il a transmis ce droit à ses héritiers, qui peuvent dès lors, eux aussi, faire anéantir la donation, et, par là, faire tomber le partage lui-même. Car la base du partage une fois détruite, le partage ne saurait subsister. Donc, le droit pour certains descendants de faire tomber l'acte en tant que donation, renfermant ainsi virtuellement le droit de le faire tomber en tant que partage, cet acte ne les lie, ni en tant que partage, ni en tant que donation. Il ne leur impose par conséquent aucune obligation de garantie. Donc, et c'est là notre conclusion, n'étant pas tenu d'en garantir l'exécution, ils sont parfaitement recevables à le faire anéantir. — Ils sont libres, du reste, d'agir ou de ne pas agir, et, par conséquent, de faire tomber le partage, ou de le laisser subsister. S'ils le font tomber, sa chute donnera lieu à un nouveau partage de tous les biens qui y étaient compris. Les descendants demandeurs se trouveront donc, en fin de compte, dans la même position que si la donation avait été anéantie du vivant et sur la demande de l'ascendant, puisqu'en ce dernier cas aussi, ils auraient pu, à leur choix, comme on vient de le dire, opter pour le maintien ou pour l'annulation du partage. Rien d'étonnant; car celui qui a une action tendant à obtenir un certain résultat est dans la même position que si ce résultat était déjà obtenu. *Qui actionem habet ad rem persequendam, ipsam rem habere videtur.*

Si l'action existait contre tous les descendants, à raison de leur propre fait, elle s'éteindrait par fin de non-recevoir. Car on n'est pas recevable à se prévaloir de son propre fait contre des tiers. — Si l'action en rescision était fondée sur la violence, encore bien que l'ascendant eût pu, dans l'hypothèse même où les actes de violence n'eussent été imputables qu'à un seul descendant, demander la rescision contre tous, néanmoins l'action ne peut compéter à celui de qui sont émanés les actes de violence. Car il lui faudrait, s'il l'intentait, établir le fait de la violence dont il est lui-même l'auteur. Or, il ne saurait y être recevable. L'action n'appartiendrait donc qu'à ses cohéritiers, la même fin de non-recevoir n'existant pas contre eux.

Nous venons de voir que l'action qu'auraient les descendants du chef de l'ascendant, pour faire tomber le partage entre-vifs en tant que donation, tend, par voie de conséquence, à le faire tomber en tant que partage. — A l'inverse, l'action que les descendants pourraient avoir de leur propre chef, en leur qualité d'héritiers, pour le faire tomber en tant que partage, aurait aussi pour conséquence d'en entraîner la chute en tant que donation. Car, le partage annulé, chaque descendant devrait rapporter son lot à la masse. De telle sorte qu'une fois la succession ouverte, les deux caractères du partage entre-vifs sont, pour leur existence, subordonnés l'un à l'autre, du moins dans les rapports respectifs des descendants qui sont héritiers.

Vis-à-vis des tiers, les biens partagés entre-vifs restent entre les mains des descendants au titre, et au titre unique, de donataires. Donc, tous les effets que l'acte a pu produire en tant que donation dans les rapports des descendants vis-à-vis des tiers, continuent de subsister comme par le passé.

De là notamment les conséquence suivantes :

Si les créanciers de la succession demandent la séparation des patrimoines, ils ne pourront obtenir que les biens partagés entre-vifs soient séparés des autres biens appartenant aux descendants. Car, depuis l'acte de partage, ils ne font plus partie du patrimoine de l'ascendant.

De même, en cas d'acceptation bénéficiaire, les biens compris dans le partage, resteront, comme les autres biens personnels des descendants, à l'abri de l'action des créanciers.

Les legs que l'ascendant aurait faits, même dans les limites de la quotité disponible, ne pourront s'exécuter sur les biens partagés. Les légataires perdront donc, s'il ne se trouve pas, dans les biens existants au décès, de quoi les remplir.

L'acte continuera de former, pour les descendants, nonobstant leur qualité d'héritiers, un titre d'acquisition de nature à produire à leur profit les effets que nous lui avons reconnus en matière de prescription.

De même, les sommes versées par un descendant comme charge de l'attribution qui lui était faite d'un immeuble en totalité, garderont, entre les mains de ceux qui les ont reçues, vis-à-vis de leur conjoint, nature de valeur mobilière.

Nous n'avons pas à nous occuper soit des biens, soit des dettes, que l'ascendant laisse à sa mort. Il est clair que les descendants qui, après avoir été compris dans un partage entre-vifs, deviennent héritiers, succèdent, conformément aux règles ordinaires, à l'actif et au passif existant dans la succession. Mais ce point est complétement étranger aux effets et aux conséquences du partage entre-vifs.

40. Supposons maintenant que, par suite de prédécès, renonciation ou indignité, un descendant compris dans le partage ne recueille pas la succession de l'ascendant.

Lorsqu'un descendant est venu à mourir naturellement ou civilement avant l'ouverture de la succession, il est impossible que la donation faite à titre de partage acquière effectivement à son égard le caractère de partage de cette succession; car il ne devient pas héritier. Elle reste donc, en ce qui le concerne, une donation pure et simple; et comme les donations faites en avancement d'hoirie forment un titre qui subsiste par lui-même, indépendamment de la qualité d'héritier en la personne du donataire, le lot reçu par le descendant prédécédé, n'a pu, lors de sa mort, ni revenir aux autres descendants par voie d'accroissement, ni rentrer dans le patrimoine de l'ascendant par une résolution de la donation. Il a suivi le sort des autres biens qui se trouvaient dans son patrimoine, c'est-à-dire qu'il a passé (s'il n'était pas aliéné) à ses héritiers légitimes ou testamentaires, sauf à l'ascendant lui-même, en sa qualité de donateur, à le recueillir conformément à la disposition de l'art. 747 et dans les limites posées par cet article.

Un descendant survit à l'ascendant, mais il renonce à la succession. Évidemment, on ne saurait lui contester la faculté de renoncer, pas plus qu'à tout autre héritier qui aurait reçu un avancement d'hoirie. Car la loi n'a pas fait, à son égard, exception à la règle qui reconnaît à toute personne appelée à une succession la liberté d'y renoncer (775). C'est ainsi que, dans l'ancien droit, on reconnaissait cette liberté, même aux démissionnaires (Introd., n° 55), bien qu'on qualifiât la démission de succession anticipée. — Or le descendant qui renonce étant considéré comme n'ayant jamais été héritier (785), il est, relativement à la succession, dans la même position que le prédécédé. Par conséquent, l'acte qualifié partage ne peut, à son égard, pas plus qu'à l'égard du prédécédé, devenir un partage de succession; il reste dès lors purement et simplement une donation. Le renonçant garde donc le lot qu'il a reçu par le partage, comme il garderait un don individuel.

Un descendant se trouve, à la mort de l'ascendant, indigne de lui succéder. Si les autres héritiers font prononcer son exclusion, la distribution de biens faite à titre de partage ne peut acquérir à son égard le caractère de partage de succession. Car il est considéré, quant aux résultats, comme n'ayant jamais été héritier. Il est donc, en définitive, dans la même position que le renonçant. Il devient, à raison de son indignité, comme le renonçant à raison de sa renonciation, étranger à la succession. — Du reste, ses cohéritiers ne sauraient arriver, par l'action en exclusion pour cause d'indignité, à lui faire restituer les choses qu'il a reçues par le partage entre-vifs. Car ces choses, il les a acquises, et il les tient comme donataire et non comme héritier. Or, l'exclusion pour cause d'indignité n'ayant été établie par la loi qu'à l'égard des choses que l'indigne acquiert comme héritier, on ne peut l'appliquer à celles qu'il a acquises à titre de donataire. Car ce serait appliquer une peine hors du cas pour lequel la loi l'a prononcée.

Ainsi, le prédécès, la renonciation ou l'indignité d'un descendant, en faisant obstacle à ce qu'il acquière ou conserve la qualité d'héritier, et, par conséquent, à ce qu'il puisse prétendre aux biens laissés par l'ascendant, n'entraînent pas la résolution de la donation qui lui a été faite, et, par suite, ne lui enlèvent rien de ce qu'il tient de cette donation ; il ne devient pas héritier, mais il reste donataire. La donation ne prend point à son égard le caractère de partage de succession, mais elle garde celui de donation.

En conséquence, il ne peut invoquer, et l'on ne peut invoquer contre lui, relativement aux biens compris dans le partage, les conséquences de la qualité d'héritier copartagé.

Ainsi, il n'a pas droit à la garantie des partages, et il n'en est pas tenu.

Il n'a pas les actions en nullité de l'acte considéré comme partage de succession, et on ne les a pas contre lui.

Les sommes qu'il peut devoir ou qui peuvent lui être dues, en guise de soulte ou de prix d'adjudication, ne sont pas privilégiées.

Mais il peut invoquer, et on peut invoquer contre lui toutes les conséquences actives ou passives qui découlent de la qualité de donataire. Car il reste un donataire pur et simple et dans les termes ordinaires du droit.

Ainsi, d'abord, il est soumis à l'action en réduction, si les biens qu'il a reçus par l'acte de partage dépassent la quotité disponible (845) ; — application curieuse de la séparation établie par la loi entre la disposition à titre de partage et la disposition simple. La première peut, par un effet des règles du partage, porter quelquefois atteinte à la réserve; la seconde ne le peut jamais. On conçoit encore cette différence, lorsque l'acte fait par l'ascendant avait *ab initio* le caractère, soit de partage, soit de disposition simple. Ici, au contraire, nous avons une disposition que l'ascendant destinait *ab initio* à valoir comme partage. Mais voilà que, par un accident qu'il ne prévoyait pas (car autrement il n'eût pas fait ce qu'il a fait), sa disposition n'acquiert pas en définitive le caractère de partage. Eh bien! elle ne jouit pas de la prérogative attachée à un partage; elle rentre dans le droit commun.

Par suite du même principe, les actions que l'ascendant pouvait avoir, à sa mort, contre le descendant qui n'est pas devenu héritier, pour faire anéantir la donation, ces actions, faisant partie de son patrimoine, passent à ses héritiers, quels qu'ils soient, et leur fournissent le moyen d'obtenir du descendant contre lequel elles existent, la restitution de ce que lui a attribué le partage. Ce résultat n'a rien qui doive étonner; car, si l'ascendant eût agi lui-même, comme il en avait le droit, il eût en effet repris ses biens et les eût, à sa mort, transmis à ceux qui ont, en définitive, recueilli sa succession. Or, c'est ce droit de l'ascendant qui s'exerce aujourd'hui. S'il l'avait exercé lui-même, la donation se fût trouvée anéantie au moment de son décès, tandis que, comme il n'a pas agi, elle se trouve seulement susceptible de l'être.

Si donc l'indigne est, en ce qui concerne les biens qu'il a reçus par le partage, à l'abri de l'action en exclusion pour cause d'indignité, il est, ou du moins il peut être soumis à l'action en révocation de la donation pour cause d'ingratitude. Car les faits qui constituent une indignité en la personne d'un héritier, étant de nature à constituer une ingratitude en la personne d'un donataire, le descendant qui se trouve indigne comme héritier, est en même temps ingrat comme donataire. On peut donc tout à la fois l'exclure de la succession, à raison de son indignité, et faire prononcer contre lui, à raison de son ingratitude, la révocation de la donation.

Les droits qui peuvent résulter pour les descendants des clauses insérées dans l'acte de partage, continuent de subsister en faveur des descendants qui ne recueillent pas la succession. Réciproquement, ils restent soumis aux obligations ou aux charges que cet acte a pu leur imposer. Car, si l'émolument de la donation subsiste à leur profit, les charges de cette donation subsistent également contre eux.

Si donc, par exemple, il avait été convenu que les descendants acquitteraient les dettes de l'ascendant, ceux mêmes qui ne deviennent pas héritiers, continuent d'être tenus de cette obligation. Ils doivent, par conséquent, eux ou leur succession, garantir les héritiers de l'ascendant des poursuites des créanciers, comme ils devaient garantir l'ascendant lui-même de son vivant.

Ainsi, encore, si l'acte entre-vifs portait que les descendants apportionnés auront immédiatement droit à la garantie, l'effet résultant de cette clause subsisterait, même en la personne de ceux qui ne deviennent pas héritiers, puisque c'est alors en vertu de la convention que la garantie est due.

Par suite des mêmes principes, si la délivrance des lots n'avait pas été faite par l'ascendant, ses héritiers seraient tenus de la faire aux descendants qui ne recueillent pas la succession. Ils leur devraient également des dommages-intérêts, à raison des droits qui auraient pu être acquis du chef de l'ascendant sur les biens donnés, postérieurement à la donation, mais avant que l'ascendant fût dessaisi de la propriété à l'égard des tiers. —Car ce sont là des obligations dont l'ascendant était tenu en qualité de donateur, et qu'il a, par conséquent, transmises à ses héritiers.

Remarquons, avant de terminer, que, quand l'un ou quelques-uns des descendants ne deviennent pas héritiers, mais que d'autres le deviennent, à l'égard de ces derniers et dans leurs rapports respectifs, la donation faite par l'ascendant acquiert le caractère de partage et est soumise aux effets que ce caractère entraîne. — En ce cas, ils se doivent la garantie *in solidum*, c'est-à-dire sans déduction de ce qu'auraient eu à supporter les copartagés qui ne sont pas devenus héritiers ; car, par le fait, c'est comme si les biens qui ont été attribués à ceux-ci, avaient été donnés à des étrangers.

Si tous les descendants apportionnés sont prédécédés, renonçants ou indignes, le partage est caduc en tant que partage de la succession. Il conserve donc simplement le caractère et les effets d'une donation faite à plusieurs personnes par le même acte.

41. Ce que nous avons dit jusqu'ici du descendant prédécédé, ne souffre aucune difficulté, lorsque ce descendant n'a pas laissé d'enfants qui le représentent dans la succession. Mais que décider dans le cas contraire ?

Les représentants recueillent dans la succession ce que le représenté y eût recueilli lui-même s'il fût devenu héritier, ni plus ni moins. Ils doivent donc avoir, dans leurs rapports avec leurs cohéritiers, la position légale, c'est-à-dire tous les droits, mais aussi toutes les obligations et les charges qu'aurait eues le représenté. Donc, tout acte qui a été fait par anticipation du titre héréditaire, ou , en d'autres termes, par avancement d'hoirie , en la personne du représenté, doit , en ce qui concerne le règlement de la succession entre les divers héritiers, être rapporté à la personne des représentants , et entraîner à leur égard les conséquences qu'il eût entraînées à l'égard du représenté. Les représentants confondent ainsi en eux, sous ce point vue, la personne du représenté ; ils la *représentent*, ils la figurent vis-à-vis des autres héritiers.

C'est ainsi que quand le *de cujus* a fait au représenté une donation en avancement d'hoirie , les représentants sont tenus de la rapporter. Car le représenté en aurait été tenu lui-même. — Et ils en sont tenus, alors même qu'ils n'auraient pas recueilli sa succession, et que, par conséquent, ils n'auraient pas profité du don qui lui a été fait. C'est qu'autrement, ils recueilleraient plus que n'eût recueilli le représenté.

Ainsi, les effets légaux qu'un avancement individuel d'hoirie est susceptible de produire dans le règlement de la succession entre le donataire et ses cohéritiers, se produisent, lorsqu'il y a représentation , en la personne de ses représentants.

D'après ces principes, lorsque, dans notre matière, un descendant, apportionné entre-vifs, est représenté dans la succession par ses propres descendants, le partage doit , en tant qu'on le considère comme partage de la succession , produire en la personne des représentants , dans leurs rapports avec leurs cohéritiers, les effets qu'il aurait produits, sous ce point de vue, en la personne du représenté.

De là nous concluons: 1° que le partage entre-vifs, dans lequel le représenté a été compris, doit être considéré comme comprenant les représentants; ce qui écarte l'application de la nullité prévue par l'art. 1078 ;

2° Que les représentants auront les actions en nullité ou en rescision de partage, et qu'on les aura contre eux;

3° Qu'ils devront une indemnité à leurs cohéritiers , de même qu'ils auront droit eux-mêmes à une indemnité, à raison des troubles ou évictions survenus dans les biens partagés.

Et cela, sans distinguer s'il ont ou n'ont pas recueilli la succession du représenté, ni, par conséquent, si les uns l'ont recueillie, tandis que d'autres ne l'auraient pas recueillie. — Nous reviendrons sur les deux premières de ces conséquences.

Les représentants doivent indemniser leurs cohéritiers à raison des troubles ou évictions survenus dans les objets partagés. — Par là, sans doute, lorsqu'ils n'ont pas recueilli la succession du représenté, ils ont à supporter les charges du partage, alors qu'ils n'en ont pas recueilli l'émolument. — Mais s'il en était autrement, la condition des représentants dans la succession, serait, vis-à-vis de leurs cohéritiers, plus avantageuse que ne l'eût été celle du représenté; ce que ne permettent pas les principes de la représentation. — Qu'on ne s'étonne donc pas de voir les représentants, dans le cas où ils n'auraient pas recueilli la succession du représenté, obligés, par suite des causes qui, dans les partages, donnent lieu à la garantie, à débourser *de suo*. C'est ce qui pourrait avoir également lieu dans le cas d'un avancement individuel d'hoirie. Supposez, en effet, que l'ascendant, au lieu d'un partage, eût fait des dons individuels à chacun de ses descendants, et que l'un deux, ayant rapporté en moins prenant, vînt à être évincé. Les représentants lui devraient la garantie, comme la lui aurait due le représenté lui-même. Or, c'est le même principe, ou un principe tout à fait analogue que nous appliquons au partage entre-vifs.

Réciproquement, les représentants doivent avoir une action en indemnité contre leurs cohéritiers, à raison des troubles ou des évictions survenus dans la possession des biens reçus par le représenté. — Ce résultat, il est vrai, paraît fort extraordinaire, dans le cas où ils ne sont pas héritiers du représenté. Car ce qui a été donné au représenté, se trouvant, en pareil cas, dans sa succession, sans que les représentants aient rien à y prétendre, comment, dira-t-on, pourraient-ils avoir droit à une indemnité à raison de biens qui ne leur appartiennent pas? Les troubles ou évictions ne les atteignent point. Ils ne sauraient donc être fondés à s'en faire indemniser.

Il est impossible d'admettre cette conclusion, puisque le résultat en serait que les représentants n'auraient pas, vis-à-vis de leurs cohéritiers, tous les droits que la qualité d'héritier aurait donnés au représenté. — Le représenté, s'il était devenu héritier, aurait eu les droits attachés à la qualité d'héritier copartagé, et notamment le droit de se faire indemniser à raison des troubles ou évictions qui auraient pu survenir dans son lot. Les représentants doivent donc l'avoir également. La raison est la même que quand il s'agit de l'obligation d'indemniser les autres héritiers à raison des mêmes causes. Les représentants étant héritiers doivent, pour la liquidation de la succession, être traités activement et passivement, dans leurs rapports avec leurs cohéritiers, comme l'eût été le représenté.

On dira peut-être que la qualité d'héritier ne suffit pas, à elle seule, pour donner droit à une indemnité à raison des objets partagés, ni pour y obliger : qu'il faut, en outre, celle de copartagés ; qu'en conséquence, les représentants, qui ont bien la qualité de cohéritiers, mais non celle de copartagés, ne peuvent avoir des droits ni être tenus d'obligations qui supposent la réunion des deux qualités. — Mais l'obligation du rapport aussi suppose la réunion des deux qualités d'héritier et de donataire ; et pourtant les représentants sont tenus de rapporter le don fait au représenté, bien qu'ils n'aient que la qualité d'héritiers. Voici pourquoi. — L'avancement d'hoirie fait au représenté ne produit pas, en la personne des représentants, les effets résultant directement de la qualité de donataire. S'il les astreint au rapport, c'est que l'obligation du rapport ne naît pas de la donation. Elle naît de l'acquisition de la succession ; et elle prend sa source dans le principe que l'égalité doit régner entre les héritiers, principe qui, dans le cas de représentation, oblige les représentants à tenir compte à leurs cohéritiers de ce qui a été donné au représenté, de même que leurs cohéritiers doivent leur rapporter ce qu'ils ont pu recevoir eux-mêmes. Donc, l'obligation du rapport, bien que née par suite du don fait en avancement d'hoirie, ne naît pas du don ; elle naît des rapports que produit, entre plusieurs héritiers appelés concurremment, la communauté que ce concours établit entre eux. Le don en est l'occasion ; il n'en est pas la cause génératrice, la cause efficiente. — De même, dans notre espèce, le droit à une indemnité ne dérive pas directement, pour les représentants, du partage entre-vifs considéré comme donation. Il dérive des rapports de société que le concours établit entre les diverses souches appelées à la succession. Seulement, l'effet de la représentation est que le partage fait avec le représenté doit produire, dans cette société, le même résultat que s'il avait été fait avec les représentants. — Voilà comment il est possible que les représentants, sans avoir figuré au partage, aient pourtant, dans la succession, et comme effet de l'acquisition à leur profit de cette succession, la condition légale, qui eût été, en la personne du représenté, la suite du partage.

Ce résultat se conçoit d'ailleurs. — En effet, si le principe d'égalité demande que les représentants tiennent compte à leurs cohéritiers de ce que le représenté a reçu par avancement d'hoirie, il demande aussi qu'ils n'aient à en tenir compte que dans la mesure réelle du don. Il ne saurait donc permettre qu'on leur impute, en cas de partage, un apportionnement plus fort, plus plein que ne l'a effectivement reçu le représenté. C'est pourtant ce qui aurait lieu si, alors que le lot du représenté était de nature à ouvrir une action en garantie, on le leur imputait sans cette action. On leur ferait tenir compte d'une valeur supérieure à celle qu'a reçue le représenté, supérieure, par conséquent, à celle dont le représenté aurait à tenir compte lui-même. Or le principe de la représentation demande que, dans le règlement de la succession entre les représentants et leurs cohéritiers, l'apportionnement du représenté ne se calcule que pour sa valeur réelle et effective, pour la valeur qu'il aurait, si le représenté était arrivé à la succession. On doit donc en déduire le montant des pertes résultant de troubles ou d'évictions. Et comme ce compte se résume en une action en garantie, cette action, du moins une action analogue, doit compéter aux représentants contre leurs cohéritiers, de même qu'elle compète, s'il y a lieu, à ceux-ci contre les représentants.—Autrement, la souche où sont les représentants pourrait être impunément évincée de son lot, même en totalité. Or cela ne saurait être. Dès qu'une souche est évincée en tout ou en partie, de ce qu'elle a reçu par le partage, elle se trouve, en définitive, n'avoir pas été apportionnée, ou ne l'avoir été qu'en partie. Elle doit donc nécessairement avoir le recours que les héritiers ont en pareil cas ; sans quoi, elle serait, contrairement au but de la représentation, moins bien traitée que les autres. Et, comme ce recours, elle l'aurait eu en la personne du représenté, elle doit l'avoir en celle des représentants, puisque c'est par eux qu'elle arrive à la succession.

Tel est bien aussi, à considérer attentivement les choses, le résultat que produirait un avancement individuel d'hoirie. En pareil cas, en effet, si le successible donataire était évincé de la chose donnée, il ne la rapporterait pas, si l'éviction était antérieure à l'ouverture de la succession. Si elle était postérieure, et qu'il eût fait le rapport en moins prenant, il aurait une action en garantie contre ses cohéritiers. Ce serait donc là aussi la condition de ses représentants. Les représentants n'auraient rien à rapporter, si le représenté (ou sa succession) avait été évincé avant la mort du donateur. Ils auraient une action en recours contre leurs cohéritiers, si l'éviction n'avait eu lieu qu'après.—L'éviction démontre en effet que le représenté n'a rien reçu qui fît réellement partie du patrimoine du *de cujus*. Elle démontre que les choses données ne devaient pas compter dans le règlement de la succession ; et que, par conséquent, si on les y a comptées, c'est par erreur, erreur sur laquelle on doit revenir, dès qu'elle se découvre. Il y a donc alors lieu d'indemniser les représentants du rapport qu'ils ont effectué, sans en être réellement tenus ; ce qui revient à dire qu'on leur doit compte de l'éviction soufferte par le représenté ou sa succession, comme s'ils l'avaient soufferte eux-mêmes. Or, ce sont ces principes que nous appliquons au cas de partage entre-vifs, quand nous disons que les représentants auraient action contre leurs cohéritiers à raison des troubles ou évictions subis par le représenté ou sa succession dans la possession des objets partagés. — Cette action, du reste, n'est pas précisément l'action en garantie, parce que les représentants n'ont pas, comme tels, la qualité de copartagés, pas plus que, dans les avancements individuels d'hoirie faits au représenté, ils n'ont la qualité de donataires. Il y a tout simplement là un élément de compte dans la liquidation de la succession, compte qui ne donnera lieu qu'à une simple action personnelle, sans produire le privilége attaché à la garantie des partages. — Il serait matériellement impossible, en effet, que les cohéritiers des représentants eussent, à raison de ce compte, un privilége sur le lot reçu par le représenté. Car ce lot se trouve, par le fait, complétement en dehors de la succession de l'ascendant, même dans le cas où les représentants seraient héritiers du représenté, puisqu'alors ils le tiendraient, non comme héritiers de l'ascendant, mais comme héritiers du représenté. Et si les cohéritiers des représentants ne peuvent avoir de privilége sur le lot du représenté, les représentants n'en doivent pas avoir non plus sur le lot de leurs cohéritiers. Autrement, il n'y aurait plus égalité de position entre eux.

On voit par là qu'alors même que les représentants seraient les héritiers du représenté, ce n'est point de son chef qu'ils ont action à raison de troubles ou évictions survenus dans le lot du représenté ; c'est comme héritiers de l'ascendant. Donc, c'est dans la succession de ce dernier que s'imputera le bénéfice de l'action, et non dans celle du représenté, soit pour la fixation de la quotité disponible, soit au regard des créanciers, en cas de séparation de patrimoines ou d'acceptation sous bénéfice d'inventaire, soit pour le montant des valeurs comprises dans la cession que les représentants feraient de leurs droits dans l'une ou l'autre succession.

Si, par suite de révocation, ou autrement, le partage entre-vifs avait été anéanti, comme donation, à l'égard du représenté ou de ses héritiers, sans l'avoir été à l'égard des autres descendants, ceux-ci devraient sans doute avoir contre les représentants l'option qu'ils auraient contre le représenté lui-même, entre le maintien et l'annulation du partage ; c'est-à-dire qu'ils devraient pouvoir, ou garder leur lot, en laissant alors les représentants prélever dans la succession celui qu'avait reçu le représenté, ou bien remettre eux-mêmes en commun les biens qu'ils ont reçus, pour être procédé, sur le tout, à un nouveau partage. — Telle nous paraît la conséquence du principe que les représentants n'ont, dans la succession, et à l'égard de leurs cohéritiers, que la condition qu'aurait eue le représenté.

Si l'action tendant à l'anéantissement de la donation faite au représenté, n'avait pas été intentée par l'ascendant, mais qu'elle existât dans sa succession, elle n'appartiendrait aux cohéritiers des représentants pour leur part héréditaire, qu'autant qu'ils opteraient pour l'annulation du partage, parce que ce n'est qu'alors qu'ils auraient droit aux biens reçus par le représenté, et, par conséquent, intérêt à en réclamer la restitution. S'ils préfèrent s'en tenir au partage, l'action en révocation doit appartenir exclusivement, mais pour le tout, aux représentants. Par cette option, en effet, les autres héritiers cèdent aux représentants l'action en révocation, comme ils pourraient, si c'était le représenté qui fût héritier, lui en faire remise, et par là lui laisser son apportionnement.

Mais quelle sera la position du représenté, ou, pour mieux dire, de ses héritiers, vis-à-vis des héritiers de l'ascendant ?

Le représenté a eu la qualité de donataire ; il l'a donc transmise à ses héritiers. — Donc tous les effets, soit actifs, soit passifs, que le partage considéré comme donation a produits en sa personne, soit vis-à-vis de l'ascendant, soit vis-à-vis de ses copartagés, existent aujourd'hui en la personne de ses héritiers et non en la personne des représentants.

Ainsi, les droits que le partage lui a donnés contre l'ascendant, compètent aujourd'hui à sa succession, contre les héritiers de l'ascendant, et notamment contre les représentants, qui sont au nombre de ces héritiers. Tel serait le droit de se faire délivrer le lot assigné au représenté, si la délivrance n'en avait pas encore eu lieu ; de même l'action en dommages-intérêts à raison des aliénations qu'aurait consenties l'ascendant, ou des charges qui auraient été établies de son chef postérieurement au partage, mais avant qu'il fût dessaisi à l'égard des tiers.

Réciproquement, les obligations et les charges que le partage a pu imposer au représenté envers l'ascendant, se trouvent imposées aujourd'hui à sa succession envers la succession de l'ascendant. Si, par exemple, l'acte de partage avait mis des dettes à la charge du représenté, et que ces dettes ne fussent pas encore acquittées , elles devraient l'être aujourd'hui par ses héritiers, lesquels seraient ainsi tenus de garantir les héritiers de l'ascendant, notamment les représentants, contre les poursuites des créanciers. — Pareillement, les héritiers de l'ascendant, auraient de son chef, contre les héritiers du représenté, les actions que peut avoir un donateur pour faire anéantir la donation et recouvrer les biens donnés.

Les effets produits par le partage entre l'ascendant et le représenté, étant ainsi transmis aujourd'hui à leurs héritiers respectifs, il est clair que, si les représentants sont aussi héritiers du représenté, il s'opérera une confusion en leur personne conformément aux règles ordinaires.

Quant aux effets que ce partage, considéré comme donation , a pu produire entre le représenté et les autres descendants apportionnés en même temps que lui, ces effets existent en la personne de ses héritiers vis-à-vis de ces descendants, mais vis-à-vis d'eux seulement, en leur qualité de donataires ; de sorte qu'ils restent étrangers aux représentants. — Tel est le cas où il serait entré dans un lot une somme à verser par un autre lot ; c'est là un pur effet de la donation. Il ne saurait donc exister en la personne des représentants, qui, n'étant pas donataires, n'ont ni à recueillir l'émolument, ni à supporter les charges de la donation.

TROISIÈME PARTIE.

DES NULLITÉS DU PARTAGE D'ASCENDANT.

SOMMAIRE.

La loi déclare nul le partage d'ascendant, s'il n'est pas fait entre tous les enfants qui existeront à l'époque du décès et les descendants de ceux prédécédés (1078).

Elle permet de l'attaquer :

1° Pour cause de lésion de plus du quart (1079);

2° Dans le cas où il résulterait du partage et des dispositions faites par préciput que l'un des copartagés aurait un avantage plus grand que la loi ne le permet (1079).

Ces trois causes de nullité s'appliquent également aux deux espèces de partages. Car la loi ne distingue pas, et il n'y avait en effet aucune raison de distinguer.

Nous avons déjà dit que les actions en nullité du partage ne s'ouvrent qu'au décès de l'ascendant, quelle qu'en soit d'ailleurs la cause, aussi bien quand il s'agit d'un partage entre-vifs que quand il s'agit d'un partage testamentaire, par le motif que le partage entre-vifs lui-même ne devient partage qu'à l'ouverture de la succession, et que les principes ne permettent pas qu'il puisse être attaqué à raison de ce caractère avant qu'il l'ait acquis.

42. Un partage n'est valable qu'autant qu'il est fait entre tous les ayants droit, et en raison des droits de chacun. C'est là une règle dont la loi a fait expressément l'application aux partages d'ascendants (1078).

Cette disposition, nous l'avons déjà fait remarquer, est l'une de celles qui démontrent que, dans la théorie du législateur moderne, le partage d'ascendants constitue, entre les descendants, un partage proprement dit, et non une disposition par préciput. Car une disposition par préciput ne saurait jamais être arguée de nullité pour n'avoir été faite qu'au profit de certains héritiers, puisqu'au contraire c'est précisément là son caractère distinctif. Elle ne peut être sujette qu'à réduction; et encore faut-il pour cela, bien entendu, qu'elle dépasse la quotité disponible. Tandis que la disposition faite à titre de partage est entièrement nulle, par cela seul que tous les héritiers n'y ont pas été compris : ce qui a lieu alors même que le descendant qui y serait omis trouverait sa réserve, et au delà, dans les biens non partagés. Car la loi ne distingue pas. C'est que telle est en effet la règle qu'on doit suivre dans un partage, et que l'on suivrait notamment dans celui que les descendants feraient eux-mêmes à l'amiable ou en justice. — Le partage, en effet, est une opération qui a pour unique fin de distribuer une masse commune entre les diverses personnes auxquelles elle appartient. L'acte est donc complétement vicié dans sa nature essentielle, dès qu'un seul des ayants droit n'y reçoit pas ce qui lui revient. A son égard, l'opération n'est plus qu'un de ces actes par lesquels une personne dispose de la chose d'autrui, actes qui restent incontestablement sans valeur aucune à l'encontre du vrai propriétaire. Or, par cela seul que la loi applique cette règle au partage d'ascendant, elle proclame qu'en omettant, dans sa distribution, l'un de ses descendants, l'ascendant dispose indûment en faveur des autres de la portion qui appartient à celui-là dans les biens partagés; ce qui suppose inévitablement que l'opération laisse à tous les descendants les droits ordinaires attachés à la qualité d'héritier, et, par suite, qu'elle n'est que le partage pur et simple de la succession légitime.

L'art. 1078 ne parle que du cas où le partage ne serait pas fait entre tous les ayants droit. Mais les principes veulent qu'il en soit de même dans le cas où il serait fait entre tous, mais sans l'être en raison des droits héréditaires de chacun. Car, aux yeux de la loi, le vice serait le même dans l'un et l'autre cas.—Seulement, ce dernier vice ne devrait être considéré comme existant, qu'autant qu'il résulterait des termes mêmes de l'acte de partage. Il faudrait se garder de l'induire de cette seule circonstance que la valeur réelle et effective des lots ne serait pas en harmonie exacte avec la quotité de la vocation héréditaire de chacun des descendants. Cette circonstance, en effet, ne constituerait, par elle-même, qu'une lésion, et ne pourrait, par conséquent, donner lieu qu'à une simple action en rescision, au profit du descendant lésé, et dans le cas d'ailleurs où la lésion serait de plus du quart : deux particularités qui ne se rencontrent pas dans la nullité que nous examinons en ce moment.

Donnons des exemples d'application de l'art. 1078.

L'ascendant, depuis son partage a eu un nouvel enfant.

Il a légitimé, par mariage subséquent, un enfant naturel.

Un enfant, mort civilement, est rentré dans la vie civile.

Un absent a reparu.

Un enfant dont l'état n'était pas reconnu, a réclamé et fait constater sa légitimité.

Après avoir fait un partage entre des enfants adoptifs, l'ascendant a fait une nouvelle adoption.

Voilà divers cas où le partage sera nul pour omission de l'un des ayants droit.

En voici d'autres où il sera nul pour n'avoir pas été fait conformément aux proportions établies par la loi :

Plusieurs petits-enfants arrivant par représentation d'un enfant prédécédé, l'ascendant a fait le partage par tête, au lieu de le faire par souche.

Après avoir attribué à un enfant naturel la portion qui devait lui revenir en cette qualité, il l'a légitimé par mariage subséquent, et lui a ainsi donné droit à la portion d'enfant légitime.

Ces divers exemples supposent que le descendant omis n'est devenu héritier, ou du moins n'est apparu comme tel, qu'après la confection du partage. Mais l'art. 1078 ne distingue pas. La décision serait donc la même, c'est-à-dire qu'il y aurait également lieu à la nullité prononcée par cet article, dans le cas où l'ascendant, par erreur ou à dessein, n'importe, aurait omis un descendant présent, capable, et connu pour héritier présomptif lors de la confection de l'acte. La loi ne devait effectivement faire aucune distinction, si son système était bien celui que nous avons présenté (n⁰ˢ 3 et 4). En effet, dès que l'ascendant déclare partager ses biens, il se place en dehors de la voie des dispositions par préciput : il ne remplit pas les conditions voulues par l'art. 919. Il laisse donc subsister les droits que la loi donne à tous ses descendants ; car il ne pouvait les ôter à aucun d'eux qu'au moyen d'une déclaration expresse.

45. La circonstance qu'un descendant a été omis dans le partage (ou n'y a pas été compris en raison de sa vocation héréditaire, hypothèse que nous sous-entendrons désormais), n'entraîne nullité qu'autant que ce descendant devient héritier. Ceux qui seraient prédécédés, qui renonceraient ou seraient indignes, n'ayant en définitive aucun droit à la succession, ils n'ont pas à figurer dans le partage de cette succession. La loi s'en explique ouvertement à l'égard des prédécédés, puisqu'elle ne déclare le partage nul qu'autant qu'il n'est pas fait entre tous les enfants *qui existeront à l'époque du décès*. Mais il y a même raison en ce qui concerne les renonçants et les indignes.

De là il résulte que le retour d'un enfant absent n'annule le partage où il serait omis, qu'autant que ce retour a lieu, soit du vivant de l'ascendant, soit du moins avant l'expiration des trente ans depuis l'ouverture de la succession. Plus tard, le droit de l'enfant à la succession serait prescrit, et ce serait, par conséquent, comme s'il n'avait jamais été héritier.— Il en est de même de la constatation judiciaire de l'état d'un enfant légitime.

Quant au mort civilement, il faut qu'il soit revenu à la vie civile avant l'ouverture de la succession, sans quoi il se serait trouvé, lors de cette ouverture, incapable de succéder, et par conséquent, ce serait à bon droit qu'il aurait été omis dans le partage.

Pareillement, la loi n'attache la peine de nullité qu'à l'omission d'un descendant en ordre de succéder. C'est ce qui résulte de ces expressions de l'art. 1078 : *Les enfants qui existeront à l'époque du décès, et les descendants de ceux prédécédés.* Quant aux descendants des enfants vivants, comme ils ne sont pas appelés à la succession, ils n'ont pas à figurer dans le partage. Sans doute, si les enfants du premier degré, entre lesquels auraient été partagés les biens, survivent tous à l'ascendant, mais renoncent ou sont indignes, les petits-enfants arrivent de leur chef. Mais en ce cas, il y a caducité du partage et non pas nullité. La nullité établie par l'art. 1078 n'est que pour le cas où le partage comprend des héritiers, mais ne les comprend pas tous.

44. La nullité prévue par l'art. 1078 n'a lieu, dans le cas où des descendants arrivent par représentation, qu'autant que l'ascendant a omis dans son partage, et le représenté, et les représentants. S'il y a compris le représenté, c'est comme s'il y avait compris les représentants. Cela est tout simple, lorsqu'il s'agit d'un partage testamentaire, puisqu'alors les représentants viennent, en vertu de la représentation, du moins suivant nous, prendre le lot qui était destiné au représenté, et que par conséquent c'est, soit en fait, soit en droit, comme s'ils avaient été eux-mêmes personnellement dénommés dans l'acte de partage. Mais la solution doit être la même dans le cas d'un partage entre-vifs. Car puisque les représentants doivent, dans leurs rapports avec leurs cohéritiers, être traités comme l'eût été le représenté lui-même (n° 42), dès que le représenté a été compris dans le partage entre-vifs, ses représentants ne peuvent, pas plus qu'il ne l'aurait pu lui-même, prétendre que ce partage est nul en vertu de l'art. 1078. Sans doute, et à la différence du cas d'un partage testamentaire, le lot reçu par le représenté lui a été acquis irrévocablement, sans que les représentants en aient profité, si ce ne sont pas eux qui ont recueilli sa succession. Mais, de même que s'il s'agissait d'un don individuel fait au représenté, les représentants seraient considérés, dans leurs rapports avec leurs cohéritiers, comme l'ayant reçu eux-mêmes, et en devraient par conséquent le rapport, alors même qu'ils n'auraient pas recueilli la succession du représenté; ainsi, dans notre espèce, les descendants doivent, relativement à leurs droits dans la succession de l'ascendant, être considérés comme ayant reçu le lot que le partage a attribué au représenté : ce qui écarte naturellement l'application de l'art. 1078.

A l'inverse, la circonstance que les représentants ont été compris dans le partage, ne saurait empêcher la nullité, lorsque c'est en définitive le représenté qui devient héritier. Dans les anciens principes, où l'héritier était tenu de rapporter ce qui avait été donné à ses enfants, le représenté eût été sans doute obligé, dans le règlement de ses droits héréditaires, de mettre en ligne de compte, de se laisser imputer, le lot donné par un partage entre-vifs à ses propres enfants, comme s'il lui eût été donné à lui-même, ce qui l'eût rendu non recevable à demander la nullité du partage, sous prétexte que personnellement il ne s'y fût pas trouvé compris. On eût raisonné comme nous l'avons fait dans le cas inverse, où les représentants, devenus héritiers, doivent souffrir l'imputation du lot qu'a reçu le représenté. — Mais le Code dispensant l'héritier de rapporter le don fait à ses enfants (847), dans notre espèce, le lot reçu par les représentants ne saurait être reporté au représenté. Il lui reste donc étranger, et, par conséquent, il y a, en droit aussi bien qu'en fait, omission à son préjudice; ce qui entraîne la nullité du partage.

Le partage testamentaire, dans notre hypothèse, serait également nul. Car si les descendants d'un héritier présomptif sont appelés par représentation à recueillir dans la succession les droits qui lui étaient destinés, et, par suite, à prendre le lot que lui attribuait un partage testamentaire; cet héritier n'est pas également appelé à représenter ses descendants, ni par conséquent à prendre le lot qui a pu être fait pour eux. Donc, en pareil cas, il serait omis dans le partage ; ce partage serait, par conséquent, frappé de nullité.

45. Le partage fait par un ascendant serait nul, non pas seulement à raison de l'omission d'un héritier légitime, c'est-à-dire d'un enfant légitime ou adoptif, mais encore, comme nous l'avons déjà dit (n° 13), à raison de l'omission de tout autre successeur à titre universel, tel qu'un enfant naturel, ou un légataire universel ou à titre universel. Seulement, ce n'est point précisément alors par application de l'art. 1078 ; c'est par application des principes généraux. Car, puisque la disposition à leur égard n'est pas un partage dans le sens des art. 1075 et suivants, nous n'avons pas à leur appliquer l'art. 1078. Mais cet article n'est lui-même, il faut bien le remarquer, qu'une application particulière du principe général, qu'un partage doit comprendre tous les ayants droit. Or c'est ce principe général que nous appliquons dans l'espèce.

Il est clair d'ailleurs que l'omission d'un légataire ne saurait annuler qu'un partage testamentaire; car les legs ne peuvent s'exécuter sur les biens sortis du patrimoine, du vivant du testateur.

46. Dans l'hypothèse de l'art. 1078, le partage pèche essentiellement par sa base. Il est donc entièrement nul, *nul pour le tout*, dit la loi, et, par suite, sans effet, à l'égard même de ceux qui y ont figuré. Aussi, la loi, ne voulant laisser aucun doute à cet égard, a-t-elle expressément donné le droit de provoquer un nouveau partage, non-seulement aux descendants omis, mais encore à leurs cohéritiers. En effet, puisque le partage fait par l'ascendant est nul, il ne peut procurer à ceux même qui y ont figuré, qu'une possession provisoire et précaire. On ne doit donc pas les réduire à la nécessité d'attendre que ceux qui y ont été omis, viennent réclamer. Il leur importe de sortir promptement de l'incertitude, en provoquant immédiatement eux-mêmes un nouveau partage qui puisse leur donner une propriété stable et irrévocable.

Il faut reconnaître toutefois que l'action en nullité n'a été établie qu'en considération du descendant omis, et que si cette action peut être exercée même par les autres, ce n'est que par voie de conséquence, et parce qu'elle existe d'abord en sa faveur.

La conséquence de la nullité absolue résultant de l'omission d'un descendant, c'est que, comme le dit la loi elle-même, chaque descendant *a le droit d'en provoquer un nouveau dans la forme légale.* Il résulte évidemment de là que le demandeur peut conclure directement au partage de la succession, d'après les règles ordinaires, sans s'occuper du partage fait par l'ascendant, sauf, si on le lui opposait (chose peu vraisemblable), à répondre qu'il est nul. Peu importe à cet égard de quel descendant émane la demande, que ce soit du descendant même qui a été omis, ou bien de ses cohéritiers. Car la loi les a mis tous avec raison sur la même ligne. Nous ne voyons pas sur quoi se fonde M. Zachariæ, pour prétendre que les descendants qui ont figuré au partage, ne doivent être admis à en réclamer un nouveau, qu'à la charge par eux de faire prononcer au préalable la nullité du partage fait par l'ascendant. Notre pratique n'est pas formaliste à ce point.

47. L'action en nullité se résumant en une demande à fin de nouveau partage, elle ne saurait évidemment compéter qu'à ceux qui ont qualité pour figurer à ce nouveau partage, et contre eux. Or il n'y a que les descendants qui arrivent à la succession, qui aient le droit de prendre part au partage de cette succession. La nullité ne regarde donc qu'eux. Elle reste étrangère à ceux qui figurent dans le partage fait par l'ascendant, mais qui ne sont pas héritiers; et qui, par suite, n'ont pas la qualité de copartagés. — Cela est manifeste en ce qui concerne le partage testamentaire, parce que ce partage est sans aucun effet à l'égard de ceux qui ne deviennent pas héritiers. Mais il en est de même en ce qui concerne le partage entre-vifs, parce que, si ce partage produit effet à l'égard même des descendants apportionnés qui ne recueillent pas la succession, ce n'est point comme partage, c'est comme donation simple.

Toutefois un arrêt (Sir. 1848, 2, 273) a décidé que le lot reçu par un enfant prédécédé devait être remis en commun avec les autres lots pour faire l'objet d'un nouveau partage où prendrait part l'enfant qui avait été omis, et où serait admis aussi l'héritier de l'enfant prédécédé (c'était un légataire universel). — Quant aux biens existant au décès, ils devaient faire l'objet d'un partage distinct entre les héritiers définitifs.

L'arrêt a été rendu dans le cas du prédécès d'un enfant. Mais si cette solution était exacte, elle devrait s'appliquer également dans le cas d'un renonçant ou d'un indigne.—Un partage entre-vifs, dit l'arrêt, a un double caractère : c'est une donation et un partage. Or dans le cas de l'art. 1078, il est bien annulé comme partage, mais non comme donation. Précisément; mais que résulte-t-il de là? C'est que le caractère de partage disparaissant, l'opération se trouve n'être, en définitive qu'une donation simple faite à un étranger. Car l'héritier présomptif qui prédécède n'est plus qu'un étranger. Or une donation faite à un étranger ne peut être attaquée par les héritiers qu'autant qu'elle dépasse, et que pour ce dont elle dépasse la quotité disponible. — Donc, dans l'espèce, où le lot de l'enfant prédécédé ne dépassait pas la quotité disponible, son héritier devait conserver intégralement ce lot, en demeurant, bien entendu, étranger à tout partage. Les principes le préservaient donc de la perte que lui aura fait subir, dans le nouveau partage des biens distribués par l'ascendant, la présence d'un copartageant de plus. — Quant aux enfants survivants et acceptants, qui avaient été compris aussi dans le partage de l'ascendant, ils devaient rapporter ce qu'ils avaient reçu, pour ne former, avec les autres biens existants dans la succession, qu'une seule et même masse, qui aurait été l'objet d'un partage unique entre eux et l'enfant omis.—Du reste, la décision que nous venons de rapporter, est conséquente avec la doctrine d'après laquelle le partage entre-vifs ouvre une première succession dans le patrimoine de l'ascendant. Car l'enfant prédécédé ayant recueilli cette succession, son héritier, auquel il l'a transmise, continue d'y avoir droit. Seulement, il devient impossible, dans ce système, d'expliquer comment le descendant né depuis l'ouverture de cette première succession, peut y prétendre.

De ces principes, il résulte que quand un descendant qui devient héritier, a été omis dans un partage entre-vifs, où, à sa place, ont figuré ses enfants, ses cohéritiers devront rapporter chacun leur lot, sans avoir aucun moyen de recouvrer ce qui a été donné à ses enfants. Car, d'un côté, ces enfants n'étant pas héritiers, restent étrangers à l'instance en nullité, et ils ne sont conséquemment point tenus du rapport. — D'un autre côté, on ne peut prétendre que l'acte soit nul à leur égard en tant que donation, comme n'ayant été fait à leur profit qu'en vue de la qualité d'héritier, qu'ils n'ont pas acquise en définitive, et, partant, pour une cause qui ne s'est pas réalisée. Cette prétention serait contraire aux principes, puisque les avancements d'hoirie subsistent comme donation, alors même que ceux à qui ils ont été adressés ne deviennent pas héritiers.

48. La règle que le partage, dans le cas prévu par l'art. 1078, est nul pour le tout, doit se modifier dans le cas où l'ascendant a omis l'un des descendants qui arrivent par représentation dans une même souche. Car le descendant omis n'ayant droit, en pareil cas, qu'à la portion attribuée à sa souche, son omission est étrangère aux autres souches. Le partage principal, le partage par souche reste donc valable. Il n'y a que la subdivision que l'ascendant aurait faite dans la souche à laquelle appartient ce descendant, qui se trouverait frappée de nullité. Si la subdivision n'avait pas été faite, il n'y aurait naturellement aucune nullité de partage. Seulement, il est clair que le descendant omis aurait le droit de demander sa part dans les biens attribués à sa souche, et pour cela, d'exiger le rapport de ceux auxquels l'ascendant les a attribués.

49. Le partage d'ascendant peut être attaqué pour lésion de plus du quart (1079). — C'est là, on le sait, une cause de rescision spéciale aux partages. Donc, ici encore, nous ferons la même observation qu'à l'occasion de la nullité pour omission d'un descendant : en faisant aux partages d'ascendants l'application pure et simple de la nullité pour lésion de plus du quart, le législateur moderne indique clairement que la disposition faite à titre de partage par les ascendants entre leurs descendants n'est pas autre chose, à ses yeux, que le partage de la succession, tel que les descendants auraient eu à le faire eux-mêmes, conséquemment, un acte soumis à la règle de l'égalité. Car, s'il la considérait comme une disposition simple, il se bornerait à la déclarer sujette à réduction, pour le cas où elle excéderait la quotité disponible, tandis qu'il permet de *l'attaquer*, c'est-à-dire d'en demander la nullité à raison d'une lésion de plus du quart, et cela, sans distinguer si cette lésion porte ou non atteinte à la réserve du descendant lésé; de même qu'à l'inverse, il refuse implicitement l'action en nullité pour toute lésion inférieure à ce taux, sans distinguer si la réserve reste alors intacte. C'est que telle est en effet la règle qu'on doit suivre dans tout partage, et que l'on suivrait notamment dans celui que les héritiers feraient eux-mêmes à l'amiable ou en justice. — C'est là, on l'a déjà vu, une règle nouvelle, qui imprime aux partages d'ascendants le caractère pur et sans mélange de partage, dans les rapports respectifs des descendants.

Une lésion de plus du quart au préjudice d'un descendant, autorise ce descendant à attaquer le partage. — Mais la circonstance qu'un descendant aurait reçu, par le partage, plus du quart au delà de sa part héréditaire, n'autoriserait pas ses cohéritiers à en demander la nullité, puisque la loi ne l'a pas dit. Ainsi, dans un partage fait entre quatre enfants, de biens valant 400, l'un a reçu 130, au lieu de 100 seulement qui lui revenaient, sans que, du reste, aucun des trois autres fût lésé de plus du quart, c'est-à-dire ait reçu moins de 75 ; ils ne peuvent donc se plaindre.

L'action en rescision pour lésion n'appartient aux descendants lésés qu'autant qu'ils deviennent héritiers. — Cela est bien clair dans le partage testamentaire, puisqu'alors les descendants qui ne deviennent pas héritiers n'ont aucun droit au partage de la succession, ni, par conséquent, à celui qu'en a fait l'ascendant. Mais il en est de même dans le partage entre-vifs. Car la base de l'action en rescision pour lésion est le droit à l'égalité. Or, ce droit a son principe dans la qualité d'héritier, et non dans celle de donataire.

Lorsqu'il s'agit d'apprécier si un descendant est lésé de plus du quart, il ne faut tenir compte que des biens partagés par l'ascendant. Car il ne s'agit que de s'assurer si le descendant qui se plaint, a reçu en définitive ce qui lui revenait dans ces biens. — Ainsi, il ne faut pas avoir égard à ceux que l'ascendant aurait, par le même acte, donnés ou légués à des étrangers, ni à ceux dont il aurait disposé par préciput en faveur d'autres descendants. Car le demandeur en rescision pour lésion, n'a rien à y prétendre.

Par la même raison, on ne doit considérer que les lots de ceux des descendants qui arrivent à la succession. Car, s'il s'agit d'un partage testamentaire, les biens attribués à ceux qui ne deviennent pas héritiers, restent dans la succession comme biens non partagés. Le partage, en effet, étant caduc en ce qui les concerne, ils ne sont pas réellement partagés. On va donc les partager maintenant, et chacun y prendra part. — Dans un partage entre-vifs, les descendants apportionnés qui ne deviennent pas héritiers ne sont plus que des donataires étrangers. Or, les héritiers ne peuvent avoir contre un donataire étranger que l'action en réduction, et cela, dans le cas seulement où le don qui lui a été fait dépasse la quotité disponible.

On ne doit pas, disons-nous, pour le calcul de la lésion, tenir compte des préciputs. — Peu importe, à cet égard, que les objets composant le préciput de l'enfant avantagé soient confondus avec ceux qui forment son apportionnement, ou qu'ils en restent, au contraire, distincts et séparés. S'ils sont confondus, on déduit du total le montant du préciput, et c'est le reste seulement qui entre dans la composition de la masse partagée. — *Espèce.* Un ascendant fait, en faveur de l'un de ses descendants, une institution contractuelle, par laquelle il lui donne sa quotité disponible. Plus tard, il fait, par testament, un partage dans lequel il règle le lot de ce descendant eu égard à sa qualité de donataire et à celle d'héritier. Ce descendant se prétend lésé. Comment apprécier la lésion? Doit-elle se répartir proportionnellement, et sur le don et sur l'apportionnement? — Ce descendant donataire figure dans l'acte à deux titres, à titre de donataire, et à titre d'héritier. Comme donataire, il reçoit la quotité disponible entière, puisqu'il y a irrévocablement droit. Ce n'est donc que le surplus qu'il reçoit à titre d'héritier. En conséquence, pour juger s'il est lésé, on doit déduire la valeur de la quotité disponible du montant total des biens qui lui ont été attribués, puis, estimer si ce qui reste, cette distraction faite, est inférieur aux trois quarts de sa part héréditaire dans les biens indisponibles.

Lorsque, par une institution contractuelle, un ascendant a promis l'égalité à l'un de ses descendants, il s'est ôté, par là, le pouvoir de faire à ce descendant une condition inférieure aux autres, c'est-à-dire le pouvoir d'avantager directement ou indirectement ceux-ci. Il s'est donc ôté, en même temps, la faculté de faire un partage proprement dit, c'est-à-dire un partage régi par les règles qui régiraient un partage émané des héritiers eux-mêmes. Sans doute, il peut distribuer ses biens entre ses descendants. Mais sa distribution ne pourra être qu'une disposition simple, régie par le système de ces sortes de dispositions et non plus par le système des partages. Le partage, en effet, tel qu'il est réglé par les art. 1075 et suiv. serait, s'il restait, en ce cas, permis à l'ascendant, un moyen d'avantager indirectement les autres descendants et d'éluder ainsi l'égalité promise. — L'institué contractuel serait donc fondé, non pas, bien entendu, en vertu des règles du partage, mais en vertu des droits qu'il tient du contrat qui lui a promis l'égalité, à se plaindre de toute lésion, quelque minime qu'elle fût. — On voit par là, du premier coup d'œil, que la distribution faite en ce cas, par l'ascendant, ne serait plus un partage proprement dit. Car le partage fait en pareille circonstance, par les descendants eux-mêmes, resterait soumis aux règles ordinaires, c'est-à-dire que l'institué contractuel ne pourrait se plaindre que pour une lésion de plus du quart.

Si c'est une subdivision faite entre les membres d'une même souche qui présente une lésion de plus du quart au préjudice de l'un de ces membres, sans que, du reste, le partage par souche présente de lésion au préjudice d'une souche, il n'y a que la subdivision qui puisse être attaquée.

50. La loi admet encore l'action en rescision contre le partage d'ascendant, pour le cas où il résulte de ce partage et des dispositions par préciput que l'un des descendants a un avantage plus grand que la loi ne le permet. Supposons, par exemple, qu'un père ait deux enfants, et pour fortune 60. Il donne à l'un d'eux la quotité disponible qui s'élève à 20. Puis, partageant le reste, il attribue à ce même enfant un lot qui vaut 22. L'autre enfant, dont le lot n'est que de 18, n'a pas l'action en rescision pour lésion. Car si les deux lots eussent été parfaitement égaux, il aurait eu 20 ; il lui manque 2. Donc il n'est lésé que de $\frac{1}{10}$. Pour qu'il fût lésé de plus du quart, il faudrait qu'il lui manquât plus de 5, c'est-à-dire que son lot n'allât pas jusqu'à 15. Il peut cependant attaquer le partage, en se fondant sur ce que son cohéritier a reçu, au total, plus que la loi ne le permet. Ce cohéritier, en effet, a reçu 42, tandis que la quotité disponible n'étant que de 20 et sa part héréditaire également de 20, il n'aurait dû recevoir que 40. — Le législateur a pensé que, quand le résultat combiné du partage et des dispositions par préciput formait ainsi un avantage dépassant, en fin de compte, la quotité disponible, c'est que l'ascendant s'était proposé d'éluder la loi en avantageant un enfant au delà des limites établies par elle.

Le projet de Code allait même plus loin. Il déclarait le partage nul par cela seul que l'ascendant avait, en outre du partage, fait une disposition par préciput au profit de l'un ou de plusieurs de ses descendants. Dans le but de prévenir l'abus que les ascendants auraient pu faire des partages, pour favoriser un descendant par des avantages prohibés, on ne leur accordait pas cumulativement la faculté de disposer par préciput et celle de partager leurs biens. Mais ce système avait l'inconvénient de ne leur laisser que l'option entre deux facultés qui ont chacune leurs avantages propres. Pour prévenir l'abus du droit, il retirait le droit même, et en empêchait par conséquent l'exercice légitime et raisonnable. Aussi, finit-on par permettre aux ascendants et de disposer par préciput et de faire un partage, mais en ajoutant que, dans le cas où ils auraient fait un préciput, le partage pourrait être rescindé, s'il en résultait au profit du même enfant un avantage qui, joint au préciput, dépasserait les limites permises, et quel que fût alors le chiffre de la lésion éprouvée par les autres.

« Mais, avait objecté Muraire, il faut supposer au père l'intention d'être équitable envers ses enfants, et non celle d'ajouter par le partage aux avantages qu'il a déjà faits à l'un d'entre eux. »

« Cette présomption, répondit Berlier, ne saurait être admise par quiconque a étudié le cœur humain. — Comment pourrait-on croire que celui qui a déjà gratifié un de ses enfants au préjudice des autres par une disposition directe, ne le fera pas encore par la voie du partage, si cette voie lui est ouverte? Loin que le don par préciput doive faire présumer que la libéralité s'arrêtera là, l'inégalité déjà introduite entre les enfants doit faire craindre qu'on ne l'étende davantage. Quand la loi a posé la limite (de la faculté d'avantager un enfant), elle aurait fait une chose inutile, si elle admettait en même temps des dispositions propres à l'éluder. Or, la loi serait journellement éludée, si le père de famille, après avoir donné directement la quotité disponible par préciput à l'un de ses enfants, pouvait encore indirectement l'avantager par un partage qui ne serait attaquable que dans le cas d'une lésion de plus du quart. » (Fenet, t. XII, p. 409 et suiv.)

La nullité du partage, dans l'hypothèse en question, n'a donc été prononcée par le législateur qu'à raison du dessein qu'il suppose à l'ascendant, de chercher à éluder la loi. Le résultat de ce dessein, de cette combinaison présumée, est si bien, à lui tout seul, la cause de la nullité que si, dans l'espèce, la quotité disponible eût été donnée à un étranger, l'enfant qui n'a que 18, ne pourrait se plaindre. Car son frère ne se trouverait pas avantagé au delà des limites fixées par la loi, ni lui-même lésé de plus du quart.

C'est ainsi qu'en supposant que l'ascendant se fût borné à donner à l'un de ses enfants la quotité disponible, et que ce fût le partage amiable ou judiciaire fait après son décès qui eût attribué à l'enfant déjà avantagé de la quotité disponible, un lot un peu plus fort qu'à l'autre, sans constituer, du reste, au préjudice de ce dernier, une lésion de plus du quart, il n'y aurait pas lieu à rescision.

Il est vrai que dans ces deux hypothèses, et par suite de la valeur des lots, l'un des enfants n'a pas sa réserve entière, laquelle est de 20. Mais comme, en principe, dans les partages, on fait abstraction des inégalités qui n'autorisent pas l'action en rescision, ces inégalités sont considérées, en droit, comme n'existant pas. De sorte que l'héritier qui n'est pas lésé de plus du quart, est censé avoir sa part entière. Donc l'enfant, dans notre espèce, est également censé avoir sa part et, par conséquent, sa réserve entière. Dans l'espèce, au contraire, de l'art. 1079, *in fine*, la loi abandonne le système des partages pour rentrer dans celui des dispositions gratuites. Elle voit une véritable libéralité dans l'excédant de lot que reçoit l'enfant déjà avantagé d'un préciput. Le législateur, en imprimant le caractère légal de partage à l'opération de l'ascendant, n'a pas oublié qu'elle constitue en même temps de la part de son auteur, une disposition à titre gratuit. Il lui donne ici les deux caractères , même dans les rapports respectifs des descendants : le caractère de disposition gratuite contre l'enfant avantagé d'un préciput, mais le caractère de partage sous les autres rapports. En effet, une disposition par préciput faite à un descendant autorise la rescision du partage, dès que le partage procure à ce descendant un avantage qui , joint au préciput, entame la réserve des autres, et quel que soit alors le chiffre de la lésion existant au préjudice de ces derniers ; ce qui sort des effets du partage. Mais à l'inverse, si la lésion tombait sur l'enfant avantagé, on resterait sous l'empire du droit commun relativement au taux de la lésion ; car la loi n'a point dérogé en sa faveur à la règle ordinaire. Il ne pourrait donc demander la rescision que pour une lésion de plus du quart. Il n'y a, en pareil cas, que ses cohéritiers qui aient le droit exceptionnel , lorsque c'est sur eux que tombe la lésion , d'attaquer le partage, indépendamment du taux de cette lésion. Ce droit ayant été, en effet, établi dans le but unique d'empêcher que la réserve ne fût entamée, le descendant avantagé ne saurait y prétendre : car c'est précisément contre lui qu'il a été établi, et non en sa faveur.

La nullité fondée sur ce qu'un descendant a reçu un avantage qui porte atteinte à la réserve, est donc une nullité propre aux partages d'ascendant, à la différence de la nullité fondée sur la lésion, et de celle fondée sur l'omission d'un descendant, lesquelles sont communes à tout partage, parce qu'elles ne sont qu'une conséquence du système des partages, tandis que la nullité pour avantage prohibé est en dehors de ce système.

Un ascendant, en abandonnant ses biens par indivis à ses descendants, avait disposé par préciput de la quotité disponible au profit de l'un d'eux. Puis, dans un acte passé immédiatement après, et dans lequel il intervint, les autres descendants cédèrent à l'enfant avantagé, moyennant une certaine somme, leurs droits dans les biens abandonnés. On décida qu'une lésion même inférieure au quart, suffisait en pareil cas pour autoriser la rescision. Autrement, en effet, l'ascendant qui voudrait avantager indirectement un descendant au delà des limites fixées par la loi, imposerait aux autres, comme condition de la donation, une cession qui ne manquerait pas d'entamer leur réserve. C'est donc le cas, sauf, bien entendu, l'appréciation des circonstances, de considérer une cession semblable comme un partage d'ascendant, par analogie de la disposition de l'art. 887, mais en appliquant alors, non la règle de l'art. 887 qui concerne les partages ordinaires, mais bien celle de l'art. 1079, 2ᵉ al., qui est spéciale aux partages d'ascendants.

S'il n'y avait aucune disposition par préciput, la cession pourrait toujours bien être considérée comme partage d'ascendant. Mais il n'y aurait alors ouverture à rescision que pour une lésion de plus du quart, conformément à la règle de l'art. 1079, 1ᵉʳ al., parce qu'en l'absence de disposition par préciput, les partages d'ascendants sont régis, sous le rapport de la lésion, comme les partages ordinaires.

Peu importe, pour la nullité qui nous occupe, que le don et le partage aient été faits ou non par le même acte. Peu importe également, s'ils ont été faits par actes séparés, quel est celui qui a été fait en premier lieu ; ou bien, que l'un ait eu lieu par acte entrevifs et l'autre par acte testamentaire. Peu importe également, lorsqu'ils ont été faits par le même acte, que le préciput ait été séparé et distingué de l'apportionnement du descendant avantagé, ou qu'au contraire ils aient été confondus indivisément, c'est-à-dire que l'ascendant ait déclaré attribuer à ce descendant tels biens pour son préciput, et tels biens pour sa part comme héritier, ou qu'il ait au contraire déclaré lui attribuer tels biens, tant pour son préciput que pour sa part d'héritier. La loi n'a fait aucune distinction, et il n'est pas dans son esprit d'en faire. Car, ce qu'elle veut empêcher, c'est que l'ascendant ne se serve du partage pour faire à un enfant un avantage prohibé. Or, elle eût manqué son but, si elle eût laissé à l'ascendant une voie quelconque à l'aide de laquelle il eût pu réaliser des avantages semblables.

Ce que la loi permet d'attaquer dans le cas qui nous occupe, c'est le partage seulement, et non la disposition par préciput : cette disposition sera donc maintenue, nonobstant l'annulation du partage. Il était, en effet, permis à l'ascendant de disposer par préciput de la quotité disponible. Il faut donc respecter l'exercice qu'il a fait de cette faculté. Ce qu'il n'avait pas le droit de faire, c'était un avantage dépassant les limites établies par la loi. Si donc il l'a fait, l'acte par lequel il l'a fait, mais cet acte seul, peut être attaqué. Or c'est au moyen du partage que, dans l'hypothèse de l'art. 1079, l'ascendant a dépassé les limites de la quotité disponible. C'est donc le partage seul qui est attaquable.

L'action établie pour ce cas ne doit pas d'ailleurs se confondre avec l'action en réduction établie par les art. 920 et suivants du Code civil. L'action en réduction compète aux héritiers réservataires contre toute personne au profit de laquelle aurait été faite une disposition entre-vifs ou testamentaire excédant la quotité disponible. Elle compète donc également, s'il y a lieu, à des descendants contre d'autres descendants. Mais, dans le droit actuel, à la différence du droit romain et des coutumes d'inégalité, l'action en réduction n'existe jamais contre le partage d'ascendant, alors même qu'il porterait atteinte à la réserve, par la raison que le Code civil le considère et le régit, dans les rapports respectifs des descendants, non pas comme une disposition simple, mais comme un véritable partage. Seulement, et par exception aux règles du partage, elle permet de l'attaquer, c'est-à-dire qu'elle le soumet à une action en rescision, lorsque l'ascendant a fait au profit du même descendant et un avantage direct au moyen d'une disposition par préciput, et un avantage indirect au moyen du partage, et que d'ailleurs, ces deux avantages réunis excèdent la quotité disponible. La loi suppose implicitement, en ce cas, que la disposition par préciput ne dépasse point, d'ailleurs, par elle-même les limites de la quotité disponible, et n'est point dès lors sujette à réduction.— Mais il va de soi que, dans le cas contraire, elle serait réductible, alors même que le partage ne contiendrait aucun avantage au profit du préciputaire, et que par conséquent il ne pourrait être attaqué en rescision. Ce cas, auquel les art. 1075 et suivants sont étrangers, reste sous l'empire du droit commun tel qu'il est réglé par les art. 920 et suivants. L'art. 1079 est exclusivement relatif, avec l'art. 1078, aux actions en nullité et en rescision du partage. Ils ne s'occupent pas de déduire les conséquences d'actes autres que ceux qu'ils ont à régler.

Il se peut aussi que le préciput fait à un descendant, dépasse la quotité disponible, et qu'en outre les dispositions du partage fassent à ce même descendant, dans les biens partagés, une plus forte part qu'aux autres. C'est la réunion des deux hypothèses précédentes.— En pareil cas, les cohéritiers de l'enfant avantagé auraient deux actions : l'action en réduction contre le préciput, et l'action en rescision contre le partage. Cela doit être : car leurs droits sont lésés et par le préciput et par le partage. — Le résultat de ces deux actions serait aussi distinct que ces actions elles-mêmes. L'action en réduction n'a pas pour effet d'anéantir le préciput, mais simplement, comme son nom l'indique, de lui faire subir un retranchement, de *le réduire au taux fixé par la loi* (920); tandis que l'action en rescision tend à l'annulation totale du partage. Le délai de l'action en réduction est de trente ans, tandis que celui de l'action en rescision n'est, comme nous le dirons plus loin, que de dix ans.

On voit, par tout ce qui précède, les conséquences de la séparation qu'a établie le législateur entre la disposition à titre de partage et la disposition par préciput. Si les apportionnements que reçoivent les descendants par le partage, étaient le résultat de dons faits à chacun d'eux avec dispense de rapport, ceux qui, par suite de ces dons, n'auraient pas leur réserve entière, pourraient toujours demander la réduction contre les autres, tandis qu'ils n'ont jamais cette action contre le partage, et que la seule qui puisse leur compéter, c'est l'action en nullité, mais dans deux cas seulement : d'abord, lorsqu'ils sont lésés de plus du quart, ensuite lorsque l'un d'eux a reçu, tant au moyen du partage qu'au moyen de dispositions par préciput, un avantage dépassant la quotité disponible.

Mais aussi, et par une conséquence des mêmes principes, si un partage entre-vifs, à lui seul et en l'absence même de toute disposition par préciput, entamait la réserve de certains descendants, et que ceux qu'il favorise ne devinssent pas héritiers, comme ils ne seraient, en fin de compte, que de simples donataires, et non des copartagés, ils seraient soumis à l'action en réduction.

D'un autre côté, un donataire étranger ne saurait être inquiété par les héritiers s'il n'a pas reçu au delà de la quotité disponible. De là il résulte que, quand un partage entre-vifs renferme une lésion de plus du quart au préjudice d'un descendant, sans entamer, du reste, sa réserve, si les autres descendants renoncent à la succession, ils échappent par là à l'action en rescision. Ils gardent leur lot intégralement, sans avoir à réparer la lésion. C'est ainsi que, dans les successions ordinaires, l'héritier qui renonce garde le don qui lui a été fait jusqu'à concurrence de la quotité disponible.

Lorsque l'ascendant a compris dans son partage un donataire ou un légataire à titre universel, si le lot qu'il lui a attribué excède la quotité disponible, il y a lieu, non pas à une action en rescision du partage, mais à une action en réduction.—Il est vrai que, si les réservataires avaient fait eux-mêmes le partage avec le donataire ou légataire, ce partage eût pu attribuer impunément à ce dernier quelque chose de plus que la quotité disponible. Mais c'est là le résultat de la latitude avec laquelle le législateur a dû appliquer le principe de l'égalité dans les partages ordinaires.—Le cas qui nous occupe est différent. L'apportionnement représentatif de la donation ou du legs constitue de la part de l'ascendant envers le donataire ou légataire, non un partage proprement dit, mais une simple disposition à titre gratuit, qui reste sous l'empire du droit commun, et est, en conséquence, sujette à réduction, si elle excède la quotité disponible. Autrement, l'ascendant aurait, dans la faculté de partager ses biens, un moyen d'éluder, au profit des tiers, les règles sur la réserve, et de leur donner au delà de la quotité disponible. Or, la loi n'ayant pas expressément permis ce résultat, il reste défendu comme contraire aux principes généraux. —Remarquez qu'en pareil cas l'action en réduction ne compète qu'à ceux des descendants dont la réserve ʼn'est pas entière. Ils ne peuvent d'ailleurs agir que contre le donataire ou légataire, et lui faire restituer que ce dont son lot dépasse la quotité disponible, quand bien même cela ne suffirait pas pour compléter entièrement leur réserve. Car, entre eux et les autres descendants, le partage produit, sous tous les rapports, les effets ordinaires. Il admet donc impunément une inégalité inférieure au taux déterminé par la loi pour l'action en rescision.

La même solution est applicable à l'enfant naturel, puisque le partage d'ascendant ne peut constituer à l'égard de cet enfant qu'une simple disposition à titre gratuit (n° 5). Les enfants légitimes puisent, en effet, dans l'incapacité dont est frappé l'enfant naturel, le même droit qu'en cas de libéralité faite à un tiers, ils puisent dans leur droit à la réserve, c'est-à-dire le droit d'agir en réduction contre lui, dès que la valeur de son lot dépasse le montant de ses droits ab intestat.

51. Nous avons vu que, d'après les principes de la représentation, le partage entre-vifs où avait figuré le représenté devait produire ses effets comme partage, en la personne des représentants : d'où il résultait, avons-nous dit, que les représentants avaient les actions en rescision et qu'ils y étaient soumis. Les raisons sont, à cet égard, les mêmes qu'au sujet de la garantie (n° 41).— Si donc le représenté a été lésé de plus du quart, les représentants auront contre leurs cohéritiers l'action établie par l'art. 1079, comme le représenté l'aurait eue lui-même. Il en sera encore ainsi, lorsqu'il résultera des dispositions par préciput et du partage que l'un des autres héritiers aura un avantage plus grand que la loi ne le permet.

A l'inverse, si c'est l'un des autres héritiers qui est lésé de plus du quart, les représentants devront répondre à son action, comme l'eût dû le représenté lui-même. — Et il en devrait être de même dans le cas où il résulterait, tant du partage que des dispositions faites (entre-vifs) par préciput, que le représenté a reçu un avantage plus grand que la loi ne le permet. Sans doute, en général, les biens donnés par préciput restent en dehors de la succession. Le donataire ou légataire n'a donc aucun compte à en rendre lui-même, s'il devient héritier ; et il en est, par conséquent, de même de ses représentants ; d'où il semblerait résulter que, dans l'espèce, la disposition à titre de préciput devrait rester étrangère aux représentants ; qu'on ne devrait dès lors leur reporter que la disposition à titre de partage, laquelle, de cette sorte, resterait inattaquable, puisqu'en elle-même et abstraction faite de la disposition par préciput, elle ne renferme aucun vice. — Mais, avec cette solution, les autres héritiers n'auraient plus contre les représentants l'action en nullité qu'ils auraient contre le représenté. Or, ce résultat est contraire aux principes de la représentation. C'est qu'en effet, lorsque la disposition par préciput et le partage, réunis, procurent à l'un des descendants un avantage plus grand que la loi ne le permet, le préciput entre, par exception, dans le compte et la liquidation de la succession, en ce qu'il autorise les autres héritiers à attaquer le partage de cette succession. Or ce droit, cette action qu'auraient les cohéritiers du donataire, si c'était lui qui vînt à la succession, ils doivent l'avoir également contre ses représentants.

Ces principes doivent, ce nous semble, faire admettre la même solution dans le cas où les deux dispositions, celle à titre de préciput, et celle à titre de partage, au lieu d'avoir été adressées toutes deux au représenté, l'auraient été, l'une au représenté, l'autre aux représentants. Les représentants, en effet, devant rapporter les dons qui leur ont été faits à eux-mêmes, aussi bien que ceux qui ont été faits au représenté, il n'y a pas, en cas de représentation, à rechercher à qui le don a été adressé. Or, il en doit être de même dans notre espèce, du partage et de la disposition par préciput, d'autant plus que le partage tient alors des simples dispositions gratuites. — Ainsi, l'ascendant, ayant précédemment donné avec dispense de rapport à l'un de ses enfants aujourd'hui décédé, fait entre ses autres enfants et les descendants du prédécédé, un partage dont les dispositions réunies au préciput procurent à la souche où sont les représentants, un avantage supérieur à la quotité permise. Ou bien, à l'inverse, après avoir donné avec dispense de rapport aux descendants de l'un de ses enfants, il fait ensuite entre cet enfant (décédé plus tard) et les autres enfants, un partage qui a pour résultat d'avantager cette souche au delà du taux permis. Il y aura lieu à rescision.

52. Un ascendant avait, lors d'un partage entre-vifs, fourni lui-même les deniers nécessaires pour acquitter une soulte que l'acte mettait à la charge de l'un des descendants, et dont il portait quittance, comme ayant été payée des deniers du descendant. Un arrêt (Sir., 1848. 2. 9) déclara, en ce cas, le partage nul pour simulation et fraude. C'est là une nullité que nous ne pouvons admettre. Dans l'espèce, il y avait deux choses distinctes, que l'arrêt a confondues : un partage et un avantage indirect. Le partage, en le supposant valable par lui-même, ne pouvait être vicié par la présence, dans le même acte, d'un avantage indirect, pas plus qu'il ne l'eût été, si l'avantage avait été fait par un acte postérieur. Le partage et l'avantage avaient beau avoir été faits en même temps : ils n'en restaient pas moins séparés en droit. Il est même vrai de dire que l'avantage indirect était distinct du partage, non-seulement en droit, mais même en fait; car il résultait du don manuel des deniers. Or, ce don manuel était un acte complétement en dehors de l'opération du partage. On devait donc se borner à déclarer l'avantage indirect nul ou sujet à rapport.

Mais aux deux causes de rescision prévues par l'art. 1079, nous ajoutons l'inégalité dans la répartition des meubles et des immeubles, lors du moins qu'il s'agit d'un partage testamentaire (n° 15).

Le partage entre-vifs devrait aussi pouvoir être rescindé pour les causes qui entraîneraient la rescision d'un partage ordinaire, par exemple, à raison d'un dol pratiqué, ou d'une violence exercée contre un descendant (887), lors, bien entendu, qu'il s'agit d'un partage entre-vifs. Cette solution est d'autant plus incontestable que ce sont là des causes de rescision applicables, non pas seulement aux partages ordinaires, mais encore à tous les actes qui exigent le consentement des parties. Or, le partage entre-vifs est de ce nombre. — Nous avons eu d'ailleurs occasion de mentionner plusieurs autres causes de nullité sur lesquelles nous ne reviendrons pas.

53. Les deux actions prévues par l'art. 1079 exigent une estimation. Mais à quel moment doit-on se référer pour cette estimation, soit en ce qui concerne les choses qui font l'objet du préciput, soit en ce qui concerne celles qui font l'objet du partage?

Il est clair qu'il ne peut s'élever de doute, lorsque la disposition, soit à titre de partage, soit à titre de préciput, a été faite par testament. Car comme ce n'est qu'au moment du décès que les dispositions testamentaires produisent effet, c'est évidemment d'après l'état et la valeur des biens à cette époque qu'il faut les estimer.

La difficulté n'a donc lieu que quand il s'agit de dispositions entre-vifs. — Elle nous semble toutefois formellement tranchée par la loi, en ce qui concerne la disposition par préciput. Car, lorsqu'il s'agit du calcul de la quotité disponible, les choses dont il a été disposé entre-vifs, doivent s'estimer d'après leur état à l'époque de la donation, et leur valeur à l'époque du décès (922). Comme c'est là une règle générale, et à laquelle la loi n'a pas dérogé pour le cas qui nous occupe, nous devons en faire l'application.

La difficulté se trouve donc limitée aux choses partagées entre-vifs. — Si nous nous référons pour leur estimation à l'époque de la confection du partage, il en résultera cette bizarrerie, que, dans l'action fondée sur une atteinte portée à la réserve, si le préciput a été, comme le partage, fait entre-vifs, par l'acte même du partage peut-être, on s'attachera à une époque différente pour estimer des choses qui sont, les unes et les autres, données entre-vifs, et ce, alors que leur estimation a également pour but de calculer la quotité disponible. Or, ce résultat paraît choquer l'harmonie non moins que les principes. Doit-on, pour l'éviter, distinguer entre le cas de lésion et celui d'atteinte portée à la réserve?

Voici ce qu'on peut dire pour soutenir que les choses partagées entre-vifs doivent s'estimer d'après leur état et leur valeur à l'époque de la confection du partage : c'est à cette époque que les descendants acquièrent les choses qui leur ont été attribuées. Chaque lot est donc immédiatement aux risques de celui à qui il est échu. C'est pour lui seul dès lors qu'il périt, se détériore ou s'améliore. Or ce principe exige que, pour estimer si le partage contient une lésion au préjudice de l'un des copartagés, ou s'il porte atteinte à sa réserve, on se réfère à l'état et à la valeur qu'avait son lot au moment où il l'a acquis, sans tenir aucun compte des pertes, détériorations ou améliorations postérieures. Si, en effet, ce lot valait 100, par exemple, au moment où il l'a acquis, c'est bien cette valeur de 100 qu'il a reçue par le partage. Peu importe ce qu'elle est devenue depuis. Décider autrement, ce serait laisser les choses partagées aux risques communs de tous les descendants, comme si le partage n'en avait pas été déjà fait entre eux, comme s'ils les recueillaient par indivis au décès de l'ascendant. — Le principe doit donc être le même que dans les partages ordinaires, dans lesquels, pour juger s'il y a lésion, on estime les choses suivant leur valeur à l'époque du partage (890).

L'opinion contraire nous paraît plus conforme aux principes de la matière. Ce n'est qu'à la mort de l'ascendant que ses descendants peuvent avoir droit à ses biens en qualité d'héritiers et par la vocation de la loi. Ils n'acquièrent immédiatement par l'acte de partage que la qualité de donataires avec les effets qui y sont attachés. Or si, tant que vit l'ascendant, ils sont simplement des donataires, et non des copartagés, il n'y a pas lieu d'examiner si la distribution de biens qui a été faite entre eux, se trouve alors conforme à leurs droits éventuels à la succession. Il suffit, mais aussi il est nécessaire, qu'elle le soit lors de l'ouverture de ces droits. En un mot, ce n'est qu'au décès de l'ascendant que la donation doit acquérir le caractère de partage. Ce n'est donc qu'à ce moment qu'il faut l'apprécier sous ce point de vue, et notamment, rechercher s'il se trouve alors des inégalités entre les lots.

Cette décision paraît manifeste pour le cas où l'action en rescision est fondée sur un avantage plus grand que la loi ne le permet. La quotité disponible, en effet, ne se calcule qu'au décès et eu égard à la valeur qu'ont alors les biens, tant ceux qui sont restés dans le patrimoine que ceux qui en sont sortis à titre gratuit. Les réservataires ne peuvent se plaindre, si, à cette époque, la quotité disponible n'est pas dépassée, de même qu'ils le peuvent dans le cas contraire. Donc lorsque l'action en rescision est fondée sur ce que le partage joint aux dispositions par préciput, procure à un descendant un avantage plus grand que la loi ne le permet, elle doit être écartée si la valeur respective des choses qui se trouvent entre les mains des divers descendants est telle, au moment de l'ouverture de la succession, que le préciputaire n'ait pas au delà de la quotité disponible ; mais, réciproquement, elle doit être admise dans le cas contraire. Peu importe quelle a été antérieurement cette valeur, puisque ce n'est point d'après l'état de choses antérieur au décès que se règlent la quotité disponible et la réserve.

Et ces raisons sont parfaitement applicables au cas de lésion, parce que la lésion aussi n'est qu'une atteinte portée à un droit héréditaire, au droit d'égalité. Le droit à l'égalité ne naît, comme le droit à la réserve, qu'à la mort de l'ascendant. Donc le descendant qui, à cette époque, se trouve avoir une part égale aux autres, ou à laquelle, du moins, il ne manque pas plus du quart, ce descendant, disons-nous, ne saurait être fondé à se plaindre ; car son droit à l'égalité ne reçoit aucune atteinte. C'est donc à ce moment qu'il y a lieu de comparer la valeur respective des divers lots. — Cette solution est conséquente avec ce que nous avons dit précédemment, que l'action en rescision ne s'ouvre qu'au décès, même lorsqu'elle est fondée sur la lésion. Car la base de l'action, c'est-à-dire la lésion, n'existe pas encore du vivant de l'ascendant. Le descendant qui se trouve lésé au moment du partage, ne le sera peut-être pas lors du décès.

Ainsi, nous assimilons, pour le cas qui nous occupe, le partage entre-vifs au partage testamentaire, par la raison qu'en définitive le partage entre-vifs, lui aussi, n'a effet, à ce titre, qu'au décès de l'ascendant. Et, par suite, nous assimilons les choses partagées aux choses données ou léguées par préciput. Enfin, nous ne distinguons pas entre l'action fondée sur la lésion et l'action fondée sur une atteinte portée à la réserve.

Toutefois notre solution nous paraît devoir se restreindre aux immeubles. Les meubles doivent sans doute s'estimer, comme dans les avancements ordinaires d'hoirie, pour leur valeur lors de la confection du partage. Ainsi le veut la loi en matière de rapport (868). Il en est autrement, il est vrai, en matière de réduction (922). Mais nous préférons la décision établie pour le cas de rapport, parce que c'est celle qui règle les droits respectifs des héritiers. — De sorte que, dans les partages entre-vifs, nous nous attachons, pour l'estimation, soit des meubles, soit des immeubles, à la même époque que dans le rapport en moins prenant. Car, lorsque les immeubles se rapportent en moins prenant, c'est pour leur valeur à l'époque de l'ouverture de la succession (860). C'est qu'en effet il s'agit, dans l'un et l'autre cas, de régler les droits des divers héritiers, et que c'est à l'ouverture de la succession seulement que ces droits naissent et doivent se régler.

Cette solution n'est pas contraire au principe que les choses données sont aux risques du donataire, du moment que la donation est parfaite, principe que nous reconnaissons devoir s'appliquer aux partages entre-vifs, par suite de la disposition de l'article 1076. Les choses considérées comme choses données, sont aux

risques du donataire, soit dans le partage entre-vifs, soit dans les
avancements individuels d'hoirie ; et ces risques lui restent définitivement, si les choses n'acquièrent jamais d'autre caractère que
celui de choses données. Mais, considérées comme choses destinées à entrer dans le règlement de la succession entre les divers
héritiers, elles sont aux risques de la masse, quand il s'agit d'immeubles, et de l'héritier donataire, quand il s'agit de meubles
(855, 860, 868).

Les actions en nullité ou en rescision des partages d'ascendant
peuvent évidemment, comme s'il s'agissait d'un partage ordinaire,
être exercées, non-seulement par les descendants eux-mêmes,
mais encore par leurs héritiers ou autres ayants cause. Elles peuvent l'être également, en leur nom, par leurs créanciers.

L'annulation d'un partage ne touchant qu'à l'intérêt privé, elle
peut s'effectuer à l'amiable entre les divers descendants, s'ils ont
tous capacité à cet effet. Ce n'est qu'en cas de désaccord que l'intervention de la justice est nécessaire pour la prononcer.

54. Une fois le partage rescindé ou déclaré nul, soit dans les cas
prévus par les art. 1078 et 1079, soit dans les autres cas qui peuvent se présenter, il est, en principe (et sauf l'application de
l'art. 891), considéré comme n'ayant jamais existé. Si donc il n'a
pas encore été exécuté, il n'y a pas lieu de le mettre à exécution.
S'il a déjà reçu son exécution, les descendants doivent remettre
en commun ce qui leur a été délivré.

Mais les objets doivent-ils être restitués identiquement et en nature ? Il nous semble que, s'il s'agit d'un partage entre-vifs, comme
ce partage constitue un avancement d'hoirie au profit de chacun
des descendants, sa nullité ou son annulation, en tant que partage, oblige les descendants au rapport de ce qui leur avait été
attribué ; car l'opération, en perdant le caractère de partage, ne
perd pas pour cela le caractère d'avancement d'hoirie. Loin de là :
c'est le seul caractère qu'elle ait eu en définitive. Les biens partagés
se trouvent donc par là sujets à rapport. Le partage d'ascendant,
il est vrai, renferme, par la force même des choses, une dispense
du rapport, mais pour le cas seulement où il constituera en définitive un partage. S'il est nul ou rescindé, en tant que partage, l'o-
bligation du rapport reparaît. Ce sont donc les règles du rapport
que nous appliquerons.—En conséquence, les meubles devront se
rapporter en moins prenant, sur le pied de la valeur qu'ils avaient
lors du partage, tandis que les immeubles devront se rapporter en
nature, sauf au descendant tenu du rapport, la faculté de les rap-

porter en moins prenant, s'il les a aliénés, ou bien s'il se trouve, soit dans la succession, soit dans l'apportionnement de ses cohéritiers, d'autres immeubles de mêmes nature, valeur et bonté, dont on puisse former des lots à peu près égaux pour eux, et dans ces deux cas, le rapport a lieu sur le pied de la valeur des immeubles au jour de l'ouverture de la succession (858 et s.).

Par là, les risques du mobilier sont pour celui qui l'a reçu, tandis que les risques des immeubles sont pour la masse.

Ces conséquences de la nullité du partage viennent à l'appui de ce que nous disons ci-dessus, que, pour apprécier si le partage renferme une lésion ou un avantage prohibé, il faut, même dans le partage entre-vifs, estimer les immeubles partagés d'après leur valeur à l'ouverture de la succession, et les meubles d'après leur valeur lors de la confection du partage. Lors, en effet, que, d'après le résultat de l'estimation qui a eu lieu, le partage a dû être et a été en effet annulé, les objets partagés doivent être rapportés, et rapportés conformément aux règles ordinaires, c'est-à-dire les meubles en moins prenant, sur le pied de la valeur qu'ils avaient lors du partage, et les immeubles, tantôt en nature, tels qu'ils sont lors de l'ouverture de la succession, tantôt en moins prenant, et pour leur valeur à ce même moment. Or, il est impossible d'admettre que les mêmes choses dussent s'estimer de deux manières opposées entre les mêmes personnes et pour le règlement des mêmes droits. Ce que valent les choses héréditaires, dans les rapports respectifs des héritiers, quand il s'agit de savoir si le partage qui en a été fait est régulier, c'est bien ce qu'elles valent, quand le premier partage étant rescindé comme irrégulier, il s'agit d'en faire un nouveau, régulier cette fois. Les bases qui ont servi à rescinder le premier, sont bien les mêmes que celles qui doivent servir à former le second.

Quant au partage testamentaire, la loi ne s'étant pas expliquée sur les conséquences de la nullité, il faut s'en tenir aux principes. Or, le partage rescindé ou déclaré nul est considéré comme non avenu, et les descendants remis par là au même état que s'il n'y avait pas eu de partage. Chacun d'eux est donc tenu de restituer ce qu'il a reçu et de le remettre dans la masse commune. Il n'a, en aucun cas, le droit de conserver les immeubles en nature pour ne les rapporter qu'en moins prenant. Car le partage testamentaire est le seul titre qu'il puisse invoquer pour prétendre à tels ou tels biens; et ce titre une fois rescindé ou déclaré nul, ne saurait plus produire aucun effet. Par la même raison, la restitution des objets mobiliers, s'ils existent encore, se fera en nature et non en valeur ; du moins celui qui les a reçus aura la faculté de les rendre ainsi, de même qu'on aura le droit d'exiger qu'il le fasse. — Les risques des meubles, aussi bien que des immeubles, seront donc pour la masse.

Les descendants qui ont joui des biens partagés, ne doivent pas seulement restituer les choses elles-mêmes ; ils doivent encore tenir compte des fruits, en les remettant en commun.

Dans le cas où il s'agit d'une rescision, les fruits ne nous paraissent dus qu'à partir de la demande. — L'égalité stricte demanderait peut-être que les fruits des lots fussent remis en commun du jour même de l'ouverture de la succession. Mais dans le silence de la loi à cet égard, nous n'irons pas jusque là ; car un acte rescindable est un acte qui existe aux yeux de la loi. Chaque descendant était donc, dans l'espèce, propriétaire de son lot, et avait par conséquent droit aux fruits. L'égalité ne présente d'ailleurs, quant aux jouissances passées, qu'un faible intérêt. Nous appliquons donc, en cas de rescision, la règle ordinaire, qui ne fait courir les fruits ou intérêts que du jour de la demande. Cette règle suffit pour nous déterminer, sans que nous ayons besoin d'argumenter de la disposition de l'art. 1682, qui, dans le cas de rescision de la vente pour cause de lésion, cas où il s'agit aussi de réparer une inégalité, n'oblige le défendeur à tenir compte des fruits que du jour de la demande. Cet argument a bien son poids ; mais on peut chercher à l'ébranler en disant, ce qui est vrai, que la loi répare plus complétement l'égalité au cas de partage qu'au cas de vente, puisque le supplément doit être entier dans le cas de partage, et que cela n'est pas nécessaire dans le cas de vente.

Mais si le partage est nul, et non pas simplement rescindable, il nous semble que les fruits sont dus à partir de l'ouverture même de la succession, si déjà, à cette époque, les descendants qui jouissaient, avaient connaissance de la cause de nullité, et dans le cas contraire, à partir de l'époque où ils en auront connaissance. — La raison en est que, puisque le partage est nul, c'est-à-dire sans existence aux yeux de la loi, les descendants ne sont pas propriétaires, à titre d'héritiers, des biens qui leur ont été attribués. Ils n'en sont que simples possesseurs, et ce, alors même que le partage serait entre-vifs, puisqu'à l'ouverture de la succession, l'obligation du rapport résout, au regard de leurs cohéritiers, la propriété qu'ils avaient acquise entre-vifs, et les oblige à tenir immédiatement compte des fruits. — Il y a donc lieu de leur appliquer la règle relative au simple possesseur, lequel ne fait les fruits siens que s'il est de bonne foi. — Telle est, en effet, la solution qui résulte de l'art. 138 C. civ., lequel, prévoyant un cas qui constituerait précisément une cause de nullité du partage, à savoir, le cas où un héritier est absent, dispose que, tant que l'absent ne se présentera pas, ou que l'action en pétition d'hérédité ne sera pas exercée de son chef, ses cohéritiers, ou bien les héritiers du degré subséquent, en possession de la succession, gagneront les fruits par eux perçus de bonne foi. Pour le simple possesseur, en effet, c'est à la bonne ou mauvaise foi qu'on s'attache.

Un jugement, en prononçant la rescision d'un partage entre-vifs, ordonna que les fruits seraient restitués du jour même du partage (Sir. 1846, II, 242). Cette décision nous semble une erreur. Pour tout le temps de sa vie, en effet, l'ascendant a, comme tout autre propriétaire, le pouvoir de faire de ses biens ce que bon lui semble. Les droits de ses héritiers ne naissent, pour les capitaux eux-mêmes, que du jour de l'ouverture de la succession. Il est donc impossible qu'ils naissent auparavant pour les revenus. Ceux qui jouissent du vivant d'un propriétaire, et en vertu de ses dispositions, jouissent valablement (arg. des art. 928 et 856). — L'opinion de ce jugement ne serait exacte que dans la théorie d'après laquelle le partage entre-vifs ouvre la succession.

Les droits acquis à des tiers, du chef des descendants, sur les objets partagés, soit entre-vifs, soit par testament, sont, du moins en principe, nuls ou rescindés comme le partage lui-même. Car on ne peut acquérir du chef d'une personne, plus de droits qu'elle n'en a elle-même. Les biens partagés rentrent donc dans la masse commune, francs et quittes de toutes charges du chef des descendants, sauf, bien entendu, le recours, tel que de droit, au profit des parties intéressées.

Il faut au reste s'en référer sur ce point, aux règles ordinaires en matière de nullité ou de rescision, puisque la loi ne s'est pas expliquée.

Si toutefois il s'agit d'un partage entre-vifs, comme il y a lieu, d'après nous, à l'application des règles du rapport, les aliénations seraient maintenues, la loi ayant, dans le cas de dons entre-vifs faits en avancement d'hoirie, dérogé, en faveur des tiers acquéreurs, au principe, que celui qui n'a que des droits résolubles, ne peut conférer que des droits également résolubles. — Mais comme les exceptions ne sauraient s'étendre hors des cas formellement prévus par la loi, on ne peut appliquer celle que nous venons de citer, au cas de partage testamentaire.

En tout cas, la nullité ou la rescision des droits acquis à des tiers, n'est pas définitive. Car les objets sur lesquels portaient ces droits, étant simplement remis en commun pour être partagés de nouveau, si, par l'événement du second partage, ils retombaient au lot des mêmes descendants, les droits acquis de leur chef à des tiers seraient maintenus. Car ils ne sont nuls ou rescindés que dans l'intérêt des cohéritiers de celui du chef duquel ils existent. Ce dernier n'est pas recevable à se prévaloir de la nullité ou de la rescision contre ses propres ayants cause. D'ailleurs, les choses qui lui échoient par le second partage, étant, grâce à la disposition de l'art. 883, censées lui avoir appartenu dès le moment de l'ouverture de la succession au cas de partage testamentaire, et dès le moment de la confection du partage au cas de partage entre-vifs, c'est à partir de ces époques qu'elles ont pu, de son chef, être grevées de droits au profit des tiers.

Dans les partages ordinaires, l'action en rescision pour lésion n'entraîne pas nécessairement, en la supposant même fondée, l'annulation du partage. La loi autorise le défendeur à en arrêter le cours, et à empêcher un nouveau partage, en offrant et en fournissant au demandeur le supplément de sa portion héréditaire, soit en numéraire, soit en nature (891).

Cette disposition doit s'appliquer au partage d'ascendant, puisqu'il constitue le partage même de la succession légitime, tel que les descendants auraient eu à le faire eux-mêmes à l'amiable ou en justice, et que, par suite, les règles générales établies pour les partages ordinaires, doivent être suppléées dans les partages d'ascendants, dès que la loi n'y a pas dérogé soit explicitement, soit implicitement.

Le défendeur, ayant la faculté de fournir le supplément en valeurs que bon lui semble, peut très-bien, dans notre espèce, au lieu de se dessaisir à cette fin de quoi que ce soit, demander que le descendant lésé se remplisse sur les biens qui peuvent se trouver dans la succession, et qui ne seraient pas encore partagés.—Seulement, comme ce dernier a droit à sa part héréditaire dans ces biens, et que c'est dans la portion appartenant à son cohéritier qu'il doit trouver l'intégralité du supplément qui lui est alloué, le montant du prélèvement ne devra se calculer que déduction faite de la valeur de sa propre part.

Il est clair que, si un même descendant se trouvait lésé de plus

du quart dans plusieurs partages faits par l'ascendant, ses cohéritiers auraient la faculté de laisser prononcer la rescision de l'un
de ces partages, et de maintenir au contraire les autres en lui fournissant un supplément.

Le droit accordé aux défendeurs d'empêcher la rescision, en
indemnisant le demandeur, compète également aux tiers qui auraient acquis de leur chef des droits sur les choses partagées. En
effet, si les descendants n'avaient sur les choses qui leur étaient
échues par le partage qu'un droit rescindable, et si, par suite, les
tiers n'ont pu acquérir de leur chef que des droits également rescindables , le droit des descendants était pourtant, grâce à la disposition de l'art. 891, accompagné de la faculté d'éviter la rescision au moyen d'un supplément. Or cette faculté le suit entre les
mains des tiers. Si donc les défendeurs n'ont pas usé du bénéfice
de l'art. 891, et que le demandeur, s'armant du jugement qui prononce la rescision du partage, vienne contre les tiers pour les
évincer, ceux-ci pourront se maintenir dans les droits qu'ils ont
acquis du chef des défendeurs, en fournissant au demandeur le
supplément de sa portion héréditaire, sauf ensuite, à eux, leur
recours contre les défendeurs du chef desquels ils tiennent leurs
droits, pour se faire indemniser de ce qu'ils auront fourni. Telle
est, dans un cas identique, la disposition expresse de l'art. 1681.

Lorsque l'action en rescision est fondée sur un avantage prohibé, le défendeur peut-il, comme au cas de lésion, empêcher la
rescision en restituant aux demandeurs l'excédant de ce qu'il lui
était permis de recevoir?

On peut dire, pour l'affirmative, que ces deux cas sont analogues. Car, dans tous deux, le vice du partage est une inégalité. On peut ajouter qu'ils ont été compris par la loi dans
un même article : ce qui autorise, jusqu'à un certain point, à admettre que, dans sa pensée, le législateur entendait les soumettre
à une règle commune. Toutefois la disposition de l'art. 891 constitue une exception aux règles ordinaires, qui veulent que les
héritiers soient traités sur le pied de l'égalité, non-seulement quant
à la valeur vénale des lots, mais encore quant à la nature des
biens qui les composent. Or la nature des exceptions est de se
renfermer dans le cas pour lequel elles ont été établies, sans pouvoir être étendues à un autre. Ce serait donc contrevenir à cette
règle que d'étendre le bénéfice de l'art. 891, nonobstant le silence de la loi, au descendant qui a été avantagé au delà des limites permises. Par là, d'ailleurs, on laisserait subsister, au pré-

judice des autres descendants, une inégalité quant à la nature des
biens. Car l'enfant avantagé, dout le lot peut se composer et se
composera même presque toujours, de biens solides et avantageux,
ne manquerait pas de fournir un supplément en numéraire ou autres valeurs mobilières; et alors les autres descendants ne recevraient pas en nature leur réserve entière. Ajoutons que l'ascendant s'étant, dans notre hypothèse, servi du partage pour
favoriser indirectement un descendant par des avantages prohibés,
son acte ne se recommande plus par aucune considération : il
mérite au contraire d'être complétement anéanti; car il est réprouvé
par la loi, comme fait en fraude de ses dispositions. En autoriser
le maintien au gré de l'enfant favorisé, ce serait donner à cet enfant le moyen de conserver quelque profit de l'avantage illégal qui
lui a été fait.— Il ne serait pas même fondé à vouloir échapper à la
rescision en restituant en nature ce qu'il a reçu de trop. Telle est
la règle, sans doute, pour les avantages excédant la quotité disponible. Mais ce que la loi accorde ici aux autres héritiers, ce
n'est pas une action en réduction de tout ce qui, dans les dispositions de l'ascendant, excède la quotité disponible; elle leur donne
purement et simplement le droit d'attaquer le partage, c'est-à-dire
de le faire rescinder, parce qu'en effet il n'est valable, aux yeux
de la loi, ni comme partage, ni comme disposition par préciput.
Il n'est pas valable comme partage; car c'est une libéralité déguisée, c'est un acte d'inégalité caché sous les apparences d'un acte
d'égalité. Ce n'est pas une disposition directe; car l'ascendant ne
l'a pas annoncée comme telle, ainsi que le veut l'art. 919. C'est
donc un acte nul, de quelque manière qu'on veuille l'envisager.

L'art. 891 est-il applicable à la nullité résultant de ce que l'ascendant n'a pas attribué à tous les descendants leur part en nature
dans les diverses espèces de biens? Mais, va-t-on nous dire, il n'y
a pas même lieu à la question. On conçoit que la lésion puisse se
réparer et disparaître au moyen d'un supplément, quels que soient
les objets que l'on fournisse pour cela. Car ce supplément a toujours pour résultat d'égaliser la valeur estimative des lots. Mais
lorsque le vice du partage vient de ce que les biens d'une même
nature n'ont pas été répartis suivant les principes de l'égalité, le
seraient-ils davantage après qu'un supplément aurait été fourni?
Un supplément n'est pas de nature, en ce cas, à donner satisfaction
à l'intérêt qui se trouve blessé. — D'ailleurs, comme il ne s'agit
pas d'un déficit dans la valeur vénale des lots, il est impossible
d'ordonner aux défendeurs de fournir un supplément, c'est-à-dire

un excédant de valeur. Autrement, outre qu'on ne ferait point disparaître par là le vice déjà existant, on en introduirait un autre que le partage ne contenait même pas. On produirait une lésion. Car le lot du descendant qui aurait fourni le supplément aurait désormais une valeur estimative inférieure à celle du lot du descendant auquel il l'aurait fourni.

Telle est pourtant l'opinion admise par un arrêt (Sir. 1841. 1. 678). Il se rencontrait, dans l'espèce, une circonstance qui a pu cacher aux magistrats ce que cette opinion peut avoir d'étrange. Il y avait inégalité, au préjudice du même descendant (comme cela arrive presque toujours), et quant à la valeur estimative de son lot, et quant à la nature des biens. — En conséquence de cet état de choses, l'arrêt prescrivit un supplément dont il détermina le chiffre (8000 fr.), en ajoutant que ce supplément serait autant que possible, fourni en biens fonds. — Cette disposition nous semble contenir plusieurs erreurs.

Le chiffre du supplément était basé sur deux éléments :

1° Sur ce que l'un des lots n'avait pas une valeur estimative égale aux autres, c'est-à-dire sur la lésion ;

2° Sur ce qu'il n'attribuait pas au descendant à qui il avait été assigné, sa part en nature dans les différents biens de la succession. — Or, d'un côté, la lésion n'étant pas, dans l'espèce, de plus du quart, on ne pouvait la prendre en considération. Isolément, elle n'aurait pu servir de base à un supplément. Elle ne pouvait pas davantage entrer, comme l'une des bases, dans le chiffre du supplément, en supposant qu'il y eût eu lieu, pour autre cause, à un supplément. — D'un autre côté, la répartition inégale des biens de même nature, considérée en elle-même, ne peut se réparer par un supplément. Donc, on ne pouvait la faire entrer non plus, comme l'une des bases, dans le calcul du supplément, en admettant qu'une autre cause eût motivé ce supplément. — Ainsi, aucune des deux circonstances existant dans la cause ne pouvait servir de base à un supplément.

Le supplément devait être fourni, autant que possible, en biens fonds. — On a cru, sans doute, que, de cette sorte, il serait mieux approprié à la nature du droit blessé. Mais on s'est jeté par là dans l'arbitraire. Car, ou l'art. 891 pouvait être étendu, par analogie, au cas en question ; et alors il fallait l'appliquer tel qu'il est, c'est-à-dire laisser le défendeur libre de fournir le supplément en valeurs de son choix. Ou il ne le pouvait pas ; et alors c'était violer la loi que d'ordonner un supplément quel qu'il fût ; on devait pûrement et simplement annuler le partage. — D'un autre côté, si, oubliant que la lésion ne doit être prise en considération que quand elle excède le quart, on voulait en ordonner la réparation, c'était bien le cas, pour cela, de prescrire un supplément. Mais alors on ne devait pas priver le défendeur, en ce qui concernait la portion de supplément affectée à la réparation de la lésion, de la faculté que lui donne expressément l'art. 891, de fournir ce supplément en telles valeurs qu'il lui convient. — Enfin, la disposition de l'arrêt contient, en germe, un nouveau procès. Car il est peu probable que des parties déjà aigries par une première contestation, s'entendent à l'amiable sur le point de savoir s'il y a, et jusqu'à quel point il y a, possibilité de fournir un supplément en nature.

Un arrêt (Angers, 16 juillet 1847) a appliqué l'art. 891 au cas de la nullité résultant de l'omission d'un descendant, en autorisant les cohéritiers de ce descendant à lui fournir, soit du numéraire, soit des biens en nature. C'est encore là une décision tout à fait arbitraire; car l'art. 891 n'est pas fait pour cette hypothèse. C'était violer formellement le principe que chaque cohéritier a le droit (sauf les exceptions écrites dans la loi, et celle de l'art. 891 est la seule) de demander sa part en nature dans les meubles et dans les immeubles, c'est-à-dire un lot qui soit composé ou à peu près comme celui des autres. Aussi, l'art. 1078 consacre-t-il expressément ce droit, en déclarant que, dans le cas en question, *il pourra être provoqué un nouveau partage dans la forme légale.*

L'annulation d'un partage entre-vifs oblige bien les descendants à remettre respectivement en commun les choses qui leur avaient été attribuées. Mais elle ne résout pas l'acte en tant que donation : elle ne fait donc pas rentrer les biens partagés dans le patrimoine que l'ascendant a laissé à son décès. Elle ne peut dès lors profiter ni à ses créanciers, ni à ses légataires, ni à un héritier contractuel institué après l'acte de partage. En un mot, on doit suivre, à cet égard, les mêmes principes que s'il s'agissait du rapport d'un don individuel.

55. Quant à la durée de l'action en nullité ou en rescision, il faut distinguer si le partage est nul ou seulement rescindable.

Un acte nul n'est qu'un pur fait : il n'a pas d'existence en droit. Il est donc sans aucun effet légal par lui-même.

L'acte rescindable, au contraire, a une existence légale. Mais il renferme en lui-même un vice qui autorise à demander, dans un délai donné, qu'il soit regardé comme non avenu.

Le vice d'un acte rescindable est toujours de nature à s'effacer, et, comme on dit, à se couvrir par un certain laps de temps. Il suffit pour cela que la partie qui avait la faculté de demander la rescision, laisse écouler ce temps sans agir. Ce laps de temps, à l'expiration duquel l'action en rescision ne serait plus recevable et qui en forme ainsi la durée, varie suivant les cas. Il est de dix ans toutes les fois qu'une disposition particulière de loi n'a pas fixé un moindre espace de temps (1304).

Aucun laps de temps, au contraire, ne peut, à lui seul, donner l'existence légale à un acte nul, c'est-à-dire, en d'autres termes, faire disparaître la nullité de cet acte. L'action tendant à faire constater et déclarer cette nullité, ne saurait donc être repoussée par une fin de non-recevoir tirée du seul laps de temps. Il faudrait, pour cela, d'autres circonstances, qui peuvent se rencontrer en effet, et qui varient suivant les cas.

L'omission d'un descendant est une cause de nullité. Comme il n'y a point partage à l'égard de l'enfant omis, c'est en définitive une action en partage qui compète à cet enfant, et, par voie de conséquence, à tous les autres. Or cette action en partage serait bien par elle-même toujours recevable. Car, tant que dure l'indivision, le droit de provoquer le partage dure également. Mais si le partage fait par l'ascendant recevait son exécution pendant l'espace de trente ans, sans aucune réclamation de la part du descendant qui y a été omis, ses cohéritiers auraient prescrit contre lui la propriété même de la part à laquelle il avait droit dans les biens partagés ; et, n'étant plus copropriétaire de ces biens, il n'aurait plus le droit d'en demander le partage, ni dès lors d'attaquer celui qui en aurait été fait sans lui. Cela revient donc à dire que l'action en nullité prévue par l'art. 1078 dure trente ans, sauf les suspensions, s'il y en a. Car les suspensions, en empêchant le droit qu'a le descendant sur les biens héréditaires de se perdre par prescription, empêcherait par là même la prescription de l'action qu'il a pour en demander le partage.

Si l'action en nullité se trouvait prescrite contre le descendant omis, pourrait-elle compéter encore aux autres, par suite de suspensions qui auraient existé à leur profit? Sans doute, ils n'ont pas d'intérêt à agir contre le descendant omis. Loin de là : car sa présence leur enlèverait une partie des biens. Aussi, se garderaient-ils bien de le mettre en cause, d'autant plus que ce serait, de leur part, renoncer à la prescription qui s'est accomplie contre lui, et par suite de laquelle il n'est plus leur copropriétaire. Mais l'action pourrait présenter de l'intérêt entre ceux qui ont été compris dans le partage.

— Nous ne pensons pas toutefois que leur action fût recevable ; car le partage n'est nul que parce que l'un des ayants droit ne s'y trouve pas compris. Or si le descendant omis perd, par suite de la prescription, le droit de figurer au partage, la nullité disparaît avec sa cause : *Cessante causa, cessat effectus.* La nullité n'aurait pas eu lieu dès l'origine, c'est-à-dire lors de l'ouverture de la succession, si ce descendant n'était pas, en définitive, devenu héritier. Cesse-t-il de l'être ? la nullité du partage cesse en même temps : car il n'y a pas lieu, en fin de compte, à un nouveau partage.

La lésion et l'avantage prohibé (1079) sont des causes de rescision. Il en est de même de l'inégalité dans la répartition des biens de chaque espèce, ainsi que du dol pratiqué ou de la violence exercée contre un descendant.

La durée de l'action est donc alors de dix ans, puisque la loi ne l'a pas limitée à un moindre espace de temps.

Tout le monde est d'accord à cet égard, lorsqu'il s'agit d'un partage entre-vifs ; car ce partage constitue une convention, et, à ce titre, il rentre dans les termes mêmes de l'art. 1304.

Mais il en est qui prétendent que, dans le partage testamentaire, la durée de l'action est de trente ans. Ils se fondent sur ce que l'art. 1304 ne parle que des conventions, et que la durée de l'action en nullité des dispositions testamentaires est la durée ordinaire, c'est-à-dire trente ans. Nous préférons nous en tenir à l'art. 1304. Le partage d'ascendants est, dans les rapports respectifs des descendants, un véritable partage de la succession, tel que les descendants auraient eu à le faire eux-mêmes. Or, s'ils l'avaient fait eux-mêmes, l'action en rescision ne durerait que dix ans ; il doit donc sans doute en être de même ici.

Quant au point de départ du délai de l'action, il ne peut évidemment courir, dans le cas d'un partage testamentaire, que du jour du décès de l'ascendant, puisqu'avant cette époque le partage ne produit aucune espèce d'effet. Mais nous avons appliqué la même règle au partage entre-vifs, parce que ce n'est qu'à cette même époque qu'un partage entre-vifs acquiert le caractère de partage.

La ratification du partage reste, à partir du décès de l'ascendant, sous l'empire du droit commun ; elle peut donc avoir lieu, soit expressément, soit tacitement.

On a jugé que la circonstance qu'après la mort de l'ascendant, les descendants avaient continué de jouir séparément de leur lot, par suite d'un partage entre-vifs, ne devait pas, à elle seule, être considérée comme une ratification tacite du partage. Car chacun jouit de son lot, parce que ses cohéritiers jouissent du leur. (Dall., 1846, 1. 16.)

56. L'enfant qui, pour une des causes énoncées en l'art. 1079 (lésion et avantage prohibé), attaque le partage fait par l'ascendant doit faire l'avance des frais de l'estimation; et il les supporte en définitive, ainsi que les dépens de la contestation, si la réclamation n'est pas fondée (1080). — Cette disposition a été introduite dans la loi pour prévenir les contestations indiscrètes et sans fondement. C'est la raison qu'on en a donnée, lors de la discussion du projet de Code.

D'après le droit commun, toute partie qui succombe dans une contestation, doit être condamnée aux dépens. Mais les dépens peuvent être compensés en tout ou en partie entre frères et sœurs (130 et 131 C. proc.). Or c'est à cette dernière disposition que la loi déroge ici. Elle en refuse le bénéfice au descendant qui aura mal à propos attaqué le partage de son ascendant, sous prétexte de lésion ou d'atteinte portée à sa réserve. Ce descendant restera sous l'empire du droit commun, c'est-à-dire qu'il sera condamné aux dépens.

Il doit aussi faire l'avance des frais d'estimation. On a donné comme motif de cette disposition, que la présomption est en faveur de la validité du partage fait par l'ascendant. Cela est vrai; mais il en est ainsi de tous les actes qu'une partie attaque en justice. Les partages d'ascendants ne présentent donc rien de spécial à cet égard. On a voulu garantir aux autres descendants, pour le cas où la contestation serait reconnue mal fondée, le payement facile et immédiat de ces frais. C'est une mesure analogue à celle qui astreint l'étranger demandeur à donner caution des frais du procès.

La loi n'a rien dit pour le cas où la contestation serait fondée. On rentre donc alors dans les règles ordinaires, c'est-à-dire qu'en principe, les dépens resteront à la charge des défendeurs, sauf au tribunal la faculté de les compenser en tout ou en partie.

La disposition de l'art. 1080 ne se réfère qu'aux deux causes de rescision prévues par l'art. 1079. Elle est donc étrangère à la nullité pour omission prévue par l'art. 1078. Cela se conçoit, puisqu'alors, à vrai dire, le partage fait par l'ascendant, n'a aucune existence aux yeux de la loi, et que chaque descendant a le droit d'en provoquer un nouveau. On devrait donc, en ce cas, suivre la règle ordinaire des demandes en partage de succession, c'est-à-dire mettre les frais à la charge de la masse, sauf, en cas d'incident, à condamner le perdant aux dépens de l'incident, ou à les compenser entre toutes les parties.

La disposition de l'art. 1080 doit-elle s'étendre aux autres cas de rescision que nous avons ajoutés à ceux de l'art. 1079 (inégalité dans l'attribution des biens de chaque espèce, dol et violence, etc.)?

Sans doute, il est de principe que les dispositions ayant un caractère pénal ne s'étendent pas. Or la disposition dont il s'agit est de ce nombre. Nous serions portés néanmoins à l'appliquer aux cas que nous venons d'indiquer. Si la lettre de la loi nous manque, nous avons du moins son esprit manifeste. Le Code n'avait, dans l'art. 1079, porté son attention que sur deux causes de rescision. Voilà pourquoi les termes de l'art. 1080 ne se réfèrent pas à d'autres. Mais, de même que nous devons appliquer les autres causes de rescision que reconnaît le droit commun, de même, nous devons punir la témérité du descendant qui les alléguerait injustement. En cela, nous n'étendrons pas une peine hors de l'hypothèse pour laquelle elle est établie. Nous l'appliquerons simplement à des cas que le législateur comprenait implicitement dans sa pensée. — Une autre raison, c'est que la disposition qui permet de compenser les dépens entre frères et sœurs, n'est qu'une faveur exceptionnelle, et qu'en en refusant le bénéfice au descendant qui succombe dans une action en rescision, l'art. 1080, loin d'être exorbitant, ne fait que rentrer dans le droit commun; on est fondé dès lors à l'étendre aux cas analogues.

57. Demandons-nous maintenant si et comment un ascendant qui tient à laisser, à sa mort, un partage régulier, peut, au moins dans les cas les plus ordinaires, prévenir *ab initio* ou faire disparaître après coup les causes de nullité?

Il est clair que, pour prévenir *ab initio* la nullité résultant, soit de la lésion, soit d'une inégalité dans la répartition des biens de chaque espèce, il n'a qu'à observer l'égalité et quant à la valeur estimative des lots et quant à la répartition des biens en nature. Il lui est également facile de prévenir la nullité résultant d'un avantage supérieur à la quotité disponible. Il lui suffit, pour cela, de veiller à ce que l'enfant au profit duquel il dispose par préciput, n'ait pas, dans le partage, un lot d'une valeur supérieure à celle des autres lots.

Mais il devient difficile, sinon impossible, de faire *ab initio* un partage en termes tels qu'à tout événement il soit à l'abri de la nullité résultant de l'omission d'un ayant-droit, puisque la succession peut arriver en définitive à des descendants, qui, lors de la confection de l'acte de partage, ne sont pas héritiers présomptifs, ou qui l'étant, ne sont pas connus pour tels.

Dans un partage testamentaire, comme il suffit, pour les descendants, d'être capables au moment de l'ouverture de la succession, l'ascendant pourrait, à la rigueur, faire un lot pour un héritier qui lui surviendrait par la suite. Il pourrait même en faire plusieurs, en déclarant que tel lot serait pour l'héritier qui apparaîtrait le premier, tel autre pour celui qui apparaîtrait le second, et ainsi de suite. Mais on sent que cette marche n'est guère praticable ; que, d'ailleurs, elle obligerait souvent l'ascendant à faire plus tard un second partage, pour ne pas laisser une bonne partie de ses biens dans l'indivision. Il serait donc bien préférable de faire le partage entre l'un des descendants qui se trouvent alors héritiers présomptifs, sauf à le révoquer et à en faire un autre au besoin, si ce n'était que l'héritier omis peut n'apparaître qu'après l'ouverture de la succession, ou bien à une époque où l'ascendant aurait perdu l'usage de ses facultés intellectuelles, et se trouverait ainsi dans l'impossibilité de recommencer son partage.

Lorsque (toujours dans un partage testamentaire) il porte les descendants d'un enfant, au lieu de l'enfant lui-même, soit parce qu'il présume que cet enfant ne lui survivra pas, soit parce qu'il est absent ou mort civilement, il doit, dans la prévision de la survie, ou du retour de cet enfant, ou de sa rentrée dans la vie civile, avoir soin de n'appeler ses descendants que subsidiairement, pour le cas où lui-même ne deviendrait pas héritier. C'est alors la souche elle-même qui est apportionnée. Si donc l'enfant du premier degré survit à l'ascendant, s'il a recouvré la vie civile lors de l'ouverture de la succession, ou s'il reparaît, soit avant cette même époque, soit dans les 30 ans depuis, c'est lui qui aura droit au lot.

Si l'absent ne revient qu'après la mort de l'ascendant, il aura la pétition d'hérédité, non contre ses cohéritiers qui ne possèdent que leur part, mais contre ses propres descendants, qui possèdent sa part à lui. Car ceux-ci n'étant pas réellement héritiers, le lot qui a été fait pour leur souche ne leur appartient pas. Ils en ont simplement la possession *pro herede* ; ils sont donc soumis à la pétition d'hérédité envers celui à qui elle appartient.

Pour éviter la nullité résultant de l'omission de l'un des descendants appelés par représentation, il suffit de les désigner collectivement, et non pas individuellement. Il suffit de dire, par exemple : tel lot est pour ceux qui arriveront par représentation de tel de mes enfants.

Dans un partage entre-vifs, il est impossible de prévenir *a priori* la nullité résultant de l'omission, toutes les fois qu'il s'agit de descendants alors incapables de recevoir, c'est-à-dire de descendants non encore conçus ou morts civilement ; car la clause faite à leur profit serait nulle.—Si ce sont des descendants capables, un absent, par exemple, l'ascendant peut bien lui faire un lot par l'acte de donation, puisque la loi permet au donataire d'accepter postérieurement à l'acte de donation, à la seule condition que ce soit du vivant du donateur (932). L'acceptation peut même être faite, pendant la présomption d'absence, par un mandataire ou curateur spécial nommé à cet effet, et, après la déclaration d'absence, par les envoyés en possession ou l'administrateur légal (n° 12).

Lorsque, dans un partage entre-vifs, un ascendant craint qu'au lieu de ses enfants, ce ne soient ses petits-enfants qui arrivent à la succession, au lieu de comprendre simplement ces derniers dans son partage, ainsi que nous lui en avons reconnu le droit (n° 13), il pourrait, sans doute, faire intervenir dans l'acte et les enfants et les petits-enfants, et apportionner les enfants en stipulant qu'en cas de prédécès de leur part, la donation du lot qui leur est attribué, sera résolue, et que ce lot passera à leurs descendants respectifs. Seulement, cette clause dégénérerait en substitution, et tomberait, par conséquent, sous l'application des règles établies à cet égard par les art. 1048 et suiv. C. civ.

S'agit-il de réparer après coup les nullités d'un partage, soit une nullité existant dès l'origine, soit une nullité survenue depuis, soit une nullité indépendante de la volonté de l'ascendant, soit une nullité qu'il avait d'abord introduite sciemment dans son partage, mais qu'ensuite il veut faire disparaître ? —

Pas de difficulté, si ce partage a été fait par testament, et que la cause de nullité apparaisse du vivant de l'ascendant, et à une époque où il conserve l'usage de ses facultés intellectuelles. Car alors, il n'a qu'à révoquer son partage et en faire un autre qui soit régulier

Mais ce pouvoir lui manque s'il s'agit d'un partage entre-vifs, ces sortes de partages étant irrévocables.

Un moyen, qui peut servir dans les deux espèces de partage, consiste dans des apportionnements séparés, c'est-à-dire dans un nouvel acte entre-vifs ou testamentaire par lequel l'ascendant compléterait les réserves, attribuerait un supplément aux descendants lésés, formerait un lot pour le descendant omis, rétablirait l'équilibre rompu par des cas fortuits, ferait un second partage qui, s'ajoutant au premier, attribuerait à chaque descendant sa part en nature dans les diverses espèces de biens, etc. (n° 17).

Il est bien clair que si son partage a été fait par acte entre-vifs, il ne peut ultérieurement apportionner d'autres descendants ou faire un second partage subsidiaire au premier, qu'autant qu'il a des biens en quantité suffisante pour cela, et qu'il n'a pas le droit de reprendre, dans ce but, aucune portion de ceux qu'il a partagés. Mais s'il n'a fait qu'un partage testamentaire, il peut, au lieu de révoquer son partage et de le refaire en entier, en y comprenant tous ses descendants, le laisser subsister, en composant seulement de nouveaux lots par un second acte testamentaire, à l'aide de biens retirés proportionnellement des lots compris dans le premier acte.

Voici un autre moyen encore. — L'annulation d'un partage d'ascendant oblige les descendants apportionnés à rapporter à la masse les objets qu'ils ont reçus, afin de les partager de nouveau. Or l'ascendant peut comprendre dans un partage les choses qui doivent être rapportées. Il peut donc, lorsqu'une cause de nullité ou de rescision existe contre un partage entre-vifs, procéder à un nouveau partage des biens qui s'y trouvent compris, à un partage entre-vifs, si les descendants y consentent, sinon à un partage testamentaire. — Ce moyen, toutefois, dépend, au cas de lésion, de la volonté des descendants dont le lot est trop fort, puisqu'ils ont la faculté d'empêcher la rescision en fournissant un supplément au demandeur. — De plus, comme les descendants compris dans le partage entre-vifs pourraient ne pas arriver à la succession et retenir néanmoins ce qu'ils ont reçu par un partage entre-vifs, l'ascendant doit avoir la précaution, dans le partage testamentaire, de laisser à chacun, pour son lot, ce qu'il possède déjà en vertu du premier partage, sauf à prendre dans son patrimoine de quoi former les lots nouveaux, ou combler le déficit de l'un ou de quelques-uns de ceux déjà formés.

Enfin, si tous les descendants appelés à la succession sont d'accord avec l'ascendant, un moyen de réparer la nullité d'un partage entre-vifs serait un acte de ratification fait dans la forme des partages entre-vifs, et où l'on désintéresserait qui de droit (p. 268).

Si c'est un enfant naturel qui a été omis dans un partage, et que l'ascendant lui donne certains biens par acte entre-vifs, en déclarant qu'il entend ne pas lui laisser davantage, l'enfant ne pourra élever de réclamation contre les descendants légitimes, qu'autant que la valeur des biens qui lui auraient été assignés, serait inférieure à la moitié de ses droits; et encore ne sera-t-il reçu, dans cette hypothèse même, qu'à réclamer le supplément nécessaire pour parfaire cette moitié (761). Il ne pourra donc attaquer le partage. — Les autres descendants ne le pourraient pas davantage, par la raison qu'ils n'ont, eux, l'action en nullité qu'autant que l'enfant ómis l'a lui-même. — L'ascendant a donc un moyen bien facile d'empêcher un enfant naturel d'attaquer un partage où il serait omis, du moins si l'on pense qu'il lui est permis d'user de la disposition de l'art. 761, alors même que cet enfant n'y consentirait pas; mais cette opinion n'est pas admise par tout le monde.

En tout cas, ce procédé est applicable dans les deux espèces de partages. — Il est également applicable pour le cas où l'enfant naturel aurait été lésé ou bien n'aurait pas reçu sa part en nature dans les meubles et dans les immeubles. Il suffit même, en ce cas, à l'ascendant, si le partage est entre-vifs, de faire la déclaration indiquée par l'art. 761, puisque l'enfant naturel est déjà nanti, et qu'en cas d'insuffisance, il ne pourra réclamer qu'un supplément. Mais si le partage est par testament, l'ascendant devra lui donner actuellement les biens que lui attribue le partage.

L'ascendant peut, du reste, ne diminuer en rien le montant des droits auxquels l'enfant naturel est appelé ab intestat. La loi lui accorde deux facultés, la première de réduire l'enfant naturel, la seconde, de l'écarter du partage de la succession. Or, il peut parfaitement n'user que de cette dernière; ce qui mettra les descendants légitimes dans une position semblable à celle où se trouvent les défendeurs à l'action en rescision pour lésion, puisque l'enfant naturel ne pourra, en cas d'insuffisance de son lot, que réclamer un supplément.

Lorsque l'ascendant a fait successivement plusieurs partages, il se peut que le préjudice éprouvé dans l'un par tel descendant, se trouve réparé par la manière dont les lots sont composés dans un autre. Cette circonstance, à elle seule, ne serait pas une raison suffisante pour déclarer non recevable l'action en nullité ou en rescision. Il faudrait pour cela que le partage subséquent contînt la mention qu'il est destiné à corriger tel vice qui se trouve dans un partage précédent (arg. de l'art. 1338). Cette mention seule rattacherait les deux partages l'un à l'autre. Autrement, ils ont beau ne concerner qu'une seule et même succession ; chacun d'eux forme un acte distinct, et porte, par conséquent, en soi, sa validité ou sa nullité, ainsi que cela aurait lieu pour divers partages partiels d'une même succession faits par les héritiers eux-mêmes.

CHAPITRE DERNIER.

DES BIENS NON PARTAGÉS PAR L'ASCENDANT.

SOMMAIRE.

58. Ces biens restent, pour la liquidation de la succession, en dehors de ceux que l'ascendant a partagés.

Les biens qui n'auraient pas été partagés par l'ascendant, doivent être partagés conformément à la loi. Telle est la disposition de l'art. 1077, reproduite, tant du droit romain que de l'ancien droit français (Introd. n⁰ˢ 13 et 56), et empruntée presque textuellement du nouveau Denizart (*v⁰ démiss. de biens*). Ainsi, aujourd'hui, comme autrefois, les biens non partagés par l'ascendant suivent le sort qu'aurait eu la succession entière sans le partage partiel qu'il a fait. L'ascendant n'en ayant pas réglé le sort, on doit s'en référer à cet égard au droit commun des successions, parce qu'à défaut de sa volonté il n'y a que la loi qui puisse servir de règle. Ces biens doivent donc simplement fournir matière à un partage ordinaire entre les héritiers, mais sans pouvoir être une occasion de revenir sur le partage de l'ascendant.

Il résulte de là qu'il n'y a pas lieu, lors du partage de ces biens, à faire le rapport ou l'imputation de ceux qu'a partagés l'ascendant. Un partage d'ascendant, en le supposant, bien entendu, valable et régulier, est un règlement définitif, sur lequel il n'y a plus à revenir. Il ne saurait donc être permis de le recommencer indirectement au moyen du rapport et en le combinant avec le partage qui reste à faire des biens qui ne s'y trouvent pas compris.

De ce même principe que le partage des biens qui se trouvent indivis dans la succession, doit se faire suivant les règles ordinaires, et, partant, sans aucun égard au partage qu'a fait l'ascendant, il résulte encore qu'un descendant qui, par le partage de l'ascendant, n'aurait pas reçu en biens immeubles autant que les autres, ne serait pas fondé à demander que son lot, dans les biens non partagés, se composât en immeubles, de manière à rétablir, sous ce rapport, l'égalité entre les deux partages.

Il en résulte encore que, si un descendant a reçu par le partage de l'ascendant un lot un peu plus fort que les autres, il ne serait pas fondé à demander que les biens restés indivis fussent partagés dans la même proportion.

De même, si l'acte de partage contenait un préciput au profit de l'un des descendants, ce descendant ne serait pas fondé à prétendre, dans les biens non partagés, et à sa part héréditaire, et à un préciput pareil à celui qu'il a reçu dans le partage de l'ascendant.

La disposition de l'art. 1077 s'applique, et au cas de partage entre-vifs, et au cas de partage testamentaire ; car la loi ne distingue pas, et il n'y avait aucun motif de distinguer. Nous ne ferions pas cette observation si la jurisprudence ne s'était appuyée sur cet article pour admettre que le partage entre-vifs avait un caractère d'irrévocabilité tel, que les biens qui y étaient compris, restaient, sous tous les rapports, même sous le rapport du calcul de la quotité disponible, complétement étrangers à la liquidation de la succession (p. 241). Tandis que l'art. 1077 veut simplement dire que le partage d'ascendant, qu'il soit fait par acte entre-vifs ou bien par testament, peu importe, est un partage qui, comme tout autre, et par exemple, comme celui que feraient les héritiers eux-mêmes, règle d'une manière stable et définitive le sort des biens sur lesquels il porte.

Il va de soi que, si en dehors, et indépendamment du partage, l'ascendant a fait des dons à l'un de ses descendants sans le dispenser du rapport, ces dons restent soumis aux règles ordinaires, et que, par conséquent, le donataire doit, s'il vient à la succession, en faire le rapport, lors du partage des biens que l'ascendant a laissés indivis. Ce rapport ne touche en rien au partage de l'ascendant.

Si le partage fait par l'ascendant est rescindé ou annulé, les biens qui y sont compris, sont considérés comme n'ayant pas été réellement partagés. Il y a lieu, par conséquent, de les réunir à ceux que laisse l'ascendant, pour n'en faire qu'un seul et même partage, si, lors de l'annulation, ces derniers ne sont pas encore partagés.

Il faut encore considérer comme biens non partagés par l'ascendant :

1° Ceux que, dans un partage testamentaire, il aurait attribués à des descendants qui, par suite de prédécès, renonciation, ou indignité, ne recueillent pas sa succession ;

2° Ceux qu'il aurait, dans un partage entre-vifs, attribués à des descendants prédécédés, renonçants ou indignes, si, de son vivant, ou après sa mort, l'acte vient à être revoqué en tant que donation, soit contre eux, soit contre leurs héritiers ;

3° Ceux qui ont été attribués à des descendants qui se trouvaient incapables, par suite de mort civile, et qui, à raison de cette circonstance, sont ensuite évincés au moyen de la pétition d'hérédité ;

4° Ceux qui auraient été attribués à un enfant adoptif, si l'adoption a été déclarée nulle après la mort de l'adoptant ;

5° Ceux enfin qui auraient été attribués à un absent, si cet absent ne reparaît pas.

FIN.

TABLE DES MATIÈRES.

TRAITÉ DES PARTAGES D'ASCENDANTS.

PREMIÈRE PARTIE.

DEUXIÈME PARTIE.

TROISIÈME PARTIE.

FIN DE LA TABLE DES MATIÈRES.

www.ingramcontent.com/pod-product-compliance
Lightning Source LLC
LaVergne TN
LVHW021120050726
842519LV00002B/305